# 育海拾贝

主编 钟如惠

YU HAI SHI BEI

编委 汤敏 陈春荣 袁彬 王斌武

WUHAN UNIVERSITY PRESS
武汉大学出版社

**图书在版编目(CIP)数据**

育海拾贝/钟如惠主编.—武汉：武汉大学出版社,2018.12
ISBN 978-7-307-12532-2

Ⅰ.育…　Ⅱ.钟…　Ⅲ.中等专业学校—学校管理—文集
Ⅳ.G718.3-53

中国版本图书馆 CIP 数据核字(2018)第 274807 号

责任编辑:林　莉　沈继侠　　责任校对:李孟潇　　版式设计:韩闻锦

---

出版发行：**武汉大学出版社**　(430072　武昌　珞珈山)
(电子邮件：cbs22@ whu.edu.cn　网址：www.wdp. com.cn)
印刷:北京虎彩文化传播有限公司
开本:720×1000　1/16　印张:29.5　字数:527 千字　插页:4
版次:2018 年 12 月第 1 版　2018 年 12 月第 1 次印刷
ISBN 978-7-307-12532-2　定价:88. 00 元

---

2018年6月4日，武昌区人民政府区长余松莅临我校视察工作

2018年1月31日，武昌区人民政府副区长王兴文莅临我校关心指导学校工作

武昌区人大代表莅临我校检查职业教育法落实情况

2018年5月23日，湖北省高校工委副书记余学敏、市教育局副局长田文江等一行莅临我校视察高考考务工作

2018年4月29日，武汉市教育局职成处处长李万平莅临我校关心职教发展规划

2018年4月4日，武昌区教育局党委书记李顺洪、局长徐赤勇莅临我校调研综合实训楼规划建设工作

2018年7月11日，我校主办共建活动助力军运整治红色物业暨物业管理专业启动仪式

我校荣获2018年全国青少年无线电测向锦标赛团体一等奖

我校参加武汉市职业教育活动周活动

我校技能节活动周展示

我校举行社区服务活动：茶艺表演与修理家电

我校学生社团活动

# 前　　言

九省通衢的大武汉，人杰地灵的武昌首义之城，长江之滨，黄鹤楼下，有一所现代化的职业学校——武汉市第二职业教育中心学校。它是首批国家级重点中等职业学校、湖北省示范性中等职业学校、武汉市示范性中等职业学校、武昌名校。学校始建于1965年，2008年完成区域职业教育整体整合，由原武汉市第二职业教育中心学校、原武汉市第一高级职业中学、原武昌旅游学校、原博大职业高级中学四所学校几轮合并、重组整合而成，办学地址为武汉市武昌区大东门千家街14号，这里人文兴盛、交通便利、环境优美，是理想的育人乐园。

学校先后被评为全国社会实践教育活动先进集体，湖北省示范中等职业学校，湖北省实训基地学校，湖北省职业教育品牌学校，湖北省平安校园，湖北省招生先进单位，湖北省价格诚信单位，湖北省卫生先进单位，武汉市文明单位，武汉市职业教育先进集体，武汉市绿色校园，武汉市中等职业学校招生就业工作先进集体，武昌名校等荣誉称号，并且通过了ISO9001质量管理体系的认证。

学校师资力量雄厚，目前在校教职工近200人，绝大部分教师具有中、高级职称，其中市、区学科带头人和优秀青年教师共有57人，国家劳模及享受市、区政府专家津贴共有5人。学校现有50个教学班，共有学生2002人。学校办学实力雄厚，硬件完备，拥有齐全的教学实训设施和完善的生活及课外活动条件。学校经过近50年的不懈努力，现已发展成为一所管理有特点，专业设置有特色，学生能力有特长，教育教学质量高，社会品牌效应好，且在省内外享有良好声誉并能发挥骨干示范作用的中等职业学校。

学校组建了以“文化创意专业群”为主，“现代服务专业群”和“信息技术专业群”为两翼的专业设置格局。文化创意专业群包括工艺美术、服装设计与工艺、计算机动漫游戏、社会文化艺术等专业。现代服务专业群包括会计、旅游服务与管理、中餐烹饪、物业管理等专业。信息技术专业群包括计算机应用、电子技术应用等专业。学校现有1个省级品牌专业，4个省级重点专业，建有服装工艺、现代服务、计算机动漫游戏等现代化的实训基地。

学校是育人的场所，管理的最高境界是“不管”，培养学生“怎么学”比教给学生“学什么”更重要。作为一名校长，只有在学校管理中坚持以师为本，教师的教育行为才能以生为本。善于发现每个人的价值，尊重个人利益，调动个体的主观能动性，最大限度地开发个人潜力，助力实现师生最大价值。为此，在全校中开展有奖征集合理化建议及各种座谈、访谈活动，全面收集师生员工关于学校发展的“金点子”。全校师生共同拟定办学目标：培养具有全面素质和综合能力的、直接在生产、服务、技术和管理第一线工作的应用型专门人才和劳动者；约定办学原则：立德树人与人本教育；总结出三大办学亮点：专业有特色，教师有特技，学生有特长；着力理顺四大关系：力争建立健全政府主导、学校主体、行业指导、企业参与的办学体制机制；重点建设五大工程：管理体制改革，专业部建设，人事制度改革，课程设置改革，环境建设工程。大家一致认为，学校已正式进入开放时代、质量时代、共创时代，期待每一位教职工抓住机遇，共同发展，已成为全校最大的共识。

《育海拾贝》一书，记录了学校多年来的办学历程与点滴思考，集中体现了学校教职员工的集体智慧与结晶，突出反映了学校立德树人的办学理念与指导思想。在中国特色社会主义新时代，在上级党委、政府及教育行政部门的大力支持下，在学校干部教职员工的齐心协力下，为了抓住机遇，抢占先机，学校主动作为，争先进位，不断完善办学理念，坚持全面育人的办学策略，提升办学质量，提高管理水平，增强社会美誉度，为学校发展赢得了较好的口碑与环境。全书共分为七个板块：第一版块“治校方略”，阐述的是学校新任校长率领全校教职工关于学校发展的指导思想；第二版块“学校管理”，表达的是学校方方面面教育管理方案荟萃；第三版块“学校德育”，荟萃了的是学校班主任德育论文集锦；第四版块“学校文化”，记录的是二职校园文化团结奋进的凯歌；第五版块“学校名师”，收集了二职劳动模范、年度教师、魅力教师、学科带头人、优秀青年教师和双师型教师的先进事迹；第六版块“学校优生”，描写的是二职优秀学生成长的励志故事；第七版块“学校成果”，展现的是近几年来中央省市区新闻媒体报道的有关信息。

教育是关乎明天与未来的事业。编写此书，目的是借以希望广大的教育工作者及社会有识之士，关注职业教育，研究职业教育，发展职业教育，培养成功的职业人，造就幸福的社会人，共同为我国的社会经济的健康发展而努力奋斗！

**编　者**

2018 年 6 月

# 目　　录

# 一、治校方略

# 概　述

一位校长就是一所学校。凡是一所好学校必定有一位好校长，且拥有正确的办学思想，校长的办学思想首先体现在治校方略上。这就犹如航行在海洋中的大船，只有沿着船长指引的正确航向，大船才能驶向理想的彼岸。

武汉市第二职业教育中心学校的治校方略是：以德立校，以法治校，以专兴校，以特强校。坚定不移地坚持“三个一流”目标，即建设一流专业，培养一流人才，打造一流中职学校。坚定“三个服务”的办学理念，即为当地社会经济发展服务，为教职工事业发展服务，为学生未来全面发展奠基服务。这是学校历届师生员工集体智慧的结晶与总结，也是现任领导对历任领导班子治校方略的继承和发展。

新的时期，学校领导班子提出了全面深化学校管理体制改革，努力实现跨越式发展的多项办学举措，可以概括为“一个目标，两个原则，三个亮点，四个关系，五大工程”。一个办学目标，即培养具有全面素质和综合能力，在劳动一线工作的应用型专业技能人才；两个办学原则，即立德树人与人本教育；三个办学亮点，即专业有特色、教师有特技、学生有特长；理顺四个关系，即力争建立健全政府主导、学校主体、行业指导、企业参与的办学体制；建设五大工程，即管理体制、专业建设、人事管理、课程设置、校园文化。

——一个好校长就是一所好学校

图 1　各级领导关心、重视学校发展

图 2　助力红色物业暨学校物业管理专业启动仪式

# 努力建设合作共赢、风清气正、公平合理的家园

老师们：

下午好！

我来到学校正式上班整整一周了，每天与大家一起认真工作，身感肩上责任重大，不敢有丝毫懈怠，努力把学校当家一样经营，视大家为自己的兄弟姐妹，我是这样想的，这样说的，也将会一直这样做，请大家监督、批评。

这几天让我看到了一些感人事迹，如提前上班甚至休息时间还坚守岗位的老师、具有班主任的奉献精神的老师、一直在思考工作量核算的合理与否的老师、坚守岗位具有责任意识的老师……我觉得，这些同志都是我们二职中心一群最可爱的人。

为了让学校今后能够稳定、持续地发展，我讲三点意见：

## 一、树立合作共赢的理念

合作共赢是习总书记在博鳌亚洲论坛 2015 年年会上首次提出的新理念，现已成为当今世界各国的普遍共识，“只有合作共赢才能办大事、办好事、办长久之事”。其实，早在“二战”后，北约、联合国等国际组织以及欧盟、东盟等地区性的组织的成立与此无不关联，美国即便因此成为唯一的超级大国，但在国际重要事务及尖端科学领域也离不开与国际社会的合作。如今，美国等西方阵营害怕、担心中国等在合作共赢的当今世界里获得巨大利益，一方面提出“美国第一”的理念（我已经是老大了，你只能听我的，不能与我共享成果，只能为我服务），这显然与合作共赢的理念背道而驰，另一方面不断为中国周边制造各种麻烦，破坏合作共赢的氛围。

我们国家一方面通过“一带一路”及“亚投行”等开放性战略打破以美国为首的西方阵营的孤立与封锁，另一方面，中国以反腐倡廉和作风建设为利剑，彻底打掉各种非法组织与个人，提出并践行了“创新、协调、绿色、开

放、共享”等五大发展理念，以及“政治意识、大局意识、核心意识、看齐意识”四个意识，党风、政风、民风、社风得到根本性的转变，中国自身整体实力以及在国际舞台上的地位与影响今非昔比，中华民族复兴的中国梦指日可待。

中华民族向来是一个讲“和”的民族，例如：家和万事兴，同舟共济，众人划桨开大船，说的都是这个道理。

一个世界、一个国家、一个民族甚至一个家庭是这样的，一个单位何不如此。对于我们二职中心每位教职员工的启示是：

(1)“大河有水小河流”。只有学校发展好了，才可能有我们每个人美好的明天。当今学校欠账很多，基础建设、教师队伍、评价导向都有待改善，等等。

(2)“个人的行为越来越影响集体声誉”。除休息时间之外，今后我们人生极大部分时间都在学校度过，大家要像爱惜自己的眼睛一样珍惜学校声誉。每个人的一言一行都影响着学校的集体声誉。

当然，目前学校还存在这样或那样的问题，我相信这是暂时的，一些不科学、不合理、不公平的东西将会逐渐消失，在这期间，需要我们的宽容、耐心与信心。

家里的事情，解决的最好途径是由家里成员协商解决，如果外人参与可能越帮越忙，甚至成为别人的笑柄或看不起。有的为此走上法庭，最后赢得了公理，失去了亲情。学校良好的声誉需要大家共同珍惜与维护，我们二职中心的老师应该都是有觉悟，有素养的，应该时刻会想到自己的言行是否对学校集体声誉带来不利影响。

(3) 个人利益服从集体利益、局部利益服从整体利益，这是每个人看待问题与处理事情的基本原则。

## 二、营造风清气正的风气

风清气正本是对当今政治生态的要求，我认为应该成为今后二职中心今后校园的正常生态，成为学校的主流风气。

我倾向于遵纪守规、团结合作、真诚善良的教职员工，更欣赏爱岗敬业、爱生如子、爱校如家的教职员工。

让“想干事，能干事，干好事”具有正能量的同志将成为学校的主流，让“不珍惜岗位、不热爱集体、不友善待人”具有负能量的同志没有市场。

学校党员、干部应该为营造风清气正的校园风气作出表率，我与书记当然首先率先垂范。

## 三、构建公平合理的评价

公平合理的评价是科学评价的基础（当然，没有绝对的公平，只有相对的公平），只有构建公平合理的评价，才能激励先进，鞭策后进，推动我们事业向前发展。

（1）建立规范有序的活动管理制度。每一项活动应该做到“活动有通知，反馈有公示，评价有结果”，即“事先通知、事后公示、结果公平”。（文明复查检查、教职工大会）

（2）逐步建立公平合理的分配制度。实行能者多劳、多劳多得的公平分配原则，让业绩突出的骨干教师多挑担子、多得收入，提高他们的经济待遇与政治待遇。现实中存在一部分同志工作量与评价存在一定差距的，但可贵的是这些同志在新的绩效及岗位设置方案没有产生之前，坚守工作岗位，这是一种岗位责任意识。

（3）让老实、本分的同志不吃亏，让默默奉献、任劳任怨的同志既不流汗又不流泪。

（4）“任何时候、任何人不要与组织对抗”。

希望我们每个人、每个家庭，还有我们的学校今后顺利、安全。

# 以作风建设为引领，促进良好校风形成

老师们、同志们：

下午好!

今天是我到学校任职整整第 12 个工作日，我越来越感到事情很多，任务很重，压力很大，有时真希望能把一天当作两天用，感谢同志们在各种场合对学校工作给出的善意肯定与宝贵支持。为此，我有两点深刻体会：一是我们绝大部分教职员工爱校如家，真心希望学校办得越来越好（老教师、在岗与离开岗位的干部、班主任及其他教职员工），纷纷通过不同形式对学校工作给予了很好的建议、理解与支持；二是当前我们的工作与大家的要求还有一定距离，需要全体干部、教职工继续不断努力，进一步增强服务意识，强化工作作风，全校拧成一股绳，努力让“合格”成为学校最基本标准与门框，让“优秀”成为学校的一种习惯与常态。我们应该做到，一定能够做到。

近期，我参加了国家教育体制改革领导小组召开的《关于深化教育体制机制改革的意见》的全国电视电话分会场会议，会后相关领导专门又作了补充强调，根据上级要求，现将会议有关精神、结合学校情况，向大家进行传达。

一是关于职业教育的教育目标与办学方向问题。职业教育应坚持走校企融合、产学结合的办学道路，注重学生的综合素养与基本技能的提升，紧密结合当前及今后我国劳动力结构性短缺问题，适时进行专业动态调整（月子中心、家政、养老管理），培养一批适应未来社会需要的高素质实用技能人才。

反思：一滴水只有融于大海才能永不干涸；一个人只有与整个集体与民族融为一体，才不会落伍并有所作为；一个单位只有与国家制定的政策方针方向一致，才能发展得更快更好。因此，我们都要明确国家大力发展职业教育的目的与意图是什么，因为它决定了今后二职中心的专业设置与课程建设。

二是加强队伍建设，狠抓工作作风。首先，是干部队伍建设问题。一方面，由于种种原因，部分干部的工作作风离全校教职工的要求与学校的发展还有一定距离。另一方面，学校工作除了教育教学外，还有许多其他行政工作，这些工作千头万绪，要求越来越规范，工作任务与压力越来越大，每一项工作都涉及大家的切身利益。我们要求每一位干部增强服务意识，发扬奉献精神的同时，也希望大家给予理解与包容，任何的工作不可能做到100%。其次，教师工作作风。学校里存在三种人：一种是德艺双馨即“能人”（值得尊敬与学习的人），二种是工作努力但效果不佳即“好人”（值得关心与帮助的人），第三种人就是工作不力且为人处世不被认可的人（不仅值得关心，更值得同情，因为与单位整个氛围格格不入。我希望“第三种人”没有或越少越好）。

关于作风建设的有关要求：

（1）全力清理“在编不在岗，在职不在位”的公职人员，该开除就开除，该辞退就辞退，该履行手续就补齐手续。纪委参与调查（预防空饷与脱岗，如果查证属实，单位及个人都将受到很大影响，将会牵连一系列同志）（退休）。

（2）加强规范管理，大力整顿工作作风。一是财务报销规范（预算、报销单、大项目要有会议纪要、程序合法）。二是上班期间不得做与工作无关的事情（电脑炒股、打牌）。中午期间不得酗酒，不得在学校公共场所抽烟。

按时上下班是基本要求，对此我有个人的看法，不能用极端的方式简单管理考勤（打考勤机与放任不管）。教育工作是一项特殊的工作，是一项良心活，不能完全按照工厂管理办法即“计时计件”的办法进行管理，我个人不主张上班打考勤，对于少数同志可能出现“出工不出力”的现象，而相当多的同志早出晚归，平时工作极端认真负责，偶尔出现迟到或请假现象，我觉得很正常、可以理解（即使这样也要如实记载，依规管理，体现公平）；——营造风清气正的风气。

但有些程序是必须要做的。例如，关于教职工升旗（这是普通公民基本素质）、每周例会、课堂教学（推门听课——提前通气）等方面的要求，这也是上级对学校工作必检内容，全国都是一样要求的，但管理需要进一步完善，例如升旗考勤管理（赞成“分组考勤，集中审核”）、例会签字（一人一签，不能代签——校长书记开会）。及时公示——构建公平合理的评价。

（3）准备好后一阶段教师岗位的全面竞聘。允许部分人员离开教师队伍，依法保护他们的正当利益。千万不要说竞聘与自己没有关系，或者可以照样混日子的（“不只是一人、法不责众”与“任性、斗狠”：企业下岗、辽宁、湖南贿选案、山西腐败窝案；有多少比你厉害多少倍的人只要是违法规矩就依法处理，清退部队老干部房产）。当前岗位竞聘工作时机已经成熟（岗位设置、财政包干、评聘分离、养老并轨），只要一声令下，一夜之间就可以搞定（指标：师德、考勤、满意度评价）。

（4）每个人都是校园安全的责任人，落实安全责任追究（食品安全、饮食安全、防火防盗防电安全、危险建筑物安全、师生冲突、网络安全）。网络世界是社会一个缩影与窗口，根据刚刚颁布的法律在此提出两点要求：一是言论自由不是自由言论；二是群主与信息的发布者要为自己的不当行为负法律责任。现在基本所有学校都有自己的工作群平台，“群平台”是为所有人的工作提供便利，我赞成“个别人的事情利用私下窗口交流”的建议。（这是一个小事，当老师给学生考卷改错，学生非常礼貌私下咨询；这和家庭内部不同意见一般不愿暴露在小区等公众场合一样的道理，否则，只能让别人看不起）。

（5）师德建设。师德是教育工作者必备的品质，是与其他行业相区别的行业规范，绝对不能容忍社会上、江湖上一套乱七八糟的东西被带到学校里来。师德不仅体现在学生面前，也体现其他场合，当前对师德失范的处理越来越严格，严禁校园存在侵犯学生权利的师德失范行为（包括聘请教师）。

（6）学校各方面工作要相互配合，相互支持。全校一盘棋，树立“一损俱损，一荣俱荣”观念。绩效考核的竞争机制——树立合作共赢的理念。

一是当前各行各业都在规范管理，学校各行政岗位工作量与工作任务与过去相比较都有所增加，例如人事、学籍、资助、社保、医保、会计、图书管理、工会，等等，稍有疏忽，将影响大家的绩效，每一位同志有责任配合完成。

二是高度重视临时部署的专项工作：例如建华校长达标检查，办公室安排的督导任务，人事安排的继教培训，假期资助入户调查。这些都直接影响个人与单位的绩效考核，关乎切身利益。

三是各专业之间相互促进，相互支持，齐头并进，共同为学校的发展作出贡献。

今后，改革意见就是十九大后教育改革的风向标，要求会越来越规范，越来越严格。当然，只要我们按要求做事、按规矩办事，每个人把自己的本职工作做好，就不用担心，学校及个人的前景一定会更好！

# 以德立校，以法治校，以专兴校，以特强校

## ——武汉市第二职业教育中心学校治校方略

武汉市第二职业教育中心学校是首批国家级重点中职、湖北省示范性中职、武汉市示范性中职、武昌名校。以邓小平理论、“三个代表”重要思想、科学发展观和新时代中国特色社会主义思想为指导，坚持以立德树人为根本任务，以服务发展为宗旨，以技能高考和促进就业为导向。完善职业教育和培训体系，深化产教融合、校企合作。努力培养高素质劳动者和技术技能人才。

坚定不移地坚持职校“三个一流”目标：即以建设一流中职学校、一流专业、培养一流人才为目标。

坚定不移地坚持职校“三个教育”宗旨：即努力办好素质教育、人民满意教育、适应教育。

坚定不移地坚持职校“三个适应教育”要求：适应企业与公司技能型人才要求；适应市场对职业人才素质的要求；适应高职院校对技能高考中职生的选拔要求。

坚定不移地坚持职校“三个服务”方向：为武昌区和武汉市的经济建设和社会发展服务；为教职工的发展服务；为学生未来发展奠基服务。

坚定不移地坚持职校“三种办学需求”：第一大部分中职生技能高考和高职单招的需求；第二部分中职生美术专业和艺术专业普通高考的需求；第三部分中职生社会就业创业的需求。

坚定不移地坚持职校三大专业群设置：即以“文化创意专业群”为主；“现代服务专业群”和“电子信息专业群”为两翼的专业设置格局。

坚定不移地坚持建设一流职校三步走的发展战略：第一步：从2018—2022年用5年时间，在建党100周年之际，快速发展，高质量发展，弯道超车，建设武汉市中职一流专业3个专业以上，进入武汉市一流中职学校行列，毕业生成为武汉市一流中职人才。第二步：从2023—2032年10年时间，在二职中心正式批复建校50周年之际，建设湖北省中职一流专业5个专业以上，进入湖北省一流中职学校行列，毕业生成为湖北省一流中职人才。第三步：从

2033—2049年17年时间，在中华人民共和国成立100年之际，建设全国中职一流专业3个专业以上，达到国家级示范中职，进入全国一流中职之列，迈进世界一流中职学校行列，毕业生成为全国一流和世界一流中职人才。

武汉市第二职业教育中心学校治校方略，可以归纳为：以德立校，以法治校，以专兴校，以特强校。

作为首批国家级重点中等职业学校、武昌名校，我们遵循“以服务发展为宗旨、以促进就业为导向”的办学方向，谨行“以德为首，以技为本”的办学理念。

## 一、以德立校

以德立校，就是坚持以立德树人为根本宗旨，谨行“以德为首，以德为先”的办学理念。遵行“崇德、勤业、求真、向上”的校训，将“崇德”放在校训之首。具体来说，新时代，要做“品德高尚”的“有德”二职中职生；做“师德高尚”的“有德”的二职教职工；做德才兼备的“有德”二职党员干部。

中等职业教育主要由中等职业学校承担。中等职业学校主要包括中等专业学校、技工学校和职业中学。根据《中华人民共和国职业教育法》的规定：“实施职业教育必须贯彻国家教育方针，对受教育者进行思想政治教育和职业道德教育，传授职业知识，培养职业技能，进行职业指导，全面提高受教育者的素质。”

教育部制定的《关于全面推进素质教育，深化中等职业教育教学改革的意见》要求中等职业教育要全面贯彻党的教育方针，转变教育思想，树立以全面素质为基础、以能力为本位的观念，培养与社会主义现代化建设要求相适应、德智体美等全面发展，具有综合职业能力，在生产、服务、技术和管理第一线工作的高素质劳动者和中、初级专门人才。职教生应该具有科学的世界观、人生观和爱国主义、集体主义、社会主义思想以及良好的职业道德和行为规范；具有基本的科学文化素养、必要的文化基础知识、专业知识和比较熟练的职业技能；具有继续学习的能力和适应职业变化的能力；具有创新精神和实践能力、立业、创业能力；具有健康的身体和心理；具有基本的欣赏美和创造美的能力。

### （一）学生：做“品德高尚”的“有德”二职中职生

做“品德高尚”的“有德”二职中职生，就是要遵守《中职生守则》《中等职业学校学生日常行为规范》和《中等职业学校学生公约》。

《中职生守则》规定中职生的“有德”可以归纳为：热爱祖国，热爱人民；树立正确的人生观和价值观；勤于思考，热爱专业；坚持体育锻炼，讲究卫生；热爱集体，爱护公物；诚实谦虚，尊敬师长，团结同学，遵守社会公德；遵守学校规章制度，遵守国家法令，遵守公共秩序；树立正确的就业观，爱岗敬业，乐于奉献。

《中等职业学校学生日常行为规范》：自尊自爱，注重仪表；真诚友爱，礼貌待人；遵规守纪，勤奋学习；严于律己，遵守公德。

《中等职业学校学生公约》：爱祖国，有梦想；爱学习，有专长；爱劳动，图自强；讲文明，重修养；遵法纪，守规章；辨美丑，立形象；强体魄，保健康；树自信，勇担当。

### （二）教职工：做“师德高尚”的“有德”二职教职工

做“师德高尚”的“有德”二职教职工，就是要求教职工遵守《中等职业学校教师职业道德规范（试行）》和《中小学教师职业道德规范》。《中等职业学校教师职业道德规范（试行）》：坚持正确方向；热爱职业教育；关心爱护学生；刻苦钻研业务；善于团结协作；自觉为人师表。

《中小学教师职业道德规范》：爱国守法；爱岗敬业；关爱学生；教书育人；为人师表；终身学习；尊重学生。

### （三）党员干部：做“德才兼备”的“有德”党员干部

我们常说：先做人，再做事；先成人，再成才；德才兼备是正品，有德无才是次品，无德无才是废品，有才无德是危险品；有德有才破格重用，有德无才培养使用，有才无德限制录用，无德无才坚决不用。

学校的发展，队伍是关键，而干部队伍是关键的关键。加强干部作风建设，要有服务意识、要率先垂范；调动干部积极性，关心成长，给予合理待遇，干部要有自己理想与目标，要有自身价值定位。

## 二、以法治校

依法治校就是指学校管理要坚持依法治国的精神，教育部《全面推进依法治校实施纲要》，依照宪法和法律的规定，尤其是教育法律法规的规定，运用法律手段、经济手段和行政手段等来治理学校、管理学校的各项事务，使学校的各项工作逐步走上法制化、规范化的轨道。因此，作为学校管理者，要体现一种法治精神，把教育法律法规作为管理学校的根本依据和最高权威。

依法治校的目标：通过推进依法治校，增强法治意识，形成依法行政和依法治教的工作格局；学校建立依法决策、民主参与、自我管理、自主办学的工作机制和现代学校制度，学校工作更加规范化、制度化、科学化；学校校长、教师和受教育者的法律素质明显提高；建立完善的权益救济渠道，教师和受教育者的合法权益得到切实保障，形成良好的学校育人环境，树立教育的良好形象；实现教育公平，保证学校正确的办学方向，为教育改革与发展创建良好的法制环境；保证教育方针的贯彻落实，实现素质教育的目标，培养社会主义事业的合格建设者和接班人。

依法治校的要求：一是学校要加强学校制度建设。要制定和完善学校章程、学校教育教学管理、学籍管理、财务财产管理、教师管理、学生管理等各项管理制度。学校各项制度的内容要与国家法律法规相适应。二是学校要切实保护学生的受教育权利及其他各项合法权利。学校要加强教育教学过程的监督与管理，防止歧视差生、体罚和变相体罚学生、加重学生课业负担等违法违规行为的发生。要与家庭、社会一道共同营造学生健康成长的良好环境。三是学校要完善民主监督制。学校校务要公开。接受学校师生的监督。要推进教师代表大会制度、家长委员会制度，严格执行学校重大决策由教师代表大会讨论通过等措施。推进家长委员会、社区对校务的民主参与。四是学校要严格教师管理，切实维护教师合法权益。教师要认真履行职责，学校要保障教师合法权益。

树立依法治校观念，健全现代学校管理体制。切实提高学校管理者的依法行政水平。树立明确的法治观念。依法治校，是一种体现现代教育思想的治校理念，是学校办学、管理中带有根本性的、总揽学校工作全局性的基本方针和原则，也是一种最先进的管理模式。

根据《教育法》的规定制定学校章程，这是学校实施依法治校的重要基础。学校章程是学校的最高法，是国家关于学校办学方针、原则规定的具体化。制定学校章程，目的在于统领学校管理，而依法管理学校事务是依法办学的核心内容，学校管理必须做到有法可依、有法必依。建立完备的规章制度。建立健全符合法律法规精神、符合学校实际的各项制度，有利于规范学校管理和保证学校各项工作的有序运行，有利于学校健康发展，这是学校成功的关键所在。实践证明，没有健全的制度就不可能有成功的学校管理。由此可见，要推进依法治校，必须制定和不断完善与学校章程相配套的各项规章制度，保障国家教育方针的贯彻落实。建立健全依法治校的管理体制，随着教育改革的不断深入，我国原有的教育管理体制已经不再适应现代教育管理的需要，学校如何面对和适应新的发展机遇与挑战，首要的任务是应当建立法制化的现代教育管理体制，实行依法治校。

按照教育部关于印发《全面推进依法治校实施纲要》的通知精神（教政法〔2012〕9号），全面落实依法治国要求，大力推进依法治校；建设现代学校制度；加强章程建设；健全学校依法办学自主管理的制度体系；健全科学决策、民主管理机制，完善学校治理结构；建立家长委员会制度；尊重和保护学生权利；尊重和保障教师权利；学校要依据《教师法》和相关法律法规的规定，进一步建立和完善教师聘任和管理制度；制定权利义务均衡、目标任务明确，具有可执行性的聘任合同，明确学校与教师的权利与义务，依法聘任教师，认真履行合同；要依法在教师聘用、职务评聘、继续教育、奖惩考核等方面建立完善的制度规范，保障教师享有各项合法权益和待遇。

职教的发展必须符合国家的方针政策：《中华人民共和国职业教育法》及教育部制定的《关于全面推进素质教育，深化中等职业教育教学改革的意见》。职教的发展前途依靠上级的支持，得益于国家的方针政策，这决定了职教的发展方面与目标。任何教育都是为社会经济发展服务，为人的发展服务，任何偏离正确方向的教育是没有前途与希望的，职教更是这样，这是摆在所有职教工作者面前的一个重大问题，每个人必须非常清晰明白这个大是大非的教育问题。

## 三、以专兴校

以专兴校，就是建设一流的专业振兴学校。国家以建设“双一流”的大学为目标，“双一流”即一流的专业和一流的大学。中职也应以“双一流”为目标，即建设一流的专业和一流的中职学校。

根据《国家中长期教育改革和发展规划纲要（2010—2020年）》《市教育局市财政局关于做好“十三五”期间现代职业教育质量提升计划中等职业教育项目建设规划的通知》，结合我校实际情况，特制定武汉市第二职业教育中心学校“十三五”后三年专业建设发展规划。

## （一）专业建设现状

### 1. 专业布局

武汉市第二职业教育中心学校创办于20世纪80年代，是首批国家级重点职校、湖北省中等示范职校，学校坚持“围绕市场办专业，面向社会育人才”的思想，以市场为导向，先后经历多校合并，校区整合，专业调整，开设有工艺美术、会计、动漫设计、服装工艺与设计、平面设计、计算机及应用、电子技术应用、酒店服务与管理、烹饪、学前教育等专业，形成了以“文化创意产业”为主，包括工艺美术、服装工艺与设计、动漫游戏设计、计算机平面设计等专业；以现代服务业（财经类、旅游服务类）和制造业（电子类、计算机类）为两翼的专业设置格局。

学校现有班级50个，学生2000余人，其中美术高考类13个班、电子信息类12个班、旅游服务类6个班、财经商贸类6个班、应用美术类6个班，呈现各专业均衡推进，齐头并进的状态。

### 2. 师资队伍

学校目前教师总数145人，其中专任教师135人，校内兼职教师10人，专任教师学历合格率为97.93 %。其中研究生毕业有30人，本科毕业有112人，专科及以下有3人；高级职称有66人，中级职称有59人；公共基础课教师有81人，专业技能课教师有64人；“双师型”教师有20人。为了更好地适应市场不同层次人才需求及各专业职业岗位能力的需要，学校聘请了6位行业专家或高校教授来校讲学。

### 3. 课程建设

课程建设在教学工作中处于基础与核心地位。学校各专业课程安排按3∶3∶4设计，即文化课课时比重占30%、专业理论课时比重占30%、专业实践课的课时比重占40%，力图建立以突出职业能力为主线、职业活动课程为主体，注重职业道德、综合素质、创新能力、实践能力的培养，建立文化知识和专业实践能力相结合、理论与实践相融合、教学内容与岗位需求相适应的课程体系。

### 4. 存在的问题

（1）专业设置特色不鲜明，服务适应社会经济发展的能力有待加强。学校专业设置存在同地区较高的同质性，同类专业“大”而“同”，由于中等专业学校在培养目标上，大多定位于技能高考，因此专业建设的同质化现象严重，缺乏特色和亮点。为适应武汉、武昌文化城区产业结构及社会需求特点，适应现代城市服务功能换代、服务模式创新的需求，学校现有专业存在亟待整合，寻找突破，打造特色，以适应经济社会发展需求。

（2）高水平、现代化校内实训教学基地建设亟待加强。经过这些年的建设，各专业虽然有一定的实践教学环境，但严重缺乏高水平、现代化、综合性校内实训教学基地。教学设施和设备比较陈旧，严重滞后新技术、新科技的发展，仿真模拟实训室严重不足，影响专业发展。

（3）师资队伍水平有待提高。目前从学历、职称结构看学校拥有一支专业较强的教师队伍，但从专业结构、年龄结构、知识结构看仍然缺乏专业水准高、实践能力强、适应能力快充满活力的“双师型”教师。专业教师教育教学负担重，缺乏“充电”时间，教师企业实训学习机制有待完善落实。

（4）课程体系和教学内容的改革创新有待加强。根据现代职业教育课程观念和要求，课程体系和教学内容的改革和创新必须加强，教师参与校本教材的建设和先进企业新技术行业标准的学习和引进亟待跟进。

（5）人才培养模式和教学方法的改革有待改进。亟待建立与岗位能力相适应的人才培养标准，需要从深度和广度上探索与企业的合作，共同制定人才培养方案。

### （二）专业发展规划

专业建设是一项系统、复杂的工程，包含有专业人才需求分析和预测调研报告；专业设置必要性和可行性分析报告；专业实施性教学计划和相关教学文件；专业教学师资队伍和仪器设备相关配备情况等工作。就专业规划角度，具体包含有：

（1）专业重组背景分析：根据武汉市“万亿倍增”、建设国家中心城市、打造武汉长江主轴概念发展规划，以及武昌区全面实施“三区融合、两翼展飞”发展战略、建设国家中心城市核心区，运用“互联网+”思维，着力打造形成金融产业集群、文化创意产业集群、商贸产业集群、旅游产业集群、信息技术产业集群、公共服务业集群等六大产业集群等区域经济发展的整体布局。市场对人才的综合要求更高，专业相互交融，协同组合建设发展的趋势更为明显，迫切需要我们加强专业的整合，以专业群的建设适应市场产业群的人才需求。

（2）专业群设置规划：结合我校师资实际及现有文化创意和现代服务业专业优势，在现有的省级品牌专业、省级重点专业及市级重点专业基础上，集中力量建设4个专业群，进行专业结构调整升级，适应区域现代产业发展：

一是现代服务专业群，包括会计、烹饪、旅游服务等专业；

二是电子信息专业群，包括计算机及应用、电子技术应用等专业；

三是文化创意专业群，包括工艺美术、动漫设计、平面设计、服装设计与工艺等专业等。

四是美术高考专业群，充分发挥传统专业优势，为少数文化成绩及美术专业基础较好的学生提供学习环境，力求创建品牌专业群。

（3）专业群建设目标。适应市场跨行业兼并重组，交叉新型业态出现对传统专业的调整和改造；实现学校专业师资、实习实训设施的资源整合及综合协调使用；提高专业品质和人才质量；提升职业教育服务经济与社会发展的匹配度和贡献率。

### （三）“十三五”后三年专业建设内容

**1. 2018 年项目建设内容**

（1）达标建设工程（一期）。项目资金总额 800 万元，其中，申请市级支持 400 万元，区级或主管部门投入 400 万元。

（2）现代服务专业群和课程建设。项目资金总额 600 万元，其中，申请市级支持 300 万元，区级或主管部门投入 300 万元。

（3）时尚工艺高水平实习实训基地建设（一期）。项目资金总额 500 万元，申请市级支持 500 万元。

（4）规范化数字校园建设（一期）。加强信息资源层应用建设，服务器与软件管理平台建设，教室与实训室整合改造。项目资金总额 400 万元，其中，申请市级支持 200 万元，区级或主管部门投入 200 万元。

**2. 2019 年项目建设内容**

（1）达标建设工程（二期）。项目资金总额 800 万元，其中，申请市级支持 400 万元，区级或主管部门投入 400 万元。

（2）信息技术专业群和课程建设。项目资金总额 400 万元，其中，申请市级支持 200 万元，区级或主管部门投入 200 万元。

（3）时尚工艺高水平实习实训基地建设（二期）。项目资金总额 500 万元，申请市级支持 500 万元。

（4）规范化数字校园建设（二期）。加强信息资源层应用建设，服务器与软件管理平台建设，教室与实训室整合改造。项目资金总额 400 万元，其中，申请市级支持 200 万元，区级或主管部门投入 200 万元。

**3. 2020 年项目建设内容**

（1）达标建设工程（三期）。项目资金总额 800 万元，其中，申请市级支持 400 万元，区级或主管部门投入 400 万元。

（2）文化创意专业群和课程建设。项目资金总额 400 万元，其中，申请市级支持 200 万元，区级或主管部门投入 200 万元。

（3）无人机操控高水平实习实训基地建设。项目资金总额 500 万元，申请市级支持 500 万元。

（4）规范化数字校园建设（三期）。加强信息资源层应用建设，服务器与软件管理平台建设，教室与实训室整合改造。项目资金总额 400 万元，其中，申请市级支持 200 万元，区级或主管部门投入 200 万元。

## 四、以特强校

以特强校，就是职校要办出特色，重在特色，突出特色，以特色将学校做大做强。即他无我有，他有我新，他新我特。

十九大报告提出："完善职业教育和培训体系，深化产教融合、校企合作。"面对新的机遇与挑战，学校将更加注重专业建设与产业发展的研究，更加重视学生综合素质的培养和提高，更加关注教师的专业化发展。"让学生成才，让家长放心，让社会满意"，是二职中心全体教职工的永恒追求和庄严承诺。

加快现代职业教育体系建设，深化产教融合、校企合作，培养数以亿计的高素质劳动者和技术技能人才。政府推动、市场引导；加强统筹、分类指导；服务需求、就业导向；产教融合、特色办学；系统培养、多样成才。

要坚持从国情出发、从实际出发、从规律出发，抓住关键、突出重点，切实让职业教育与继续教育香起来、亮起来、忙起来、强起来、活起来、特起来。

立足经济社会发展全局和人民群众期盼，深刻洞察新一轮科技革命和产业革命的动态及影响，全面梳理自身存在的差距与不足，适应需求，创造和提供有效的、优质的教育供给。"十三五"时期，要将职业教育与继续教育摆在重要位置，瞄准教育现代化目标，科学定位、提前谋划、深化改革、依法治教，努力实现职业教育和继续教育有更高的质量、更优的结构、更顺的体制、更强的保障、更加的公平、更好的开放，为全面建成小康社会、实现中国梦作出新的贡献。

健全产教融合、校企合作机制，深化教育教学改革，加强教师队伍建设，全力做好职业教育与继续教育扶贫工作，积极推进继续教育改革创新。

着力把“中国制造2025”、“互联网+”和大众创业、万众创新紧密结合起来，形成新动能培育与传统动能改造提升互促共进的良性循环；着力弘扬企业家精神和工匠精神，苦练内功、精益求精、提质增效、追求卓越，努力攻克一批核心技术和关键工艺装备，提升智能制造、绿色制造水平，为促进经济中高速增长、迈向中高端水平提供坚实有力支撑。中共中央政治局委员、国务院副总理马凯出席会议时强调，要认真贯彻落实中央经济工作会议精神，按照李克强总理对会议所作重要批示要求，以提高发展质量和效益为中心，以推进供给侧结构性改革为主线，持续深入实施“中国制造2025”，推动制造强国建设取得更大进展，为促进经济平稳健康发展贡献更大力量。学校努力促进学生与社会的融合，学校与企业的融合，为企业的发展、社会经济的发展提供高素质的技能人才。

党的十八大以来，党中央、国务院对发展现代职业教育作出了新的战略部署，陆续出台并落实《关于加快发展现代职业教育的决定》和《现代职业教育体系建设规划（2014—2020年）》等一系列重要政策措施，为职业教育服务经济转型、结构调整、产业升级、提升人力资本素质指明了方向，职业教育发展得到了空前重视。但随着信息技术日新月异的发展和“互联网+”时代的到来，新一轮科技和产业变革浪潮之下，职业教育也同样面临着前所未有的机遇和挑战。一方面是年年攀升的大学生毕业人数，就业压力巨大，一方面却是用人单位频频出现的“用工荒”现象。本应破解这一难题的职业教育为何“叫好不叫座”？

职业教育须打破传统模式真正落实产教融合。传统职业教育往往囿于“闭关教技能”的单一格局，特色不突出，学生就业优势不够明显。近几年来，国家大力提倡校企合作、产教结合的教育培养模式，但绝大多数职业院校受自身办学水平和实力的限制，缺乏技术开发能力和科技创新能力，能够真正较为完备地完成一个生产流程并不容易，普遍存在着校企合作环节流于形式，实训环节难以落实的问题。在培养人才输出人才方面，由于受目前劳动力结构和供求关系的影响，学生缺乏实际就业竞争力，导致学校往往要为提高毕业生的就业率在校企之间疲于奔走。

如何打通从毕业到就业的“最后一公里”还需真正把职业教育的产教融合落到实处，实现教学与企业用人的无缝衔接，让毕业生能在有丰富生产实践经验企业的指导下找到快速提升技术技能的绿色通道，以达到“所需即所学、所学即所用”的目的和效果。

产学一体深度融合打造人才核心竞争力。毫无疑问，要想打通就业的“最后一公里”，职业教育就要办成高质量的就业教育，要从专业技术、项目实践、职业素养训练上着手，提升就业质量，将职业教育、技术培训与就业相互沟通、联系起来。基于这一发展理念和模式，越来越多的地方政府、高职院校兴起了深入企业、科技园区实地“走访调研”的活动，零距离了解企业真实用人需求。

教育改变命运，技能成就人生。职业教育的培养目标，应该是具有专业技能、创新能力的复合型人才，是助力新技术、新业态发展的高素质人才，是以信心和能力推动国家创新创业发展浪潮的栋梁之才。职业教育发展，任重而道远。希望更多有梦想、有特色的社会化培训机构加入，共同为促进职业教育的产教融合、转型发展作出实质性贡献。

中等职业教育主要由中等职业学校承担。中等职业学校主要包括中等专业学校、技工学校和职业中学。根据《中华人民共和国职业教育法》的规定：“实施职业教育必须贯彻国家教育方针，对受教育者进行思想政治教育和职业道德教育，传授职业知识，培养职业技能，进行职业指导，全面提高受教育者的素质。”教育部制定的《关于全面推进素质教育，深化中等职业教育教学改革的意见》要求中等职业教育要全面贯彻党的教育方针，转变教育思想，树立以全面素质为基础、以能力为本位的观念，培养与社会主义现代化建设要求相适应、德智体美等全面发展，具有综合职业能力，在生产、服务、技术和管理第一线工作的高素质劳动者和中、初级专门人才。职专生应该具有科学的世界观、人生观和爱国主义、集体主义、社会主义思想以及良好的职业道德和行为规范；具有基本的科学文化素养、必要的文化基础知识、专业知识和比较熟练的职业技能；具有继续学习的能力和适应职业变化的能力；具有创新精神和实践能力、立业和创业能力；具有健康的身体和心理；具有基本的欣赏美和创造美的能力。

通过对新时期“中专、技校、职中”的培养目标的分析，可以发现其有如下特点：

第一，新时期中等职业教育培养目标的落脚点是“在第一线工作的高素质劳动者和中、初级专门人才”。作为一类教育，中等职业教育有必要提高学生的文化基础知识，但它是“必需的文化基础知识”，是为学习专业知识和专业技能服务的；作为一类教育，中等职业教育有责任承担就业、升学双重任务，既要为生产、服务和管理的第一线培养实用性人才，又要为高一级学校特别是高等职业学校输送合格新生，但它的“双重任务”是有轻、重、主、次之分的，它的主要任务是为就业服务。我们不能对双重任务平等看待，更不能重升学轻就业。

第二，新时期中等职业教育侧重综合职业能力的培养。随着企业向技术密集型转变，实行集约化经营，劳动分工从单一工种向复合工种转变，就要求劳动者具备跨岗位的能力。要解决专业的定向性与未来职业（岗位）的不确定性的矛盾，学生唯有拓宽知识基础，掌握多项技能，增强就业适应能力，成为“一专多能”的复合型人才。

第三，新时期中等职业教育侧重综合素质的培养。近年来，我国就业形势十分严峻，党的十六大报告中明确指出：“引导全社会转变就业观念，推行灵活多样的就业形式，鼓励自谋职业和自主创业，完善就业培训和服务体系，提高劳动者就业技能。”职业教育以培养各行各业的高素质劳动者为主旨，毕业生中的大多数都直接走向社会，不再继续深造，所以实施就业与创业教育就更为重要。职业教育需要根据经济社会的发展变化，注重培养学生的从业技能，同时要加强学生的创业意识与就业能力的培养，使学生具有较强的适应职业不断变更转移和自谋职业的能力。

# 主动作为，争优创先

——在 2017 年年底绩效考核发言稿

感谢组织的信任，让我做梦都没有想到的是，还有机会走进职业教育，再一次丰富了我的教育生涯。进入二职中心后，时刻铭记局领导对我的教导："做事情不要急躁，想好了、看准了再做"。自己拟定了工作目标：稳定与发展。以下从四个方面汇报工作思路：

## 一、主动学习

三人行，必有我师焉；学知不足，业精于勤。我是职教的一名新兵，自己的首要任务就是学习。

理解掌握国家职教政策，就不会迷失办学方向。首先，认真学习国家的职教政策。如《中华人民共和国职业教育法》，教育部《关于全面推进素质教育，深化中等职业教育教学改革的意见》，国务院《关于大力推进职业教育改革与发展的决定》，湖北省政府《关于进一步推进专业教育发展的意见》，深刻领会市、区教育局关于中职教育发展的有关精神与要求。

知己知彼，百战不殆。管理好一所学校也是如此，必须深入了解学校的方方面面情况，了解的过程也就当作学习的过程。一是了解职业教育与普通教育的区别所在：专业课程与种类不同（高考科目与非高考科目、8 大专业、70 多门课程）、遵循的原则不同（教育规律、市场规则）、教学的目标任务不同（普通高考、技能高考、3+2 考试、单招、就业）、学科的地位不同（文化课、专业课）、队伍的结构与干部的状态不同（三校；主体是公办，20%外聘、平均年龄 48 岁；干部年龄与消极）、社会的认同与认知不同（高考是成长的唯一渠道、学生与班主任的管理）；二是了解特殊教师群体情况（积怨很深的、没有上班的）；三是了解每一个教师的情况，通过深入课堂、年级组、各种类型的活动、会议的机会，一个月内，我能够叫出所有干部教师名字，逐步了解了教学风格与家庭情况；四是了解同行学校的发展现状。天下职教一家人，职校之间很少封闭与保守。带着具体任务，组织干部教师走进中职、高校参观学习，通过学习考察，增强了教师的紧迫感与危机感，激发了发展的欲望与工作的干劲，一潭死水的现象逐渐被搅活了。

## 二、转变作风

校长是校风建设第一责任人。转变校风首先要转变作风，抓好干部的作风建设是转变作风的关键。打铁还需自身硬，第一，校长率先垂范，严于律己，做好干部的表率与模范。第二，以转变规范会风与集体活动为抓手与突破口，带动工作作风转变。第三，强化干部的担当精神与服务意识，改变过去将矛盾与困难上交、服务意识不强的现象，强化干部作风转变。扭转了“校级干部做中层事情，中层干部做职员的事情，职员是服务者变为被服务者”的不正常现象，干部的工作逐渐得到认可。第四，明确正确的评价导向。评价导向是扭转校风的最好武器，民主管理是赢得教职工支持与理解的最好途径，校长必须把握好“评价导向”这个大方向，充分利用这次岗位晋级的难得机会，坚持“把规矩挺在前面”，严格执行上级文件精神，重视民主管理与民主测评，保证这次晋级工作的平稳完成，没有给上级添加麻烦。最重要的是利用这次晋级机会，促使了部分教师对自己过去行为的反思，成功地化解了过去的矛盾与积怨。

## 三、凝心聚力

众人拾柴火焰高。学校和谐发展，需要赢得教职工两个前提条件：一是信任理解，二是齐心合力。这两个条件的落实需要校长做凝心聚力的工作。我们的做法是：通过干部的“以诚相待，及时服务”的工作态度，取得信任；通过沟通、解释、宣传等工作，争取理解。提出“过程比结果重要，宣传、解释比措施、执行重要”；通过“统一规划，系统设计、分步推进，逐项完成”的建设策略，形成合力，避免各自为政，内耗浪费。

## 四、谋划发展

在当前“从严治党”越来越严格的大背景下，每一个校长，特别是想做事的校长，面对自己的岗位，随时都有两个“自我”在打架，一个是“求稳”

的自我；一个是“进取”的自我。一方面“求稳”的自我认为，做任何事情不可能做到尽善尽美，一旦出现差错或被投诉，就可能面临被纪委追责的风险与代价。为此，工作中自然产生“不求有功、但求无过”的明哲保身的想法；另一方面“进取”的自我认为，自己是组织培养的，岗位是领导的信任才拥有的，在实际工作中不会考虑自己的得失，用发展的理念与办法，主动解决学校内部长期存在的矛盾与问题，推动教育事业的发展。大部分校长可能与我一样，属于第二种想法。本学期，一方面我们重点思考了“专业设置与建设”；另一方面对学校办学条件进行了认真规划与设计。

武昌教育三大部分。我深信，有各位领导及同仁的支持，武昌职业教育在不久的将来，一定会得到很好的发展，为“学在武昌”的教育品牌添砖加瓦。

# 诚诚恳恳待人，踏踏实实做事

经组织安排，我于2017年9月正式任职武汉市第二职业教育中心学校校长。近四个多月以来，在上级领导的关心与指导下，在全体干部、教职员工的共同支持与努力下，学校各项工作开局良好，进展顺利。

## 一、加强政治理论与业务学习，提高自身素质

感谢组织的信任，让我做梦都没有想到的是，有机会走进职业教育，再一次丰富了我的教育生涯。成为职业教育一名新兵后，为了不辜负自己的岗位，组织的重托，同志们的信任，为了尽快熟悉业务及工作环境，自己的首要任务就是加强学习。

一是学习十九大精神及习近平新时代中国特色社会主义思想。习近平新时代中国特色社会主义思想不仅对新时代社会主要矛盾进行了准确定位，而且对新时代党的理论主题作了科学回答，是我们党对十八大以来习近平一系列重要讲话和治国理政新理念新思想新战略的新概括。用习近平新时代中国特色社会主义思想武装头脑、指导实践、推动工作，利用班子会及教职工大会多次分享自己学习心得。

二是学习国家的职教政策。理解掌握职教政策法规，就不会迷失办学方向，如《中华人民共和国职业教育法》，教育部《关于全面推进素质教育，深化中等职业教育教学改革的意见》，国务院《关于大力推进职业教育改革与发展的决定》，湖北省政府《关于进一步推进职业教育发展的意见》，深刻领会市、区教育行政部门关于中职教育发展的有关精神与要求。

三是向身边同志及教职工学习。“三人行，必有我师”。刚踏进职教大门，自己还是一位门外汉，首先向班子成员及中层管理人员学习，向他们了解学校及各部门整体情况。充分利用各种机会，了解教职工的专业特长及思想动态，听取各方面意见，为学校正确决策、科学发展广泛收集合理化建议。

四是向兄弟学校学习。“天下职教一家人”。相对于普通高中，职校之间

没有很强的竞争性与排他性，有利于各校之间相互学习、取长补短。为实现“最好职校”的办学目标，我们要学习兄弟学校特别是优质学校的办学经验成果。带着“学习与借鉴”的任务，组织干部教师走进中职、高校参观访问，通过学习考察，增强了教师对学校发展的紧迫感与危机感认识，激活了工作干劲，激发了工作热情。

## 二、保持勤奋敬业的工作状态，认真履职尽责

不断强化服务意识，改进思想作风和工作作风，注重工作的科学性、原则性、系统性和预见性，认真履行职责，推动学校各项工作有序进展。

（1）谋划发展，理清思路。在其位，谋其政。自己是组织培养的，岗位是同志们给予的信任，任职以来，自己时刻将全校师生的切实利益装在心里，唯恐辜负组织的重托与同志们的期望，丝毫不敢忘记岗位职责，主动用发展的理念与办法，解决工作中出现的矛盾与问题，竭诚推动职教事业发展。通过会议、访谈、参观、考察等途径，对学校办学条件、专业设置、课程管理、师资培训、作风建设等工作进行系统思考，整体规划，谋划学校发展思路，勾画发展蓝图，为后期学校跨越性发展提供价值取向与行动指南。

（2）严格作风，率先垂范。作风问题最核心的是对广大师生的感情问题。校风教风的转变，关键是看干部作风。打铁还需自身硬，努力做到率先垂范，严于律己，做好干部的表率与模范。以转变会风与规范集体活动为突破口，带动全校作风逐步转变。不断强化干部的担当与服务意识，改变过去干部将矛盾与困难上交、服务意识不强的现象，逐步扭转“校级干部做中层事情，中层干部做职员的事情，服务者退化为被服务者”的不正常现象，干部及行政人员的工作积极性逐步得到提高与认可。

（3）开门办学，民主管理。学校是社会一个基层单位，需要融入社会，与兄弟单位、相关组织与部门加强联系，营造良好、宽松的外部环境。为此，学校倡导、鼓励、规划专业教师、文化及公共学科教师先后走出去参观学习。加强与省市区相关职能部门及街道、社区、派出所的沟通与联系。同时，积极争取上级部门的大力支持，为学校后期发展提供政策、资金、人员、技术保障。校务公开，民主管理，是保证教职工支持与理解有关政策的最好途径。通过各种渠道，收集、听取广大教职工的意见与建议，坚持做到重要方案集体讨论，重要事情集体商量，重要活动集体参与。

（4）明确导向，激励先进。评价导向是扭转校风、激励先进的重要手段。

把握好“评价导向”这个大方向，就是指明教职工努力方向与发展的路径，有利于建立风清气正的干事校园文化。以岗位晋级、年度考核为契机，严格执行上级文件精神，坚决“把规矩立在前面”，明确“基本工作量、服从工作安排、影响学校声誉”等行为视为基本条件与红线，关注认真做事、能够做事、发挥正能量教职工的个人发展与合理关切，目的是树立标杆与旗帜，明确正确导向，保证学校教育教学工作的正常开展。

（5）用心办学，诚心服务。教育是一项良心活，需要校长用心办学；管理就是服务，需要干部诚心待人。我一直将学校当作家一样经营，视教职工为兄弟姐妹。让每一个教职员工在校园里实现人生价值并快乐工作，让每一个在校学生能够学有所成且感恩母校，这一直被当作我办学的理想与目标。为了教职工车辆进出方便，就任不久联系上级部门为校门出口路段增设车道隔护栏，一定程度上破解校门出口路段车辆长期占道致堵现象；为了教职工的身体健康，就任第三天督促食堂改善就餐质量，要求总务部门改善食堂就餐环境，要求工会妥善做好教职工体检相关工作；为了改善办公条件，竭力争取区教育局支持，在无采购计划与预算资金的前提下，学期末区教育局破例同意为我校教职工更新办公电脑；为发挥广大教职工主人翁作用，敞开民主渠道，指导相关部门通过征集合理化建议、会议座谈等形式，广泛听取教职工意见与建议；为了增强职校专业的吸引力，真正为招生工作及学生今后出路着想，高度重视专业建设与设置工作，破例向区教育局申请专业建设专项经费，先期组织专业教师赴外学习考察。逐步淘汰落后专业，建设适应未来社会发展及学生就业需求的新专业。后期，将针对文化课及公共课教师的课程设置、课堂教学、专业发展等问题，在促进校内教研与主动发展的基础上，有规划、有目的分期分批组织赴校外学习、提升；为了增强学生的集体荣誉感与认同感，防止铺张浪费与相互攀比，本着为学生服务、公平公正的原则，支持学工处组织高一新生统一订购校服；为了加强住读生的安全与管理，要求相关部门及时更换住宿楼变压箱，分开男女生进出通道。

（6）安全为先，警钟长鸣。没有安全，就没有教育。安全工作是学校及每一位干部、教职工的头等重要的大事，也是我们工作的底线与红线，包括职业规范安全，以及防火防盗等意外事故安全。充分利用行政化、教职工大会等场合，强化干部教师的安全意识，明确安全要求，落实安全措施，开展安全检查，追究安全责任。本学期以来，学校没有发生重大的安全责任事故。

## 三、增强反腐倡廉的政治觉悟，坚持清政廉洁

作为一名共产党员和领导干部，坚持以身作则，严于律己，努力做到干干净净做事。

（1）加强学习。认真学习落实《关于实行党风廉政建设责任制的规定》《党内监督制度》《廉洁自律规定》及国家监察委员会关于清正廉政的文件精神，严格执行重大事项报告制度，增强廉洁自律意识。加强党性修养，树立正确的世界观、人生观和价值观，使自己的行为符合党员领导干部的要求和规范。

（2）身体力行。“其身正，不令则行；其身不正，虽令不从。”强化政治意识，充分认识领导干部的清正廉洁是关系到党的生死存亡的大事，始终保持头脑清醒。争做优秀楷模，做遵纪守法、开拓进取的楷模，做公道正派、反不正之风的模范。

（3）接受监督。自觉接受党组织的监督，对自身存在的问题，严格进行剖析，认真总结教训。自觉接受广大群众的监督，对同志们的批评，闻过则喜，有则改之，无则加勉。提出了“过程比结果重要，宣传、解释比措施、执行重要”工作思路与方法，有利于调动广大师生参与学校建设与管理的积极性，保证各项措施切实可行。

## 四、感想与努力方向

经过不断努力，近半年来，自己尽管发挥了一名学校领导干部模范带头作用，但我也清醒地认识到，自己的工作与上级领导及同志们的要求相比，仍有差距。今后，将进一步解放思想，创新思路，兢兢业业，恪尽职守，为学校及广大教职工的美好明天作出自己的应有贡献。

# 积极履职尽责，全力促进学校发展

——二职中2017年总结暨2018年计划

老师们：

上午好!

今天是本学期最后一次教工大会，会后，大部分老师开始进入寒假模式。我代表学校就本学期的主要工作简单总结如下：

(1) 谋划发展，理清思路。在其位，谋其政。自己是组织培养的，入岗是同志们给予的信任，任职以来，我时刻将全校师生的切实利益装在心里，唯恐辜负组织的重托与同志们的期望，丝毫不敢忘记岗位职责，主动用发展的理念与办法，解决工作中出现的矛盾与问题，竭诚推动职教事业发展。通过会议、访谈、参观、考察等途径，对学校办学条件、专业设置、课程管理、师资培训、作风建设等工作进行系统思考，整体规划，谋划学校发展思路，勾画发展蓝图，为后期学校跨越性发展提供价值取向与行动指南。

(2) 严格作风，率先垂范。作风问题最核心的是对广大师生的感情问题。校风教风的转变，关键是看干部作风。打铁还需自身硬，努力做到率先垂范，严于律己，做好干部的表率与模范。以转变会风与规范集体活动为突破口，带动全校作风逐步转变。不断强化干部的担当与服务意识，改变过去干部将矛盾与困难上交、服务意识不强的现象，逐步扭转“校级干部做中层事情，中层干部做职员的事情，服务者退化为被服务者”的不正常现象，干部及行政人员的工作积极性逐步得到提高与认可。

(3) 开门办学，民主管理。学校是社会一个基层单位，需要融入社会，与兄弟单位、相关组织与部门加强联系，营造良好、宽松的外部环境。为此，学校积极加强与省市区相关职能部门及街道、社区、派出所的沟通与联系；倡导、鼓励、规划专业教师、文化及公共学科教师先后走出去参观学习，同时，积极争取上级部门的大力支持，为学校后期发展提供政策、资金、人员、技术保障。2018年元月31日，分管教育的副区长带领区教育局两个一把手及相关职能部门，来到我校现场办公，确定将二职中心实训楼的建设纳入2018年申报计划，有望在近两年内实现二职人多年的夙愿。校务公开，民主管理，是保证教职工支持与理解有关政策的最好途径。通过各种渠道，收集、听取广大教职工的意见与建议，坚持做到重要方案集体讨论，重要事情集体商量，重要活动集体参与。

（4）明确导向，激励先进。评价导向是扭转校风、激励先进的重要手段。把握好“评价导向”这个大方向，就是指明教职工努力方向与发展的路径，有利于建立风清气正的干事校园文化。以岗位晋级、年度考核、干部竞聘为契机，严格执行上级文件精神，坚决“把规矩立在前面”，明确“基本工作量、服从工作安排、影响学校声誉”等行为视为基本条件与红线，把想做事、能做事、做好事的同志推到重要岗位，关注先进分子的切身利益与合理需求，目的是树立标杆与旗帜，明确正确导向，保证学校教育教学工作的正常开展。

（5）用心办学，诚心服务。教育是一项良心活，需要我们用心办学；管理就是服务，需要干部诚心待人。我一直将学校当作家一样经营，视教职工为兄弟姐妹。让每一个教职员工在校园里实现人生价值并快乐工作，让每一个在校学生能够学有所成且感恩母校，这一直被当作我办学的理想与目标。为了教职工车辆进出方便，就任不久联系上级部门为校门出口路段增设车道隔护栏，一定程度上破解校门出口路段车辆长期占道致堵现象；为了教职工的身体健康，就任第三天督促食堂改善就餐质量，要求总务部门改善食堂就餐环境，要求工会妥善做好教职工体检相关工作；为了改善办公条件，竭力争取区教育局支持，在无采购计划与预算资金的前提下，学期末区教育局破例同意为我校教职工更新办公电脑；为发挥广大教职工主人翁作用，敞开民主渠道，指导相关部门通过征集合理化建议、会议座谈等形式，广泛听取教职工意见与建议；为了增强职校专业的吸引力，真正为招生工作及学生今后出路着想，高度重视专业建设与设置工作，破例向区教育局申请专业建设专项经费，先期组织专业教师赴外学习考察。逐步淘汰落后专业，建设适应未来社会发展及学生就业需求的新专业。后期，将针对文化课及公共课教师的课程设置、课堂教学、专业发展等问题，在促进校内教研与主动发展的基础上，有规划、有目的分期分批组织赴校外学习、提升；为了增强学生的集体荣誉感与认同感，防止铺张浪费与相互攀比，本着为学生服务、公平公正的原则，支持学工处组织高一新生统一订购校服；为了加强住读生的安全与管理，要求相关部门及时更换住宿楼变压箱，分开男女生进出通道。

（6）安全为先，警钟长鸣。没有安全，就没有教育。安全工作是学校及每一位干部、教职工的头等重要的大事，也是我们工作的底线与红线，包括职业规范安全，以及防火防盗等意外事故安全。充分利用行政化、教职工大会等场合，强化干部教师的安全意识，明确安全要求，落实安全措施，开展安全检查，追究安全责任。本学期以来，学校没有发生重大的安全责任事故。

## 一、关于几点工作意见的说明

### （一）关于职能部门的调整

过去，学校几大职能部门（招就、学工、教务、总务）尽职尽责，积极工作，热情服务，为保证各项工作顺利开展及学校持续发展作出了突出贡献。但随着职教在发展中面临的新形势及行政编制的限制，为了整合人力资源、节约管理成本、应对发展新挑战，经研究决定，学校后期将增设教育督导中心，取消招就处，将招就处的工作职责分解到学工、教务、教育督导中心三个部门。特别强调，为了不影响正常工作，保证正常的教育教学秩序，在学校没有作出交接工作的正式决定之前，所有职能部门与相关干部原有工作职责不变。一是新一届中层干部竞聘工作才刚刚起步，后期还有组建、公示、谈话、交接等环节，即使正式交接后，还有一段时间过渡，我相信大家都有这个认识与觉悟。二是本次竞聘还涉及个别职能部门的增减，这不仅仅是部门负责人的调整问题，还包括部门所属的行政人员、岗位设置、工作任务等相关工作分配与调整。希望大家以大局为重，工作善始善终。

### （二）关于专业部的建设

**1. 是什么**

专业部就是学科领域相近或发展方向交叉的多个专业组合成一个群团，这是当今职教发展的一大趋势，类似于大学的学部。

**2. 为什么**

当今社会分工越来越细，但对知识的要求越来越综合、交叉，当今形成了许多交叉学科、综合学科、边缘学科。新高考改革不分文理科，普通高校成立学部，就是为了适应这一趋势。成立专业部，短期目标是为了加强层级管理，保证上级政策、学校要求及时在专业组里得到贯彻、落实，让专业组老师第一时间了解政策与要求。长期目标是引导各专业之间加强资源整合与共享，扬长避短，错位发展，形成特色，进而打破专业自成体系，互设壁垒，规模较小，竞争力不强的弊端。

**3. 怎么做**

一是防止错误认识，即“专业部建设将会取消、弱化某个专业”的错误认识。专业部名称只是一个代码，与本群内部专业性质联系不紧密。目前学校原有专业保持不变；二是专业部内部各专业之间既有独立性，也有统一性。专业部内部各专业组长履行的是各专业发展及教研活动，专业部主任履行的是行政职责，是专业部第一责任人，组建专业部管理团队，具体包括教学、德育、工会、党支部等岗位，负责落实上级及学校的工作要求；三是在专业部主任的领导下，各专业之间相互促进，共同发展，在专业部里力争打造一到两个特色专业、精品专业。

### （三）关于加强层级管理

“权力下放，管理重心下移，加强监督”是现代管理的基本趋势与要求。相关职能部门及专业部组建后，针对一些常规性的工作，学校只给予指导性、原则性意见，具体由各部门组织实施、落实，如年度考核等。

### （四）关于建立公平合理的制度

①满工作量的确定；②超工作量的认可；③对于不服从工作安排处理；④对于重要工作及关键岗位适当公平安排，因岗位条件要求绝对不能平均摊派，如中、高考及班主任工作。但对于连续多届担任班主任岗位的认可；⑤对于超工作量后中途紧急增加工作量的认可，目的是鼓励自己的教师多代课。

祝大家过一个幸福、快乐、祥和、安全的春节！

## 二、2018年主要工作与思路

**1. 加强招生宣传工作**

招生与宣传工作相辅相成，相互促进，一是更加重视招生宣传工作并将其提升为学校层面，成立由教务处主抓，校办统领协调，相关部门积极参与的招生宣传工作小组。二是各专业部是本部各专业招生的责任主体，招生结果将直接与本部门教职工的绩效挂钩。三是各初中学校及各大媒体（含自媒体）是招生宣传工作的重要平台，由学校统一规划与部署。四是全校师生员工是招生工作的重要参与力量，建立人人参与招生的浓厚氛围。五是将招生宣传与国家的职教政策宣传紧密集合起来，逐步消除社会及家长对职校生的偏见与错误认识。

**2. 持续推动专业建设**

专业建设是职教的生命，也是最艰难、最重要的工作。结合我校师资实际及现有专业优势，在现有的省级品牌专业、省级重点专业及市级重点专业基础上，集中力量建设 4 个专业部，即文化创意专业部（工艺美术、动漫设计、平面设计、服装设计与工艺）、现代服务专业部（会计、烹饪、旅游服务、现代物业管理）、信息技术专业部（计算机及应用、电子技术应用、无人机飞行员）、美术高考专业部，进行专业结构与课程建设调整升级，适应区域现代产业发展，充分发挥传统专业优势，打造有影响力与吸引力的品牌专业。同时，在政策许可的范围内，办好高考美术班，为少数文化成绩及美术专业基础较好的学生提供美术高考机会。

**3. 改善办学条件**

加强教师办公室、行政办公室、各种类型的会议室建设，有计划地开展校园亮化美化工程，积极推动实训楼建设的各项准备工作，为创建全市、全省，乃至全国最好的职校创造优质的物质条件，让全校师生享受有品质的校园生活。

**4. 加强制度建设**

充分发挥教代会民主管理的优势，加强学校绩效管理、岗位设置、工作纪律等制度建设，为学校持续健康发展提供有力保障。力争做到学校各项重要工作，现有计划、方案，后有行动、措施，减少人为随意因素，让制度、规范在学校各项管理中落地生根。

**5. 启动课程建设**

教育教学永远是学校的中心工作，学校培养目标最终依靠课程建设落实，课程建设是学校内涵发展的必然要求。具体包括教师队伍、手段与教材、课堂教学、教学评价等方方面面的工作。在课程建设中发现、培养德艺双馨的优秀教师，积极为教师专业化发展搭建平台，支持优秀教师参加各种技能比赛，为优秀教师晋级、晋升提供帮助与便利。

**6. 加强层级管理**

管理重心下移，实行扁平化管理是现代管理的趋势与要求。鼓励能够做事、愿意做事的优秀教职工参与学校各种鼓励与服务，在管理中发现、培养优秀管理人才，有计划培养并向上级党委推荐，让优秀的管理干部进入全区教育管理队伍之列。注重各部门及专业部的建设，将岗位竞聘、工作安排、评优评先、常规管理等重要工作纳入到部门管理范畴之列。

**7. 丰富教职工生活**

大力支持工会工作，不断丰富教职工的文体生活，营造沟通交流、增进理解、互帮互助的和谐氛围。鼓励教职工参加学校民主管理（食堂），为教职工参与学校管理搭建各种平台，调动大家的积极性、集中大家的智慧做好学校各项工作。

# 建立激励机制，做好岗位晋级工作

老师们：

本学期一件重要的工作就是刚刚结束的岗位晋级。由于政策性与历史性原因，我校工作难度很大、竞争激烈，在学校人事部门、晋级领导小组成员、教代会代表及全体教职工的共同努力下，这项工作已顺利落下帷幕。我代表学校，借此表达几点意见：

（1）永远牢记“把规矩立在前面”，加强自我监督。晋级工作是一项政策性很强的工作，尽管有些政策对部分同志不利，但大家最后都能做到顾全大局，表现出教育工作者应有的觉悟与素质。说实在话，有些老师的诉求从情感上我完全可以理解，一方面作为校长最希望解决所有老师的合理诉求，另一方面学校不能违背政策，标准必须用一把尺子衡量，否则，今天对其他同志不公平，明天就有可能对你不公平，更重要的是不能因市里不能通过而浪费名额。我始终认为，公平是教师最大的福利，但公平、合理永远是相对的。对个体来讲，永远不可能绝对公平，因为不是每项条件都适合每个人。学校的工作希望能够得到所有老师们的理解，我真心地希望每位教师能够高高兴兴地上班，和和睦睦地共事。今后，对于学校的管理，只要是学校要求与强调的工作，就要得到落实，与评价挂钩，也就是“说的话一定要有个交代与结果”。（政策规定的严肃性）

（2）坚持评价的民主性，重视民主测评工作，特别是服务对象的满意度，这永远是我们工作的目标与底线，也是检验我们的工作态度与作风的试金石。我希望大家立足现在，面向未来，用发展的思维、辩证的观点看待每个人与学校的发展与变化；教职工自己的事情自己做主，教代会通过的方案就是学校的法律，在执行的时候没有对任何人因任何特殊情况改变方案。这次晋级的各个环节都是在不同层级的会议集中讨论决定的，正像有些老师感慨，没有想到这项工作做得这么规范、这么严格。这样做目的就是要“对得起全校教职工的信任”。（民主治校是必然趋势）。

（3）所有参与晋级的同志顾全大局、支持工作。能够正确处理个人与集体关系：政策、方案是对事对集体，不针对具体个人，当个人诉求与集体要求发生冲突时，个人服从集体。有些教师担心自己的言行影响学校的荣誉，这是集体观念表现；能够正确处理本人与他人关系：学校是一个大家庭，今天他获得机会，明天你更有机会，有了这种认识便于建立和谐的同事关系。凡是过分看重利益的人，同事关系一定紧张；正确认识近期与远期关系：眼光没有只盯在眼前、盯在一件事情上，而是放眼未来，用全面的观点看待事情。我们经常说，眼光长远的人总比目光短浅的人发展得更好；正确处理舍弃与获得的关系：所谓“舍得”，没有“舍”何以“得”，部分老师用自我安慰法与心理疗法看待晋级结果，这是一种健康积极的心理状态，也是提高人生幸福指数的聪明想法。

有些老师，对于没有晋级的同事没有落井下石，更没有推向深渊，而是发挥正能量，积极帮扶、劝说（例如，有些人说自己开始想不通，经某某老师劝说，想通了，心情愉快了）

随着时间的推移、工作的推进，学校工作一定会不断完善，竭尽全力为教职工发展搭建平台。任何时候不容怀疑我们为学校、为师生服务的诚心与意志。

今后学校人事改革方向：

（1）权力逐层下放，改革面对基层：自国家成立监察委员会后，除了履行原先纪委调查、处分职责外，还行使检察机关一些权力，公职人员一定要讲规矩，任性要付出代价的。2018 年 1 月 1 日后，党员、公职人员违反交通法规，纪检监察部门要通报、记入档案，自己承担行为的后果是必然。如果像以前“凡事都无所谓”只会自己吃亏，因自己的任性一旦定性为“欺骗组织，对抗组织审查，故意隐瞒不报”，组织处理更加严格。如干部的事项报告，吸烟、用电器引发的火灾会被立案。我们不是经常羡慕发达国家与地区都很讲规矩嘛，日本垃圾与饭盒分类都有严格要求，轮到对自己的要求就不高兴了、就不习惯了，这肯定不行。讲规矩是文明社会发展的必然趋势，上级部门、政策文件要求你做什么就做什么，下级服从上级、个人服从集体就是基本的规矩。学校的管理是依据上级的要求，每个人服从学校的要求也是规矩。例如，上缴证件及相关材料、组织参加相关活动，每个人的工作痕迹都将记录下来，好比个人诚信档案，一旦需要随时使用。

依法治校是必然要求，我在干部行政会上多次强调，各部门的工作随时做好投诉备查与迎接审计的心理准备。请大家放心，我不希望因学校工作失误影响老师们的利益。

不理智的维权行为不仅给学校声誉带来不良影响，甚至影响绩效的发放，给上级行政部门增加管理成本，而且也给自己带来不必要的损失并为此付出不必要的代价。普通老百姓可以通过投诉、市长热线反映问题，公职人员不是一般的老百姓，本身就是为老百姓服务的。

今后，学校要加大层级管理的力度，赋予部门负责人管理权（学校下达工作目标，给予绩效考核）、评价权（依据原则，客观公正评优评先，否则集中讨论时取消名额）、聘用权（学校下达人员数量且经费包干，部门择优聘用），调动部门人员或专业组教师的积极性，引导大家支持部门或专业组工作，促进学校跨越发展。后期，党委组织的干部竞聘工作，希望大家积极参与。

（2）上级宏观把控：定目标、定编制、定岗位、定人员、定经费。倒逼学校人事制度改革，对学校进行捆绑评价。不改革、吃大锅饭，影响每个人的利益。倒逼单位加强对教职工的管理与考核，包括工作作风、工作态度、工作状况、工作业绩、工作满意度等，将管理与考核结果作为学校人事改革的依据。

（3）促进单位建立激励机制：多劳多得、优劳优酬——允许拉开收入差距，大家要有接受现实差距的心理准备，如果少数老师还停留在平均主义、大锅饭的思想，未必观念太落后了，自找烦恼。不能只看到别人多拿钱，而没有看到别人多做事、多花时间。研究生考试、中考、高考有机会多得收入，听说有些人不愿意了。

关于本学期的绩效发放，依据过去通过的方案，按照平时工作量与专项工作、加班与平时上交材料、参加活动等记工分。面对绩效的部分差距，心态要平和，为人要大度。我个人认为，这属于个人的层次与品位的话题。例如，社区低保。不希望看到某某老师为绩效的事情心情不愉快，幼儿园比小学计较，即使工作量确实统计错了可以更正，但标准必须是统一的。

鼓励能做事的多做事，多做事的多得利——每个人应该完成“满工作量”，对于满工作量之外的“超工作量”，要给予额外奖励，以激励、引导优秀的教职工多做事、做好事。

充分发挥奖励性绩效的杠杆作用，加强客观评价——奖励性绩效不是工资，做了就有，做好了做多了就多有，没有做就没有。例如，对于各种请假而缺课的，也要根据不同的情况区别对待（事假、旷工、病假、公假、法定假等），不能是一笔糊涂账。

多做事的人有奖励，对于少做事的人，包括工作量不满、各种原因导致缺课的，要有对等的管理措施，包括绩效奖、晋级评优评先考核，这样才能体现公平。当然，对于工作量不满的教师，视情况不同评价的结果是不一样的，一种是学校没有给予其满工作量，可能影响奖励性绩效；另一种是自己不服从工作安排导致工作量不满，不仅奖励性绩效受到影响，而且将影响到各种评价，甚至影响到聘任。对于大家共同认为比较重要且艰难的工作，例如班主任、监考工作，可采取“轮流”加“倾斜（连续当班主任）”相结合的政策，引导优秀的教师参与。

服从工作安排是对每个员工的基本要求——“战场对于逃兵的处理大家都能理解”，学校对于不服从工作安排的，评优评先晋级考核必须一票否决，这是最低限度的处理。为了逃避工作责任，严重的包括弄虚作假的、吃空饷的，只能劝其辞职，不是单位跟你过不去，这是对当事人及相关人的一种保护。否则，单位还能存在下去吗，大家还有工作机会吗？纪检部门的调查就不是这么简单了。

（4）学校的工作除了教学工作外，还有许多其他工作。教育教学是学校的中心工作。重视教师的课堂教学质量，重视学生的满意度，重视教师的教科研与专业发展。职业学校的专业教师要重视专业设置与建设，它是学校的生命，关系到专业教师自己的饭碗。

除了教学工作外，还有许多其他工作，这些工作同样影响着学校的发展与大家的切身利益，需要每个人关心与支持。这就像家庭不仅仅是家教这一件事情，还有小孩上学、工作、维权维利、走亲访友、左邻右舍、家庭运转、买卖贸易，等等。每个岗位同志要首先把自己的责任地种好，教师要备好课、教好书、上好课，部门负责人要带领部门同志除完成本部门的管理服务工作外，还要完成学校及上级布置的工作。今后要绝对保证几大处室的正常运转，目前的情况是各部门、有关岗位的“责任地”不明确，学校的政策不能很好地贯彻，执行力有待提高，影响着发展。这是学校的制度方案或岗位设置存在问题引起的，所以出现责权不明、扯皮拉筋的现象。为别人服务的，变成别人为他服务。有些行政岗位，老师、学生找不到人。有些教师长期不参加教研活动、不认真备课，导致课堂效率低下，学生满意度不高。这些现象不能再长期存在下去了。

各专业之间，中专与高考班之间，部门之间，都是学校组成部分，大家唇齿相依，相互影响，一损则损，一荣则荣，任何一个部门或专业都影响学校整体利益。品牌是一种资产，商品品牌本身就是一种价值，有品质的学校一定有好的声誉，学校声誉本身也是一直无形的价值，关乎每个人的利益。任何人不要说学校与我无关，除非马上辞职，即使辞职也与学校有关联。

# 新时代，做大有可为、大有作为、奋发有为的中职生

同学们、朋友们：

你们好！

2017 年 10 月 18 日，党的十九大在北京人民大会堂隆重开幕。习近平总书记在十九大上作的报告《决胜全面建成小康社会，夺取新时代中国特色社会主义伟大胜利》指出："青年兴则国家兴，青年强则国家强。青年一代有理想、有本领、有担当，国家就有前途，民族就有希望。"

2014 年 6 月，全国职业教育工作会议召开，国务院总理李克强说："职业教育大有可为，也应当大有作为。"

因此，今天，在武汉市第二职业教育中心学校学生大会上，作为校长寄语，我讲话的题目是《新时代，做大有可为、大有作为、奋发有为的中职生》。我向大家语重心长地讲三句真心话。第一句话我想寄语全国的中职生：新时代，做大有可为、大有作为、奋发有为的"三有三为"中职生；第二句话我想寄语我们二职中心的学生：新时代，做自信、自豪、自尊、自爱、自立、自强的"六自"二职生；第三句话我想对二职中心的中职生提出希望和要求：新时代，做有德（品德高尚）、有才（学有所长）、有能（技压群芳）、有情（协作情商）、有义（能工巧匠）、有梦（创业梦想）的"六有"二职中职生。

## 一、新时代，做"三有三为"（大有可为、大有作为和奋发有为）的中职生

我分别从国家、社会、公民三个层面，解读中职生的前途与命运。首先，从国家层面来说，中职生可以大有可为；其次，从社会层面来说，中职生可以大有作为；其三，从个人层面来说，中职生应该奋发有为。

### （一）新时代，做“大有可为”的中职生

**1. 十九大报告提出：“完善职业教育和培训体系，深化产教融合、校企合作。”**

十九大报告指出：“优先发展教育事业。建设教育强国是中华民族伟大复兴的基础工程，必须把教育事业放在优先位置，深化教育改革，加快教育现代化，办好人民满意的教育。普及高中阶段教育，努力让每个孩子都能享有公平而有质量的教育。完善职业教育和培训体系，深化产教融合、校企合作。”①

普及高中阶段教育，将先从中职教育开始。目前国家已建立中职学生资助制度，中职全部免学费，低保、农村和贫困家庭还享受助学金。从十九大传来喜讯：新时代，中职生大有可为。

**2. 《国家中长期教育改革和发展规划纲要（2010—2020年）》指出：“大力发展职业教育。”**

《国家中长期教育改革和发展规划纲要（2010—2020年）》：“第六章 职业教育（十四）大力发展职业教育。发展职业教育是推动经济发展、促进就业、改善民生、解决“三农”问题的重要途径，是缓解劳动力供求结构矛盾的关键环节，必须摆在更加突出的位置。职业教育要面向人人、面向社会，着力培养学生的职业道德、职业技能和就业创业能力。政府统筹中等职业教育与高等职业教育发展。健全多渠道投入机制，加大职业教育投入。”

从《国家中长期教育改革和发展规划纲要》可以看出：新时代，中职生大有可为。

**3. 《中华人民共和国职业教育法》指出：“国家发展职业教育”**

《中华人民共和国职业教育法》：“第三条　职业教育是国家教育事业的重要组成部分，是促进经济、社会发展和劳动就业的重要途径。国家发展职业教育，推进职业教育改革，提高职业教育质量，建立、健全适应社会主义市场经济和社会进步需要的职业教育制度。”

依法治国，职业教育法以法律保障形式：新时代，中职生大有可为。

**4. 《国务院关于加快发展现代职业教育的决定》指出：“巩固提高中等职业教育发展水平。”**

《国务院关于加快发展现代职业教育的决定》（国发〔2014〕19号）：“（四）巩固提高中等职业教育发展水平。各地要统筹做好中等职业学校和普

① 《教育强国　托起明天的希望》，载《人民日报》2017年10月第8版。

通高中招生工作，落实好职普招生大体相当的要求，加快普及高中阶段教育。优化中等职业教育布局结构。推进县级职教中心等中等职业学校与城市院校、科研机构对口合作，实现中职就业有能力、升学有基础。”

国务院明确规定：“落实好职普招生大体相当的要求，实现中职就业有能力、升学有基础。”新时代，中职将大有可为。

**5.《武汉市人民政府关于加快发展现代职业教育的决定（武政〔2015〕30号文件）》指出：巩固中等职业教育基础性地位。**

《武汉市人民政府关于加快发展现代职业教育的决定（武政〔2015〕30号文件）》“目标任务。到2020年，基本建成服务国家中心城市建设，中职、高职、应用本科、专业硕士纵向衔接，在中部地区率先实现职业教育现代化，职业教育发展总体水平进入全国同类城市先进行列，建成职业教育强市。中等职业教育与普通高中招生规模比例保持大体相当；中职毕业生就业和创业人数与升入高等院校人数比例逐步达到5∶5；接受本科层次职业教育学生达到一定规模。”

《武汉市人民政府关于加快发展现代职业教育的决定》明确提出：“中职、高职、应用本科、专业硕士纵向衔接”。新时代，中职生大有可为。

### （二）新时代，做“大有作为”的中职生

从社会层面，中职生也是可以大有作为的。从社会分层学说，社会阶层可分为：金领、白领、蓝领、灰领、粉领。

“金领”：用以指最能赚钱的商界精英，也指财富的拥有者，如大企业经理、大经纪人、大老板等，特别是工商界、经济管理界、金融界的。有钱是“金领”的特征，所以用“金”字来概括。

“白领”：通常泛指那些在办公室里高级工作人员。许多人有一种“白领情结”，认为“白领”工作潇洒、体面、优越。一方面，“白领”一般都具有较高的学历、有着丰富的专业知识、有较强创新能力，令人尊敬；另一方面，“白领”服饰形象讲究，笔挺的西装，雪白的衬衫，锃亮的皮鞋，油光的头发，整洁的仪表，令人羡慕。

“蓝领”：几乎一切工人，尤其是重体力工人，都可以归为此类，源于发达国家曾经使用或正在使用的工装颜色标志。“蓝领”要求必须在生产第一线实际操作，有很强的动手能力。

“粉领”指女性集中的行业人员。依据人们印象，粉红色是女性的代表颜色，柔柔的，浪漫的，因而“粉领”多指女性从事的行业，如礼仪礼宾、幼

儿教育等行业人员。如今男性正在融入“粉领世界”。

“灰领”原指负责维修电器、上下水道、机械的技术工人，他们经常穿着灰色的制服工作，因而得名。现在人们所说的“灰领”，指既具有较高知识层次，又具有较强操作技能的复合型职业技术人才。他们既能动脑，又能动手，既会创意管理，又能进行实际操作。“灰领”在制造企业一线从事高技能操作、设计或生产管理，或者在服务业提供创造性服务，如广告策划设计、电子工程技术、网络管理、会展策划，服装设计、软件开发、包装设计等。“灰领”是有独立的智能结构、职业特征的人才类型，薪金收入也较高。

2014 年 6 月 23 至 24 日，全国职业教育工作会议在京召开。李克强总理强调，职业教育大有可为，也应当大有作为。要把提高职业技能和培养职业精神高度融合，培养大批怀有一技之长的劳动者，而且要让受教育者牢固树立敬业守信、精益求精等职业精神，让千千万万拥有较强动手和服务能力的人才进入劳动大军，使“中国制造”更多走向“优质制造”、“精品制造”。

从社会分层上看，中职生是“蓝领”和“灰领”。新时代，随着“中国制造”，走向世界，技能型的“蓝领”和“灰领”的需求量会越来越大，越来越重要。随着社会的发展，“蓝领”和“灰领”将成为令人羡慕的职业。我们相信，未来中职生将大有可为。

### （三）新时代，做“奋发有为”的中职生

从个人层面，中职生将奋发有为。因为党和国家为中职生提供了大有可为的发展可能性，社会分层需求为中职生提供了大有作为的客观发展空间，要将这种客观可能性，变成现实性，还需要发挥中职生的个人主观能动性。因此，我们可以自豪地说，中职生将大有可为、大有作为、奋发有为。

中共中央总书记、国家主席、中央军委主席习近平就加快职业教育发展作出重要指示。他强调职业教育是国民教育体系和人力资源开发的重要组成部分，是广大青年打开通往成功成才大门的重要途径，肩负着培养多样化人才、传承技术技能、促进就业创业的重要职责，必须高度重视、加快发展。营造人人皆可成才、人人尽展其才的良好环境，努力培养数以亿计的高素质劳动者和技术技能人才。

奋发有为，方能成功。电商巨头马云，在很多人眼里肯定是一个上过名牌大学，拥有高学历的高级知识分子。如果你也这样想那就大错特错了，马云这个从来没上过名牌大学，就连小学，中学，高中都是上的三流学校。他三次高考，才勉强地被杭州师范学院以专科生录取。虽然他的大学不是一流的大学，

但是他却成为了一流的人才，靠的是奋发有为。

奋发有为，青春美丽。多次荣获世界首富的比尔·盖茨，他从哈佛大学大二休学，应该说只有高中学历，创办微软公司，奋发有为，才成为世界首富；莫言只有小学学历，奋发有为，才获得中国唯一的诺贝尔文学奖；蒙牛老总牛根生的成功是草根阶层奋发有为的至高典范。没钱，没背景，没学历，小学未毕业，照样能成功！他从小就被卖掉，少年历尽辛酸，是一个放牛娃。寄人篱下，多年小兵熬成副总，却无端被排挤放逐。他中年失业，咽下伤楚，东山再起，白手起家，一路坎坷，奋发有为，奇迹般地创造出了中国乳业巨头——"蒙牛集团"。

青春美丽，因为奋发有为；因为奋发有为，青春才更美丽。我们要仰望星空，我们更要脚踏实地。因此，新时代，做奋发有为的中职生。

总之，大有可为、大有作为、奋发有为是辩证统一的。大有可为是客观的必要条件，大有作为是主观充分条件，奋发有为，才是充分必要条件。三者密不可分，紧密联系，才能将可能性，变成现实性。

## 二、新时代，做"六自（自信、自豪、自尊、自爱、自立、自强）"二职生

作为武汉市第二职业教育中心学校的新任校长，我想真诚地对二职中心的同学们说几句话，也就是校长寄语。千言万语汇成一句话，依据《中职生守则》第五条明确规定："自尊自爱，自信自强"。我总结为：新时代，做"六自（自信、自豪、自尊、自爱、自立、自强）"二职生。

### （一）新时代，做"自信自豪"的二职生

同学们，中考失利，没能考取普通高中，你们不得已选择了中职，你们曾经深感自卑自贱，仿佛低人一等，抬不起头来。我想对你们说，你们完全可以自信自豪地面对人生。

自信，是指自己相信自己；自豪，是指自己感到光荣，拥有成就感。自信自豪对我们的生活非常重要，自信自豪给人以力量，给人以快乐。正是有了自信自豪，人们才充满了睿智，才升腾起无尽的希望，才能让自己的人生之花，开得更茂盛更灿烂。只有自信自豪才能让生活处处是舞台，让人生越过越精彩。

唐朝著名诗人李白的诗句："天生我材必有用，千金散尽还复来。"中职

生要有“天生我材必有用”的自信和豪气。条条道路通北京，成才的路也有千万条，没必要千军万马过独木桥。

选择二职，就意味着要选择自信和自豪。因为二职中心是国家级重点中职、湖北省示范性中职、武汉市示范性中职、武昌名校。作为二职中心校长，我将加快二职中心成为一流中职和一流专业建设。选择二职，照样可以通过技能高考上大学，甚至考取专业硕士和博士。读中职，照样可以成人、成才、成功。

我校美术专业优秀毕业生潘长学，现为武汉理工大学艺术与设计学院院长、教授、博士生导师；我校美术专业优秀毕业生刘寿祥，现为湖北美术学院美术教育系主任，教授，硕士生导师。当年潘长学和刘寿祥就读二职的时候，正是自信自豪，才成就了今天的辉煌。

### （二）新时代，做“自尊自爱”的二职生

二职的同学们，应当自尊自爱。自尊自爱就是首先自己爱自己，尊重自己，才会得到他人的爱护和尊重。自尊自爱，也是中华传统美德。自尊从心理学角度而言，是指个人对自我价值和自我能力的情感体验。心理学家马斯洛提出了人的五个需要层次理论：从低到高依次是：生理需要、安全需要、社交需要、尊重需要、自我实现需要。

《红楼梦》里有贾宝玉的画像，希望你们不要像贾宝玉一样不学无术，自轻自贱。

“无故寻愁觅恨，有时似傻如狂。纵然生得好皮囊，腹内原来草莽。潦倒不通事务，愚顽怕读文章。行为偏僻性乖张，那管世人诽谤！

富贵不知乐业，贫穷难耐凄凉。可怜辜负好韶光，于国于家无望。天下无能第一，古今不肖无双。寄言纨绔与膏粱：莫效此儿形状！”

我校财会专业优秀毕业生许娟，自尊自爱，获得金融卫士荣誉称号，曾担任农行梅苑支行行长；烹饪专业优秀毕业生袁凡，自尊自爱，荣获见义勇为英雄、革命烈士；烹饪专业优秀毕业生曾永存，自尊自爱，现担任五星级东湖大厦西餐总厨师长。

### （三）新时代，做“自立自强”的二职生

自立自强，就是靠自己的劳动生活，不依赖别人，不安于现状，勤奋进取，依靠自己的努力不断向上，用自立自强撑起人生的风帆。唯有自立自强，才能赢得尊严，一个国家是如此，一个民族是如此，一个人更是如此！

《周易》曰："天行健，君子以自强不息；地势坤，君子以厚德载物。"任何时候都要把命运抓在自己手里，生活没有一帆风顺。纵然你现在身陷困难重围，你也要拿起希望那柄凌厉的长剑。即使你倒下了一千次，也要有一千零一次站起来的勇气。自立自强是我们成功的基石，是我们安身立命的根本。

2017 年 7 月，我校传来喜讯：美术专业学生陈欣考取一流的中国美术学院；刘泽昊考取"211 大学"——西南大学；刘鸿萧考取英国伦敦艺术大学。

陈欣的妈妈朱美清说："以前朋友问女儿在哪里读书？我都会默默低下头，不好意思说她在读'二职'。女儿的中职生身份曾让她觉得很沮丧。但就读二职，考取国美，让我们自强。我们是低头进来，抬头出去！"二职学生只要自立自强，就照样能竞赛获奖，考取大学，出国留学。

## 三、新时代，做"六有（有德、有才、有能、有情、有义、有梦）"的二职中职生

我想对二职的中职生提出希望和要求：新时代，做有德（品德高尚）、有才（学有所长）、有能（技压群芳）、有情（协作情商）、有义（能工巧匠）、有梦（创业梦想）的"六有"二职中职生。

### （一）新时代，做"品德高尚"的"有德"二职中职生

我校谨遵"以德为首，以德为先"办学理念。遵行"崇德、勤业、求真、向上"的校训，将"崇德"放在校训之首。

我们常说：先做人，再做事；先成人，再成才；德才兼备是正品，有德无才是次品，无德无才是废品，有才无德是危险品；有德有才破格重用，有德无才培养使用，有才无德限制录用，无德无才坚决不用。

《中职生守则》规定中职生的"有德"可以归纳为：爱国、守法、遵纪、敬业、强体、尊师、诚实、守信、友善。

### （二）新时代，做"学有所长"的"有才"二职中职生

"学有所长"意为学应有所专长，有所为有所不为，以广博为基，以专长而过人。这就要求我们学好自己的专业，就是"学有所长"。因为我们出来混，要在社会立足，要靠专长谋生吃饭。在现代社会，没人能够全面掌握所有的知识，每个人都应当学有所长，学有所用，学有所得！我们常说的"有才"就是"学有所长"。

俗话说“三百六十行，行行出状元”。每一行业、每一工作都由其要求的技能，会木工、瓦工、钳工固然是一技之长，汽车驾驶、计算机操作、家电维修是一技之长，其实旅游服务、商品推销、摆摊售货等看似简单的工作，同样蕴含着许多技能，缺乏必要的技能同样是难以适应这些工作，要获得一技之长。

要拥有“学有所长”：要学习传统工艺，要拜师学艺，术业有专攻，要培养对专业兴趣，学好专业，钻研专业。

## （三）新时代，做“技压群芳”的“有能”二职中职生

“技压群芳”即“技压群雄”：指技高一筹，技艺超群。“技压群芳”比“学有所长”标准更高，要求更深，更进一步。不仅要学有所长，而且技压群雄。“有能”就是做有能力、有能量、有技能的二职中职生。

2017年5月，我校电子专业三年级学生程俊涛，在教育部举办的第十三届全国中职学校“文明风采”大赛中，获征文演讲类比赛全国一等奖。程俊涛作为全国唯一的学生代表在青岛总结大会发言。

我校中职生在武昌区、武汉市、湖北省和国家级中职动漫、财会、电子、服装、旅游、烹饪等专业技能大赛中荣获一、二、三等奖，都是“技压群芳（雄）”。

## （四）新时代，做“能工巧匠”的“有义”二职中职生

“能工巧匠”指工艺技术非常高明的人。学有所长、技压群芳、能工巧匠，是递进关系，要求更严，标准更高。做能工巧匠就是要弘扬工匠精神；工匠精神是指工匠对自己的产品精雕细琢、精益求精的精神理念。“有义”就是有道义、有正义、有意义。做有职业道义，有工匠精神的人。追求细节的完美和极致，将品质从99%提高到99.99%，提高到100%。

2016年3月5日，李克强总理作政府工作报告时首次正式提出“工匠精神”。随后“工匠精神”入选十大流行语。李克强总理在北京召开高等教育改革创新座谈会语重心长地说过，我们国家需要搞普通研究的人，也需要搞专业工作，当高级工匠的人，后者现在我们国家更需要。工匠也可以成为大师。上大学和读职业学校，不管走哪条路都可以成为大师。从本质上讲，“工匠精神”是一种职业精神，它是职业道德、职业能力、职业品质的体现，是从业者的一种职业价值取向和行为表现。“工匠精神”的基本内涵是敬业、精益、专注、创新。

老子所说："天下大事，必作于细。"瑞士手表得以誉满天下，靠的就是制表匠们对每一个零件、每一道工序、每一块手表都精心打磨、专心雕琢的工匠精神。德国的奔驰、宝马、奥迪成为经典名车，也是因为德国人所具备的工匠精神。

中央电视台《大国工匠》里介绍了8位平凡而又伟大的大国工匠：上海飞机制造有限公司高级技师胡双钱；火箭"心脏"焊接人高凤林；国家高级工艺美术技师孟剑锋；沪东中华造船集团焊工张冬伟；青岛四方机车高级技师宁允展；中国宣纸股份有限公司高级技师周东红；港珠澳大桥钳工管延安；"两丝"钳工顾秋亮。正是有了大国工匠的工匠精神，中国的高铁才能奔出国门；中国造飞机才能飞起来；中国才能拥有国产航母；中国的火箭才能一飞冲天，中国制造才能遍布全世界……

### （五）新时代，做"协作情商"的"有情"二职中职生

"协作情商"指团结协作的情商，就是团队合作精神。要求互相支持、互相协作、互相配合，顾全大局。目前现代企业人比较关注的就是团队合作精神。

情商通常是指情绪商数，简称EQ，主要是指人在情绪、意志、耐受挫折等方面的品质，是近年来心理学家们提出的与智力和智商相对应的概念。

美国哈佛大学的教授丹尼尔·古尔曼表示："情商是决定人生成功与否的关键。"由此可见，情商比智商更重要。美国心理学家认为：在人的成功的诸多主观上的因素里面，智商（IQ）因素大约占20%，而情商（EQ）则占80%左右。

情商是可以通过全面系统的课程培养提高并且改变的。人与人之间的情商没有明显的先天差别，情商的高低更多是与后天的培养息息相关。从而增强理解他人及与他人相处的能力。情商越来越多地被应用在企业管理学上。对于组织管理者而言，情商是领导力的重要构成部分。

### （六）新时代，做"创业梦想"的"有梦"二职中职生

中职生要有创业梦想，是对中职生的最高要求。中职生不仅要能就业，就好业、能升学、升大学，而且要有创业梦想。因为有创业梦想，才能美梦成真；有创业梦想，青春才闪光；有创业梦想，人生才更辉煌。

百年来，无数成功人士的人生经历无不告诉我们：没有目标就没有成功，

目标决定了一个人成就的大小，目标决定着一个人的生活状态。美国哈佛大学专门针对1970年毕业的一批天之骄子们做了一项长达25年之久的目标研究："哈佛精英的人生轨迹"研究。研究发现：3%的人有清晰且长期的目标；10%的人有清晰但比较短期的目标；60%的人目标模糊；27%的人没有目标。那么，25年后，3%有清晰且长期目标的人，他们都成了社会各界的顶尖成功人士，他们中不乏白手创业者、行业领袖、社会精英；10%有清晰但比较短期目标的人：大多生活在社会上层，生活状态稳步上升，成为各行各业不可或缺的专业人才，如医生、律师、工程师、高级主管等。60%目标模糊的人：几乎都生活在社会的中下层，平平淡淡地生活着。剩下27%从来没有目标的人：几乎都生活在社会最低层，生活过得很不如意，常常失业，靠社会救济，并且常常抱怨他人、抱怨社会、抱怨世界。

"大众创业、万众创新"，最早是在2014年9月，李克强总理在夏季达沃斯论坛上提出的。2015年李克强总理在政府工作报告又提出："大众创业，万众创新"。"双创"一词由此开始走红。

比尔·盖茨在哈佛大学大二时，休学创业成立微软公司，才能多次荣获世界首富；王健林放弃公务员下海创业，成立万达集团，才能曾经获得中国首富；三次高考的马云放弃大学教师岗位创业，创办电商阿里巴巴，才能成为电商巨头。毕业于武汉大学的湖北仙桃人雷军，创业成立小米公司，才有能力向母校武汉大学爱心捐款1个亿。假若上述这些人只是就业，没有创业梦想，请问能成就今天的财富辉煌？

最后，引用《璀璨星光——中职生之歌》，作为今天讲话的结束语：

每一片天空，都会有远方，每一个星座，都会放光芒，
每个人的青春，都谱写乐章，每一颗种子，都会有梦想。
不一样的天空，一样去飞翔，不一样的天空，一样去启航，
我们勤于磨练，破土成长，我们设计未来，把握希望。
璀璨星光，把青春都点燃，璀璨星光，让世界都照亮，
璀璨星光，让所有的路不再流浪，璀璨星光，让所有的梦都辉煌。

有天空就有晨曦阳光，有星座就有金色守望，
青春的翅膀，挥动年华，种子的梦想，百炼成钢。

只要脚踏大地，我们挺起脊梁，只要拥有天空，我们幸福飞翔，
我们掌握理想，理想的技能，我们汇集时代，时代的力量。

璀璨星光，把青春都点燃，璀璨星光，让世界都照亮，
璀璨星光，让所有的路不再流浪，璀璨星光，让所有的梦都辉煌。

# 齐心协力，共谋发展

老师们：

十九大后，中纪委书记赵乐际上任主抓的一件事情就是建立一个重要机构——国家监察委员会，目的是继续强化两件事情：一是抓纪律、讲规矩。其对象不仅包括领导干部，而且包括基层党员及所有公职人员，“任性”的时代不复存在；二是抓廉洁、防腐败。今后不仅要管住受贿人，同时要管住行贿人。党的十八大以来，以习近平同志为核心的党中央坚决贯彻执行八项规定，推动作风建设，换来了党风、政风、民风、社风的根本变化，这种变化是以壮士断腕的意志推动上层的转变，即对高级领导干部的严格要求来实现的。党的十九大提出了到2020年全面建成小康社会的奋斗目标，改革的方向与重点将聚焦基层，今后将会出台一系列举措，直接影响到普通老百姓特别是公职人员的工作环境。

对于我们二职中心来讲，刚刚徐会计讲的“报销与购买程序”，陈书记讲的“巡查反馈整改”等相关工作都与这两件事相关。

今后，恐怕大家谈论许久的两件事情终将来临：一是职称评审的改革（权力下放）；二是人事聘用的改革（更加注重工作实际）。通过建立奖优罚劣，奖勤罚懒，按劳分配，多劳多得，优劳优酬的公平合理评价机制，形成“能做事的想做事，想做事的多做事，多做事的多得利”的局面。不能让做事的老实人既流汗又流泪。在全校中形成拼搏赶超、锐意进取的干事氛围。实现“三年达到全省示范校，五年全国示范校”的目标。

一方面我们要树立信心。目前极大部分干部、教职员工真心希望学校变好，大家心往一处想，劲向一处使，工作热情浓，积极性高（美术、电子、设计、招生、管理、绩效），这些教师是我们二职中心的主体、正能量的代表，是二职中心的希望所在，也是我们这么拼命奋斗的力量源泉（时间紧、不够用，一天当作两天用，书记不开会）。另一方面，增强紧迫感，把握机遇（上级领导关心与支持），牢固树立以下意识：

## 一、危机意识

当前，极少数教师还看不到形势，还停留在过去“工作无所谓、上班混日子”的状态（另谋高就）。例如，①随意请假：上级有关部门将对各校多次请假、请长假的公职人员及相关医院进行调查，摸清真实情况，依规严格处理。“既占编制名额，又不好好上班”的现象不复存在；②不遵守上班时间（省教研员）；③不遵守工作纪律：上班打游戏、炒股票、言行肆无忌惮等与工作无关的事情；④少数教师备课不充分，课堂不能吸引学生，眼里没有学生（要求外聘20%）；少数行政人员服务意识不强，工作不积极、主动，方法简单（服务社会化）；⑤还有少数人没有融入到学校主流文化之中，无意中做了一些出格的事情（木桶理论）。⑥学校专业设置与学科建设任务重，硬件条件严重落后。目前形势紧急，时间不等人，必须迎难而上，要通过专业设置与实训室建设，力争办全省乃至全国最好的职校，把学校建设成为智能化、现代化校园。⑦岗位设置科学性问题（荒自己的地，种别人的地）。

## 二、服务意识

善于帮助他人，给别人方便就是给自己方便。今后让第三方参与“满意度测评”，充分利用测评结果，作为我们选拔、评聘的重要依据（目的就是引导大家争取服务对象的口碑）。减少不必要的手续，方便教职工。例如：采用原始会议记录减少签字、减少发票报销签字人数、暂停上班刷脸（如何保证正常上班秩序）、协调校门口交通设施、加紧规划学校环境及设施建设（现代化、智能化校园）等。作为我个人，愿意为学校与教师个人，特别是爱岗敬业的教师做一些力所能及的事情。

## 三、共赢意识

合作共赢是当今世界普遍认同的公理。“一个篱笆三个桩”，学校工作既有分工又有合作，每个人要相互支持、相互配合，要相互补台，不要相互拆台。例如，专业设置与实训室建设相关人员将外出学习，其他同志积极代课。今后将分期分批走出校门学习参观。学会交流即学会说话，注意说话的场合与语气，个别的事情、个人的诉求不要在公共平台上反映。对于学校各部门行政决定以服从为主，有不同看法属于正常现象，可以私下交流或完成任务后交流；“大河有水小河流”，每个人要关心集体，珍惜学校荣誉，维护学校利益，树立“一损俱损、一荣俱荣”观念。

新的绩效方案出来后，个人的行为与集体的利益是相互影响的。例如，单位被投诉要扣分，各部门工作不到位扣分，出现严重师德问题或安全问题（高空坠物、大功率用电器、预防学生极端行为）不仅扣分，而且一票否决。只要是被扣分了，单位绩效受影响，个人绩效肯定要扣。凡是有“不服从学校工作安排”现象的，不仅个人绩效受影响，今后各种评比、晋级实行“一票否决”。

## 四、规矩意识

遵守上级政策，遵守学校规定（规范资金使用与财物管理），遵守教师操守，尊重层级管理。班上好，课上好，事做好。

# 狠抓学校各项管理，努力实现跨越式发展

武汉市第二职业教育中心学校始建于1965年，1984年开办职业教育，1986年挂牌武汉市第二职业教育中心学校，1996年被评为首批国家级重点职业高级中学，2010年被评为湖北省省级示范中等职业学校，是武昌区政府主办的公办学校，武昌名校。学校获“湖北省档案管理工作AA级标准单位”、“武汉市文明单位”、“武汉市‘五四’红旗团委”、“武汉市学生资助档案管理先进学校”、“武汉市第十二届中等职业学校‘文明风采’竞赛活动工作突出单位”、“武汉市职业教育活动周风采展示一等奖”等荣誉称号。

根据武昌区域职业教育整体整合的需要，现学校是由原武汉市第二职业教育中心学校、原武汉市第一高级职业中学、原武昌旅游学校三所学校几经合并和重组整合形成。目前，学校现有在编教职工总数156人，学生2000余人。2018年学校组建了以“文化创意”为主，“现代服务”、“电子信息”、“美术类高考”为基础的四个专业群，涉及财经 、电子技术、旅游服务、应用美术等四大类10个专业，即财务会计、计算机应用、电子技术、平面设计、旅游服务、烹饪、工艺美术、动漫与游戏制作、服装设计与工艺、学前教育等。

学校存在的实际困难：一是办学特色不鲜明，专业设置没有思考与出口对应或缺少明显的市场竞争优势。二是师资力不够完备，缺乏全国、省市有名的双师型教师。三是实训条件相对落后，专业设施配备相对陈旧，配置和布局不合理，学生专业技能和实践能力偏低。四是教学管理不规范，教学管理模式僵化、单一，缺乏合理的教学督导和评估，不能从全局上引领教师进行学科建设和自身建设。五是专业更新不及时，教师校际交流和外出学习相对较少，教师视野相对狭窄，专业优势不强，与未来市场联系不紧密。

在区委、区政府及市区教育局的正确领导及大力支持下，2007年学校整体搬迁至毗邻于武昌火车站的交通枢纽地带武汉市大东门千家街，学校环境优美，交通便利。近几年，由于普通高中与职业高中在设施建设方面存在一定的差异，以及兄弟区职业教育的快速发展，学校的发展与武昌教育大区、教育强区的地位还有很大差距。为尽快改变这种不利的现状，学校努力做好以下几方

面工作，具体表现为“一二三四五”。

## 一、一个办学目标

办学目标清晰准确是学校建设的核心。办学目标就是根据自身办学条件和地方经济社会发展现状，对办学理念和思路、办学规模、层次和水平进行的制度性安排与设计。它是关乎到学校向何处发展、怎样发展的战略定位问题，是优质职高建设的核心要素。学校建设要在办学目标的准确性上下工夫，根据自身的办学传统和资源优势，结合政府、行业、企业、学校各方的战略需求，找准学校在整个职业教育中的方位，准确把握自身服务地方经济发展的优势和特色所在，凸显我们的个性化发展。我们学校的办学目标就是：紧跟未来社会经济发展变化，加强学生的创业意识与就业能力的培养，注重提高学生的从业技能，使学生具备独立适应未来职业变化发展的社会主义合格技能人才。

## 二、两条办学原则

即“一是立德树人，二是人本教育”。坚持立德树人，育人为本，强化“尚德敬业”意识，开展全员德育工作，完善学校、家庭、社会相结合的德育网络，建立一体化的科学管理，加强德育队伍建设，齐抓共管，全员育人，全程育人，全面育人，人人重视德育，人人都是德育工作者，加强校园文化建设，吸收先进的企业文化，“守责、守时、守信”的良好风尚，加强学生的职业生涯规划指导，提出班主任要“做学生的执掌明灯者”，“做学生决策的参谋者”、“做学生苦恼的倾听者”、“做学生向自我发展的促进者”、“理想探求的指路者”、“心理困扰的排除者”、“做学生的良师益友”、创设“和谐”校园氛围，让学生参与动起来，让学生感到能学会，让学生今后用得上，让学生有成功的喜悦。

学校提出并讨论“人本教育”的办学理念，即要坚持以人为本的教育。学校管理立足以师为本，教师行为坚持以生为本。教师依据学生的自身状况及未来社会的发展趋势，为他们实现人生价值的最大化而采取的一种最适合的教育途径。具体包含以下几方面内容：一是理论依据：人是生产力中最活跃的因素，孔子的“因材施教”的教育原则及加德纳的“智力多元”理论。二是人本教育不仅是一种教育目标，更是一种教育过程。要求教育者要尊重教育规律，适时调整教育行为。教育双方要遵循市场规则，以主动适应不断变化的客观条件与外部世界。三是学校要把尊重人、发展人当作一切工作的出发点与归宿点。学校要为适应未来需要的专业，教师要尊重教育规律及学生个性发展需求，学生要适应未来社会发展需要主动发展自己。

由于家长、社会、学校对“人才”的界定标准存在误区，导致职业教育培养目标出现偏差，与普通高中教育的培养目标没有区别开来，违背了因材施教的教学原则与智力多元的教育理论。通过成立学校管理委员会，加强对学生、家长、教师、社会的宣传力度，改变过去人们对人才标准及职教生的传统偏见，争取社会、政府、家长对职业教育的真正支持与认可，实现学生“抬头进来，满意出去”的目标。

在专业选择上，尝试遵循兴趣优先、自主选择的原则；引导学生相互推荐，同伴互助；根据学生成长阶段配置相应的导师，注重职业引导，加强校企合作，把企业引进校园，拓展培训方式，把学生培养成一专多能的复合型人才。职业教育需要根据经济社会的发展变化，注重培养学生的从业技能，同时要加强学生的创业意识与就业能力的培养，使学生具有较强的适应职业变化发展的能力。要发挥工匠精神与企业家精神，着力把“中国制造 2025”、“互联网+”和大众创业、万众创新紧密结合起来，促进学生与社会的融合，学校与企业的融合。

## 三、三个办学亮点

即“专业有特色、教师有特技、学生有特长”。因为专业有特色才有生命，教师有特技才有权威，学生有特长才有出路。为此我们要实施“三名”工程——名专业、名师、名学生。

（1）名专业。专业特色鲜明是优质职校建设的重点，优质职校建设对专业建设的要求不同于普高建设，不仅要有特色专业，而且要突出强调专业特色的鲜明性，要彰显其他职校无法比拟的专业优势，这是学校提升内涵建设的重要法宝。一是要加强传统特色品牌专业建设，打造以重点专业为龙头、相关专业为支撑的专业群，把特色品牌专业做大做强；二是要对接地方现代产业发展需求，以“服务发展、促进就业”为宗旨，建立专业动态调整机制，及时调整与优化专业结构布局，增设符合市场需求的特色专业。在新专业的设置上，协调主管部门，综合衡量各职高的办学条件，避免盲目增设、盲目建设，减少资源的浪费，提高特色专业服务地方经济发展的贡献度。

（2）名教师。学校通过培训培养、企业实践、学历提升等方式，注重培养学科带头人、骨干教师及青年教师队伍。通过“请进来，走出去”的办法，加强教师队伍建设，组织教师参加国家级、省级、市级骨干教师的培训。鼓励教师参加技能培训，提高学校双师型教师比例。学校聘请有实践经验的行业专家、企业专业技术人员和社会能工巧匠担任兼职教师，请他们参与学校的课程改革、教研活动和学校精品课程的开发。邀请省内外知名专家到我校开展业务讲座，拓展教师的专业视野。“把培训作为教职工最大的福利”，加强职教教师的在职培训，促进教师的专业成长 。学校将开展名师工作室建设项目。建设 10 个省级大师工作室，吸引一批校外技术技能大师和团队兼任专业课和实训指导课教学。推进现代学徒制试点。以“校企合作、双元育人”为核心，以行业、企业为依托，按照“资源共建、利益共享、责任共担、人才共育”的原则，大力推进“校企一体共同招生招工（徒）”的招生制度改革，大力推进“校企协同、工学结合”的育人模式创新，大力推进“互聘共用、专兼结合”的双导师队伍建设。

（3）名学生。以职业技能大赛为导向，提升中职学生核心素养。扶持建设省级德育品牌项目。每年举办、参加届中职学校师生职业能力大赛。全面推广创新创业教育，建设省级中职学生“创新创业教育实验室”，评选宣传中职优秀毕业生典型。

## 四、理顺四个关系：政校行企合作开放办学

学校应积极吸纳行业企业等社会力量参与办学，了解行业企业的需求，实现产业、行业、企业三要素的高度融入，力争建立健全政府主导、学校主体、行业指导、企业参与的办学体制机制，形成“校政行企”四方互惠联动机制，促进职高教育与区域经济社会发展紧密结合。产学研结合对于职高教育来说，意味着从封闭转向开放，积极主动地融入区域经济社会的发展，紧扣市场发展步伐。开放办学的培养目标是应用性专门人才，能将理论和实践很好地结合起来，使得理论不再是空中楼阁，实践也不是盲目的实践，而是有指导有方向有目的的实践。开放办学有利于整合社会的优势资源，缩短学校与社会需求的差距；有利于学生充分接触社会，提高就业竞争力；有利于拓展教育空间，扩大学校知名度。因此要求职业教育办学要面向区域经济、面向行业企业，在办学上必须打破原有封闭式的模式，发挥自身优势，积极开展校政合作、校行合作、校企合作，实现职业教育“三个合作”办学。职业教育要主动对接区域经济社会发展的需求，实现产学研结合，走开放办学之路。

主动与区域政府合作，建立良性互动关系。由于区域政府是校政合作的推手，政府的制度供给是构建校政合作的关键因素，职校要发挥区域政府的政策调控与资源配置的作用，促使政府搭台，出政策、出经费。同时，校政合作可以有效提高职业教育服务区域经济社会的多重功能，让政府感受到职业教育对促进区域经济社会全面发展的重要作用，从而达到政府与学校相互支撑、优势互补的目的。全面修订人才培养方案，并加强了校内实训基地建设，确保人才培养质量。

积极与区域行业协会开展全方位、多层次合作，充分发挥行业协会牵线作用。行业协会可以帮助学校推荐合作企业、组织毕业生招聘会、共建技术研发平台、指导专业人才培养方案的制订等。积极与区域行业的主流企业开展深度合作，共建产学研一体化中心。职校与企业是产学研结合的主体，通过校企合作，职校可以更多地了解企业对人才的需求，使学校的培养目标和培养标准与企业需求相一致，有利于职校与企业形成互动互利关系，实现社会效益和经济效益共赢的目标；学生也可以在实践环节上得到真实环境训练，不仅有助于学生实践能力的提升，也有利于接受企业文化的熏陶。职校要在服务地方经济社会发展的大局中找准落脚点，就必须服务地方经济社会发展，要紧密结合武汉市和武昌区十三五规划实际，根据武汉市“万亿倍增”、建设国家中心城市、打造武汉长江主轴概念发展规划。以及武昌区全面实施“三区融合、两翼展飞”发展战略、建设国家中心城市核心区，运用“互联网+”思维发展学校。加强校企合作深度融合发展，在人才培育方案的制订、专业设置、课程标准等方面加强与区域企业的深度融合。同时，以开放、合作共赢的理念扩大与“一带一路”沿线国家的职业教育合作力度，为“走出去”企业提供智力保障和人才支撑，以此彰显职业教育的服务功能。

努力办好职业教育，一是坚持五个对接，即专业与产业企业岗位对接，专业课程内容与职业资格标准对接，教学过程与生产过程对接，毕业证书与职业资格证书对接，职业教育与终身学习对接；二是深化产教融合；三是聚焦内涵建设；四是扩大优质资源；五是服务教育公平；六是推进综合改革。未来可能会出现这样的情况：一方面大批的企业找不到合适的劳动者；另一方面又会有相当一部分劳动者找不到工作。因为劳动力成本上升是大势所趋。要找到工作就一定要创造出超过自身工资的价值。解决这一矛盾的基本思路就是发展职业教育。要牢牢把握产教融合、校企合作这个基本特征。

## 五、建设五大工程

一是专业部建设工程。根据武汉市“万亿倍增”、建设国家中心城市、打造武汉长江主轴概念发展规划，以及武昌区全面实施“三区融合、两翼展飞”发展战略、建设国家中心城市核心区，运用“互联网+”思维，着力打造形成金融产业集群、文化创意产业集群、商贸产业集群、旅游产业集群、信息技术产业集群、公共服务业集群等六大产业集群等区域经济发展的整体布局。市场对人才的综合要求更高，专业相互交融，协同组合建设发展的趋势更为明显，迫切需要我们加强专业的整合，以专业群的建设适应市场产业群的人才需求。就是学科领域相近或发展方向交叉的多个专业组合成一个群团，是当今职教发展的一大趋势，类似于大学的学部。

当今社会分工越来越细，但对知识的要求越来越综合、交叉，当今形成了许多交叉学科、综合学科、边缘学科。新高考改革不分文理科，普通高校成立学部，就是为了适应这一趋势。成立专业群，短期目标是为了加强层级管理，保证上级政策、学校要求及时在专业组里得到贯彻、落实，让专业组老师第一时间了解政策与要求。长期目标是引导各专业之间加强资源整合与共享，扬长避短，错位发展，形成特色，进而打破专业自成体系，互设壁垒，规模较小，竞争力不强的弊端。一是防止错误认识，即专业群建设将会取消、弱化某个专业。专业群名称只是一个代码，与本群内部专业性质联系不紧密。目前学校原有专业保持不变；二是专业群内部各专业之间既有独立性，也有统一性。专业群内部各专业组长履行的是各专业的发展及教研活动，专业群主任履行的是行政职责，即负责落实上级及学校的工作要求，是专业群第一责任人；三是在专业群主任的领导下，各专业之间相互促进，共同发展，力争打造一到两个特色专业、竞品专业。

专业群设置规划：结合本校师资实际及现有文化创意和现代服务业专业优势，在现有的省级品牌专业、省级重点专业及市级重点专业基础上，集中力量建设 3 个专业群，进行专业结构调整升级，适应区域现代产业发展：一是现代服务专业群，包括会计、烹饪、旅游服务等专业；二是电子信息专业群，包括计算机及应用、电子技术应用等专业；三是文化创意专业群，包括工艺美术、动漫设计、平面设计、服装设计与工艺等专业等。四是美术高考专业群，充分发挥传统专业优势，为少数文化成绩及美术专业基础较好的学生提供学习环境，力求创建品牌专业群。

适应市场跨行业兼并重组，交叉新型业态出现对传统专业的调整和改造；实现学校专业师资、实习实训设施的资源整合及综合协调使用；提高专业品质和人才质量；提升职业教育服务经济与社会发展的匹配度和贡献率。

二是队伍建设工程。大力发展双师队伍，着力提升教师队伍的多元引入，从企业引进德才兼备的技术专业师傅担任教师，教师进企业挂职锻炼，双向引进，双师制5年内达到60%是加大人事分配制度的改革力度，强化绩效工资的份额（制定绩效工资考核办法，变要我干为我要干）。利用各种途径加强教师知识结构更新、青年教师的引进。重点加大力度对专业带头人和“双师型”师资队伍建设，“十三五”达到“双师 型”教师占专业教师的60%目标。

专业带头人培养。定期选派骨干教师到发达地区的高职师资培训基地进修学习，通过高水平系统培训，胜任引领专业发展的要求。专业教师每年在企业挂职不少于1个月，2019年前完成每个方向至少1名骨干教师培训任务，2020年完成所有专业课教师系统培训。

行业专家引进。定期聘请有关企业的专家、技术人员对教师进行专业理论与操作技能培训，与企业共同培养“双师型”教师；积极开展国际合作交流，选派教师出国研修培训或聘请外籍教师担任教学任务。

聘请社会兼职教师。到社会各行业中选聘基础理论扎实、实践操作经验丰富、懂得教育理论的专业技术人员或管理人员担任兼职教师，引入社会力量发展中职教育。

师德师风建设。把教师职业道德教育和业务能力培养放在同等重要的地位，以良好的师德风范营造风清气正的育人环境。

三是课程建设工程。以目标课程为框架，建立现代职教模块课程体系，涉及必修，限修，选修，自修等课程层级，全面改革教学评价体系。

坚持以“就业为导向、质量为核心、产学结合、能力与素养并重”的理念，改革人才培养模式。课程体系根据中等职业教育基础性地位要求，优化课程结构，形成比较完备的“公民素质教育课程体系”和“职业能力教育的课程体系”两大类课程体系。课程设置采用“大平台、小模块”。“大平台”是文化及专业通用基础性课程，为学生后续发展和提高提供知识储备，使其发展具有可持续性；“小模块”就是根据专业设置方向，围绕“职业特定技能”培养不同方向的技术人才。教学方法建立在岗位能力分析要求的基础上，核心实践课程推行“项目教学法”、“任务驱动法”。教学过程落实“教、学、练、做”“四位一体”，以“做”为主，“学”、“练”结合，最大限度调动学生学习的主动性和积极性。

教学管理按照教学诊断与改进要求。首先，进一步完善学校教学管理制度、建立教学质量标准；其次，加强对教学过程监督、诊断与改进，定期进行质量评估。信息化教学资源建设。收集汇总教学文件、实训资料；专业课程教学资料（试题库、课件库、案例库、教学视频等）达到资源共享；搭建教学资源应用平台，提高信息化教学资源应用能力。

四是学生素质培养工程。

五是办学条件提升工程。高水平实习实训基地建设规划，结合学校 4 个专业群建设规划，在调整现有实习实训场所的基础上，按专业群重组实习实训基地。按高水平实习实训基地建设标准进行建设，引领专业结构升级。按照“整体规划、分步实施”的工作思路，逐步建设 1—2 个高水平实习实训基地。以智慧校园建设为抓手，以“互联网+”为支撑，区域联合、优势互补、资源共享，构建与现代职业教育发展相适应的公共信息服务体系和多维信息化教学支撑环境。搭建数字平台，促进学校精细化管理通过数字化校园建设，搭建信息化管理平台，构建评价体系，确保考，评到位建构科学的教学评价体系，学校建构过程评价、结果评价、学生评价相结合的评价体系。

2018 年，完成市级达标建设一期工程。这既是武汉市教育局职成处给我校下达的任务指标，也是在全市公办中职学校办学硬件达标检查中被迫暂缓检查的形势所逼。我校生均占地面积只有 20 平方米，低于规定的 30 平方米；生均建筑面积只有 14. 7 平方米，也低于规定的 20 平方米的最低要求。2018 年上报市教育局的达标建设项目经费需求总额约 2000 万元。这些项目，经过反复论证并广泛征求意见后，我校确定的达标建设项目分为两个部分：

一是进行实训综合楼项目的前期准备工作，所需经费约 100 万。目前已经完成实训综合楼建设的初步设计工作，正进行初步设计的规划咨询阶段。为完成办学条件达标检查，我校的综合实训大楼必须在 2018 年 11 月份进入实质性的建设实施阶段。

二是优化校园整体布局，对学校部分楼栋进行外立面和内部布局改造。同时，本着充分利用现有资源的原则，在初步规划专业群布局的基础上，立足在专业实训硬件环境和学校共用教育教学活动场所进行维修改造。由于学校时间的特定性，我校将需要改造的项目分为七个施工板块，已经完成了初步设计和概算等工作，所需资金约 1800 万元。

现代化的职业教育与管理需要数字化的信息网络系统作支撑。我校在已建成的校园信息数据中心基础上，正在进行“规范化数字校园一期建设”系统构架的设计工作，搭建全方位校园软件管理平台，建设校园数据中心超融合系统。同时以网络安全建设为重点，初步建成开放性校园应用平台和应用系统，本年度上报市职成处的该项目所需资金490万元。

专业设置和课程建设是职业教育发展的心脏，我校今年以现代服务专业群建设重点，以规范化数字校园为理念，结合专业课程建设，对落后的实训室环境和设备进行更新。已上报市教育局职成处的预算资金总额为500万元。2018年账上往来资金能用于专项建设的资金约600万元。专项建设经费缺口约为2200万元。目前正处在立项审批的关键时间节点，亟须教育局全力支持。

我们一定要主动适应武汉经济结构调整和产业结构转型升级需要，顺应就业市场的变化，以改革促发展。全面实施综合改革，以管理稳校、以特色立校、以质量强校、以成绩荣校、以创新活校。致力于教师的专业成长、致力于职业教育基础能力建设、致力于重点专业建设、致力于学生的综合职业能力培养、着力培养学生的职业素养和就业创业能力，实现学生由一技之长向全面发展转变、升学和就业并重。

古人云，器大者声必闳，志高者意必远。让我们在区委区政府及区教育局的正确领导下，在新的一年里，同心同德，甘苦同尝，励精图治，负重奋进，以奋发昂扬的斗志、排除万难的决心和只争朝夕的精神，敢想敢干敢担当，创业创新创一流，共同开创二职教育辉煌灿烂的明天！

# 凝聚共识，携手共进，推动信息技术职业教育发展

尊敬的各位领导、各位同仁：

湖北信息技术职业教育集团第二届理事会隆重召开，对于推进湖北省职业院校和中职学校信息技术类专业改革与创新，推进校企合作和校际合作，优化资源配置，提升人才培养质量，更好地服务区域经济和促进社会发展具有重要意义。在此，我谨代表武汉市第二职业教育中心学校预祝本次会议取得圆满成功！

借此机会，我向大会汇报几点对信息技术职业教育发展的认识和体会，请各位专家批评指正：

## 一、湖北信息技术职业教育集团为推动全省信息技术职业教育优势互补、资源共享提供了重要平台

集团组建的初衷，就是为了抢抓新一代信息技术产业新的重大变革和国家大力发展战略性新兴产业带来的重要机遇，贯彻落实省教育厅《关于推进职业教育集团化办学的意见》有关精神，推进我省信息技术职业教育规模化、集团化、连锁化的进程，打造具有湖北地方特色的信息技术职业教育品牌，以适应我省经济社会发展对信息技术应用型人才的需求，为武汉“中国软件名城”建设、湖北制造强省建设提供人力资源支撑。

集团组建以来，由武汉软件工程职业学院牵头，以“政府、行业协会、企业、学校”四方合作为基础，全面推进信息技术职业教育的集团化办学，目前已有成员单位有 86 家，包括 4 家政府机构、6 所普通高校、56 所中高职院校、17 家企业和 10 余家行业协会。

发展至今，湖北信息技术职业教育集团的作用得到充分显现，功能进一步拓展，我认为，集团为推动全省信息技术职业教育优势互补，资源共享提供了重要平台，在优化全省职业教育资源配置、促进职业院校和行业企业优势互

补；建立适应经济发展方式转变和产业结构调整、实现中高职教育协调发展，加快我省职业教育改革发展步伐，推进人才培养模式改革和培养途径等方面有着不容置疑的积极意义。

## 二、信息技术职业教育必须坚持市场需求导向，走在新技术发展前沿

加快发展现代职业教育，培育大批兼具专业技能和工匠精神的高素质劳动者，对于充分发挥我国巨大的人力和人才资源优势，深入实施创新驱动、“中国制造 2025”和“一带一路”建设等国家发展战略等都具有重要意义。国家“十三五”规划纲要将培育人工智能、移动智能、先进传感器等作为新一代信息技术产业重点发展，拓展新兴产业发展空间。当前，信息技术发展的总趋势是从典型的技术驱动发展模式向应用驱动与技术驱动相结合的模式转变，信息技术应用朝着集成化、平台化、智能化、网络化、虚拟计算以及工业化和信息化相融合的方向发展。

武汉市第二职业教育中心学校创办于 20 世纪 80 年代，是首批国家级重点中等职业学校、湖北省示范中等职业学校、湖北省实训基地学校。学校坚持“围绕市场办专业，面向社会育人才”的思想，以市场为导向，先后经历多校合并，校区整合，专业调整，2007 年整体搬迁至毗邻于武昌火车站的交通枢纽地带武汉市大东门千家街。学校环境优美，交通便利，开设有计算机应用、动漫与游戏制作、服装工艺与设计、电子技术应用、酒店管理、会计、烹饪、学前教育、物业管理、工艺美术等专业。省级重点专业有计算机应用、工艺美术、电子技术应用、酒店管理。服装工艺与设计为省级品牌专业。2018 年学校对现有专业进行整合，形成了“文化创意产业”包括工艺美术、服装工艺与设计、动漫游戏设计社会文化艺术（幼教方向）等专业；“现代服务业产业”包括会计、酒店管理、营养烹饪、物业管理专业；现代制造业产业”包括电子技术应用、计算机应用等专业和以艺术类高考为培养方向的“美术高考”等为主体的四大专业部群。

学校现有班级 50 个，学生 2000 余人，其中美术高考类 13 个班、电子信息类 12 个班、旅游服务类 6 个班、财经商贸类 6 个班、应用美术类 6 个班，呈现各专业均衡推进，齐头并进的状态。

我校的计算机应用专业已有二十多年办学历史，在“新经济、新技术”快速发展的背景下，发展面临教育供给与市场需求不对称等新的困局。近年

来，我们顺应人工智能、大数据、云计算、物联网等新技术发展大势，主动适应时代新变化、市场新需求，敢为人先、大胆改革、勇于创新，积极探索信息技术职业教育发展新路径。

一是主动走出去、请进来。为适应信息技术专业的发展变化，我们向上级主管部门申请了专业建设专项经费100多万元，走访了武汉市市属、区属的中等职业学校，向兄弟学校学习，同时组织专业组长、专业教师前往上海等先进发达地区的职校、企业考察取经，例如上海现代职业技术学校、上海信息管理学校、上海神州数码、上海紫越科技、深圳华为等学校和企业，有力地推动了学校专业布局结构调整，明确了专业建设发展方向。后期还将邀请省内外职教专家来校对计算机应用专业进行跟踪指导、培训。

二是主动调方向、优配置。我校对现有专业进行战略结构调整，将电子技术专业和计算机应用专业整合为信息技术部，打破学科专业壁垒，增进专业之间的交流互动，推动学科交叉与融合，实现不同学科专业课程的优化、整合与重组。专业群内实现资源共享，进一步优化专业资源配置，减少重复建设，实现跨专业、高效率的协调与配合。

三是主动抓基础、强保障。学校实训大楼建设在市区两级政府的关心和帮助下，已进入筹备阶段。信息技术专业尽快拿出实训室的建设规划，做好专业设置的长远思考，为武汉培养合格、过硬的技能型人才提供物质保障，让信息技术专业的实训基地不断上规模、上档次。

## 三、校企合作与校际合作是信息技术职业教育发展必由之路

开放、创新、合作，是时代的主题。职业教育必须靠开放紧跟时代，必须靠创新应对挑战，必须靠合作共赢未来。教育部等六部门近日联合印发《职业学校校企合作促进办法》（以下简称《办法》）指出，产教融合、校企合作是职业教育的基本办学模式，是办好职业教育的关键所在。

就我省目前实际而言，贯彻落实党的十九大精神和《国务院关于加快发展现代职业教育的决定》要求，推动职业教育开放、创新、合作发展，其中一个重要抓手，就是加强校企合作、校际合作。这也是加快我省信息技术职业教育的必由之路。

走好这条路，要做到“三坚持”、“五共同”：

“三坚持”：坚持育人为本，贯彻国家教育方针，致力于培养高素质劳动

者和技术技能人才；坚持依法实施，遵守国家法律法规和合作协议，保障合作各方的合法权益；坚持平等自愿，调动校企双方积极性，实现共同发展。

“五共”：专业共建、课程共担、教材共编、师资共训、基地共享。以“五共”模式为主线，打通“中高职”相贯通的渠道，实现培养“适应未来需要的人”的育人目标。校际间要在专业建设、师资队伍建设、实训基地建设等方面对口帮扶，共同探讨学校办学定位、专业建设等方面经验，同时在人才培养、技术创新等方面开展深度合作交流。通过中职与中职学校、中职与高职院校间多项目、多途径合作，努力形成务求实效、共赢多赢的格局。

各位领导、各位嘉宾！“日出江花红胜火，春来江水绿如蓝”，今天我们迎来了中国发展的新时代，也迎来湖北信息技术职业教育的又一个春天。我坚信，湖北信息技术职教集团是大家共建的一个好平台，在大家的共同努力下，必将使各院校、企业、科研机构及行业协会各自优势充分发挥，使全省职教同仁的智慧和力量集中凝聚，为推动全省产教融合、校企合作开展，发挥更多更大的作用。

希望大家携手并肩，以行业为依托，以就业为导向，以专业建设和人才培养为纽带，以聚集优质教学资源和校企合作为重点，深入开展形式多样的校企、校校合作项目，探索互利多赢的合作模式，实现规模化、集约化、连锁化办学，拓宽信息技术职业教育各成员单位的发展空间，促进信息技术职业教育更加贴近经济社会发展需求，提升职业教育对地方经济社会发展的贡献率。

在此，我也表个态：很荣幸担任本届理事会的副理事长与计算机应用专业共建主任委员，今后，我将尽最大努力，以实际行动为大家开展合作牵好线、搭好桥、服好务。

谢谢大家！

# 加强干部教师队伍建设，推动学校跨越性发展

老师们：

在上级领导的关心下，在全校教职工的共同努力下，我校正面临着大改革、大发展的关键时期。本学期以来，新的机构设置逐步完善，新聘干部逐渐走上工作岗位，专业建设正在起步，本着“长远规划、整体设计”的原则，假期总务部门将对相关办公室、教室进行改造、装修，实训楼及校园环境的建设正在酝酿，师生的工作与学习环境将逐步得到改善。

当前，正值招生的火热季节，今年的招生政策：“志愿、分数、指标”三统一原则。本人保证严格按照招生政策办事，希望大家理解、解释、支持，不要做吃力不讨好的事情。即使上级领导对少数学生也只能在录取后的空缺名额中解决：对当地重大贡献及普高线下学生。

决定学校发展的关键因素还是教学质量。学校相关部门马上开展下学期的相关岗位聘用，根据校长办公会意见，现针对聘用的有关原则问题向全校通报：

## 一、教学岗位聘用原则

（1）逐年跟进原则。除教师病休或其他因素岗位被调整外，一般情况下，教师岗位实行轮换跟进制，即三年一轮，每轮逐年跟进，此条原则为教师基本工作责任与岗位要求。（举例，个别学校个别老师一到高三就撤退，学校反而找他说好话。当然，确实有个人不可抗拒的困难，自己主动请示，可以协调，确实因工作需要，该上还得上。任何时候我们必须绝对保证课堂教学秩序）。

（2）紧急支援原则。因岗位紧急需要（如空堂、专项紧急工作），教师个人及专业部应着眼大局，积极服从有关部门对岗位的临时调整，以主人翁的态度支持有关部门主动化解困难，以保证正常的工作程序。（“个人与集体”就是“一滴水与大海”的关系）

（3）效率优先原则。有关部门在岗位聘用过程中，既要兼顾公平、统筹考虑（平时监考），更要注重效率优先，保证质量。对于重要岗位，鼓励重用敬业精神强、能力水平高的教师（对于破罐子破摔的现象，通过调整、测评、反思、培训等手段）。

（4）责利相当原则。学校尽一切努力，逐步建立“能者多劳，多劳多得”的机制。鼓励能够做事的多做事，多做事的多得报酬，并在同等条件下优先享受相关待遇；鼓励有能力的教师，积极申报关键、重要的岗位，同时应该享受高于一般教师的待遇。科学制定“高考科目与非高考科目；标准工作量与超工作量，含专项工作、临时加班；基本岗位与一般教师不愿申报的岗位，如中高考监考、管理岗位；正常上高三与连续上高三”的动态奖励办法，奖励的限度直至本岗位的聘用呈现正常状态。引导个别教师消除不平衡的嫉妒心理，反对那种自己不做事，对做事的人说三道四、评头论足，甚至对做事的人进行言语诋毁与攻击。办法：一是下次可以自由申报、平等竞争；二是你拿了大头，就不要再在乎别人多拿的小头；三是多想想别人冒着枪林弹雨为你遮风挡雨的情景。

（5）双向选择原则。根据上级政策精神，事业单位岗位聘用要实行双向选择，以提高教职工履职积极性。我校逐步实行“层级管理制”，希望每位教职员工在热爱大集体的前提下，积极完成各部门安排的工作任务。

（6）在编优先原则。在保证质量的前提下，学校岗位首先满足校内教职工的就业需求。确因工作需要，在遵循双向选择的原则下，可以考虑通过履行一定程序后外聘教师。

（7）一票否决原则。对于“不满工作量，因个人原因影响集体荣誉，不服从工作安排”的现象，除了奖励性绩效受到不同影响外，在个人的评优评先、晋级进职、岗位聘用等方面皆受到不同程度影响与制约。引导教师正确处理家庭与单位、私事与公事、个人与集体的关系，逐步杜绝少数人把个人需求置于集体利益至少，家庭琐事凌驾于工作职责之上的不正确现象。本着严肃、认真、负责的要求，学校对于“不服从工作安排”的界定，采取部门提交与学校集体研究相结合方式。

## 二、教学及教师管理

（1）加强教学过程评价。制定各专业评价标准，美高：合格率、本科率、一本录取率；中专：合格率、本科率、参赛获奖率。强化对非毕业年级的质量评价，提高毕业年级的课堂教学质量。

（2）加强考勤管理。规范上班时间的考勤与纪律要求，严格请假制度，建立考勤与绩效挂钩机制。允许教师有一定请假空间用以处理个人事务，但多次请假要付出一定代价，不请假将付出更大代价。保持正常的上班秩序与工作纪律，爱惜学校声誉，维护教师及教育良好的社会形象，应成为每个教职员工的神圣责任。认真备课，加强教研与校本培训，提高业务水平与教学质量，提升师生满意度（教师放假是以学生放假为前提）。

（3）加强自身修养。建设一所有品质的学校需要我们每个人的共同努力，学校品质与教师的品味息息相关：做一个有档次的公民（自爱、大气），做一个受尊敬的教师（敬业、爱心），做一个和睦相处的同事（减少猜疑与狭隘，增加信任与宽容），做一个正能量的员工（有想法通过正当的渠道向学校反映，不利于团结的话不说，不利于学校发展的事不做；各部门、各专业之间相互支持，个人与集体是一损俱损，一荣俱荣）。

# 2017—2018 学年“校园大事记”

在全校干部教职员工的共同努力下，2017—2018 学年是我校大改革、大发展的起始之年，为了记录这一学年的工作成果，特汇总大事件如下：

（1）各级领导走进校园。学校发展离不开各级领导的关心与重视。近一年来，先后有省委高校工委副书记、省教育厅党组成员余学敏，市教育局副局长田文江、职成处处长李万平、区人民政府区长余松、区委组织部部长胡太荣、副区长王兴文及区教育局班子全体成员等走进校园。

（2）领导班子调整分工。区委对学校领导班子进行重新调整与分工。原东湖中学校长钟如惠调任学校校长，原校长曹双华调任武汉中学党委书记，副校长袁彬全面分管教育教学工作。由于副校长钟建华工作调离，导致后勤副校长岗位空缺，其职责暂由总务主任徐劲松临时负责。

（3）部门设置逐步完善。着眼于职业教育未来的发展，进一步加强专业建设，提升学校的管理力度。在充分学习、借鉴兄弟学校管理经验的基础上，本着因事设岗的原则，我校将原招就处并入学工处，新设教育督导中心，将全校 10 大专业整合为四个专业部，部门设置更加优化。

（4）干部竞聘顺利完成。良好的干部作风是学校发展的关键因素。中层干部在学校发展中起着承上启下、部门牵头的作用。依据干部管理文件精神，先后有 11 位同志通过公平竞聘走上中层岗位。管理部门增加 4 个（专业部），干部职数减少 2 个，学校管理重心逐步下移。

（5）新设专业申报成功。“社会文化艺术（幼教方向）及物业管理”两大专业已申报成功并正式公开招生，两大专业在短时期内申报成功充分说明，一是职业教育要科学预测社会经济发展前景，及时瞄准未来职业动向，二是专业的不断更新离不开教师的敬业精神及社会力量的大力支持。

（6）专业建设如火如荼。专业建设是职业教育的生命，否则，就会失去生机与活力。学校高度重视教师专业能力提升、学科专业课程建设、学生专业素质培养，采取“走出去、请进来”的方式，拓宽专业视野，提升专业素养。积极向上级申请批准专业建设专项经费。

（7）竞赛成绩有所进步。本学期以来，相关专业陆续参加市中职技能大赛，成绩较往年有所提高。其中，酒店管理与美术专业分别获 7 个市赛一等奖，烹饪专业获 2 个市赛一等奖，会计专业获 1 个市赛一等奖，电子专业获市电子技能团体一等奖。

（8）高考成绩呈现亮点。4 月份各专业顺利组织专业课技能高考，美术联考成绩斐然。美术高考高分段及专业文化本科双过线率、部分专业技能高考本科上线率创历史新高。其中，美术专业、学前教育、旅游专业本科上线率分别为 87%、33.3%与 29.4%。

（9）建设规划注重长远。本着“长远规划，整体设计，分步实施”的原则，学校对校园整体布局进行了系统思考、整体规划，对建设项目的先后顺序进行了科学安排。后期将对室内室外、地下地上、立体平面等设施有序建设，努力做到“前期建设管长远，后期建设不重复”。

（10）办学条件逐步改善。注重改善办学条件，主动争取上级经费支持，及时更新教师办公电脑，改善食堂用餐环境，初步完成信息中心硬件建设。推动教师办公室、学生教室、各种会议室等功能空间的设计与装修，以及实训楼的立项、校门的整体改造等项目暑假完工。

（11）政治生活更加规范。从严治党向纵深延伸，党内政治生活更加严肃规范，党员教师讲规矩、守纪律的意识逐步增强，学校凝聚力进一步提升。积极稳妥开展“五星党员”“年度教师”评选推荐工作，教职工干事创业，积极参与专业建设的积极性得到调动与激发。

（12）民主治校热情渐长。依法治校，民主管理是现代学校的两大特征。学校重视提升教职工民主参与意识，充分利用教代会、座谈会、民主评议会、征求意见会、征集合理化建议、党政联席会等形式，充分发挥民主管理优势，教职工参与民主管理积极性明显增强。

（13）注重加强对外联系。遵循教育规律，遵守市场规则是职业教育发展的两大法宝。坚持走“政府主导，学校主体，行业指导，企业参与”的办学路子，主动联系政府职能部门、街道社区、公安派出所、教育行政及教科研部门，大专院校与合作企业积极参加职教社会团体活动，争取各方面的支持。

（14）成功承办相关活动。配合上级成功承办相关大型活动并获得好评，珍惜并把握机会宣传学校。中考体育测试、中招咨询会、中、高考、后备干部竞争性选拔、共建红色物业等大型活动成功举办，既锻炼了队伍，又提高了学校知名度与认可度。

（15）办学品位备受关注。办学品位属于学校内涵发展范畴，既包括师生精神面貌与文明程度，也包括办学质量与办学条件的实际状况。教师形象、教学质量、技能竞赛、设施设备等逐渐引起全校教职员工的热议与关注，成为学校发展的内在推动力量。

（16）社会声誉日趋良好。社会声誉是学校发展的外部软实力，需要每个人备加珍惜与维护。技能节、技能周等相关活动得到主流媒体及自媒体的正面宣传。近一年来，上级部门没有收到校内有关违纪举报，社会各部门对学校的评价趋于正面，对学校发展的信心与支持力度明显增强。

（17）积极构建和谐校园。和谐的干群关系、师生关系是学校持续发展的内部软实力。通过干部作风建设，促进优良校风形成；通过加强学校管理，争取教师理解与信任。干群关系进一步融洽，岗位晋级、评优评先、干部竞聘等工作平稳推进。

确实，学校的工作千头万绪，以上总结的只是部分重要工作。总之，一年的成绩来之不易。我们接下来更要面对未来发展，迎接新工作、新挑战。

# 2018—2019 学年工作思路

2018—2019 学年是学校大发展的关键一年，我们将在上级党委政府及教育行政部门的领导下，践行“三服务”（为学生成长服务、为教师发展服务、为经济建设服务）的办学理念，团结带领全校教职员工，努力做好以下几方面工作。具体工作思路如下：

（1）紧贴市场需求开门办学，启动专业建设动态调整机制，逐步实现专业设置市场调研、校企交流合作、人才培养方案及时修订等工作常态化，有选择性地开展校企合作、学徒制试点工作。

（2）重视市级项目建设的申报、管理、总结与评估工作，积极争取市级财政支持与肯定，加快学校建设步伐。

（3）规范教学教研常规管理，加强集体教研，发挥教师集体智慧，缩短专业学科教师短板。鼓励专业学科教师主动与上级教研部门的联系与沟通，争取各级教研部门的支持与帮助，加强双师型教师队伍建设。

（4）科学制定教学评价指标与体系，不断改进和完善教学评价标准，加强教学过程监控与常规管理，高度关注课堂教学质量。

（5）注重学生专业技能及职业素养的提高，鼓励师生参加各级各类技能竞赛与专业培训，并建立相应的奖励机制。

（6）加强学生文明习惯、学习纪律、专业素养和职业理想教育，明确奖励与约束措施，激励学生珍惜机会，成人成才。

（7）学习贯彻有关文件精神，完善教职工考勤及管理制度，加强纪律教育，引导教职工为人师表、做学生的楷模，杜绝上班期间不务正业（逛街、打麻将的现象），通过各种形式的讨论会、批评会、报告会，逐步消除校园内不文明现象。积极营造和谐校园，努力争创省市级文明校园。

（8）制定绩效发放补充方案，科学核定岗位标准工作量，建立向超工作量与缺乏吸引力岗位倾斜的鼓励政策。逐步落实岗位竞聘双向选择制度。

（9）充分调动内外两个因素，科学规划与设计学校后期建设项目，高度重视实训室的立项与相关项目的工程质量，进一步增强后勤保障与服务意识。

（10）适时组织开展“学在武昌，圆梦职校”大型技能宣传周活动，走出校园，走进广场，向社会大力宣传职业教育的正面形象与办学成果。

（11）全力迎接市级中等职业学校达标建设检查评估工作。2017 年 12 月，根据《市教育局关于实施武汉市中职职业学校达标建设工程的通知》（武教职成〔2017〕7 号文）工作要求，市中等职业学校达标建设工程专家来到我校，对学校达标建设进行评估验收。学校方面考虑把学校的项目工程和专业建设进一步做细致、做扎实，主动提出利用一年的时间改进，充实，提高学校各专业的建设，做好实训和学校环境工程维修改造。经过近一年全校师生、领导和相关部门的通力努力，在 2018—2019 学年上学期末（也就是即将到来的新学期），我们将以全新的面貌再次迎检，展现我们的办学水平和校园新貌 。面对现实环境和大家的期盼，学校上下必然自我加压，虽然任务艰巨，但前景光明。我们有责任、有信心实现目标。

# 二、学校管理

# 概　述

学校管理是学校对学校的教育、教学、科研、后勤和师生员工等各项工作进行计划、组织、协调和控制的活动。学校通过管理，把学校各项工作及其组成要素结合起来，发挥整体功能，以实现其立德树人培养目标和各项发展工作目标。

学校管理必须坚持以人为本的管理理念；必须要在管理细节上下工夫；必须建立健全严格而又规范的管理制度，发挥制度的约束和规范作用；从严治校，科学管理；创新管理，变革管理。让管理出质量，让管理出绩效，让管理出效益。

学校管理：包括学校党政工团管理的方方面面。有校园文明创建方案、自查报告、教育质量报告、绩效考核工作自查报告、绩效管理奖考核分配方案及其三个附件、专业建设自查报告、学校章程、学校介绍、组织沿革、民主管理、团委工作调研材料、技能抽考报告、语言文字自查报告、档案管理自查报告、学生资助工作总结等18个管理方案。由于时间紧，还有许多学校管理方案和报告未能收集，留待以后补充。

完善职业教育和培训体系，深化产教融合、校企合作。

——党的十九大报告

图 1　2017 年 11 月 13 日，武汉市高中名校长专家组莅临我校指导工作

图 2　2018 年 3 月专业建设团队外出上海交流

# 文明校园创建活动方案

为不断提高文明校园创建工作水平，促进我校学生思想政治教育工作上台阶，现结合我校实际，制定创建文明校园实施方案。

## 一、指导思想

以十九大精神为指导，认真贯彻执行党的教育方针，践行以社会主义核心价值观为核心，以思想道德建设、职业道德和公民道德教育为重点，坚持德治与法治结合、教育与管理并重；坚持立德树人、德育为先的原则，遵循教育教学规律，以学生文明行为习惯养成和教师职业道德发展为主要内容，将文明行为具有贯穿于学校教育全过程，大力弘扬中华民族优秀传统美德和社会主义道德，促进学校教育质量不断提高，努力形成教师为人师表、爱岗敬业，学生勤奋学习、文明礼貌的良好教风和学风，不断推动教育战线物质文明、政治文明、精神文明协调发展。

## 二、创建标准

根据中央文明办、省文明办有关文明校园创建管理办法制定我校具体标准。

（1）领导班子坚强有力。领导班子团结进取，求真务实，遵纪守法，以身作则，有较高的群众威信。坚持社会主义办学方向，全面贯彻党的教育方针，办学目标明确，形成办学特色。创建工作组织机构健全，队伍稳定，经费落实，任务明确，措施有力，效果明显。

（2）内部管理规范有序。学校改革和发展中重大问题的决策科学化、民主化，充分发挥工会、教代会以及群众团体等组织的作用。

（3）教育质量不断提高。教育思想端正，深化教育改革，全面推进素质教育。

（4）德育工作扎实有效。学校思想道德教育能够结合师生实际，具有针对性、主动性和实效性。充分运用课堂主渠道和课外文化活动的育人功能，注重加强教职工思想道德教育，做到爱岗敬业，教书育人、服务育人、管理育人。

（5）校园文化氛围浓厚。坚持以育人为宗旨，以校风、教风、学风建设为核心，建设有特色的校园文化。注重发挥学校党团、工会和学生社团等各种文化组织的龙头作用，共同营造良好的校园文化氛围；积极开展丰富多彩、健康向上的文化体育活动，不断提高教职工的文化素养、学生的文化素质和校园的文化品位。

（6）校园秩序安全稳定。建立健全校内安全稳定责任制，学校领导和有关部门要经常深入各班及学校各方面了解情况，解决问题，排查隐患，及时消除不稳定因素，主动配合有关部门加强对校园周边环境的综合治理，努力消除干扰教学秩序、影响学生健康成长的外部因素。

（7）校园环境整治优美。校园布局合理，净化、绿化、美化到位；环保制度健全、措施落实，生态环境质量高；校内道路平整，排水通畅；无乱放杂物，乱停车辆，乱设摊点，乱贴乱画，乱搭乱建等现象。

（8）行风建设成效显著。重视行风建设，各种不正之风得到有效遏制。实行收费公示制，收费规范；校务、校务公开透明，政策落实；社会声誉好，群众满意率高。

## 三、组 织 机 构

为了确保文明校园创建工作顺利进行，我校成立以书记、校长为组长，两名副校长为副组长，各处室主任及年级（专业）组长为组员的创建工作领导小组。

领导小组下设办公室，办公室设在党政办公室，主任由党政办主任兼任，办公室主要负责创建市级文明校园工作的组织协调、督促落实、资料收集及信息报送等工作。

## 四、工 作 内 容

结合我校实际，重点抓好以下几个方面：

（1）深化思想教育，提升师生文明素质。广泛开展中国特色社会主义理论和“中国梦”学习宣传教育活动，把培育和践行社会主义核心价值观贯穿于学校精神文明建设和德育教育全过程，努力建设一支政治强、业务精的思想政治教育工作队伍；校园人际关系和谐，领导班子执政为民意识强，关心师生员工的工作、学习、生活和健康，切实保障师生员工的合法权益。

（2）深化党的建设，发挥核心引领作用。发挥党组织领导核心作用，加强和改进领导班子思想政治建设；深入开展创先争优活动，以学习型党组织建设为引领和示范，发挥基层党组织战斗堡垒作用和党员先锋模范作用；积极推进党内民主建设，实行党务公开；坚持反腐倡廉，完善领导体制和工作机制；各领导要重视精神文明创建活动，不断提高创建水平，形成科学合理的工作体系和长效机制。

（3）拓展创建内涵，提高办学绩效。科学制定和组织实施学校发展规划，加强人才队伍建设，优化人才成长环境；坚持教学改革，开展各类教学创新实践活动；加强学风建设、诚信教育及心理健康教育，努力培养社会主义合格建设者和可靠接班人；制定学校章程，依法治校；健全校务公开及民主管理制度，提升学校整体水平。

（4）践行优良校风传统，丰富文化生活。大力弘扬先进文化，办好道德讲堂，传承推广学校优秀文化传统；丰富校园文化建设内涵，培育具有学校特色的文化品牌；积极开展“爱学习、爱劳动、爱祖国”、我的中国梦、童心向党等形式多样的各类道德实践主题教育活动；组织开展以孝敬、友善、节俭和诚信为主要内容的美德传承、文明礼仪、文明餐桌等实践活动；开展清明节、“七一”、“十一”等重大节庆日爱国主义教育活动。

（5）优化校园环境，确保指标达标。建立文明校园创建工作领导机构，完善创建工作机制，开展文明校园创建的宣传教育活动和有针对性的未成年人思想道德建设教育培训；加强卫生机构建设，落实健康教育课（活动），无烟学校达标；校内各项设施齐全完好，服务规范，监管有力；建设节约型校园、节水型学校，注重生态文明建设，低碳节能工作有成效。

（6）担当社会责任，树立良好形象。自觉承担学校对社会的法律、教育、诚信、社区级环境责任；建立中小学与学生家长联系沟通制度；积极参加对口支援及各类社会捐助、公益活动；主动参与学习型社会、学习型社区级各类主题实践活动，树立学校在社会上的诚信、公正、奉献形象。

## 五、工 作 要 求

(1) 提高认识。创建文明校园是践行社会主义核心价值观，实现“中国梦”的迫切需要，是构建社会主义和谐社会的重要组成部分。

(2) 加强领导，落实责任。召开班子会议专题研究部署创建工作，制订实施方案，明确职责，切实抓好创建工作的全面落实。各部室按照职责分工，结合实际工作，积极推动创建活动开展。对学校存在的问题，研究具体措施，及时予以解决。

(3) 广泛宣传，全体动员。积极宣传创建文明校园的重要意义，利用黑板报、宣传栏、校园广播等载体全方位宣传文明校园创建工作，使创建活动人人皆知，形成上下重视、人人参与的创建格局。

(4) 加强督查，严格奖惩。加大督查与协调力度，对工作扎实、措施有力、成效显著的部门等进行通报表彰；对创建工作不力、影响创建工作整体效果和整体进度的部门等，追究责任。

# 文明创建自查报告

2017年是全面建成小康、全面深化改革、全面依法治国、全面从严治党向纵深发展，武汉市全面开展第五届全国文明城市创建，学校奋力赶超迎接全市专业建设评估、全面规划专业发展的一年。我们将文明创建工作作为整体推进学校全面健康发展的有力抓手，抓实、抓好。现将一年来工作报告如下：

## 一、高度重视，加强领导，形成文明创建合力

学校高度重视文明创建工作，将其纳入学校发展的总体规划，成立以书记、校长为组长，以各处室负责同志为组员的领导小组，结合工作实际进行责任分工，做到人员有职责、经费有保障、制度有改进、工作有落实。认真执行“集体领导、民主集中、个别酝酿、会议决定”的议事和决策的基本制度。积极推进决策科学化、民主化，提高决策水平推进校务公开制度，充分发挥民主、保障师生权利，拓宽民主渠道，使师生对学校事务有更多了解和参与。加强民主监督，确保师生对学校事务的知情权、参与权、监督权，规范教代会，并定期举行。加大宣传力度，营造良好创建文明城市宣传氛围，全面落实施活动方案，关注工作细节，充分调动积极性，深入创建工作，做到人人参与。

## 二、文明建设贯穿于学校教育全过程，形成良好育人环境

坚持党的以十八大精神为指导，认真贯彻执行党的教育方针，践行以社会主义核心价值观为核心，以思想道德建设、职业道德和公民道德教育为重点，坚持德治与法治结合、教育与管理并重；坚持立德树人、德育为先的原则，遵循教育教学规律，以学生文明行为习惯养成和教师职业道德发展为主要内容，大力弘扬中华民族优秀传统美德和社会主义道德，努力形成教师为人师表、爱岗敬业，学生勤奋学习、文明礼貌的良好教风和学风。

（1）将党的思想建设和精神文明建设相结合，引导广大教职工学习、宣

传、贯彻党的十八大精神及十八届三中、四中、五中、六中全会精神，进一步规范学习制度、管理制度，有计划、有安排、有主题、有记录、有小结，紧跟形势，内容充实，重点突出，紧扣实际，形式多样，以解决思想困惑和工作、学习难题为切入口，力争学有实效，通过学习提高理论素养，达成共识，虚事实做，形成良好的育人氛围。

（2）将师德教育与文明创建相结合，将教师师德培训纳入教师继续教育培训的专题内容，采取专题讲座、事迹报告会等形式开展师德教育。以主题教育形式来加强师德宣传教育活动，提高教师的思想素质；通过制度来确保教职工思想道德建设，严格师德标准、落实文明班组（处室）的评比细则，促进学校文明示范岗的建设；

（3）将法制教育与文明创建相结合，不断增强师生的法制观念。深入开展普法教育，每学期组织2次法制宣讲进校园活动，强化法治意识，全面推进依法治校和按章办事，提高大家依法办事的意识与能力。深入开展处室、教研组文明创建活动，加强处室、专业组、教研室建设，规范行为，提高素养，提升文明程度，学校依法治校和民主治校取得了显著成效。

（4）将校园文化建设与文明创建相结合，以工会为主体，组织群众性文体活动，例如趣味运动会，校际间球类竞赛等，营造良好和谐的工作、生活氛围，促进教职工的身心健康。强化校园环境文化在素质教育中的隐性教育功能。净化、绿化、美化、优化校园环境，让师生在洁净、舒适的环境中感受美的氛围，接受美的熏陶，引导美的行为，得到美的升华。

## 三、优秀传统文化融入文明建设，践行社会主义核心价值观

全面贯彻《公民道德建设实施纲要》，大力弘扬道德模范的崇高精神，在学生中广泛开展各类“评优评先”活动，努力营造学习先进模范、宣传先进模范、践行先进模范的良好氛围。

（1）认真践行社会主义核心价值观。积极践行“富强、民主、文明、和谐，自由、平等、公正、法治，爱国、敬业、诚信、友善”24字社会主义核心价值观，把核心价值观的内容和要求渗透到学校的教育教学和日常管理之中，做到进教材、进课堂、进头脑。按照社会主义核心价值体系的基本要求，建立健全规章制度，使核心价值体系成为师生日常工作生活的基本道德规范。

（2）不断深化“我们的节日”主题活动。利用春节、清明、端午、中秋、

重阳等传统节日期间，组织开展国旗下讲话、文明祭奠、团圆与和谐、爱老孝亲等主题教育活动，积极引导师生参与群众性文化艺术宣传活动，开展中华经典诵读等活动。

（3）积极学习身边道德模范事迹深化典型带动。利用道德讲堂深入宣传学习道德模范先进事迹，引导师生弘扬道德模范的崇高精神。

（4）广泛开展“弘扬雷锋精神，深化志愿服务”活动。各班成立了“学雷锋志愿服务队”，每周在校内或社区开展志愿服务活动，广泛传播“学雷锋、奉献他人、提升自我”志愿服务理念，大力弘扬“奉献、友爱、互助、进步”的志愿精神。

## 四、用好主阵地，夯实文明创建的基础

（1）发挥政治课、班会课的主渠道作用，转变教师的教育观念，鼓励教师开展符合时代特点的教育模式、方法、手段的探索与研究，增加实践教学环节，课堂教学要紧密联系社会和学生两个实际，采用启发式、讨论式和研究性等生动活泼的方式组织教学，充分发挥学生学习主动性，增强主渠道课的针对性、生动性和高效性。

（2）坚持主旋律教育，增强学生的民族自尊心、自信心和民族自豪感，做好升国旗仪式，完善国旗下的讲话制度。进一步健全学校、家庭、社会育人网络，形成德育工作的整体合力。

（3）抓好社会实践环节，通过社会实践强化学生社会责任感。继续开展团队系列特色主题活动，让学生在实践中得到锻炼，思想得到升华。鼓励学生积极参加学校、社区组织的志愿者服务活动，培养学生关心社会，乐于助人的社会责任感。

以“爱国守法，明礼诚信，团结友爱，勤俭自强，敬业奉献”的基本道德规范和学生日常行为规范为准则，加强学生行为习惯的养成教育，为文明单位的创建打好基础。

创建文明城市工作中，学校充分发挥广大学生在创建文明城市中的生力军作用和“一名学生带动一个家庭，一名志愿者影响一个群体”的教育辐射作用，积极开展践行社会主义核心价值观、宣传志愿精神等道德实践和文明劝导活动。同时在全体师生的共同努力下，圆满地完成创建工作任务。

# 2017年绩效考核工作自查报告

2017年我校围绕市、区教育局年度工作要点，积极应对中职办学新形势，强化教育教学改革，巩固和保持国家级重点中等职业学校，省级示范中等职业学校成果，谋划学校发展，探索学校现代职业教育建设；努力加强教师队伍建设，深化校企合作，贯彻走内涵式发展思路，推进教育教学质量、办学水平的提升；以"文明单位"创建为抓手，深入开展"创先争优"活动。学校坚持把"培养就业有优势、创业有能力、升学有基础、职业发展有空间，面向生产、服务第一线的，具有良好职业道德的高素质劳动者"作为学校培养目标的定位，结合武汉市教育局推行的中职学校达标建设工程、专业建设工程、高水平实习实训基地建设工程和教学诊断与改进工程，促进学校专业建设持续、健康发展，促进学校专业结构调整升级，打造与区域现代产业体系发展相适应的专业群；推进学校建立健全专业动态调整机制，规范健全学校管理机制，加强教学质量有效监控和改进，不断提高专业品质和技术技能型人才培养质量。学校以教学质量为核心，提高了办学水平。办学思想得以深入教育教学各环节，学校教育教学改革力度不断加大，专业结构优化调整稳步推进，根据学校现有专业特色，逐步形成文化创意专业群（包括美术、动漫、服装3个专业）、信息技术专业群（包括计算机、电子技术2个专业）、现代服务专业群（包括旅游、烹饪、会计3个专业），不断适应市场需求，满足区域经济发展，去同质化凸显学校办学优势。在全体班子和教职员工的共同努力下，在教育教学管理、校园文化生活、学校办学条件以及教育教学质量等方面都有长足提升。全面完成了各项工作目标和任务，取得了可喜成绩。

全面完成了区教育局绩效管理目标职责考核指标，取得了可喜成绩。

近年来学校获获评市文明单位、区最佳文明文明单位，武汉市职成教育工作先进单位，武汉市职业教育活动周风采展示一等奖，武昌区最佳志愿服务组织，武昌区巾帼文明示范岗，武昌区绩效管理先进单位等。

对照《武昌区教育局2017年绩效管理考核评分表》，结合学校工作实际，我校认真自查，对照指标完成情况进行了自查打分。我校认为极好地全面完成了教育局绩效考核的各项指标，确定申报绩效考核“优胜单位”。

现将 2017 年学校改革与发展的主要经验及做法介绍如下：

## 一、着力文明建设常态化，强化依法治校、建设和谐校园

学校以制度建设和师德建设为抓手，凸显依法治校。在制度建设方面，学校及各部门在工作实践中不断总结和探索，完善各项管理制度，使学校各项方案制度更具科学性、合理性和人文性。在师德建设方面，严格升旗、集会出勤管理，养成规矩意识。同时学校以十九大精神宣讲团进校宣讲活动为契机促进师德建设上台阶。一是加强师德考核相关文件的学习，强化思想教育，弘扬正气，坚决惩治和制止不利于学校和谐发展和师生团结进步的各种歪风邪气。二是经常强化依法执教的意识教育，坚决杜绝严重违反师德师风的事件发生。三是强化教师教书育人的责任心，并通过学习教育不断提高教师队伍工作水平，增强工作的艺术性，减少因教师工作方法不当而产生的教育教学事故，建立和谐师生关系。

为了进一步做好创建文明城市工作，促进创建目标在学校各项工作中顺利实现，根据教育局党委的文件精神，充分发挥广大教师、学生在创建文明城市中的生力军作用及教育辐射作用，积极开展践行社会主义核心价值观、宣传志愿精神等道德实践和文明劝导活动，在社会上营造了良好的创建工作氛围，为深入推进我市文明创建作出了应有的贡献。活动中，我们着眼创新，注重实效，首先学校领导重视，组织机构健全，同时加大宣传力度，营造良好创建文明城市宣传氛围，全面落实施活动方案，关注工作细节，并充分调动积极性，深入创建工作，力争人人参与。在全体师生的共同努力下，较圆满地完成了创建工作任务。

## 二、领导班子、党建工作及十九大精神学习活动

团结进取、廉洁自律的领导班子，是学校发展的组织保障。我校领导班子始终把遵守党的政治纪律作为开展一切工作的政治准则。坚决贯彻民主集中制，学校领导班子注重发挥群体优势，形成较强的合力，团结协作，成员重视并加强自身政治素养，具有强烈的事业心和责任感，保障了学校各项工作的顺利开展。

**1. 充分发挥党组织政治核心作用情况**

学校领导班子实行“一岗双责”，学校所有重大问题必须通过党政联席会集体讨论决定。明确党组织参与学校教学内容、教育计划、教职工培养、学生活动、重大事项的申报等决定并监督实施，支持和保证校长依法行使职权。党组织领导学校文明创建、德育和教职工思想政治工作，培育和践行社会主义核心价值观，维护各方合法权益，推动学校健康发展方面发挥了政治核心作用。

**2. 全面提升党组织建设水平情况**

党的组织建设健全完善。学校党委由党委书记、组织委员、宣传委员、纪检委员、统战委员、青年委员、学习委员等七人组成。党委下设四个支部，其中在职支部三个，离退休支部一个。全校共有中共党员 100 名，其中在职党员 43 名，离退休党员 57 名。

发挥党员示范带头作用。43 名在职党员“亮身份”，每个支部建立“党员示范岗”，党员积极挑重担，担任班主任工作，讲述公开课、示范课，发挥了很好的示范引领作用。省、市专业技能大赛取得优异成绩，服装、烹饪、动漫、财会专业的党员老师发挥了主打作用。

党内组织生活严格规范。“两学一做”支部生根工程启动以来，学校党委高度重视，将其作为加强学校党的思想组织建设，落实从严治党的重要载体，抓实抓牢。拟定《武汉市第二职业教育中心学校党建工作责任清单》，明确工作任务和责任；制定《师德师风建设方案》，通过签订《师德承诺书》、宣读师德承诺等多种方式，向社会作出公开承诺

**3. 党的工作与学校德育有效融合，加强师德师风教育**

学校党组织切实做好共青团和学校德育的领导和指导工作，在校党委的领导下，将社会主义核心价值观渗透在学校日常教育教学中，学校团委、学生会开展了“三·五”学习雷锋系列活动——志愿服务、评选身边的雷锋、雷锋责任岗等活动，植树节活动，清明缅怀先烈，网上祭英烈活动，成人仪式活动，端午、重阳慰问孤老活动，武汉市中职学校“时事与政策”暨“党的十九大”我的中国梦演讲比赛等系列活动，使全校青年学生团员在活动中学习，在活动中提升自身素质。

积极开展党的“十九大”精神宣讲团进校宣讲学习活动，举行“师德承诺”。学校联系实际，确定师德承诺主要内容，通过签订《师德承诺书》，向学校、学生和社会作出公开承诺。自觉接受学生、家长和社会对师德建设的监督和评议，形成自律与他律的合力，预防和减少违反教师职业道德行为的

发生。

树立师德典型。通过“学校年度教师”评选、开展师德师风专项治理，用正反两方面的典型，教育引导、建立师德师风建设长效机制，引导广大教育工作者遵守师德规范，造就一支政治过硬、业务精湛、品德高尚的高素质专业化教师队伍。

## 三、人才师资队伍建设常抓不懈，是提升职校办学实力有力保证

**1. 教研落实，常规到位，促进教师发展，加强教学管理**

学校利用教学公开课评比、青年教师各项技能竞赛、“魅力教师”评比等活动，把提高教育教学质量作为重点抓实抓好。本年度朱珍老师获武汉市班主任基本功大赛二等奖。20多人次获国家、省、市、区级不同类型奖励。10多名老师参与各类教材和专著的编写工作，多名老师参与了省、市级科研课题的研究工作。30多人次论文获奖。20多名老师承担了市、区级公开研讨课。

**2. 分批组织专业教师外出考察学习，积极引导教师投身专业建设中**

下半年学校组织近五个批次的专业教师分批到校企合作企业、示范中职学校考察学习近100人次。同时安排近200人次的教师参加国家级、省、市、区等骨干教师培训、专业实用技术进修培训、联合办学企业培训等，适时获取最新信息，教育科研工作也有了新的突破。同时，学校高度重视校本培训，邀请多次专家来校作教育、心理、教学业务专题讲座 、报告。学校也组织校内报告会，邀请本年度外出培训和参加会议的教师做心得体会的交流。我校师生在国家、市两级级各项竞赛中捷报频传。四大类（电子信息、财经商贸、旅游服务、应用美术）专业50余名学生获10个项目个人奖，教师30余人获指导奖。另有十余名师生在全国、省、市中职“文明风采”活动获得奖励和指导奖。

## 四、务实抓好常规工作，着力推进精细化管理

### （一）招生工作

**1. 严格遵循招生制度规范程序，精心做好招生宣传服务工作**

认真调研当前全市中招现状，严谨制定2017年招生计划，2017年全市共

有6.44万名初中毕业生，各类中等职业学校招生人数约为2.77万人。“3+2”、五年一贯制学校计划由省教育厅单独下达。全市高中阶段教育毛入学率达到97.5%以上（初中毕业生升学率中心城区达到98.5%以上，新城区达到91%以上）。根据学校现有条件，2017年市教育局、市招办批准学校招生计划人数为700人。开学伊始学校已招学生人数为700人，2017年11月实际上在籍人数为603人。

在校班子领导下各部门通力协作，严格遵循制度、广泛宣传。设计制作宣传简章、各专业招生宣传展板与PPT，制定“3+2”中高职直通工作的合作方案并准时上报到上级领导部门，为学校电子、旅游两专业的获批打下坚实基础；充实校园网“招生就业”栏目的内容，及时上传各种招生信息，争取加大宣传力度与板块，力争在第一宣传时间让学生家长及时了解学校荣誉和招生热点信息。

充分利用本年度中考体育测试，美术特长生测试，市、区中考现场咨询会、四月调考家长会、初中学生网上填报志愿等机会，认真组织好学校的招生宣传工作，发放学校简章2.1万份遍及武汉市所有中心城区；招生期间开通招生咨询服务热线、安排专人全天候值班，耐心细致地回答家长学生的各种提问，积极宣传学校特色与招生政策，主动介绍专业设置与就业情况，及时登记学生信息，定期进行电话回访，天天都有工作报表，时时做到心中有数；依托网络、媒体宣传造势。将学校介绍、招生简章、招生计划、招生政策、优秀毕业生或各类与招生有关的新闻等信息发布在校园网、市招考网站和地铁移动网络上，晚报、金报、晨报也在网报、中考等重点时间段有相应专题报道，宣传学校的同时进行在线答疑，特别是在武昌区咨询会的现场，学校各专业接待咨询的展台火爆空前，整个上午8:30—11:30分，人流不断、水泄不通，此种场景吸引了晨报、金报、都市报的记者连连对我校招生人员进行采访。

**2. 严格学籍管理，服务教育教学**

按要求及时完成所有学生学籍资料的审核、电子图像的采集上传录取数据到省厅平台、中考补录等工作。圆满完成了2017年4月份省级学籍管理工作检查并获好批评。

同时，顺利完成了2017年高考体检工作和高考模拟网报演练；配合教务处完成2017年高考志愿填报工作；安排二年级动漫专业及学前教育专业62名学生与华中师范大学顺利衔接，到大专学习；启动2018年高考报名工作，现已顺利组织高三所有高考学生完成2018年高考网上报名及电子图像采集，共计571人。

## （二）德育工作

**1. 计划、系统的开展落实新生入学教育、军训及老生开学集训**

开学前两天的老生素质拓展训练、新生入学教育形成传统，强化职校学生纪律养成及职业素养，其中新生入学教育涵盖校纪校规、专业特色、职业生涯和法制法规四个方面；2017级新生军训为期十天在校内进行。内容一分为二：军事项目训练和创新方阵训练。学生整体训练情况良好，结营仪式邀请家长观摩，圆满成功，达到训练效果。老生开学集训，主题是纪律养成训练及职业素养拓展训练，开学前为期两天的及专题集训达到提升学生职业素养的预期效果。

**2. 量化常规评估管理，加强德育管理服务**

学生日常行为管理，注重过程管理、狠抓常规教育。班级工作量化管理的同时注重服务、指导。坚持每月两次班主任例会，对班主任工作进行总结和指导。

**3. 注重环境育人、全员育人，开展丰富的各项德育活动**

举办班主任基本功大赛，以及每年一届的学校德育年会；全校推行志愿者活动制度，每班组织，每月上报；开展丰富多彩的主题教育：和谐人生（三月）、集体生活（四月）、爱我专业演讲比赛（五月）、总结备考（六月）、感念师恩（九月）、心态与成功（十月）、感恩教育（十一月）、青年励志教育、迎新活动（十二月）等；举办全国文明风采大赛（3月）、清明祭英烈系列活动（4月）、校园歌手大赛（4~5月）、校田径运动会（5）月，组队参加武昌区运动会、技能节、校篮球比赛、消防演习、法制报告会、纪念一二九诗朗诵比赛、住宿生迎新年晚会（12月）等。

本年度我校一名班主任获得武昌区区百优班主任（陈竹娴1605区百优班主任）、四个班级获得武汉先进班级集体（徐忠群1403、朱珍1405、盛娟1509、李梦婷1518）、五个班级获得武昌区先进班集体（龚纯1503、向彩琴1510、周浩1511、王晓蓉1603、潘芬芳1606）；武昌区优秀团支部3个，优秀团员9个，优秀团干4人。

## （三）教学工作

（1）学校积极开展教育教学改革，注重教师的专业化发展，积极开展校本教育教学研究。

（2）组织举办好每年一届学校技能节活动，加强技能训练，争优赶先参加省市技能大赛。按“升学有基础、就业有技能”的原则，为就业学生创造良好实习实训的条件，提高专业技能水平和适应能力，增强就业竞争力。

2017年度技能竞赛成绩喜人：

①湖北省技能大赛：服装专业：3个三等奖；

②武汉市技能大赛：财经商贸专业：点钞3个二等奖。手工会计2个一等奖、1个三等奖。小盘1个二等奖、2个三等奖；电子技术专业：电子装配团体二等奖，学生1个二等奖、2个三等奖。电工技术基础与技能比赛荣获团体二等奖。学生电子制作1个二等奖；计算机应用专业：基础竞赛团体二等奖，3个二等奖，2个三等奖。动画制作1个二等奖，2个三等奖；旅游服务专业：烹饪1个一等奖，2个二等奖，4个三等奖。酒店服务1个一等奖，7个二等奖。美术专业技能竞赛中，6名同学获全能一等奖，5人获二等奖，8人获三等奖。5名美术老师获指导奖。

在第十三届全国中职学校“文明风采”大赛中，我校电子专业的程俊涛获征文演讲类比赛一等奖，这也是我省唯一的一个一等奖。教育部职成司在青岛举办了该次大赛总结展演活动，程俊涛作为全国唯一的学生代表进行了交流发言。

（3）务实提高教学质量，抓好美术高考、技能高考升学。坚持“德育为首，知识与技能并重，升学与就业并举”的办学思想，针对学生的职业规划，提高学生的文化和专业知识及技能，为学生升入高校继续学习打下必要的基础。

2017年毕业的美术生在班人数为146人，被“一本”院校实际录取的人数为45人。文化课成绩在400分以上的有22人，本科双过线有118人，过线率82%。专科以上过线人数为146人，过线率100%。其中陈欣同学获我国国家顶级美术学院的专业合格证，最终被中国美术学院录取。这一斐然成绩足以载入我校校史。

2017年“技能高考”报名人数为272人（包括单招及3+2大专）专科过线率100%，其中本科过线有14人，占比11.1%。传统观念里中考落榜生才会选择的中职学校，正在“用实力说话”，逐渐改变家长的想法，提高了他们对“技能高考”新的认识。

此外学校在繁重的教育教学前提下，积极承担了武昌区2017年度高考、中考、研究生考试等组考任务。

在省市区各级的指导和支持下，我校2017年下半年建设了一个最新标准的湖北省普通话测试点，目前已经通过省市的验收，即将投入使用。

## （四）总务后勤工作

（1）严格学校财经纪律，重点规范核查收费工作，除严格按上级审计要求整改常规学费、资助生减免等工作外，针对实习就业班和毕业班级进行了专门的定时定点的催缴工作。配合有关部门完成各项规定审计工作。精细化重新修订财务报销审批制度并严格执行。按程序严谨完成了2018年学校预算编制工作。

（2）根据学校建设数字化校园的总体规则，完成一期工程（247.9655万元）的政府采购工作，进入实施阶段，在不影响现有网络使用的前提下工程进展顺利。

（3）完善学生活动中心（食堂二楼），食堂进餐条件的设施设备配置，提高学生在校学习生活良好感受；

（4）加大对各专业实习实训室设施设备的建设投入，满足学生专业技能课教育教学需求。按时完成了烹饪专业专业实训室建设，完成装饰工程及设备采购，全面提升烹饪专业实习实训条件，为后期学校专业建设，调整学校布局打下基础。

（5）整合现有学校资源，充分发挥后勤保障功能，全心服务学校正常教育教学工作。

积极协助学校完成高考网报、运动会、文明文采大赛、技能通级、普通话测试等活动的设备和技术支持；配合市区招办，在较短的时间内高质量地完成了学校标准化考场监控系统及考场广播系统的设备维护调试，并在高考、中考、自考、美术联考、研究生考试中发挥出稳定功效；完成全校办公及教学设备及电子显示屏、校园监控系统、考场监控系统的常规维护及保养工作及学校网站的资料更新工作。

对全校所有地方的空调进行了清洗消毒，并对空调的运转情况进行检修，确保空调正常使用；组织人员利用休息的时间对全校所有地方的电扇、开关等用水用电区域进行了检查。

（6）根据武汉市中职学校达标、专业建设整合评估的整体要求。完成了学校景观设计工作，并初步规划了学校未来三年建设方案。为学校新发展做了大量基础工作。

### （五）就业工作

坚持服务学生，就业、深造双轨发展的思路，着眼武汉城市圈，积极开展多种形式的校企合作，巩固原有的合作单位、广开实习就业新渠道，努力开拓新的就业市场。开展2014级实习的学生及家长实习动员会，分析就业形势。

制度化开展学生实习巡查。定期、循环到实习点看望实习学生，了解学生实习情况，与用人单位沟通，及时反馈用人单位建议。通过电话、邮件、短信等方式，与实习学生及家长之间取得联系，稳定实习队伍。

积极联系巩固合作单位20余家，努力开拓新的就业市场。2017年及时发布就业信息并开展面试工作，2014级推荐就业学生90余人，推荐就业率99%。积极组织各专业学生参加社会实践活动约40人次。积极申报2017年年度求职补贴资料，共计8人审核通过，补贴资金已到学生账户。

协助完成2014级学生609人毕业证发放工作。安排2015级旅游3+2学生38人转段实习工作。积极联系用人单位，广泛开展校企合作交流，分批次安排旅游专业、电子计算机专业和服装专业的专业老师、班主任下到企业中学习，通过座谈，现场观摩、企业答疑等多种形式，为老师收集教学资料。

武汉市第二职业教育中心学校加分项目及依据：

1. 武汉市文明单位
（1分　市委市政府 综合表彰）；
2. 武汉市职业教育活动周风采展示一等奖
（0.2分　市各局委办 单项表彰）；
3. 武汉市第十二届中等职业学校“文明风采”竞赛工作突出单位
（0.2分　市各局委办 单项表彰）；
4. 武汉市中等职业学校电工技术基础与技能比赛团体二等奖
（0.2分 市各委办局 单项表彰）；
5. 武汉市中等职业学校电子产品安装与调试比赛团体二等奖
（0.2分 市各委办局 单项表彰）
6. 武昌区最佳志愿服务组织
（0.2 区委区政府 单项表彰）。

加分合计：2分

# 武汉市中职技能抽考工作情况汇报

按照武汉市教科院的统一安排和部署，我校在 2018 年 1 月 25 日迎来了武汉市中职专家组，在洪山区中职专家组对我校技能抽考工作的全程指导下，顺利完成了本次技能抽考的各项工作。具体汇报如下：

## 一、学校领导高度重视、组织有力

在接到武汉市教科院的技能抽考工作的通知后，教务处向校长室进行了汇报，在校长室的要求和指导下，结合我校实际并征求了各专业组意见，认真制定了我校的《技能抽考工作方案》，并在行政会、教研组长会上分别进行了相应的动员和布置，校领导也多次要求教务处和各教研组认真做好这次技能抽考工作。在校领导的重视下，我校各教研组迅速行动起来，在教务处的直接协调下，确定了迎检当天的具体工作安排。

## 二、安排合理、高效，抽考各项工作顺利完成

25 日，虽然是低温雨雪天气，武汉市中职专家一行四人还是一大早八点多就来到我校，并迅速开始了各项工作：

（1）听取了我校教务处石主任关于技能抽考情况的汇报，查看了我校技能抽考的工作方案，了解了我校当天的具体详细安排，并肯定我校把期末技能考试与抽考相结合的做法。

（2）现场查看了我校中专二年级 7 个专业的技能期末考试情况。虽然天气寒冷、雨雪交加，但各位专家仍然不辞劳苦，在校园的几栋楼的实训室之间查看了 2 个多小时，对每一个考场都进行了认真的查看和了解。

（3）专家组分头到各位考场进行抽考工作。在高组长的组织下，4 名专家根据自己的学科，分别下到各个实训室的考场，和我校专业教师一起进行了技能抽考工作，抽取了 10%的学生（最低不少于 5 人）进行考试和成绩的核定，

并在我校教师的配合下迅速把抽考学生的成绩收集了起来。

（4）专家组合议并给我校领导进行了反馈。在专家组收集起了抽考学生的成绩后，经过合议，各个专家分别对所了解的情况给我校领导进行了反馈：高度肯定了我校的组织工作，认为我校这次技能抽考工作精心组织、安排合理、扎实有效、规范操作、评价真实、效果良好。同时，也就一些问题提出了指导性的建议：有个别实训室的条件和卫生有待改进，电子专业的管理应该加强以杜绝安全隐患，个别学科如基础会计的成绩不太理想等。随后我校钟如惠校长和教学校长袁彬都表态：感谢各位专家的指导，一定总结经验教训，改进不足，促进我校技能教学工作走上一个新台阶。

## 三、需要说明的其他情况

（1）我校近期处于领导的人事变动期间，因此有些工作还有所欠缺。校长是本学期才从普高调过来的，原教学校长钟建华在本月刚调走，原教务主任何志勇本学期也调离管理岗位，新接手管理教学的袁校长和石主任对技能抽考工作都不太熟悉。

（2）《基础会计》科目本次网络抽考成绩不太理想，主要的原因是：客观方面来说，因为我校财会专业的《基础会计》是中专一年级开设的课程，现在是二年级上学期末了，现在才组织考试，很多学生的知识都被忘记了；主观方面的原因是我校财会专业的老师考前没有太重视，没有组织学生对基础会计知识进行认真的复习。

（3）个别实训室的条件简陋，主要是因为我校 2007 年搬进原华师一附中的这个校址，实训场地严重不足，这几年学校发展也相对滞后。针对这一现状，学校新来的校长也决心加快实训大楼的立项和建设，力争尽快改变实训场地的制约，促进学校更好更快的发展。

我校非常重视此次武汉市中职技能抽考工作，感谢武汉市教科院领导组织了此次专家下校指导，专家们的肯定给予了我们继续努力的信心。校领导也将高度重视专家组给出的建议，并在后一阶段的工作中大力整改，以促进我校教学工作更上一层楼！

# 展现职校特色，给学生表现舞台

## ——团市委调研二职中心团委工作汇报材料

首先欢迎团市委及青少部、志愿者工作部、市团校及学联各位领导来武汉市第二职业中心学校调研指导工作，这充分体现了各级领导对共青团特别是中职共青团和广大青少年及志愿者工作的高度重视和关心。先介绍我校基本情况，我校是一所政府主办的国家级、省级重点中等职业学校。有财经商贸（财会、电子商务）、旅游服务（旅游导游、酒店服务、烹饪）、电子及计算机应用（光电子通讯、计算机应用）、应用美术（动漫设计、服装设计、学前教育）等四大类、近十小类中专专业和美术特色班。在校生1920人，其中团员1069人，本学年团校登记的200余学员中94人通过个人申请、团校学习考核，经支部大会投票通过，光荣加入中国共产主义青年团。校团委在上级团委组织和校党委的领导下，以十八大精神为指导，突出职校特点，充分发挥自身优势，紧扣时代脉搏，做好团的各项工作，为学校德育改革发展作出了应有的贡献，取得了显著成绩。

## 一、凝心聚力，开拓创新，团结带领全体团员青年学习实践，建设坚强有力的团委组织

组织机构完善是增强团组织生命力的基础，校团委由团档部、团费部、团校部组成，分别负责团员档案管理，团费收缴与使用、团校学习、团员再学习与学生业余党校等。学校以班级为单位，加强班级团支部建设，定期召开组织生活会，并做到“四落实”（时间、人员、内容、效果）和“多形式”（辩论、演讲、技能比赛、座谈、联谊等），主要以团校和团员意识再培训为依托，认真做好推优入团、推优入党工作。

重视团委干部及青年学生干部的思想建设，加强理论学习，参与社会实践，完善青年学生干部的培养体系，注重提高青年学生干部理论分析和解决

问题的能力。老干部带新干部，传承团委工作作风，让青年学生干部在学生中形成一定号召力，组织决策活动开展时能够广泛的争取青年学生的意见，最后汇总由团委向党委汇报请示，与学校领导沟通，再在各团支部中开展工作。

## 二、立足规范，追求卓越，实践创新中学生团校建设，严格按照入团六步曲有计划地发展新团员

加入团组织可以使学生接受正式社会组织生活的熏陶和训练，在培养独立人格的过程中，找到一种全新的社会归属感，加入团组织能够推动学生在政治上的成长与进步，对于青年学生的成长十分有帮助。鉴于我校生源特点，大力发展团员，让更多青年向党组织靠拢显得尤为重要。校团委认真落实发展新团员举措，在班级中大力宣传，广泛听取科任老师及班主任意见，推优进入团校学习，让学生了解团的基本知识，唤醒中职生的政治进步热情，再经过团校考核，校内公示，推荐入团。

我校团校有着完善的领导机构，从校长、党委书记到团校部干事，各司其职，分工合作，共同构成团校的校务委员，上课地点选在宽敞明亮的阶梯教室，可以容纳近200人，配有投影，扩音喇叭，无线话筒等设备，学生学习效果很好。团校有着完善的组织机构，从学员、学习、学籍有着严格的要求。团校不仅重视理论学习，更加注重课外实践，带领学员参加敬老院活动，参观中共五大会址等，让学员将理论上升至实践，从里到外争取做一个优秀的团员。结合团员实际进行三个层次（团前教育、团员教育、团干培训）的团员教育，不断提高团员质量。团校轮训人数达400余人。与此同时，不断优化团干管理制度，坚持“三会两制一课”，使团干队伍职责分明，分工协作，有较强的战斗力。在校党委的领导下，学校团委开展了“三·五”学习雷锋系列活动——志愿服务、评选身边的雷锋、雷锋责任岗等活动，“3·15”维权岗进校园活动，植树节活动，清明缅怀先烈，网上祭英烈活动，春季田径运动会，武汉市中职生趣味运动会，技能节展示活动，“五·四”表彰大会；成人仪式活动，端午、重阳慰问孤老活动，武汉市中职学校“时事与政策”暨“党的十八大”知识竞赛，新生军训，秋季趣味运动会，羽毛球赛，好男儿杯篮球赛，住宿生迎新晚会，校园歌手比赛，我的中国梦演讲比赛等系列活动，受到

广大师生一致好评，使全校青年学生团员在活动中学习，在活动中提升自身素质。

## 三、奉献自己，服务他人，学以致用 开拓志愿者服务形式

我校志愿者服务活动，紧紧围绕服务社区群众的主题开展，我校遵循“奉献他人、提升自己”的志愿服务理念，营造关心、支持、参与志愿服务的社会氛围，使“志愿者光荣”成为时尚，进一步提升了我校志愿者的服务能力，现将本学年度我校志愿者服务活动工作总结如下。

**1. 加强组织管理，明确目标落实工作责任**

我校志愿服务活动的开展有利于增强基层组织凝聚力、发挥团员先锋模范作用。一是结合我校实际，制定切实可行的工作计划；二是组建队伍，夯实基础。努力扩大我校志愿者服务队伍，我校志愿者队伍人数达到百人以上，累计服务平均每人48小时；三是科学设岗，增强实效。开展志愿服务活动的关键在于搞好服务岗位建设。同时，因人而异，科学定岗，根据志愿者的特长、爱好、服务意愿，为每一名志愿者明确与之相适应的服务岗位。积极鼓励志愿者发挥主观能动性，主动申报服务岗位；四是抓好教育培训，提升志愿者能力素质。充分运用职业技术和手段，定期组织志愿者开展相对应的活动学习吴天祥这类先进典型，普及志愿者服务理念，努力提高服务水平。

**2. 积极发挥作用，拓展志愿者服务内容和方式**

2017年主要开展了以下志愿活动。一是多次开展志愿者进入社区，为社区居民维修小家电，打扫卫生；二是参与送温暖献爱心活动，2017年组织志愿者们慰问文明交通志愿者活动，让社会生活更加温馨和谐；三是开展植绿护绿志愿服务。积极参加普及环保知识、清洁环境卫生和植绿护绿志愿服务，在学校中多次开展根与芽环保小组活动，志愿者们不怕苦、不怕累、不怕脏的精神值得大家学习；四是为弘扬中华传统美德，培养幼儿学会关心他人、照顾他人、体贴他人的情感。我校多次进小学开展大手牵小手活动；五是为全面促进我校学生的文明礼仪素养、个人形象和内在气质的提升，我校多次开展礼仪活动，让我校的魅力与气质更进一步。

## 四、锐意创新，服务青年，积极参与学校管理提升全面素质

我校学生会以全面提高同学的综合素质，丰富同学的课余生活，全心全意为同学服务为宗旨，真正实现学生的自我教育、自我完善和自我管理。学生会服从学校的领导，协助学校的工作，制订有关学生工作的细则，引导和组织学生开展各种有益活动，督促学生自觉培养学习和生活能力，促进全面发展。现将本学年度我校志愿者服务活动工作总结如下。

**1. 理论学习与思想建设**

以培育和践行社会主义核心价值观为主线，弘扬以社会公德、职业道德、家庭美德和个人品德“四德”建设为主要内容的各类美德善行。大力宣传道德模范和身边好人的先进事迹，在潜移默化中不断提升我校文明素质。以提升学生思想道德修养和文明素质为核心，开展活动“道德讲堂”，强化宣传教育，传播身边模范好人的道德故事，引导学生学习道德模范和身边好人，自觉成为文明道德的传播者和践行者。

**2. 团学活动与文体艺术**

我校运动会以“团结、奋进、文明、育人”为宗旨，以“阳光运动、健康成长”为理念，大力倡导“健康第一”，促进学生阳光体育运动深入开展，展示我校学生积极向上、奋力拼搏的青春风采和精神风貌。我校通过以班级为主体的朗诵活动，推动形成“校校有活动，班班诵经典，人人都参与”的良好局面，丰富学生校园生活，努力营造和谐向上、健康文明的校园文化氛围和艺术教育环境，促进校园朗诵活动的普及与提高。通过学生参与朗诵活动，感受诗词魅力，体悟朗诵乐趣，培养高雅的艺术情趣；培养团队合作精神，提高学生艺术素养，促进学生全面发展。为纪念“五·四”运动，继承“五·四”光荣传统，弘扬“五·四”精神，在振兴发展商学院的征程和挑战中，展现我院青年的风采，2017 年 5 月 13 日，由我校团委办公室主办的五四评优表彰大会在第二职业教育中心内完美落幕。为深入学习宣传党的十八大精神，引导广大青少年认真学习和理解习近平总书记对“中国梦”的阐释，畅想中华民族伟大复兴的光明前景，教育和引导同学们树立正确的世界观、人生观与价值观，努力为实现国家富强、民族复兴、人民幸福的伟大“中国梦”而刻苦学

习、发奋成才，我校举办了“爱我专业”演讲比赛。为推动我校校园文化建设，活跃在校生的业余文化生活，同时本着让同学们锻炼自己，展示自己的目的，展现师大学子团结创新、蓬勃向上的精神风貌，我校学生会特发动各在校学生举办本届校园歌手大赛。

以上工作的顺利开展离不开各位领导的关心和支持，我校团委决心在上级团委的领导下，充分发挥团委的先锋模范作用，大力推进精神文明建设，坚持学习，努力工作，发扬与时俱进的创新精神，充分展现职校特色和优势，带领广大青年团员再接再厉，使共青团工作充满生机与活力。

# 大力加强语言文字规范化工作，努力推进学校全面深化发展

——武汉市第二职业教育中心学校申报语言文字市级示范校自评报告

武汉市第二职业教育中心学校是首批国家级重点中职学校、湖北省示范中职学校、武汉市中职示范性学校和武昌名校。我校目前是武昌区语言文字规范化示范校、2014年荣获武汉市语言文字规范化示范校。为了加强推广普通话和推行规范汉字的工作，进一步提高全校师生职工正确运用语言文字的能力，促进学校全面深化发展，经研究决定，学校将申报武汉市语言文字市级示范校。

## 一、学校基本情况

### （一）历史沿革和荣誉称号

武汉市第二职业教育中心学校于1965年开办，1981年开始办职业教育，1986年更名为现校名。1996年首批评为国家级重点职业高级中学，1999年、2003年两次复评认定为国家级重点职业学校，2007年由首义校区和积玉桥校区整体合并搬迁至大东门千家街新校区。2011年被授予湖北省示范中等职业学校。

武汉市第二职业教育中心学校先后荣获了全国社会实践教育活动先进集体、湖北省职业教育品牌学校、湖北省平安校园、湖北省招生先进单位、湖北省价格诚信单位、湖北省卫生先进单位、武汉市文明单位、武汉市职业教育先进集体、武汉市绿色校园、武汉市中等职业学校招生就业工作先进集体、武昌名校等荣誉称号，并且通过了ISO9001质量管理体系的认证。

### （二）办学现状和专业设置

学校位于武昌区千家街14号，校园面积61.8亩，建筑面积28400平方

米，学校地处市中心，交通便利，环境优美，是花园式学校。学校师资力量雄厚，具有中、高级职称的教师148人，其中市、区学科带头人和优秀青年教师57人，国家劳模及享受市、区政府专家津贴5人。学校实习设备1500余万元。学校办学实力雄厚，硬件完备，软件先进，拥有齐全的教学实训设施和完善的生活条件。

学校形成以“文化创意产业”为主，以现代服务业和制造业为两翼的专业设置格局，现有工艺美术类、财经商贸类、旅游服务类、电子信息类四大类11个专业，其中省级品牌重点专业1个，省级重点专业2个，市级重点专业2个。目前全校有教职工167人，在校学生1914人。

### （三）办学理念及办学特色

**1. “三服务”办学思想，引领学校不断实现跨越**

学校坚持“为学生成长服务，为教师发展服务，为经济建设服务”的办学思想，确立育人目标，建设师资队伍，为地方经济提供有力的基础人力资源。实现学校由省级重点、省级示范和国家级重点向更高级别的跨越。

**2. “德技双修，以德为重”的育人理念，塑造高素质的合格人才**

学校坚持“德技双修，以德为先”的教育理念，实施以遵章守纪为主线，公民道德为基础、企业规范为重点的有效德育，涌现了一批以革命烈士、金融卫士、五一劳动奖章获得者为代表的优秀毕业生，学校毕业生在社会具有较高的美誉度。

**3. “围绕市场，面向社会”的培养方式，提升学校办学活力和品牌专业竞争力**

学校把握职业教育特点，坚持“围绕市场办专业，面向社会育人才”的培养方式，推行工学交替的学习模式和校企合作的“双元”培养模式；按照岗位分析、课程开发、实训配备、师资建设的主线，进行教学改革；构建有行业参与、职业素养与职业技能并重，并具有职业教育特色的学生、教师、学校、企业评价体系。近年来学校在全国、省、市各类技能大赛、文明风采展示、升学就业中成绩斐然。

## 二、自评工作过程与自评得分

我校积极贯彻落实《中华人民共和国国家通用语言文字法》和教育部、国家语委《关于进一步加强学校普通话和用字规范化工作的通知》，湖北省教育厅《关于在全省各级各类学校中开展语言文字规范化示范校创建活动的意见》，以及《武汉市语言文字规范化示范校评分细则》。

我校制定了《武汉市第二职业教育中心学校语言文字规范化市级示范校创建工作方案》《武汉市第二职业教育中心学校语言文字规范化工作规章制度》和《武汉市第二职业教育中心学校语言文字规范化工作奖惩条例》。

我校成立了以党委书记、校长为组长、主管副校长为副组长，分管负责人为秘书长、中层干部、省普通话测试员、语文老师及普通话老师为组员的学校自评工作领导小组。

武汉市第二职业教育中心学校语言文字领导小组

组长：陈春荣（党委书记）、钟如惠（校长）

副组长：袁彬（副校长）

秘书长：王斌武（语言文字分管负责人）

组员：汤敏、徐劲松、吕南、毛怀利、龚纯、胡艳、艾楠

武汉市第二职业教育中心学校语言文字教师督查小组

语言文字督查组长：王斌武（语言文字分管负责人）

语言文字督查副组长：张凤兰（湖北省普通话测试员）

徐忠群（湖北省普通话测试员）

潘芬芳（湖北省普通话测试员）

聂映琼（湖北省普通话测试员）

武汉市第二职业教育中心学校语言文字学生志愿者督查小组

我校语言文字学生志愿者督查小组名单由团委学生会确定，要求周一至周五每天 4 名学生志愿者督查成员，配合 2 名教师督查员，明察暗访，协同分工督查语言文字工作。

我校专门召开了语言文字领导小组和督查小组专题会议，部署语言文字市级示范学校创建工作；召开全校教工大会，党委书记陈春荣亲自在大会上作创建语言文字市级示范校动员；利用周一全校的升旗仪式，国旗下的讲话，向全校师生发出创建语言文字示范校的倡议书，内容包括语言文字规范化的十条倡议。动员全校师生积极参与语言文字示范校的创建工作。

我校认真学习了语言文字相关的法律法规及自评工作的要求和操作办法，明确任务，分工协作，对学校语言文字的各项工作进行了全面的自查和总结，对存在的不足作了及时改进，并搜集整理了近几年来语言文字工作的相关材料。对照武汉市语言文字示范校评分细则逐一进行了认真自评。

学校语言文字规范化自评得分：98 分。

## 三、学校语言文字工作的主要成绩与做法

我校在市、区语委办的指导下，2012 年至 2017 年连续五年被武昌区教育局和武昌区语委评为语言文字工作绩效管理先进单位；荣获 2012 年推普周武昌区高中学生“我们的节日（中秋篇）朗诵达人秀”一等奖；我校被授予设立湖北省普通话测试站资格，2017 年建立了武昌区普通话测试站。

我校教师张凤兰、徐忠群、潘芬芳、聂映琼为湖北省普通话测试员；李慧勤、王斌武、张凤兰先后获得武昌区语言文字先进工作者；王春艳和殷媛媛分别获得近两届武昌区十大魅力教师；张凤兰获得武汉市语言文字先进工作者；钟建华和江军被评为武汉市学科带头人；陈春荣被评为湖北省骨干教师；张晓松和吴晶晶获得全国职校创新杯说课比赛一等奖、王华获得全国职校说课比赛二等奖；王斌武荣获教育部语言文字应用管理司、国家语言文字工作委员会和语言文字报刊社“立德树人实践先进个人”证书和奖牌。

### （一）长期开展中职生普通话等级测试工作，中职毕业生持普通话等级证实习就业上岗，成为我校一大“亮点”，也成为我校中职生在激烈竞争的职场中就业的一大“优点”

**1. 开展普通话测试时间较早，中职毕业生持普通话等级证实习就业上岗，成为我校一大“亮点”**

我校从 2005 年开始对中职学生进行普通话测试工作，坚持至今已有 10 年时间，是武汉市较早对学生开展普通话测试的中职学校。中职毕业生持普通话等级证实习就业上岗，成为我校一大“亮点”。

我校不断扩大进行普通话测试的学生范围，从最开始只有旅游服务专业学生进行普通话等级测试，到后来的几个专业的学生测试，到 2010 年以后，我校开始对全校的中专二年级的学生进行测试，范围不断扩大直至全校参与。

2012 年我校中职生报名普通话测试达 252 人，实际参加测试 245 人，测试率 97%，其中 5 人达到一级乙等，50 人达到二级甲等，119 人达到二级乙等，合格率 71%，超标率 22%。

**2. 开展普通话测试 10 年，能说一口流利的普通话，也成为我校中职生在激烈竞争的职场中实习就业的一大“优点”**

我校坚持不懈地对中职毕业生进行普通话测试 10 年，每年大约 300 名中职毕业生参加普通话测试，为社会输送了 3000 名持普通话等级证上岗的优秀

毕业生，深受用人单位好评，有一大批毕业生在中国电信就业，成为话务员。因为我校毕业生能说一口流利的普通话，也成为我校中职生在激烈竞争的职场中实习就业升职的一大“优点”。

我校不断加大重视程度，各专业组高度重视、积极动员学生；学校校长室、教务处也高度重视、精心组织，每年一度的普通话测试都认真筹备，从人力、资金等方面给予大力支持，确保了此项活动顺利进行。正是在学校各层面的重视和努力下，我校的普通话测试工作取得了优异的成绩，可谓是硕果累累：参加普通话测试的学生合格率不断提高，学生人数也不断上升，达到一级和二级甲等标准的学生比例也不断攀升。学校的普通话测试工作也多次受到市语言文字测试中心、区语委办领导的好评。

我校获得普通话等级证书持证就业上岗的优秀毕业生：酒店管理专业毕业生刘慧琴和涂娟，获得普通话一级乙等，2008 年北京第 29 届奥运会期间担任行李主管与餐厅主管，与来自全球各地的运动员和教练员及游客用普通话和英语交流。

我校 2009 级模特与空乘专业女生瞿歌，参加了 2011 年东航空姐竞聘，凭借她一口标准普通话，扎实过硬的专业素养，高雅温婉的气质，在 5000 多名竞争者中脱颖而出，被东方航空公司录取为空乘人员。中专毕业生实现了翱翔蓝天的空姐梦，她被武汉市多家新闻媒体报道。

**3. 2013 年 7 月组织 26 名教职工参加普通话等级测试**

2013 年 7 月 2 日上午，为创建语言文字市级示范校，我校动员未参加普通话等级测试的 15 名在职职工，编为普通话普及班；动员 7 名语文教师和 4 名非语文教师参加普通话升级考试，编为普通话提高班。由我校省级测试员张凤兰对他们进行了为期一月的分层次分班培训，并为其发放了普通话培训校本教材，要求认真学习三个月，最后参加普通话等级测试。

我校 26 人参加普通话等级测试。其中 15 名职工全部达到应该达到的三级甲等，其中两人超标达到二级乙等；一名非语文老师超标达到二级甲等。这样的成绩提高了我校教职工普通话等级测试通过的百分比，为创建语言文字示范校创造了条件。

### （二）开设中职生普通话和口语培训课程，自编普通话培训校本教材，充分体现我校作为职校面向市场服务社会的一大“特点”

（1）我校开设了普通话和口语培训课程，这本来是职业学校的选修课，但我校把普通话和口语作为中专二年级学生的必修课。每周两节普通话和口语课。每学年配备4—5名专职的普通话课程专职教师，开设普通话和口语的班级每年达到15个班左右。我校将普通话口语作为必修课，不仅走在中小学的前列，而且也走在了中职学校的前列，充分体现我校作为职校面向市场服务社会的一大“特点”。

（2）学校认真组织10多位中专公共素质课教研组老师通力合作，耗费了大量心血，编写了针对我校学生实际的普通话培训校本教材《普通话培训教程》，目前已经使用了2000册。口语教程选用了《演讲与口才》。组织学生在课堂上，早读时认真进行普通话口语训练，落到实处。

### （三）开设硬笔软笔书法课，自编书法教材，举办书法展览，成为推广语言文字规范化的“看点”和媒体关注的“焦点”

（1）学校重视规范汉字的教学，组织编写校本教材《轻松学书法》，编者为我校书法教师刘孝忠，他还担任武汉市中职书法统编教材《规范汉字书写》副主编，在中专一二年级开设书法写字课。中专一年级开设硬笔书法课，中专二年级开设软笔书法课，每周一节课。

（2）我校每年参加武汉市教科院组织的中职生书法比赛，学生近百人参赛，20多人获奖。其中，2010年武汉市中职书法竞赛在我校举行，我校获得软笔一等奖4人，软笔二等奖3人，硬笔一等奖4人，硬笔二等奖4人。刘孝忠老师分别获得2010年中职生书法比赛硬笔指导一等奖、软笔指导一等奖。

（3）2013年6月，我校书法老师刘孝忠在退休前夕，在学校举行了书法作品展，共展出了他的22幅软笔和硬笔书法作品。在现场，他还当场用半个小时书写了一幅15米长的唐诗宋词长卷，整个作品共用了碑体、篆、隶、楷、行、草六种字体。刘孝忠主编了《汉字规范书写》和《轻松学书法》等书法专著。这两本书被列为全市中职学校的书法教材。在刘孝忠的影响下，学校从2009年开始，在每个专业都开设了书法课，每年学校还举办书法艺术节，让学生展示书法作品。我校1000多名师生参观了刘孝忠老师举办的书法展，让书法成为真正的“看点”；武汉教育电视台作为“焦点”进行了专题报道。

我校教师定正章和刘孝忠是湖北省书法家协会会员和书法家。

### （四）开展经典诵读比赛，自编校本教材《经典诵读》，成为我校语言文字规范化的“突破点”

（1）我校为了提高学生的素质，将语言文字规范化落到实处，高度重视经典诵读，组织编写校本教材《经典诵读》（试用版），现在中专一、二年级每班利用早读时间开展经典诵读。

（2）我校还举行经典诵读选拔比赛。先是在专业组以班级为单位进行初赛、复赛，然后在技能节进行决赛，并进行评比颁奖。

### （五）第十五届推普周荣获武昌区高中生“我们的节日（中秋篇）朗诵达人秀”一等奖杯。积极开展推普周活动，使之成为语言文字规范工作的“着力点”

（1）2012 年 9 月 21 日，在全国第十五届推普周活动中，我校组织 16 名学生参加武昌区教育局和语委办举行的“我们的节日（中秋篇）朗诵达人秀”活动，荣获一等奖。

（2）2013 年 9 月 13 日上午，为配合武汉市和武昌区第 16 届全国推普周活动的开展，按照武昌区语委办的统一部署，我校组织推普志愿者行动，推普志愿者行动主题是：“普通话 · 通天下。”我校动员中专高一和高二有普通话课的三个班 92 人，开展普通话免费模拟测试公益活动。经过普通话模拟测试质量分析，普通话二级甲等占 9.5%；二级乙等占 57.1%；三级甲等占 33.4%。开展普通话模拟测试活动，对参加普通话测试的学生很有意义，让学生受益匪浅。

### （六）中职作文比赛、普通话演讲比赛、爱我专业演讲比赛和文明风采比赛成为我校四个“赛点”

（1）为了进一步适应中职学校语文教学改革发展的步伐及人才市场的需求，促进中职学生运用祖国语言文字能力的逐步提高，丰富中职学校校园文化，我校长期注重作文训练，特别是职场通用写作训练。我校在武汉市中职生作文比赛中屡创佳绩。2013 年我校学生获得武汉市中职作文比赛三个一等奖、一个二等奖、十个三等奖、三名语文老师获得一、二、三等辅导奖。

（2）我校重视普通话演讲比赛，注重培养学生口语能力。2011 年 11 月 21 日，我校辩论队经过长达 5 个月的预赛和决赛，勇于拼搏、团结协作，展现了良好的精神风貌，在 22 所中职参赛学校中脱颖而出，荣获武汉市教育局举办的市中等职业学校普通话“先声夺人”辩论大赛二等奖。我校在全市职校 2013 年学习十八大精神演讲比赛中荣获二等奖。

（3）为了激发学生对专业的热爱，我校多年来坚持举行了以“爱我专业”

为主题的演讲比赛。先由各个专业组的参赛选手预赛，最后在全校举行演讲决赛。各专业组的同学都赛出了风格，赛出了水平，赛出了特色，充分展现了新时代中职生的青春风采。通过比赛，到场的学生代表都深刻了解到自己身上所肩负的责任，坚定了以后更好地学习技能，爱我专业的信心。

（4）全国中职学校“文明风采”竞赛分别由教育部和湖北省教育厅联合相关部门举办的国家级和省级赛事，是针对中职学校举办的国家最高最权威赛事。

2011 年我校荣获第八届全国和湖北省“文明风采”竞赛优秀组织奖。通报表彰我校 21 名学生和 23 名教师荣获第八届全国和湖北省“文明风采”竞赛一、二、三等奖和优秀奖。

2013 年我校获得第十届全国和湖北省“文明风采”竞赛优秀组织奖。复赛我校 78 名师生荣获湖北省一、二、三等奖和优秀奖，决赛我校 19 人次获得第十届全国中职学校“文明风采”奖。

### （七）坚持不懈地举办了 22 届技能节活动，以语言文字和技能节为“切入点”，在国家、省、市中职技能比赛中荣获大奖，成为职校发展的“立足点”和“关键点”

（1）我校举办一年一度的“技能节”，是为学生搭建专业技能展示的平台，促使学生通过专业技能展示、竞赛获得成就感，从而培养学生的专业技能学习兴趣，促进专业技能水平的提高。“技能节”活动主题是展示自我，提升技能。活动方式是以专业组为单位，安排技能竞赛及专业技能展示。我校已连续 22 年举办技能节。技能节以语言文字为“切入点”，有标语文字展示，有口语表达，例如茶艺表演配有语言解说。技能节真正成为推动学校发展的“立足点”。

（2）2013 年 11 月 26 日，我校服装专业学生在湖北省中职学校专业技能大赛中，力压群雄，取得了优异的成绩，荣获三个一等奖、一个二等奖、两个三等奖和一个优秀奖，以及辅导教师奖。我校的财会专业、电子信息专业、旅游服务专业，在国家、省、市中职技能比赛中荣获大奖；美术专业在高考中屡创佳绩，多年获得高考质量奖。职校必须高度重视技能，因为这是职校发展的“关键点”。

### （八）持之以恒举行道德讲堂，占领宣传祖国优秀语言文字和中华灿烂文明的“制高点”

我校连续两年举行了六期道德讲堂。针对中职学生今后要走上各种不同工作岗位，对于各自的职业需要遵循各自的道德规范，引导学生树立正确的世界观、人生观和就业观，更好地融入社会而选定道德讲堂主题。六期道德讲堂的主题内容依次是：职业道德、感恩教育、爱岗敬业、集体主义、爱老孝亲、自立自强。道德讲堂的形式依次是：唱一首道德歌曲、看一部道德短片、诵一段道德经典、讲一个道德故事、送一份吉祥祝福。每期都有我校教师和学生现身说法。持之以恒举行道德讲堂，成为宣传祖国的优秀语言文字和中华灿烂文明的“制高点”。

### （九）注重校园文化建设，确定校史、校训、校徽、校旗、校歌、校服，布置五大专业宣传展板，创造性运用语言文字命名校园道路和十大“景点”

（1）我校认真落实全市教育文化建设年活动和中小学校园文化建设要求，大力加强校园文化建设，创作了体现本校特色的校史、校训、校徽、校旗、校歌、校服。注重学校精神文明建设，用高尚的精神文化教育人；注重学校制度文化建设，用完善的学校制度管理人；注重学校行为文化建设，用丰富的行为文化鼓舞人；注重校企文化建设，用和谐的校企文化激励人；注重学校环境文化建设，用美好的环境陶冶人；注重学校特色文化建设，用新颖的特色文化熏陶人。

（2）我校为展示职校特色，宣传专业文化，布置五大专业宣传展板。三号教学楼二楼为旅游服务专业展板、三楼为电子信息展板、四楼为财会商贸专业展板、五楼为应用美术专业展板、四号楼为美术专业展板。

（3）我校荣获武汉市园林学校和绿色学校称号。为了提高校园文化品位，增强人文气质，提升文化底蕴，创造性运用语言文字命名二职建筑、校园道路和十大“景点”。我校九栋建筑依次提议命名为：文明楼、文艺楼、文教楼、文科楼、文化楼、文体楼、文博楼、文雅楼、文峰楼。我校的五条道路初步建议为体现职校文化特色的名字：香樟道、桂花道、创业路、金榜路和丹青路。二职十大景点依次命名为：二职坊、厚德亭、光明廊、足迹湖、擎天柱、读书角、动漫墙、锦秀园、根与芽和翠竹苑。待最终讨论商定后像旅游景点一样制作牌子和简介，命名二职中心校园十大“景点”。

（十）成立书法队、演讲队、广播站、礼仪队和文学社等课外兴趣活动小组。大力加强语言文字规范化工作，在重视学校硬件建设的同时，必须大力提升学校的软实力，努力推动职校发展的“支点”

学校成立了书法队，学生在书法老师的指导下练习书法，在武汉市中职书法比赛中成绩斐然，并举行了书法作品展，武汉教育电视台专题报道了书法展览；演讲队在市中职学校普通话演讲比赛获得二等奖，在市中职十八大演讲大赛中荣获二等奖；广播站用标准的普通话播音，广播站学生会干部兼任学生语言文字志愿者督查员，参加市中职经典诵读进入决赛，最低获得市二等奖以上奖项；礼仪服务队为武昌区委、区政府、武昌区教育局等单位，在辛亥革命一百周年等大型活动中，应邀担任礼仪服务活动，因规范的语言，优美的礼仪，深受好评；文学社开展文学创作活动，在市中职作文比赛和楚才作文竞赛中屡获大奖。学生课外兴趣小组活动，为推动学校语言文字规范化工作，发挥了较好的积极作用。

大力加强语言文字规范化工作，我校连续两年被评为武昌区语言文字工作绩效管理先进单位，武昌区语言文字区级示范校，并先后多次被授予武昌区最佳文明单位和武汉市文明单位荣誉奖牌。在重视学校硬件建设的同时，学校注重大力提升学校的软实力，重视提高师生职工的思想道德水平和科学文化素质，将素质教育落到实处，努力推动职校发展的“支点”。

## 四、存在的问题及今后工作思路

### （一）存在的问题

①省级普通话测试员 2 人，少于规定的在职人数的 5%；
②教师普通话水平未能全部达到二级乙等，达标 99%，未能达到 100%；
③语文教师普通话水平达一级的不足 20%；

### （二）今后工作思路

①大力加强教职工的普通话培训和测试工作，提高普通话水平；
②大力加强师生职工推广普通话的意识，提倡不讲方言，讲普通话；
③大力推行说普通话，写规范字，做文明人。

# 学生资助管理

## 一、全面学习、宣传和落实国家资助政策

**1. 学习领会国家、省、市、区各级资助政策**

积极组织参与资助工作的师生，全面学习国家、省和市有关国家助学金和免学费政策，结合学校实际，制定了我校国家助学金和免学费管理办法，包括国家免学费资助对象认定，武汉市免学费对象的认定，武汉市低保及孤儿免学费及书抄费的认定，特困生助学金对象的认定；国家助学金和特困生免学费的申请、审批、公示、发放制度，学生异动管理制度，学生资助档案管理制度，学生资助卡发放与领取制度，系统信息维护管理制度等，要求资助管理人员精准地把握政策尺度，深入了解学生的家庭状况，使政策得以人性化地实施。

**2. 广泛宣传、家喻户晓**

在招生宣传时通过电视宣传片、学生入学通知书、网络等途径将国家这一惠民政策宣传到千家万户，学生进校后，学校又组织班主任会、班会进一步广泛宣传，同时也利用教室板报、橱窗、展板等进行宣传，资助办公室电话向全体学生和家长开放，随时解答他们的疑问，使党的政策深入人心。

## 二、免学费、助学金发放与管理

**1. 规范申请、审核流程**

我校制定了《国家助学金和免学费申请、审批、公示与发放管理制度》，明确了国家助学金资助对象和免学费对象的认定，学生必须正常在校，学籍已通过，学习形式为全日制。国家助学金按学期申请和评定，按学期发放。学生进校后以班为单位组织填写《中等职业学校国家助学金申请表》和《中等职业学校国家免学费申请表》，并递交相关证明材料，贫困生资助办公室以班为

单位受理学生申请，组织班主任和资助管理员初审，对对象模糊的学生，在详细了解学生的家庭状况和学习情况的基础上，由资助领导构共同评议认定，初审完成后由学校将整理好的学生资料及《中等职业学校国家助学金受助学生汇总表》《中等职业学校国家免学费申请表》交区资助中心审核，并将审查的结果在校内进行不少于5个工作日的公示。

**2. 及时规范、发放到人**

学校为每位受资助学生分别办理银行储蓄卡，直接将助学金发放到受助学生手中。不得以任何实物或服务等形式，抵顶或扣减国家助学金。学校为学生办理银行储蓄卡，不得向学生收取押金等费用。

学生的资助卡拿到班上，在班主任的监督下，由学生本人分别领取并签名，不得代签，各班资助卡全部发放完后，班主任在领卡签字表上作出证明，"本班资助卡全部发放给学生本人"。将领卡签字表分年度存档，学校在财政资助资金到位后，立即组织资助员和各班主任对享受国家资助同学和异动同学的个人信息再做一次核查，做到万无一失，确保国家资助及时发放到受助学生手中。

**3. 强化资助档案管理**

学校严格执行《武汉市学生资助工作档案管理暂行办法》和《档案三合一制度》，建立完整的受助学生档案，实行电子和纸质档案双重管理。纸质档案有学生申请表、户籍信息、身份证，城市低保证、贫困证明等相关资料；学生的申报资料是申请国家资助的法律依据，要求真实完整，国家助学金申请表和国家免学费申请表要求用黑笔书写整齐完整，班主任在国家免学费的申请表上写出情况属实的意见并签名，在国家助学金的申请表上作出班级评议的意见并签名，校长在学校意见栏签上意见和名字，盖校章。

电子档案包括学生申请资料的电子扫描信息和受助学生年度台账及年级台账，年度台账有国家受助学生汇总表、银行卡发放签字名册、银行打款清单等有关凭证，年级台账有各班每一位学生在不同学期发放资金一览表，各班异动信息一览表，申报情况一览表，从不同侧面全面反映学生资助情况，账目清楚。有关资料还需在资助和财务部门同时备案。

规范学生档案借阅制度，提高档案的利有价值，国家资助办公室一直为广大师生、家长提供高效、快捷、周到的服务，随时接待家长的来电或来访，使资助管理服务教育、服务人民。

## 三、严格异动管理制度

每月及时对实际在班人数进行清点，及时调整全国中等职业学校学生资助信息管理系统信息，并向上级资助部门上报异进异出学生，确保受助学生真实准确，受助资金万无一失。

## 四、对资助学生进行感恩励志的教育

充分利用学校各部门的合力，创办国家资助杂志，加大对资助政策宣传力度，增强与学生老师之间的沟通、交流，全心全意为学生服务，用我们的真诚爱心去感动人，以自己的模范标杆去引导学生，帮助他们自强、自立、自尊、自爱成长，传播“以资助人、以行励人”精神。学校资助采取“寓教育于资助”、“教育贯穿资助全程”的资助模式，通过各种形式对所有受资助的学生必须进行教育，鼓励学生自强不息、积极进取。受资助的学生必须“心怀感恩”，具有“诚信意识”，能够树立正确的人生观、价值观，要勤俭节约艰苦朴素，严禁任何学生利用资助挥霍浪费。

# 2017 年年度档案工作自查报告

我校历年来对档案管理工作高度重视。2015 年在成功通过省 AA 级复查后，进一步落实了工作制度，强化了工作管理，从而使我校档案管理工作的水平进一步提高，并日趋走向规范化、标准化、科学化。现按区教育局、档案局的要求，我们对本校档案工作进行了认真全面的自查。现将自查情况报告如下：

## 一、加强领导，落实责任

我们按照省、市、区档案局一系列文件精神，按照区教育局要求，把档案工作作为我校一项基础性的重要工作来抓，思想上高度重视，工作上加大力度，经费上确保投入。

为了加强对我校档案工作的指导，落实各项工作任务，成立了以书记、校长为组长，各处室职能部门主要负责人为组员的档案目标管理工作领导小组，及时解决工作中遇到的困难和问题。同时，学校还将档案工作纳入学校目标管理体系，明确了责任人和分管领导，强化了档案复查换证工作责任，加大了此项工作力度。

## 二、注重基础，狠抓硬件

在档案工作中，我们注重从基础抓起，从硬件抓起，一点一滴，从量的变化直至质的飞跃。

一是注重平时资料的收集整理工作。我校平常文件材料、档案资料的整理工作，一直没有中断，每年的档案材料都比较齐全，档案的收集整理也比较规范。

二是注重改善档案保管和档案办公条件。在办公用房、办公经费比较紧张的情况下，学校拿出财力添置了更高性能的打印机、扫描仪、电脑，更新了老旧设备，重新对档案室进行区域规范划分装修，安装铁门、铁窗，装配防辐射窗帘，等等。温度计、去湿机、灭火器、档案专用药剂等必备设施一应俱全，大大改善了档案保管条件和档案办公条件。

## 三、实工作，确保质量和进度

在档案工作中，我们克服各种困难，扎扎实实地开展工作，确保了此项工作的质量和进度。

一是重点清理了近几年遗漏的大事记、组织沿革、照片、光盘等少数档案资料，保证了档案门类的齐全和内容完整。

二是对已分类装盒的档案进行复查，按照《档案法》《湖北省机关档案目标管理考评办法》以及单份文件归档整理的新要求，我们利用大量的休息时间，对这些案卷一一甄别，对组卷不合理的重新组卷，分类不科学的重新归类，盖章不规范不完整的予以纠正和完善，对保管期限划分不准确的进行调整，对文件材料中的“三笔”进行描摹和复制，经过调整和修复做到分类科学、组卷合理、排列有序，确保了档案质量。

## 四、注重利用，服务基层

档案的价值在于利用。搞好档案的利用开发工作，服务决策，服务改革开放和经济建设，服务教育教学、服务师生，是我们加强档案管理的根本目的。凡是有利用者来查询的，我们都按照制度和规定要求热情接待，主动提供方便。

## 五、努力方向

档案管理工作是一项复杂的、长期的、系统的工作，同时它也是我校规范化、制度化、科学化管理的基础。为进一步搞好我校档案管理工作，充分发挥档案的效用，我们将在以下几方面继续努力：

一是进一步贯彻执行《档案法》《湖北省归档整理方法》《武汉市归档文件整理暂行办法》，搞好我校每年的档案归档工作，使档案管理工作更加规范化、制度化、科学化。

二是采取多种措施和方法，如参加学习培训等，进一步提高档案管理人员的业务技能和管理水平。

三是进一步加强和完善基础设施建设，按照要求更新设备，改善档案管理的环境和条件。

四是积极开展档案的编研、开发利用工作，争取更多更大的社会效益。

# 武汉市第二职业教育中心学校“十三五”发展规划（2016—2020年）

（讨论稿）

根据《国家中长期教育改革和发展规划纲要（2010—2020年）》《市教育局市财政局关于做好“十三五”期间现代职业教育质量提升计划中等职业教育项目建设规划的通知》，结合我校实际情况，特制定武汉市第二职业教育中心学校“十三五”发展规划。

## 一、指导思想

学校深入贯彻党的“十八大”、十八届三中、四中全会精神和习近平总书记的系列重要讲话精神，以《国务院关于加快发展现代职业教育的决定》及省、市职业教育工作会议精神为指导，以立德树人为根本，以服务发展为宗旨，以促进就业为导向，积极探索学校现代职业教育建设，以信息技术为手段促进学校与企业、专业与岗位、教材与技术深度结合的新型人才培养与办学模式的形成。围绕武昌区国民经济和社会发展第十三个五年规划，把学校建成文化创意和现代服务业类专业有显著特色、为区域经济发展提供人力资源支持、省内有影响的中等职业学校。

## 二、学校发展目标

巩固和保持国家级重点中等职业学校，省级示范中等职业学校成果，建成具有显著特色的武昌区职教中心，学校可持续发展。

（1）教育质量目标：以德为先，育人为本，培养就业有优势、创业有能力、升学有基础、职业发展有空间，面向生产、服务第一线的，具备终身学习能力，具有良好职业道德的高素质劳动者和技术技能型人才。

（2）专业建设目标：提升现代职业教育质量，进一步加强省级品牌专业、省级重点专业及市级重点专业的建设，集中力量建设好文化创意类和现代服务业类专业，力争重点专业核心课程在教学中实现仿真模拟系统。

（3）管理建设目标：完善学校管理制度和运行机制，“十三五”期间建立较为完善的数字化校园管理系统，实现信息化管理。

（4）师资队伍建设目标：加强“双师型”队伍建设，在培训现有专业教师的基础上，创新教师引进机制，引入行业专业人才，形成集教师与工程师素质于一体的、既能从事专业理论教学，又能指导专业技能训练的“双师型”教师队伍，即理论与实践并重的、高素质的、具有双重专业技术职称的复合型教师。努力实现专业教师中“双师型”教师占比75%的目标。

（5）现代学徒制试点：在旅游服务专业开展“招生及招工、入校即入厂、校企联合培养”的现代学徒制试点。

（6）国际化合作目标：“十三五”期间完成与一个职业教育发达国家开展国际化合作项目。引进国外高水平专家和优质教育资源，探索教师互派、学生互换、教材和课程标准互享的合作模式，提升学校的国际影响力。

（7）硬件建设目标：“十三五”期间完成数字化校园建设，实现重点专业实训设备更新换代，所有专业学生实训工位保证率100%。

## 三、实现目标措施

### （一）实行专业设置与社会需求同步，专业调整与产业升级联动机制

根据武昌“文化科教之区”的区域特点，按照“围绕市场办专业，面向社会育人才”的办学原则，在“十三五”期间，进一步提升“文化创意”和“现代服务业”两大类专业的服务功能。根据中等职业教育基础性地位要求，优化课程结构，形成比较完备的“公民素质教育课程体系”和“职业能力教育的课程体系”两大类课程体系。每学年度学校根据市场及专业发展状况，对课程设计进行滚动式的适时更新。

### （二）实施“双师型”教师培养计划

创建与众不同的、跟踪经济社会发展的特色专业，这就有赖于一支由学术人才、技术人才领衔的“双师型”师资团队。在师资队伍和班主任队伍建设的同时，加大力度对“双师型”师资队伍建设。

（1）自主培养“双师型”教师。要定期选派青年教师到发达地区的高职师资培训基地进修学习；定期选派专业教师到生产、建设、管理、服务第一线带头实训锻炼；定期聘请有关企业的专家、技术人员对教师进行专业理论与操作技能培训，与企业共同培养“双师型”教师；积极开展国际合作交流，选派教师出国研修培训或聘请外籍教师担任教学任务。

（2）引进校外“双师型”教师（即外聘兼职教师）。到社会各行业中选聘基础理论扎实、实践操作经验丰富、懂得教育理论的专业技术人员或管理人员担任兼职教师，引入社会力量发展中职教育。

（3）激励与制约相结合：规范考核教师的责任与义务，按照“双师型”教师评价考核标准及时奖惩；在用人机制、利益分配、培训提高等方面适当向“双师型”教师倾斜。

（4）重视人性化管理：把“双师型”教师看作是学校最具活力、最具能动性和创造性的资源，重视他们物质与精神两方面的需要，帮助他们制定职业生涯规划，给他们提供实现个人专长的机会。

### （三）打造现代职业教育实训基地

巩固提升服装设计与工艺省级实训基地，加快计算机应用专业实训基地建设项目。加大资金投入，用于各专业专用教学软件的采购，保证教学要求。逐步实现模拟仿真情景化教学。

### （四）提升信息化建设计划

在“十三五”期间启动数字化校园建设。积极推进信息技术进校园、进课堂、进教材，引导广大师生广泛运用信息化手段，促进信息技术与教育教学过程、内容和方法的融合，提高教学质量，完成信息化校园管理平台的建设。

## 四、项目建设步骤

### （一）2016 年项目建设内容

（1）旅游服务与管理专业课程建设。项目资金总额 130 万元，其中，申请市级支持 80 万元，区级或主管部门投入 50 万元。

（2）会计专业实习实训基地建设。项目资金总额 140 万元，其中，申请市级支持 90 万元，区级或主管部门投入 50 万元。

（3）基于体制机制创新的数字化校园建设与应用（信息基础设施层建设规划）。项目资金总额201万元，其中，申请市级支持120万元，区级或主管部门投入81万元。

### （二）2017年项目建设内容

（1）工艺美术专业课程建设。项目资金总额80万元，其中，申请市级支持50万元，区级或主管部门投入30万元。

（2）烹饪专业实习实训基地建设。项目资金总额130万元，其中，申请市级支持80万元，区级或主管部门投入50万元。

（3）基于体制机制创新的数字化校园建设与应用（信息资源层建设）。项目资金总额260.8万元，其中，申请市级支持180万元，区级或主管部门投入80.8万元。

### （三）2018年项目建设内容

（1）财务会计专业课程建设。项目资金总额80万元，其中，申请市级支持50万元，区级或主管部门投入30万元。

（2）服装设计与工艺专业实习实训基地建设。项目资金总额120万元，其中，申请市级支持80万元，区级或主管部门投入40万元。

（3）信息化—智慧学习中心建设与应用（应用功能层：一期）。项目资金总额168.25万元，其中，申请市级支持110万元，区级或主管部门投入58.25万元。

### （四）2019年项目建设内容

（1）计算机及应用专业课程建设。项目资金总额100万元，其中，申请市级支持70万元，区级或主管部门投入30万元。

（2）电子技术应用专业实习实训基地建设。项目资金总额150万元，其中，申请市级支持100万元，区级或主管部门投入50万元。

（3）信息化——智慧学习中心建设与应用（应用功能层：二期）。项目资金总额215.1万元，其中，申请市级支持150万元，区级或主管部门投入65.1万元。

### （五）2020年项目建设内容

（1）动漫与游戏制作专业课程建设。项目资金总额80万元，其中，申请市级支持50万元，区级或主管部门投入30万元。

（2）工艺美术专业实习实训基地建设。项目资金总额100万元，其中，申请市级支持70万元，区级或主管部门投入30万元。

（3）校级教学资源库的建设与应用（信息服务层建设规划）。项目资金总额201万元，其中，申请市级支持140万元，区级或主管部门投入61万元。

# 武汉市第二职业教育中心学校专业建设发展规划（2018—2020年）

根据《国家中长期教育改革和发展规划纲要（2010—2020年）》《市教育局市财政局关于做好“十三五”期间现代职业教育质量提升计划中等职业教育项目建设规划的通知》，结合我校实际情况，特制定武汉市第二职业教育中心学校“十三五”后三年专业建设发展规划。

## 一、专业建设现状

### （一）专业布局

武汉市第二职业教育中心学校创办于20世纪80年代，是首批国家级重点职校、湖北省中等示范职校，学校坚持“围绕市场办专业，面向社会育人才”的思想，以市场为导向，先后经历多校合并，校区整合，专业调整，开设有工艺美术、会计、动漫设计、服装工艺与设计、平面设计、计算机及应用、电子技术应用、酒店服务与管理、烹饪、学前教育等专业，形成了以“文化创意产业”为主，包括工艺美术、服装工艺与设计、动漫游戏设计、计算机平面设计等专业，现代服务业（财经类、旅游服务类）和制造业（电子类、计算机类）为两翼的专业设置格局。

学校现有班级50个，学生2000余人，其中美术高考类13个班、电子信息类12个班、旅游服务类6个班、财经商贸类6个班、应用美术类6个班，呈现各专业均衡推进，齐头并进的状态。

### （二）师资队伍

学校目前教师总数145人，其中专任教师135人，校内兼职教师10人，专任教师学历合格率97.93%。其中研究生毕业30人，本科毕业112人，专科及以下3人；高级职称66人，中级职称59人；公共基础课教师81人，专业技能课教师64人；“双师型”教师20人。为更好适应市场不同层次人才需求及各专业职业岗位能力的需要，学校聘请了6位行业专家或高校教授来校讲学。

### （三）课程建设

课程建设在教学工作中处于基础与核心地位。学校各专业课程安排按3、3、4设计，即文化课课时比重占30%、专业理论课时比重占30%、专业实践课的课时比重占40%，力图建立以突出职业能力为主线、职业活动课程为主体，注重职业道德、综合素质、创新能力、实践能力的培养，建立文化知识和专业实践能力相结合、理论与实践相融合、教学内容与岗位需求相适应的课程体系。

### （四）存在的问题

（1）专业设置特色不鲜明，服务适应社会经济发展的能力有待加强。学校专业设置存在同地区较高的同质性，同类专业“大”而“同”，由于中等专业学校在培养目标上，大多定位于技能高考，因此专业建设的同质化现象严重，缺乏特色和亮点。为适应武汉、武昌文化城区产业结构及社会需求特点，适应现代城市服务功能换代、服务模式创新的需求，学校现有专业亟待整合，寻找突破，打造特色，以适应经济社会发展需求。

（2）高水平、现代化校内实训教学基地建设亟待加强。经过这些年的建设，各专业虽然有一定的实践教学环境，但严重缺乏高水平、现代化、综合性校内实训教学基地。教学设施和设备比较陈旧，严重影响新技术、新科技的发展，仿真模拟实训室严重不足，影响专业发展。

（3）师资队伍水平有待提高。目前从学历、职称结构看学校拥有一支专业较强的教师队伍，但从专业结构、年龄结构、知识结构看仍然缺乏专业水准高、实践能力强、适应能力快充满活力的“双师型”教师。专业教师教育教学负担重，缺乏“充电”时间，教师企业实训学习机制有待完善落实。

（4）课程体系和教学内容的改革创新有待加强。根据现代职业教育课程观念和要求，课程体系和教学内容的改革和创新必须加强，教师参与校本教材的建设和先进企业新技术行业标准的学习和引进亟待跟进。

（5）人才培养模式和教学方法的改革有待改进。亟待建立与岗位能力相适应的人才培养标准，需要从深度和广度上探索与企业的合作，共同制定人才培养方案。

## 二、专业发展规划

专业建设是一项系统、复杂的工程，包含有专业人才需求分析和预测调研报告；专业设置必要性和可行性分析报告；专业实施性教学计划和相关教学文件；专业教学师资队伍和仪器设备相关配备情况等工作。就专业规划角度，具体包括：

### （一）专业重组规划

（1）专业重组背景分析：根据武汉市“万亿倍增”、建设国家中心城市、打造武汉长江主轴概念发展规划，以及武昌区全面实施“三区融合、两翼展飞”发展战略、建设国家中心城市核心区，运用“互联网+”思维，着力打造形成金融产业集群、文化创意产业集群、商贸产业集群、旅游产业集群、信息技术产业集群、公共服务业集群等六大产业集群等区域经济发展的整体布局。市场对人才的综合要求更高，专业相互交融，协同组合建设发展的趋势更为明显，迫切需要我们加强专业的整合，以专业群的建设适应市场产业群的人才需求。

（2）专业群设置规划：结合我校师资实际及现有文化创意和现代服务业专业优势，在现有的省级品牌专业、省级重点专业及市级重点专业基础上，集中力量建设 4 个专业群，进行专业结构调整升级，适应区域现代产业发展：

一是现代服务专业群，包括会计、烹饪、旅游服务等专业；

二是信息技术专业群，包括计算机及应用、电子技术应用等专业；

三是文化创意专业群，包括工艺美术、动漫设计、平面设计、服装设计与工艺等专业等。

四是美术高考专业群，充分发挥传统专业优势，为少数文化成绩及美术专业基础较好的学生提供学习环境，力求创建品牌专业群。

（3）专业群建设目标。适应市场跨行业兼并重组，交叉新型业态出现对传统专业的调整和改造；实现学校专业师资、实习实训设施的资源整合及综合协调使用；提高专业品质和人才质量；提升职业教育服务经济与社会发展的匹配度和贡献率。

### （二）师资建设规划

利用各种途径加强教师知识结构更新、青年教师的引进。重点加大力度对专业带头人和“双师型”师资队伍建设，“十三五”达到“双师 型”教师占专业教师的60%目标。

（1）专业带头人培养。定期选派骨干教师到发达地区的高职师资培训基地进修学习，通过高水平系统培训，胜任引领专业发展的要求。专业教师每年在企业挂职不少于1个月，2019年前完成每个方向至少1名骨干教师培训任务，2020年完成所有专业课教师系统培训。

（2）行业专家引进。定期聘请有关企业的专家、技术人员对教师进行专业理论与操作技能培训，与企业共同培养“双师型”教师；积极开展国际合作交流，选派教师出国研修培训或聘请外籍教师担任教学任务。

（3）聘请社会兼职教师。到社会各行业中选聘基础理论扎实、实践操作经验丰富、懂得教育理论的专业技术人员或管理人员担任兼职教师，引入社会力量发展中职教育。

（4）师德师风建设。把教师职业道德教育和业务能力培养放在同等重要的地位，以良好的师德风范营造风清气正的育人环境。

### （三）课程建设的改革与创新

坚持以“就业为导向、质量为核心、产学结合、能力与素养并重”的理念，改革人才培养模式。

（1）课程体系根据中等职业教育基础性地位要求，优化课程结构，形成比较完备的“公民素质教育课程体系”和“职业能力教育的课程体系”两大类课程体系。

（2）课程设置采用“大平台、小模块”。“大平台”是文化及专业通用基础性课程，为学生后续发展和提高提供知识储备，使其发展具有可持续性；“小模块”就是根据专业设置方向，围绕“职业特定技能”培养不同方向的技术人才。

（3）教学方法建立在岗位能力分析要求的基础上，核心实践课程推行“项目教学法”、“任务驱动法”。教学过程落实“教、学、练、做”“四位一体”，以“做”为主，“学”、“练”结合，最大限度调动学生学习的主动性和积极性。

（4）教学管理按照教学诊断与改进要求。首先，进一步完善学校教学管理制度、建立教学质量标准；其次，加强对教学过程监督、诊断与改进，定期进行质量评估。

（5）信息化教学资源建设。收集汇总教学文件、实训资料；专业课程教学资料（试题库、课件库、案例库、教学视频等）达到资源共享；搭建教学资源应用平台，提高信息化教学资源应用能力。

### （四）高水平实习实训基地建设规划

结合学校 4 个专业群建设规划，在调整现有实习实训场所的基础上，按专业群重组实习实训基地。按高水平实习实训基地建设标准进行建设，引领专业结构升级。

按照“整体部署、分步实施”的工作思路，逐步建设 1—2 个高水平实习实训基地。

### （五）“十三五”后三年项目建设内容

**1. 2018 年项目建设内容**

（1）达标建设工程（一期）。项目资金总额 800 万元，其中，申请市级支持 400 万元，区级或主管部门投入 400 万元。

（2）现代服务专业群和课程建设。项目资金总额 600 万元，其中，申请市级支持 300 万元，区级或主管部门投入 300 万元。

（3）时尚工艺高水平实习实训基地建设（一期）。项目资金总额 500 万元，申请市级支持 500 万元。

（4）规范化数字校园建设（一期）。加强信息资源层应用建设，服务器与软件管理平台建设，教室与实训室整合改造。项目资金总额 400 万元，其中，申请市级支持 200 万元，区级或主管部门投入 200 万元。

**2. 2019 年项目建设内容**

（1）达标建设工程（二期）。项目资金总额 800 万元，其中，申请市级支持 400 万元，区级或主管部门投入 400 万元。

（2）信息技术专业群和课程建设。项目资金总额 400 万元，其中，申请市级支持 200 万元，区级或主管部门投入 200 万元。

（3）时尚工艺高水平实习实训基地建设（二期）。项目资金总额 500 万元，申请市级支持 500 万元。

（4）规范化数字校园建设（二期）。加强信息资源层应用建设，服务器与软件管理平台建设，教室与实训室整合改造。项目资金总额 400 万元，其中，申请市级支持 200 万元，区级或主管部门投入 200 万元。

**3. 2020 年项目建设内容**

（1）达标建设工程（三期）。项目资金总额 800 万元，其中，申请市级支持 400 万元，区级或主管部门投入 400 万元。

（2）文化创意专业群和课程建设。项目资金总额 400 万元，其中，申请市级支持 200 万元，区级或主管部门投入 200 万元。

（3）无人机操控高水平实习实训基地建设。项目资金总额 500 万元，申请市级支持 500 万元。

（4）规范化数字校园建设（三期）。加强信息资源层应用建设，服务器与软件管理平台建设，教室与实训室整合改造。项目资金总额 400 万元，其中，申请市级支持 200 万元，区级或主管部门投入 200 万元。

# 武汉市第二职业教育中心学校<br>专业建设自查报告

根据《武汉市中等职业学校专业建设第三方评价工作方案》的要求，我校立足服务区域经济的发展定位，对照《武汉市中等职业学校专业建设指标体系》，对所开设的所有专业进行全面自查，形成自查报告，汇报如下：

## 一、学校基本情况

武汉市第二职业教育中心学校是首批国家级重点中等职业学校，湖北省示范中等职业学校，武汉市文明单位、武汉市职业教育先进集体、武汉市绿色校园，并且通过了ISO9001质量管理体系的认证。学校占地面积61.8亩。学校教师总数145人，其中专任教师110人，校内兼职教师10人，专任教师学历合格率97.93%。其中研究生毕业30人，本科毕业112人，专科及以下3人；高级职称66人，中级职称59人；公共基础课教师81人，专业技能课教师64人；“双师型”教师20人。

学校拥有一定的办学实力和条件，校内各专业均配备有实训场所，校外亦建有10余个实训基地；与学校签订长期稳定合作协议的企业达10余家，实训教学开出率达100%。学校师生在国家省市各级技能竞赛中有150余名学生获9大项目个人奖，教师70余人次获指导奖。

学校始终遵循“以服务发展为宗旨、以促进就业为导向”、以服务区域经济为立足点的办学指导思想，谨行“先成人，后成才”的办学理念，推行“现代学徒制”培养的办学模式，毕业生就业渠道畅通。学校积极搭建中高职升学立交桥，开办多途径高考升学班（高职单招、技能高考、普通高考），学生升学率和就业率均在98%以上。

# 二、专业与课程设置

我校根据《国家中长期教育改革和发展规划纲要》和“十三五”规划中关于职业教育发展的精神，以推进转型升级与结构调整为契机，锁定应用型人才培养目标，以社会需求为导向，以服务学生、服务区域经济，培养高技能的劳动者为指导思想进行专业设置，形成了以“文化创意专业群”为主，“现代服务专业群”和“信息技术专业群”为两翼的专业设置格局。

文化创意专业群包括工艺美术、服装工艺与设计、动漫游戏设计、计算机平面设计等专业；现代服务专业群包括会计、旅游服务与管理、烹饪等专业；信息技术专业群包括电子技术、计算机应用等专业。其中工艺美术专业突出培养“四种能力”：观察能力、想象能力、审美能力和表现能力；服装专业强调“四过硬”：设计过硬、打板过硬、裁剪过硬和缝制过硬；会计专业将一手小键盘、一笔好字、一手点钞功、一套好账、一口普通话作为“五个一”工程实施；而“四好”：仪表好、口才好、修养好、手艺好则是旅游服务专业的基本要求；电子技术应用专业重点打造“四只能手”：装配能手、焊接能手、调试能手和维修能手。

工艺美术专业是我校的传统专业也是省级品牌专业，根据武汉打造“设计之都”的构想和武昌作为文化大区建设的发展方向，我校以“工艺美术专业”为依托打造文化创意专业群，与际华3506集团服饰有限公司、江通动漫公司等企业合作，积极推进校企合作，努力为地方经济的发展尽一己之力。

电子技术、计算机应用专业是省级重点专业，形成信息技术专业群。学校依据东湖高新技术开发区、沌口经济开发区、光谷等电子信息产业对人才的需求，确定培养目标，积极培养与之相适应的蓝领一线员工，受到企业的欢迎。

旅游服务与管理专业是省级重点专业也是我校“现代学徒制试点”专业，该专业坚持服务地方经济为己任，与光谷华美达大酒店（五星级）合作，积极探索“现代学徒制”的培养模式，积极为武昌地区旅游业及事业机关单位服务，提供人力资源的支持，受到用人单位的好评。

在课程设置上学校坚持以促进就业为导向，围绕就业市场对人才知识结构的需求为目标，以培养学生操作能力为核心，科学设置专业结构、合理配置课程比例，以模块的方法，科学合理增减课程内容，切实为社会、企业培养合格的“操盘手”。我们在原有的文化基础课程和专业课程两类基础上细化为文化基础课、专业基础课、专业技能课，并合理、科学地安排文化基础课、专业基础（理论）课、专业技能课之间的课时比例，着力培养学生的创新精神和实践能力，使学生掌握必需的文化基础知识、专业知识和熟练的职业技能，具有适应职业变化的能力和就业、创业本领。

公共基础课和核心专业课严格执行国家教学大纲和省、市教育行政部门指导文件，公共基础课全部开齐，学时数达到国家规定基本要求。改变单一考试学业评价方式，推行课程学业多元评价模式，调动了学生学习的积极性，制定了课程教学改革方案，逐步建设各专业各学科课程的试卷库，运用现代教育理论指导课程开发，校本教科研成果在校内得以推广和运用。李慧琴老师主编的《演讲与口才》校本由华师大出版社出版，该课程在学校开设以来深受学生的欢迎。旅游服务与管理专业组正在建设《烹饪技能实操》《中职生实用礼仪》《餐饮服务与管理》校本课程。

## 三、师资队伍

教育振兴，教师为本。建设一支思想品德过硬，文化业务精良的教师队伍，是中职学校教育事业得以长足发展的关键和基础。经过多年的努力我校形成了一支熟悉本专业人才培养方案、具有较强教科研能力和敬业精神的师资队伍。

其中专任教师资格98%达到国家要求，90%的教师具有班主任经历，且形成了一支特别能战斗、具有较强奉献精神的优秀班主任群体。

教师的继续教育是师资队伍建设的一项重要基础工作，也是教师更好地履行岗位职责所必需的。通过继续教育着重帮助教师掌握近年来中职教育课程改革的发展趋势，不断汲取本专业本学科的新概念、新理论、新方法和新技术。我校重视教师的继续教育，积极推进校本培训，做到有计划、有经费、有落实。学校通过提高学历、脱产进修、社会实践、专业技能的培训、网络学习等方式对教师进行培训，提高师资队伍建设的学历结构和教师的理论水平和实践动手能力，全校专任教师继续教育培训合格率达到100%。

## 四、设施设备

设施设备建设是中等职业教育的重要基础，有了硬件设施设备的支持，学生才能完成在校学习、生活，以及实践的全过程，才能实现我们的培养目标。近年来学校加强学生实习实训设备的建设，各专业都在校内配备了实训场所。

学校现有实训室 47 间，实训设备价值 1344 万，能基本满足教学和实训的需要，实训项目开出率在 100%。除此之外各专业还建立有稳定校外实训基地如服装专业的际华 3506 服饰有限公司、旅游专业的光谷华美达大酒店、电子专业的烽火集团等。在设施设备建设中，学校特别注重专业信息化的建设，学校实现多媒体教室全覆盖，所有教室、实训室均配备电子白板，教师每人配备计算机一台，学生用计算机共 572 台（11 个机房），平均 3.5 人一台，实现了教学手段的现代化。

## 五、教 学 管 理

学校教学管理是学校的中心工作，其实施水平直接影响学校的教育教学质量。为提高我校的教学管理水平，学校加强了教学管理制度的建设，制定了：《教师师德规范》《教职工工作责任事故处理办法》《校本教研制度》《教学常规管理制度》《教师奖励制度》等规章制度，建立了教师准入制度，前来我校执教的教师需要有教师资格证或专业中级以上职称。教师教学严格按照实施性教学计划和教学大纲组织教学，学校各类各科教材征订由教务处统一管理，专业教材绝大部分采用高等教育出版社出版的国家规划教材及配套教学用书，文化课教材采用高教或市教科院编系列用书。教学管理能够应用信息化管理手段。学校在教学中积极推进工学结合的校企合作模式并逐步制度化。学校还加强教研组建设，构建科学完善的教研体系，对促进教师发展起到了积极的作用。学校在教研组下设集体备课组，间周开展一次教研活动。在教研活动中老师们对备课疑难点、教学计划落实情况进行研讨，检查教案和作业批改。学校重视教师教学质量的监控与提高，将校领导听课、教务处抽查、学生评价相结合，每学期期末对教师的教学工作进行综合评价。

## 六、质 量 效 益

我校年均招生在 700 人以上，被省市评为招生和就业先进单位，毕业生就业率和升学率均在 98%以上，学生对本专业满意度和企业对学生的满意度分别为 96.4%和 98.5% 。学校被授予“武汉市群众最满意学校”称号。学校积极组织学生参加省市技能大赛，其中有 150 余名学生在国家、省、市各级技能竞赛中获 9 大项目个人奖，教师 70 余人次获指导奖。学校电子专业充分发挥专业优势深入千家街社区开展便民服务活动，为群众修理小家电受到社区居民的称赞；学校青年志愿服务队（礼仪队）多年为区属各单位进行大会礼仪服务，受到区文明委的表彰，被评为武昌区青年志愿服务活动先进集体。陈俊涛同学获教育部举办的“十三届全国中职生文明风采大赛”一等奖，我校工艺美术专业为省级品牌专业，学校为该专业市级中心组组长学校；旅游服务与管理、计算机应用、电子技术等三专业为省级重点专业，在引领学校各专业的发展中起到了积极的示范作用。

各位领导、各位专家，通过自查我们看到了工作的成绩，但更多的是发现了许多不足，对照标准，我们明确了今后的努力方向，加强专业建设永远在路上，以上汇报若存在不足之处，敬请各位领导和专家指正。

# 三、学校德育

# 概　述

《中等职业学校德育大纲（2014 年修订版）》指出中职学校德育指导思想是：德育对学生健康成长和学校工作具有重要的导向、动力和保证作用。中等职业学校德育要以马克思列宁主义、毛泽东思想、邓小平理论、“三个代表”重要思想、科学发展观为指导，深入贯彻习近平总书记系列重要讲话精神，全面贯彻党的教育方针，紧密联系实现“两个一百年”奋斗目标和中国梦的实际，遵循学生身心发展的特点和规律，按照培育和践行社会主义核心价值观的要求，坚持以人为本、德育为先、能力为重、全面发展，努力培养德智体美全面发展的社会主义建设者和接班人。

中等职业学校德育目标是：把学生培养成为爱党爱国、拥有梦想、遵纪守法、具有良好道德品质和文明行为习惯的社会主义合格公民，成为敬业爱岗、诚信友善，具有社会责任感、创新精神和实践能力的高素质劳动者和技术技能人才，成为中国特色社会主义事业合格建设者和可靠接班人。中等职业学校德育内容是：理想信念教育、中国精神教育、道德品行教育、法治知识教育、职业生涯教育、心理健康教育。

武汉市第二职业教育中心学校德育成效显著特色鲜明：坚持“德育为先”，造就全员德育的良好氛围，以科学的理念指导人；坚持师德垂范，提升班主任的专业素养，以导师的人格感化人；坚持主题教育，突出学生的主体作用，以内心的体验升华人；坚持开展社会实践，在活动中养成好习惯，以丰富的活动激励人；坚持环境育人，让墙壁变美变活，以真善美的空间熏陶人；坚持管理育人，按照企业的人才标准要求学生，以严格的管理塑造人。

本书收集学校 2014 年、2015 年、2016 年学校德育工作总结和德育论文。

德育对学生健康成长和学校工作具有重要的导向、动力和保证作用。

——中等职业学校德育大纲

图 1　2018 年 9 月 30 日军训汇报

图 2　2018 年 4 月学生参加区委宣传部系列活动

# 如何发挥班主任在提升学生学业成绩中的作用

我带的班级是美术高考班，如何配合专业老师提升学生成绩，我也时常思考，经常向身边有经验的班主任请教。下面总结反思自己的做法。

我们班现在有 45 人，多的时候有 49 人，坐在画室里满满当当的，特别是画色彩时，又是画架，又是颜料盒，又是水桶，学生起身都困难。专业老师要指导这么多学生，而每个学生出现的问题不一样，又常常需要老师个别指导，甚至个别示范，所以专业老师的精力大多在教学和学生指导上。提升学生专业成绩，班主任可以从以下三个方面开展工作。

首先，完善画室的学习秩序。明确考勤要求，在最后联考的冲刺阶段，全天上专业课，但班主任要上早自习，中自习，既是让专业老师稍微晚点来，休息一下，也是要班主任查考勤，督促学生按时到校。早上一来，班主任要督促学生交作业，安排学生清点作业。老师改完作业后，要及时统计学生完成作业的情况，或鼓励，或提醒。手机对学生学习有很大的影响，有些学生会趁老师不注意，玩游戏，聊 QQ，甚至拿着手机躲到厕所去玩，所以班主任要和学生说明情况。学生一到校，手机就交给老师统一保管，下午放学再还给他们，中午需要联系可以单独提出来，就在老师身边打电话，用完了，就将手机交上来。根据学生的学习能力，学习态度，以及和专业老师商量，配合专业老师安排学生在画室的座位，禁止学生随意换座位。专业课通常都是连着上，学生坐不住，就会一会儿去上个厕所，一会儿去洗个盘子，一会儿去换个水，这样一来就需要给学生明确时间安排，比如 8 点 20 到 8 点 30 分去打水，上厕所，8 点 30 到 10 点期间不能出画室，10 点到 10 点 20 分可以换水，上厕所。用以上这些规矩帮助学生建立秩序，养成习惯，帮助学生排除干扰，静下心来。

其次，关注学生的状态。给学生传递一种态度，努力在平时，关注过程，用学生喜欢的一句话说："我只负责精彩，结果上天自有安排！"通过考勤，班主任可了解学生完成作业的情况，关注学生学习状态并及时和专业老师沟通，了解学生情况，情绪不佳的要谈心，懈怠的给予提醒，屡教不改的要联系家长，共同教育，自觉，自律，好的表现要及时表扬。考试完及时作质量分析，让学生写反思，查找不足，同时帮助老师了解学生学习情况，有什么问题，有什么情绪。进步的学生要鼓励，对退步的学生要和专业老师一起，帮助学生找问题，必要时给予单独指导，帮助学生渡过难关。

其三，在关键的时间点，为学生鼓劲。比如模拟考学生普遍考得不好，情绪低落，有些学生很灰心地问我是不是联考也只能考成这样。如何让学生包括家长放下对眼前分数的计较，将精力转移到查找问题，解决问题上。我对同学和家长说了下面一段话：

“同学们都拿到了试卷，知道了考分。考得好要鼓励、肯定。考得不好怎么办？同学们可能会想，是不是联考就只能考成这样？我想 10 月份以来我们请高校的老师做了 3 次考试，哪一次能当联考呢？都不能，每次题目都不一样，联考的题目也会不一样，这次题目许多同学不适应，考得不好，这正是模拟考的意义，用不同的题目，类型来练习。这不是联考的题目，也不必纠结在分数上，模拟考的意义是帮同学们找到不足，找到自己应该练习的方向，然后沉下心去思考，去体会，去练习。过程走对了，走好了，结果自然会好。”

只有学生和家长的心安了，才能投入到接下来的学习中。12 月 5 日联考是周六，12 月 7 日周一学生恢复文化课的学习，在经历一个月高强度的专业学习后，如何让学生抖擞精神投入文化课的学习呢？我对同学和家长说：

“为了备战联考，同学们都付出了辛苦的努力。能为了自己的梦想去努力是值得骄傲的，奋斗过的青春才值得怀念，才没有白过。联考已经告一段落，联考是我们走入高等学府的第一步，后面还有校考，文化课高考。下周一恢复文化课学习，让我们调整身体，调整情绪，以饱满的热情去迎接下一个挑战。”

虽然这些话不一定能起多大作用，但还是可以让同学们知道老师在关心他们，也为一部分同学指明了方向。

以上是我一点粗浅的总结，希望得到大家的批评指正。

（张晓松/文）

# 浅谈班主任在学生学习中的地位与作用

班主任是班级管理的“核心”和“灵魂”，班主任工作是对学生进行日常思想品德、素质教育和指导学生健康成长的最重要的途径。班主任是一个班的组织者、教育者和指导者，是学生学习、生活的领路人，是学校领导实施教育、教学的得力助手。每一个班级是学校工作的“基层”，班主任是这个“基层”的领导，在学生学习中起着非常重要的作用。那么，如何发挥好班主任的作用呢？

## 一、班主任工作的重要作用

### （一）班主任在班集体学习中具有重要的导向作用

在学校生活中，班集体对学生来说是学习、生活的重要环境。这个环境的好坏，对学生的学习习惯有着直接的影响。因此，建设一个奋发向上、团结友爱、互助互学、纪律严明的班集体非常重要。有了这样的班集体，就能激励全班同学共同前进。在班集体建设中，班主任的导向作用就非常重要。从我们班学生的实际来看，有两个重要特点：一是他们都是中考失败者，本身有着这样或那样的缺点，文化基础弱，自控能力差，学习习惯不太好，容易懈怠；二是学生比较单纯，有一定的上进心，大多数学生愿意学习，集体活动积极参加，班级荣誉感强。只要班主任悉心引导，就会增加学生的学习动力。

### （二）班主任是学校联系学生的桥梁

一方面学校对学生在学习方面的要求，要由班主任去组织落实，另一方面学生在学习方面存在的一些倾向性问题，也大量地要由班主任去疏导。而学校掌握学生在学习方面存在的一些倾向性问题也要通过班主任这个重要渠道去解决。

### （三）班主任是学生联系任课老师的重要渠道

毫无疑问，每个老师都承担着促进学生学习的重要任务，并把这种任务的完成融会在自己的教学工作中。但任课老师因工作侧重的不同，不能用较多的时间和大量的精力去做学生在学习方面的思想工作。在这个方面任课老师发现的问题，大量地要通过班主任解决。

### （四）班主任是学校教务部门联系学生的纽带

学校教务部门是完成学校教学工作任务的组织者，而班主任则是直接实施者。只有两方面很好地结合起来，班主任把职能部门的要求落实下去，职能部门通过班主任把学生中存在的问题收集上来，有针对性地开展相关工作，才能取得理想的效果。对学生学习的思想教育属于思想政治工作的范畴，加强针对性是思想政治工作的基本要求之一，而要做到这一点，必须了解每个学生实际状况。这方面，班主任需要了解得要多一点，这就有利于有的放矢地开展学习思想教育工作，增强其效果。

## 二、班主任的全身投入、全方位重视

### （一）爱是根本

没有爱，便没有教育。爱学生要胜过爱子，要把爱洒向每个学生。班主任唯有心里时刻装着学生，学生心里才有老师。尤其是对待后进生，爱之深切，才能唤起奋发向上的勇气、信心与激情，冰释其心底积淀的自卑，大胆去寻找失落的绿洲，奔向健康发展的人生之路。

爱是具体的。学生学习目的模糊，学习态度儿戏，应给予端正；纪律松弛，予以引导；学习方法欠缺，帮助指点；生活困难，给以资助；进步，给以鼓励；懈怠，给以鞭策；苦闷，给以开导；疙瘩，给以解开；身体不适，给以关怀……这都是爱心的表现。

爱不是迁就姑息，也非庸俗师徒关系。俗话说“严是爱”。严格就是莫大爱心的体现。对学生的关心爱护要在严格要求中实现。严在教育，爱是感化；严在管理，严中注爱。严是形式，爱是内容；严是手段，爱是目的；严是说服，爱是力量。对待学生，班主任唯做到宽严适度、严爱统一，方能有效地培养学生良好的思想品质、学习习惯。常言道，“严师出高徒”，“教不严，师之惰”。爱必严，严是爱，爱与严是辩证统一的。

育人实践中，个别同志对严的理解、误用令人深思。在他们那里，“严”成了声色俱厉的训斥、指责，冷峻无情的挖苦谩骂。更有甚者，“严”演变为“体罚”和“变相体罚”。心虽善，动机也好，但严而无格，爱必荡然无存，再不是“严是爱”的范畴，而堕入了“严为害”的泥坑。学生的自尊、人格、上进心被“严”的霜风冷雨击碎。心灵受创伤，心理被压抑，久而久之，将形成视师如仇的逆反心态。这种“严”于事无裨，于人无益，是对学生个性发展的隐性扼杀，会导致学生厌学、弃学。“随风潜入夜，润物细无声。”做班主任，时刻不能忘记爱学生是我们的根本出发点和工作归宿。

### （二）知是前提

知，就是班主任全面了解、研究学生、综合掌握学生学习情况，对所有教育对象有一个全貌认识。要教育好学生，就得先了解和研究学生。对学生的了解和研究，是因材施教、激励学生全面进步和个性发展的前提，是班主任做好育人工作的基本功。只有“知”之深刻、全面，才能做到一把钥匙开一把锁，活化育人内容，水到渠成。

学生来自不同家庭，所受教养、熏陶不尽相同，方方面面存在差异。于是，学生的家庭情况、体质状况、智力水平、学业成绩、思想品质、来往朋友及其个性心理特征，都是班主任“知”的题中应有之义。大量事实证明，每个学生的个体内涵极其丰富，可以说，每个人的内心就是一个复杂的世界。诚然，对学生的过去和现在、校内和校外的种种表现尚需由表及里、去伪存真，分清主流与枝节，既要做“静”的观察，又必须做“动”的分析。对那些后进生尤要下苦功、花力气这样做。唯有如此，方可发现其闪光点，寻找到教育突破口，确定教育内容、方法和途径。

总之，要适应改革开放，培养面向世界，面向未来，面向现代化的“四有”新人，班主任工作起着决定性作用。所以班主任队伍的素质如何，在一定程度上决定着学校工作的好坏，决定着一个班级的学习氛围。

（王晓蓉/文）

# 如何营造良好的班级学习氛围

如何营造良好的班级学习氛围，对于一个班集体的建设而言是举足轻重的。一般说来，学习氛围与德育是紧密相关的。良好的学风会促进班级的德育工作。它不仅制约着学生个体行为的方式和习惯，而且左右着学生品德的发展方向，从而对学生的品德形成和言行起着潜移默化的影响，我认为只有平时正确地引导学生，形成“严谨、进取、求实、创新”的学习氛围，才能促进班级德育工作的有效开展。

## 一、目标引领

目标对人生有巨大的导向作用。今天的生活状态不是由今天决定的，它是我们过去生活目标的结果，明天的生活状态也不是由未来决定的，它是我们今天目标实现的结果。目标对每个人都有重要的意义，可是很多学生至今却没有目标或只有一些无效目标。

引导学生树立目标意识，在班级管理中就能做到事半功倍，良好的学习氛围也就不在话下了。学生首先要弄清为了什么而学习，也就是学习的动机和目标。有的学生很茫然，认为学习目标是父母的要求、老师的要求。这就需要教师对其进行目标引领。这个目标可以是短期的，也可以是长期的；可以是下次考试的成绩，可以是与同学之间的关系改进，可以是自己的理想或者人生目标。有了目标，才会有为之奋斗的勇气和决心。从哲学角度来说，学生树立目标、树立理想，从而为之努力属于“内因”。

## 二、文化建设

俗话说：环境造就人。一个班级的文化环境对于学生的熏陶是潜移默化的，它对学生的成长起到很重要的作用。所谓班级文化，通常是指班级内部形成的独特的价值观、共同思想、作风和行为准则的总和。它是班级的灵魂所在，是班级生存和发展的动力和成功的关键。可以说，班级文化是一门隐性课程，具有一种无形的教育力量，它将有利于德育工作的顺利开展，因此班主任要十分重视班级文化的建设。

班级文化教育对人的影响主要是通过各种活动对人的思想观念产生影响的。班级文化团体包括班内组建的各类兴趣小组，如黑板报设计小组、班会设计小组、小盘比拼小组、点钞比拼小组、手工记账比拼小组等。这些班级文化团体从文化和舆论导向上影响着学生。因此，我们可以利用多种渠道增添各种文化设施，并在此基础上，引导学生开展各类活动，使得班级出现了一派生机勃勃的景象，学生不断得到各方面的熏陶和启迪，以及榜样的激励，从而受到一种潜移默化的教育。

人际环境对人的影响是通过人与人的交往，群体舆论的监督来实现的，班级人际环境是由班主任、任科教师、学生之间的相互关系构成的。从某种意义上讲：人际环境是一种高级形式的班级文化，良好的人际环境能使人心旷神怡。如果一个班级的班主任与学生、任科教师与学生、学生与学生之间能相互理解、团结、帮助甚至能平等地友好相处，那么就能形成一种使人奋发向上的气氛。良好的人际环境不仅可以使人奋发向上，而且可以使班级形成良好的集体意识，良好的集体意识是对学生思想品德形成的一种无形的、巨大的力量。班主任要充分发挥协调功能，积极处理好五种关系：即班主任与学生、任科教师与学生、班主任与任科教师、学生与家长及教师与家长之间的关系，使班级形成一股齐心协力，积极进取的良好班风，产生强大的凝聚力。

## 三、班干培养

一个班级中，培养一支高素质、有能力、有担当、分工明确又具有合作精神的班干队伍就显得尤为重要。它是加强师生间的沟通，促进师生情感上的认同，提高班级管理效率，提升班级凝聚力的必要保证。

从现代教育理念看，毋庸置疑，班级管理工作中唱主角的应是班干，一个班级的管理工作能否顺利开展，能否取得卓越成绩，很大程度上取决于班干部的能力与作用，取决于他们能否把全班同学凝聚在这个核心的周围。

班主任要做的就是：当好导演，引导方向，梳理矛盾，让班干部们在一次次实践活动中培养能力，学会相互信任，并逐步树立威信，展现自我才能，为班级和科任老师服务的同时又形成团队合力，最终提高班级管理效率，提升班级凝聚力和班风。班干在一个班级里面应该起模范带头作用，尤其是纪律方面，一定要严于律己，而班主任更应该对其严格管理。一方面注意定期召开班干会议，总结以前的工作成绩和在工作中的失误，强化纪律要求，加强工作方法的指导，讨论今后的工作目标与重点，开展批评与自我批评，促进班级工作的开展；另一方面则通过民主评比的方式对班干部进行考核，这样既可以促进班干部的进步，又体现了班级的民主，让同学们今后更加服从他们的管理！

总之，一个成功的班主任一定得营造一种良好的班级学习氛围，这样整个班级就会充满正能量，日后的工作也好开展。把这些工作做好了，班主任当起来也得心应手，也会起到事半功倍的效果！

（谌洪菊/文）

# 如何形成高三升学班的学风和班风

结合学校本学年的德育工作计划和高三年级的特殊性，各班主任应不断强化“时时要管理、处处要管理”的意识，真正做到关心学生，关爱每一名学生的每一方面，主要以学生日常行为规范的培养、学生思想品德教育和集体意识教育、班风学风建设等方面为班级工作的重点，加大教育管理力度，为高三备考营造良好的氛围。

## 一、做好舆论宣传工作，营造积极进取的备考氛围

（1）加强思想教育，提高思想觉悟水准。思想是行动的先驱。为提高学生的思想素质应对高三学习，对学生的思想教育主要从以下几个方面进行：

理想教育：确定学习的具体目标，人生的大目标。

态度教育：敢于吃苦，敢于拼搏（通过学习身边的榜样，激发学生的学习的主动性与积极性）。

信心教育：相信自己一定能行，为自己的人生作最后的拼搏。

（2）利用好班级晨会的时间，设计不同阶段的演讲主题，“感受高三”“阶段学习反思”“激情拼搏”“爱上高三、爱上拼搏”等，既给学生吐露心声的机会，又在班级形成一个良好的备考舆论氛围，起到了学生自我教育的作用。

（3）班级不同阶段张贴不同的标语口号，尤其每个月都设有“温馨提示”，明确当月的奋斗目标、奋斗口号、具体的备考内容和方向，对学生起到了引领指导作用。从实施情况看，认真跟着老师走的学生都有了不同程度的进步。

## 二、建设良好的班风和学风，帮助学生形成高质高效的学习习惯

（1）重申校纪和班规，强化学生的守时、守纪和责任意识，重点在无声

走廊和肃静教室方面严抓严管，指导学生合理安排好课件零散时间的利用，到目前，已基本上做到了课间教室内肃静，每名学生都有事做，为创建一个良好的备考环境打下基础。

（2）加强学法指导。根据“新教材、新课标、新教法”的特点，依据高考形势的变化，结合高考最新形式，认真研究教学管理的新对策，着重抓好以下几个方面的工作：

①教育学生在突出专业学科的同时，语数外科目在应用和学科渗透上下工夫，特长科顺其自然。以各月的月考为契机，针对不同阶段的复习内容和各科特点细化复习计划。

②加强学法指导并对学生进行分类，实行分层推进。

③加强对学生的行为、学法习惯的养成教育，增强学生的规范意识，努力提高学习的主动性、自觉性，提高主动认知的能力。

④发挥优秀学生的模范带头作用，提高学生学习的积极性，努力养成一种互帮互学、团结向上的良好班风。

（3）培养良好的学习习惯，做好2016年下半年工作计划。

①结合月考，指导每位学生确立月奋斗目标，并制订学习计划。

②指导学生利用好学情档案及时进行总结反思，班主任每月都要结合学生的反思，有针对性地与每名学生进行一次笔谈。

③通过经常检查学生的作业、笔记、课堂纪律和考试情况，及时了解学生的学习情况 ；通过每天的语文、外语基础测试，强化学生对基础知识的重视与掌握；通过个别教育和榜样引导相结合的方法，培养学生良好学习习惯。

（4）当好任课教师和学生的桥梁，搞好师生配合，建设一个师生和谐的班集体，为教学、为学习创造一个良好的环境。

## 三、利用有限的活动时间，丰富学生生活

高三的学习是紧张忙碌的，为使学生乐学爱学，积极参加学校组织的各种活动，并通过活动进一步增强集体荣誉感及加强顽强拼搏的意志品质培养。号召学生利用中午休息时间加强身体锻炼，为高三紧张的学习作好身体上的准备。

## 四、开展心理健康教育

做好不同阶段学生心理疏导及心态调整工作，本学期已对出现心理问题的几名学生做了成功的心理辅导。

## 五、经常与家长沟通

尤其是严格的请假制度，树立安全意识，遇到特殊情况及时与家长联系。

（张桂萍/文）

# 班主任如何提高班级成绩

班主任的任务不仅仅是关注自己所教学科的成绩，还要全方位关注孩子们各门学科的学习情况。那么如何才能提高班级学习成绩呢？一直以来，我首先注重的是抓班级德育、纪律以及培养学生良好的学习习惯。因为这些是提高学习成绩的根本，舍弃这些最基本的要求，而一味地为了提高成绩而提高成绩，最终只能舍本逐末，就算有一时的效果，最终也会竹篮打水一场空。同时，作为班主任还要在学习方法、学习策略等方面，对学生进行有效性的指导。

## 一、眼　　睛

首先，做好一名班主任，要学会用眼睛去观察，去发现，在没有一定的证据下千万不可盲目地下结论。有时因为你的某个错误举动或某句不合理的话语可能会导致学生心理留下不可磨灭的阴影，甚至有可能影响他（她）的一生。因此，要求班主任在平时的工作当中一定要善于用眼。就在我现在所带的1403班，班长是一位学习非常刻苦，有着极强上进心的女孩，平时工作认真负责，是老师的得力助手。可是，有一段时间，在我的课堂上，发现她老走神，干工作也没有以前那么卖力，于是在一天下班后借故把她叫到办公室，进行了一番推心置腹的谈话，在谈话的过程中，了解到她的奶奶前不久去世了，奶奶在世时非常地宠爱她，奶奶的突然离世使得孙女一时对生活失去了信心，以至于在学习上、生活上心灰意冷。在找到了原因后，对其进行了开导，并在私下与其父母取得联系，让其父母关注女儿的情绪，经过一段时间的调整，那个活泼可爱又认真负责的班长又经常出现在我的面前了。试想想，假如当初不问青红皂白地把她拉来批上一顿，那结果可能就大相径庭了。所以，作为班主任，要有一双善于发现的眼睛，用心去观察学生的一言一行，只有这样，才能做到从实际出发，有针对性地处理问题。

## 二、耳　　朵

其次，班主任要善于利用好耳朵，学会倾听孩子的心声，充分了解孩子的内心世界，真正走进孩子的内心。这样才能抓住学生的心，让他们彻底地对你敞开心扉。记得当班主任的第一年，由于是高中生，早恋现象已经存在。当时班上有一位男生，经常看见他魂不守舍的样子，于是，在一天放学后将其叫到篮球场，询问了原因，他告诉我说他喜欢上了班上的一位女同学，很纠结，不知道该怎么办才好，因为他也知道现在不是谈恋爱的时候，当时的我并没有批评他，而是先恭喜他长大了，成熟了，然后再分析了早恋的危害，最后这位男生向我保证，一定会好好学习，将这份纯真的感情埋藏在心底。从这件事情以后，我更加地体会到了要做好一名班主任一定要学会倾听，在没有弄明白学生的真实想法之前千万不要轻易开口，更不要轻易下结论。古人语：感人心者，莫先乎情。如果班主任能从感情上打开突破口，以情动人，就能与学生形成一种真诚相待的师生关系。

## 三、口

作为一名班主任，一定要善于和学生沟通，和家长沟通，和其他搭班的任课老师沟通。首先，要经常找学生谈心，及时关注他们的变化，多表扬少批评，严师出高徒，这“严”不是严厉、严酷。管理过严、对学生过多的指责，会造成学生个性压抑、自卑感重、自制力差、胆小怕事，甚至会造成学生逆反心理，导致师生关系僵化。这既不利于学生身心的健康发展，也不利于班级工作的进一步开展。

任何真理都有一定的时空范畴，如果多走了一小步就会成为谬误。在面对一些进步受阻生或是常常违反纪律的学生，我们应多去发掘这些学生的闪光点，多给予鼓励。

在现代教育理念中：第一，最好的批评都没有最坏的表扬有效。因为班主任总能给学生以表扬、鼓励，去发现学生的优点，在班里，学生就会互学长处，长处越来越多，同学之间关系就会越来越融洽，也就达到了很好的教育效果。我始终认为：好孩子是夸出来的。第二，要经常和家长取得联系，及时向家长反映学生在学校的情况，以及了解学生在家的表现，以便于更好地对症下药，比如：在最近的一次家长会召开之前，经常有学生写周记向我反映，说家长不让他们看课外书，并觉得父母过于唠叨。针对这一情况，特意将这次的家长会主题定为“走进孩子的心”，黑板上的标题是学生亲手写的，教室的布置也是学生自主完成的。目的之一是让家长们发现自己的小孩已经长大了，已经可以放手了，在做好了这样的铺垫之后，开始了与家长们推心置腹的谈话，经过一番交谈，一些家长开始意识到了自己的问题所在，开始反思自己的做法。这样的一次家长会，效果可以说是立竿见影的。第三，注重与任课老师之间的及时沟通意识也是班主任必不可少的工作，及时地掌握班里的情况，可以及时地处理问题。记得在本学期刚开始的时候，从其他老师那里了解到：由于暑假刚结束，学生的心还没有立马收回来，在交作业的问题上非常得拖拉，上课也有点懒散，于是开始制定了一系列的措施，加强了班级管理，使班级风貌呈良性循环。

## 四、手

作为一名好的班主任，在很多事情上要亲自动手，起到带头作用。我现在所带的班原来的班主任是一位男老师，也许没有女老师那么细心，在卫生方面不是很好。刚接手过来时，班上卫生极差，尤其是教室后面，扫把东倒西歪的，让人走进来看了很不舒服，于是每次走到那角落，我都会随手将倒在地上的扫把扶好并摆好，久而久之，学生耳濡目染，班上的卫生是一天比一天好，现在几乎可以说是窗明几净了，所以我想，有时候“身教”的效果比“言传”好很多。这在很多方面可以得到证实，比如：好学的班主任，他所带的学生也不会太差。

身为班主任，永远不要等有了时间才读书，要见缝插针；永远不要等有了书屋才读书，任何地方都可以读书；永远不要等用时才读书，急功近利、立竿见影是妄想。同时，要带动学生阅读，打造精神绿洲。

最后，我认为，当好一名班主任，我认为还要做到以下几点：①学会思考。“山因势而变，水因时而变”，班主任应当学会思考。一个善于并且会正确思考才是一个真正有能力的人；②学会调整心态。当压力和困难摆在眼前时，班主任也好，教师也罢，都应该慢慢教慢慢做，有好的心态才能有好的教育行为，有好的教育行为才会有好的教育效果；③学会当园艺师。班主任就应该像森林里的园艺师，对每棵大树、每种花草进行针对性的培育，以启迪思维的学习方式、以塑造健全人格的教育活动，来为学生终身发展奠基。同时，要加强对学生的精神关注，促进每一个学生的健康发展；④学会打造森林式的大学校。要想告别鸟笼式的小学校，打造森林式的大学校，班主任工作就应该由注重知识传授，转向注重学生的能力发展；由面向少数学生，转向面向全体学生；正确对待孩子的成绩，因为光有知识是远远不够的，学生的综合素质、情感、态度、价值观更为重要，班主任不能把眼睛只盯在分数上。

总之，如何当好一名班主任，并具有艺术性，是一门很深的学问，我将在今后的工作当中不断学习，不断总结，不断提高自己的能力，使班主任工作更加具有艺术性。

（于淑霞/文）

# 班主任如何提高班级学习成绩

对于中职学校的学生来说，高二年级是高中阶段的过渡期和关键期，承担着为社会提供技能型人才或为高三学习打好基础的重任。而此阶段学生却往往有所放松，认为既不是高一年级需要努力实现初高中知识转变的衔接时期，也不是高三年级需要拼搏从而实现自己理想的冲刺阶段。然而，高二是高中阶段的转型期，学生学习的态度和努力程度对其是就业还是升学，尤其对高三时的学习有着直接而重要的影响。学习成绩的保持和上升会使高三年级的学习变得轻松，学习态度的放松和成绩的下降会使高三的学习变得异常艰难，甚至有的学生在一次失败面前情绪就会一落千丈，陷入到屡考屡败的怪圈，最终被高考淘汰。在我校，又有着特殊的现状，这就显得在高二抓好学生成绩显得尤其重要。这不仅需要任课教师的努力，也需要班主任的努力。

## 一、提高班级凝聚力，纪律为保障

班级凝聚力简单地说就是班集体对其内部成员的吸引力，是每个班集体的共同追求。这种吸引力来自两个方面：一是同学们对班集体的整体特征的认同，如以作为这个班级的一员而自豪，积极追求班集体的目标，认真遵守班级的各项规章制度，等等；另一方面是班集体内部同学之间相互依赖与帮助，如同学之间的互助、合作、友爱等行为或情感关系。它是一种无形的力量，会促使班集体的每位成员保持积极向上的良好心态和对班级的满意程度，鼓舞同学们的士气，从而有利于每位同学能够积极地投入到班级的各项事务中去，为实现班级的目标而努力。我是从以下几个方面提高班级凝聚力的。

（1）纪律是提高学习成绩的坚强后盾

在一个漫无纪律的班级中很难想象能有几个同学能静下心来学习。这里我就重点说说课堂纪律和课后作业问题。首先是课堂纪律：一个课堂上遵守纪律的学生，就会认真听老师分析讲解，抓住每一个重点，仔细记录课堂笔记。反之，就会一无所获，既然课堂上都没心思去学习就别提课后了，这样一来，就形成了恶性循环。除了要求科任老师严格要求外，我在操行评分细则中也加以约定。如：上课讲话，打闹，打牌等减记 1 分，上课玩手机或手机响减记 2 分，并对手机进行处理。另外每天都要将违纪情况或好人好事记入班务日志，以方便我了解班级上课情况，并可以作出及时的处理。而关于作业，是由组长检查或者收齐后交于各科的课代表，再由各科的课代表进行统计和记录，并采取措施促进他们学习，或给予一定的惩戒。如①作业不完成的，必须当天补上；②作业质量差，由各科老师决定是否重做；③多次未完成的，补完后，重做一次或者加罚另外的题目。现在的学生普遍缺乏自觉性，懒散，学习效率低，所以需要科任老师和班主任相互配合，勤督促，将措施落实到位，时间长了就会养成良好的习惯。

（2）制定合理的班级目标

合理的班级目标会增加同学们对目标的认同，增强实现目标而努力的信念，相反则会引起同学们对目标的冷漠甚至是反感。我主要是从两个方面入手：①班集体的总体目标。由于年级有 13 个中专班，虽然专业各有不同，但语数外等文化课程却是一样的课本。在高一阶段，我班的语数外平均分都未进入前 5 名，我对每门学科都作了分析，并以 17 班作为追赶目标，为班级定下了第 5 名的目标。适当的目标激发了全班同学们的学习积极性，在高二上学期的期中考试中平均分均进入前 5 名，尤其是英语还取得了第 1 名的好成绩。②班级成员的个体目标。我结合学生的平时学习状况、测验成绩和期中期末考试成绩，和学生面对面地商谈，确定每一科的增长目标和总的目标，这样的目标吻合学生的接受心理，又切合学生的实际，保证了目标实施的可能性。

（3）提高班级和学生的荣誉与成就感

就班级而言，提高荣誉、成就感来自这几个方面：①物质和精神上表彰班级取得的各项优异成绩，包括学习成绩（或是整体或是个人），文体活动的成绩，各种检查评比成绩等；②大力倡导团结协作的班级向心力；③宣传任课老师和班主任的成绩与荣誉。而我们学校通常会利用升旗或者周五的晨会对拾金不昧的学生或其他好人好事进行公开表彰，提高同学们的班级荣誉感、成就感，我也会在班会或读报时，表扬和鼓励一些同学或者提倡一些正能量，从而在学习等方面形成良性循环。

## 二、让学生有计划地去学习

到了高中，学习行为要进行科学的管理，这种管理换一个名词就是计划学习。对学生来说，有计划学习要比无计划学习好得多，其好处是：①学习的目标明确，实现目标有保证；②恰当安排各项学习任务，使学习有秩序地进行，把自己的学习管理好；③对培养良好的学习习惯大有帮助；④提高计划观念和计划能力，使自己成为能够有条理地安排学习、生活、工作的人。

有些学生学习毫无计划。“脚踩西瓜皮，滑到哪里算到哪里”，这是很不好的。高尔基说：“不知明天该做什么的人是不幸的。”有的学生认为，学校有教育计划，老师有教学计划，跟着老师走，按照学校要求办就行了，何必自己再定计划。这种想法不对。学校和老师的计划是针对全体学生的，每个学生还应该按照老师要求针对自己的学习情况制定具体的个人学习计划，特别是自学时间，更要有自己的计划。善于管理学习的同学常常表现为善于计划学习。

我觉得作为高中生，首先要会进行自我分析，然后再确定学习目标，最后则需要科学安排时间。学习的计划，既要有短期的计划，又要有长期的目标。计划不是死的，可以根据实际情况不断补充和更正。

**1. 长期计划**

长期计划可分为高中三年学习的总目标和总计划、每学年开始时制订的学年计划以及一学期开始前制订的学期计划。要胸怀大志，统筹安排，同时也要合理。能升学的尽量学好文化课与专业课，划出单科分数和总的分数线；升学困难或者想工作的可以把技能练好，方便日后找个理想工作。当然目标过高，经过努力仍难以达到，就会挫伤积极性；目标过低，极易达到，就起不到促进学习的作用。

**2. 短期计划**

短期计划是指月计划、周安排、日作息时间表及考前复习阶段时间表等。高一、高二时应注重周、月计划。周计划、月计划都要依托学校规定的时间表和教师的课程安排，并特别注意自己小结。有问题及时发现，以免积重难返。短期学习计划最好制订一张安排表，精确至每天的学习。按时间段来计划学习哪一科或是做习题，有计划地进行查缺补漏。除了学习计划，考前还要稳定情绪，调整心态，调整作息习惯以适应高考。

计划学习就是对整个学习过程和学习策略进行管理，从而实现自主学习的学习方式。学生学会了计划学习，就学会自己控制自己，自己安排学习生活，就能够做到劳逸结合。

## 三、注重培养学生的学习与工作能力

作为班主任，我经常在班上强调提高实际动手能力的重要性，同时与科任老师保持联系，与他们紧密配合。在会计实训过程中，一方面严格要求学生必须认真踏实地按照科任老师的教学意图执行，另一方面自己也担任会计相关课程的教学工作，因此，对学生的实训结果能够及时地、有效地进行监督检查。因有高一的会计理论学习为基础，所以高二的课程有些可以让学生自主学习，于是我选择一些较容易理解的章节让学生先自己看书学习，然后让学生上台讲授和演板，看其是否掌握，能否讲清楚知识点。有时课程讲完，我会留出十分钟左右的时间进行检测，练习一些习题看哪些同学能最先完成并全对，最先完成和全部完成的同学要给予一定的表扬和加分。这不仅调动了同学们的积极性，还激发了他们的兴趣。班上的会计成绩也有了提高。而作为想就业的同学，更是应具有较强的动手能力，这才是他们能尽快胜任本职工作的一大法宝。

除了注重学习能力外，我觉得学生工作能力的提高也可以促进学习成绩的进步。在校期间，我们不仅要求学生树立正确的理想，学好本专业知识，更重要的要培养学生的领导意识，让学生学会处理领导和群众之间的关系，具有较强的协调能力。具体的做法就是在校期间注重学生中班干部的培养，一般情况下不搞干部“终身制”，要尽可能多地让不同学生分期担任一定的职务。作为班主任应放手让班干部开展工作，随时观察班干部的表现，有针对性地帮助他们，教给他们工作方法，既要热情鼓励，又要严格要求，并帮助他们树立自己的威信，这样充分锻炼他们的组织能力、管理能力，为今后更快地适应工作环境作好充足的准备。作为班干部要在各方面起带头作用，因此他们往往会注重自己各科的学习成绩，从而促进他们认真学习，并带动班上其他同学努力学习，达到班级成绩整体提高的目的。

俗话说：细节决定成败。要带出一个成绩突出的班集体，需要教师充分关注各种细节性的工作。同样，要提高学生的学习积极性，也需要教师对各种细节有深刻的认识，并持之以恒地做好落实工作。以上是我在班主任工作中的一些想法和做法，不当之处希望各位老师和领导批评指正。

（朱珍/文）

# 新时期下如何构建和谐的班集体

作为中职生的班主任，一向奉行学生“自我教育”管理模式的我，遇到了前所未有的挑战。当前中专学校全面改制由当初的就业班转为高考班。而我们面对的对象是中考未能考取普通高中的学生。这些学生的文化课基础较差，之所以报考中专高考班90%以上都是家长的愿望，而不是自己真实的想法。这些学生之所以未能考上普高，或多或少是由学生自身的学习习惯、生活习惯以及家庭环境等多方面因素所造成的。因此，作为班主任，一个教育工作者，要在把技能高考作为第一要务的基础上，引导学生进入正常有序的中专学习，并激发学生的求知欲，增强学生的自信心是最关键的，这就需要构建一个和谐向上的班级环境。

## 一、以身作则，树立班主任的威信

班主任应具备德才兼备的基本素质。首先是德，欲改变学生的不良习性，养成良好习惯。班主任要以身作则，身先垂范。比如在作息习惯中我坚持从不迟到，不管有没有自己的早自习我都会在第一时间出现在班级教室里，为的是去影响那些经常迟到的学生。其次，作为本班的专业教师，我熟知专业知识，每次上课前都拿着教案教材，但几乎很少看教材，拿着课本上课。同时，将生硬的专业文字转化成现实经济生活中一个个鲜活案例，用自己的专业知识去影响学生，达到潜移默化的作用。再次，对于学生的教育要恩威并用。在教育学生时，我常说，我只相信自己的眼睛和耳朵，也就是说对于学生的错误，我建立在自己了解的前提之下，而不是盲目武断地处理错误，这样就给了学生自我改正的时间和空间。最后是信，信任是相互的，学生对班主任既亲近又崇拜，二者既是师生又是好朋友，班主任应在学生中树立崇高的威望。这样班主任在工作时，就能起到事半功倍的功效。当然这种功效必须不断地重复才算真正有效。

## 二、利用各种活动，激发学生的集体观念

我校每年都开展歌咏比赛，在职高一年级时，由于组织不到位，准备不充分，我们班在预赛中就落榜了。在2017年的“一二·九歌咏比赛”时，我组织班长、宣传委员、文艺委员等同学开会，同时告知全班同学我们全班参加此次活动，不管能否选上并参加复赛，大家齐心协力共同完成一个大家认为满意的节目，来代表我们班的实力。在准备阶段，同学们选诗词内容、预赛服装、选择练习时间，并且不断地自我练习与修改，完全想通过自己的努力拿出一个有模有样的节目。在这个活动中，我看到班上同学的努力，特别是集体力量和智慧的展示，后来在秋季趣味运动会中也有不俗的表现，用活动来激发学生的集体观，让学生在活动中体会到了班级和谐的力量。

## 三、关注每一个学生，家校紧密配合

建立良好师生关系，对待每一个学生要用细心、爱心、耐心来呵护，让学生有爱的感受。遇到问题要细心教育，平时班级生活要付以爱心，对学生的学习要时刻关心。班上有个女生，人很聪明，但是生长在单亲家庭，从小跟着爷爷奶奶生活，因此上课总爱睡觉，导致成绩不理想。我了解情况以后总是予以鼓励，给她信心。虽然她仍有迟到现象，但每次迟到见到我总是心存歉意，并在专业考试中从二三十分考到了及格线。

其实关注学生，就是不断挖掘学生的闪光点，哪怕只有一点点都要鼓励和表扬。我常说学生的成长有快有慢，但是对于班主任而言相信一定有那么一天，会看到学生的成长。

教育不是单方面的，还要取决于家长的配合，班主任应定期召开家长会，与家长互相交流学生在学校和家里的情况，共同努力；寻求学生的教育方法，让每一个学生在成长阶段感受到家长和老师的关爱。

和谐的班集体是学生成长的摇篮，和谐的班集体更需要德才兼备的好教师，用教师的爱去引导，同学间的友爱去浇灌，这样学生才能更健康快乐地成长。

（吴彬/文）

# 试论集体活动对中职生的团队意识培养

随着时代的飞速发展和进步，当今社会越来越讲究分工协作，世界格局也呈现出合作共赢的理念和实践。学校作为培养各类社会人才的摇篮，担负着培养合格的社会参与者的重任。走出校园后的学生能否快速融入和适应社会环境，是学校教育的一个重点，也是一个绕不过的教育节点，这一任务对于以培养定位于社会分工执行层面劳动者为主的中职学校尤其重要，因为他们未来的工作基本上都是需要团体支撑来进行的。

班级是校园团队构成重要的、基本的细胞，透过对它的剖析和研究，即可了解和掌握学生与团队间的全貌。作为一名拥有多年经验的班主任老师，我通过多年和学生的接触和交流，深深感到目前学生的团队精神还比较缺乏，这方面的教育和培养亟待完善和加强。

## 一、中职生团队意识存在的问题

问题主要表现在以下两个方面：

### （一）缺乏集体荣誉感

以自我为核心，对于班集体的认识、个人与班集体关系、利益的认识非常模糊。他们往往更加重视现实，而对意识、思想方面不屑一顾，事不关己高高挂起的思想潜意识地、错误地引导了他们的言行；把集体活动当成负担，或多一事不如少一事，或出工不出力，没有热情，参与度不高。

### （二）缺乏团队意识

不能主动团结和配合其他成员，搞个人英雄主义，服从意思淡薄，自我管理和自我约束的能力较弱。工作中只当红花，不当绿叶；顺风顺水时沾沾自喜，遇到困难垂头丧气；当团队发生问题时，常常推卸责任，不敢勇于担当。

## 二、中职生缺乏团队意识的原因分析

问题的形成有多方面原因，只有客观、冷静地进行分析，才能够在改进工作时有的放矢。

### （一）由于传统的人才培育观念和方式依然根深蒂固，使得中职学校生源整体素质与普通高中相比，有着比较明显的差距

学生往往对个人目标缺乏中长期的规划，在现今社会适龄劳动力需求大于供给的大背景下，他们在思想上往往没有紧迫感，表现出无所谓的态度；做事情往往没有激情，应付了事；他们的思想和行为往往游离于班级团队之外，一切都是凭兴趣、看心情。学生还没有搞清楚团队平台对于个人的重要性，也没有认识到团队一分子所应该负有的责任和义务，更没有真正感受和理解班级团队建设好与坏和自身利益的关系。

### （二）现阶段的学生绝大多数是独生子女，没有团队生活经验

由于独生子女之前都是处于一个相对独处的生活环境，即使在家庭中，和父母的沟通、情感交流也比较缺乏；没有团队生活经验，对如何和人相处比较陌生，甚至恐惧，形成自我保护的条件反射，沟通交流困难；独生子女“孤独症”通常的表现形式是重个人少集体，重竞争少配合，重现实少思想。

### （三）社会文娱生活多元化的冲击，让学生们的业余时间有了更多选项

有些孩子沉迷在QQ、微信、网游等虚拟世界，在张扬个性的同时，还不必承担责任，逃避现实里周围的人和事。这些选项的缺点，恰恰是和团队精神的培养背道而驰。

### （四）由于班级集体活动策划、组织和开展不力，团队意识滞后

班级集体活动往往劳神费力，而且在短时间内不一定马上可以收到明显效果，从而影响了我们对组织活动的重视程度。而且随着时光变迁，以往集体活动在选题、形式等方面的更新提高略显滞后，不被参与者接受的“高质量”活动是不存在的。

## 三、中职生团队意识的培养方法

笔者通过近年的教育实践，在培养学生的团队意识方面进行了一系列学习和摸索，感到集体活动是培养团队意识较好的方式之一。

### （一）明确团队目标

一个班级要形成良好班风和成为好的班集体，也必须要有一种精神作为支撑，即团队精神。所以在跟学生见第一面时我就告知了他们在校三年的目标，第一年区先进班集体，第二年市先进班集体，第三年就业学生去理想实习岗位，高考同学全考取理想院校，并明确跟他们提出，这是我个人对整个班级发展的想法，是否能够实践要靠在座每一个人的努力，缺一不可，这就是三年奋斗的目标，前进的动力。为此我们必须发挥每一个人的能力，众人拾柴火焰高，第一次把我们这个团队凝聚在一个共同的旗帜下，让大家有使命感、责任感，首次意识到自己在团队目标的实践中的价值与意义。发展目标深入每个学生的内心，以便让大家统一思想、达成共识，明确努力的方向，这样才能有目的、有计划地去工作和学习。

### （二）常态化组织

沟通是团队精神的基础和直接表现形式，也是一种常态化的集体活动。在我们班上，每周一中午的班干部会议、班级 QQ 群建立、每天学习委员汇报一天的学习生活等渠道，便于班主任收集班级内所有信息及问题，及时妥当处理班级事务，表扬先进、批评指正不良现象，为老师与老师之间，老师与学生之间，学生与学生之间的沟通及信息交流提供了重要途径。只有充分发挥各种沟通方式的功能，才能在团队里做到上情下达，下情上报，增强团队成员之间的理解与信任，最终把学习及工作做好。我班多次就出现利用 QQ 群平台，向生病的同学问候，有了矛盾主动致歉，工作不顺心时寻求帮助，QQ 群里各种通知、友情提醒等，把大家的心拧在了一起。

### （三）体验式感悟

我在班级中实行了学生自主管理模式，让学生成为班级的主人，自己真正地设计、组织、参与活动，达到自我教育效果。班委干部与班级事务项目组的相结合最大限度地让学生参与管理，每个学生自主选择事务项目组既充分调动了学生的积极性，也最大限度地发挥了每个学生的优势，从而形成班级合力。其中主题黑板报是我班学生最喜欢的活动之一，一学期当中，要求每一组的每位同学都要参加，可以是写字、画画，也可以是排版或找资料，哪怕是帮帮忙画一条线，找一条名人名言，擦洗黑板也成。通过办黑板报学生的动手能力得到了实际性的锻炼。每次办完后我会和其他组的学生代表们点评排版、构图、打分等。看到老师及同学如此重视，接下来的每个月，为了得到好的点评及好的成绩，每一组的同学都拿出了自己的看家本领，团结一心，学生的竞争意识增强了，黑板报的质量提高了，也让他们懂得了团结同学和分工合作的重要性。

### （四）形式喜闻乐见

每年四月份学生都有校技能节，五月份有武汉市中职生技能大赛。为了迎接这些比赛，我会在班上鼓励所有学生积极参与其中，相互切磋，取长补短，有的学生动手能力强则鼓励他们参加技能比赛，有的学生背专业理论知识很有一套则鼓励他们参加知识竞赛，有的学生做事有热情则要他们当陪练，鼓励他们用自己的积极性去影响周围的同学，我班参加校技能节导游知识竞赛连续两届专业组第一名，卢俊及谭思敏同学参加武汉市硬笔书法比赛分获一、三等奖及中餐宴会摆台比赛一举获得一、三等奖，多名同学参加市级客房铺床比赛获得二等奖。

没有完美的个人，只有完美的团队。在今后的工作中，我们将进一步完善和加强集体活动，把学生的身心紧紧地捆绑在团队里面，在活动中潜移默化地给他们烙上团队的印记，让团队意识深深融入其血液，助其成为未来合格的社会参与者。

（马海/文）

# 科学利用体育的德育功能提升班主任德育工作的效果

学校体育的德育功能，主要体现在以下 7 个方面：

（1）导向功能。体育活动，能积极引导学生树立科学的世界观，人生观，价值观，激发他们的学习兴趣。因此，在进行体育活动的过程中应从不同项目，不同侧面去激发学生的学习兴趣，引导他们树立科学的世界观，人生观，价值观，促使他们将来在社会中能够全面发展。

（2）凝聚功能。体育活动能使学生由于共同的价值取向、群体意识凝聚在一起，这体现在集体项目上。大家都会为了集体利益和荣誉而紧密地团结在一起。

（3）育人功能。体育活动通过培养学生情感，意志，毅力，信念来达到育人的目的，是学校德育工作的补充，延伸和具体化。

（4）约束功能。体育活动，具有严格的规范性和加强学生组织纪律性的特点，对学生的思想和行为起着约束的作用。

（5）激励功能。这是由体育的竞争性所决定的，他能激发学生的好胜心，上进心，培养他们奋力拼搏，勇往直前的优秀品质。

（6）心理调适功能。体育运动与消除疲劳，减缓应激，增进心理健康相关联，能使人减轻焦虑状态，缓解抑郁症状，获得运动快感，得到生理和心理上的满足。

（7）愉悦身心和享受成就感。

职业学校的学生，普遍存在学习目标甚至人生目标不明确，自卑，自我否定，组织纪律意识淡薄，自我约束能力较差，团队精神合作意识及能力不足等特点，作为中等职业学校的班主任，应该科学利用学校组织的体育活动，充分发挥体育活动在德育中的强大功能，在有条件的情况下，想方设法多开展一些集体的体育活动，通过这些活动，提升整个德育工作的效果。同时，学校德育主管部门，也应充分认识到体育活动在德育中的重要作用，通过有计划地组织体育活动，发挥班主任的作用，使德育效果事半功倍。

作为一个体育教师，同时多年担任班主任工作，我比其他老师更能体会体育活动对德育工作的促进作用。结合工作实践，对于体育在德育教育中如何发挥重要作用，我有以下几点思考和体会：

**1. 新生进校，学校应尽快组织一系列的体育活动**

让班主任利用体育活动的机会，引导学生尽快熟悉新环境，新同学，从而加快班级体形成的进度，迅速使学生形成凝聚力和集体荣誉感。而班主任，也可以通过课外活动以及新生军训的时机，通过体育活动，尽快地熟悉和了解学生，拉近距离。

**2. 学校应定期的组织学生的群体体育活动**

而班主任，借助体育活动的平台，可以更方便、有针对性地对学生进行团队精神，合作意识以及组织纪律性的培养。

**3. 班主任应根据学校的安排开展体育活动**

有计划地借助组织活动的过程，渗透德育教育的内容

**4. 对在体育活动中的亮点，班主任应及时大力表扬和鼓励**

不论是个人还是集体取得的好成绩，班主任都应及时大力表扬和鼓励，以提升学生的成就感，从而更好地树立信心。

**5. 对于体育活动中成功和失败的经历，班主任应不失时机的引导学生分析总结**

从而使学生更全面，客观地认识自己，认识到自己的不足和长处。

班主任在通过体育活动渗透德育内涵的过程中，如果能敏锐地抓住时机，采用多种方式进行工作，必定会取得事半功倍的效果，我们应该积极创造这样的条件，使学生通过体育活动学会生活，学会沟通，学会做人，学会自我管理，学会自我约束，学会心理调适，从而塑造学生健康的人格，健康的性格，健康的生活方式，健康的心态，并最终成为一个身心健康的、健全的、对社会有用的人。

（何臻/文）

# 班主任该如何指导中职学生做好职业规划

学校职业生涯规划指导，也就是所谓的“生涯教育”，源于西方教育者在20世纪70年代初提出的旨在解决学校教育与社会生活脱节问题，引导青少年从“升学主义”转向个人生计与未来发展的观念。学生接受生涯教育所获得的不应仅仅是职业生涯技能，更多的是对人生价值和生命意义的思考和追寻。

目前学生对职业生涯规划具有较大的盲目性。

专业选择是个人就业的起点，影响就业者职业生涯的发展前景。专业的选择标志着个人职业方向的确定。因此，选择适合而又喜欢的专业显得有尤为重要。根据调查显示：学生自我参与选择专业的主动性差。他们过度地依赖了家长、教师和朋友，在专业选择中没有体现出学生的主体性。其次，学生入校前对专业的了解不够，可以说学生在一个非常盲目的状态下开始了自己的专业学习。第三，对专业的喜爱程度低。因此学生很难提起专业兴趣，如果没有与之适合的职业生涯规划，可能直到毕业，学生都没有找到专业的认同感，甚至是厌恶自己所从事的职业，也造成了学生工作后的高转岗率，更是造成了教育资源的极大浪费。

由此可见，职业生涯设计在中等职业学校的学生中认识不够，自身开展职业生涯设计的能力较弱，急需加强教育与引导。

古人云：凡事预则立，不预则废。班主任是学生职业生涯辅导中不可或缺的重要角色，应该在学生职业生涯规划中发挥着重要的指导作用和引导作用。

班主任可以从以下几个方面指导学生进行职业生涯规划。

## 一、借助系列主题班会，引导学生调整职业态度

中职学生自身存在着学习目的不明确，学习态度不端正、不积极，怕吃苦，眼高手低，好高骛远等问题，部分学生无心学习，连专业知识和专业技能都是通过老师“强行”灌输，到了应该就业的时候，便不知所措，过分地依赖社会和父母，自立能力差。一部分学生来学校读书的主要目的只是对某个专

业产生好奇，而不是为了获取职业。一部分学生来学校读书，是迫于家长的压力，对所学专业根本不感兴趣，更谈不上对未来的打算。

班会课是一个很好开展德育的阵地，班主任可以在一系列精心准备的主题班会氛围中，帮助学生调整职业态度，确定职业目标，引导学生建立正确的职业价值观念与人生观，合理设计符合自身的职业生涯规划。

## 二、依托文明风采竞赛，提升职业生涯规划能力

“职业生涯设计竞赛”是依托教育部开展的“文明风采”活动中的一个设计类竞赛。班主任可以利用课余时间，传授职业生涯规划知识，指导学生在知己、知彼的情况下设计自己达成目标的行动计划方案，系统地将所学、所思的成果展现出来，通过竞赛进一步提升自己的职业规划能力，为今后成功实现职业发展奠定基础。

## 三、通过企业实践活动，教育学生正确认识自我

我国的中等职业教育是一种定向明确的教育，它摒弃了普教重视升学和教育模式，通过系统的专业学习为社会培养合格、能胜任选定工作的技能型人才。这样的培养模式给中职学生带来了许多的局限性，不像普通中学的学生有一个缓冲期，这也使得他们中间绝大多数人，毕业后踏入社会，走上工作岗位时，既无学历优势、又无经验基础和良好的就业心态。部分毕业生没有调整好就业心态，对就业期望值偏高，不断换岗的情况时有发生。因此，班主任应该带领学生，通过企业实践，在实践过程中，组织学生与企业师傅沟通交流，通过现实教育，引导学生正视自我，给自己作好职业定位，找准适合自己发展的平台，明确职业取向，以此来合理构建适合自己的知识结构体系，充分有效地利用在校期间来获取与职业相关的知识和技能，培养自己的职业能力。

## 四、结合学生日常管理，促使学生养成良好习惯

学生日常管理是中职学校养成教育的重要环节，班主任开展就业指导应与学生日常管理相结合，使学生养成良好的学习习惯、生活习惯、职业习惯。学生毕业上岗时，就会自然地将这些好的习惯迁移到工作岗位上，顺利地完成从学生到职业员工的角色转换。

## 五、配合学校职能部门，做好学生职业生涯规划

班主任应配合学校各部门，结合市场和社会发展要求，提高职业生涯规划的专业性、科学性、针对性和指导性。班主任工作应多与学校实训处等部门共同参与，分工合作，通过实习和其他社会实践等形式，做好由课内向社会的延伸，帮助学生树立正确的成才观念，确立自我职业理想，以自信的姿态，规范和调整自己的行为，同时也明确专业方向，提高职业认知，培养职业素养。

## 六、讲座类辅导，促成学生毕业求职成功

根据我校教学计划安排，三年级将去相关用人单位实习试用，最终实现就业目标。因此，三年级的职业生涯规划以教育辅导为主。针对毕业班学生大多有择业心理定位不准，求职面试心理调适不当，以及部分学生在实习试用期间容易发生心理危机等情况，班主任应对学生进行有针对性的辅导和帮助，可以进行讲座类辅导，如《如何参加面试》《毕业前的心理健康》等，并为学生提供个性化的信息咨询与指导服务帮助学生完善求职材料，同时举办就业政策、就业程序、求职要领和面试技巧等方面的知识讲座，为学生提供丰富的就业信息、用人单位信息和其他相关资讯。

（刘晓璐/文）

# 活动是中职德育的突破口

作为一名职校的班主任，面对这群初中以来学习成绩就不理想、行为习惯有问题的学生，我一直在想如何在职高阶段让他们重燃起自信的火花，利用好高中三年宝贵的在校时间，改变他们的态度，学然后有所获呢？谈文化课的学习，由于基础不好，很难在短期内有比较好的效果，更何况还有畏难情绪和自认为不行加上惰性这几座大山在挡道；谈专业课的学习，对于我带的这个电子专业的学生来说，诸如电工基础、电路、电子测量等课程涉及相对较难的物理知识，也让大部分学生望而生畏。我仔细想想之后，感觉似乎开展活动还可能是个突破口。职校的活动丰富多彩，每一次活动就像一个项目，要想完成好，需要有科学的流程，有效的方法加上有才干的人的团结合作，调动每个人的积极性去参与，让每个人都能在各自的位置上发挥效能，也是一种学习，而且这种学习因为形式多样，学生更感兴趣；还因为活动的成果显而易见，学生内在的自信更容易建立起来。

高一一进校，我就向全班同学提了一个要求，以后学校所有的活动我们都要参加，有初赛的要争取进入决赛，一句话就是“不要当看客”。到目前为止，我们说到的都做到了，本班参加了学校要求的所有活动，并且在很多活动中取得了不错的成绩，当然更重要的是成绩之外我们还收获了三点：首先，集体的团结。在同甘共苦中建立的友情让全班同学相亲相爱，互帮互助蔚然成风；其次，集体的自信。同学们都深信没有什么事情我们是不能做的，并且只要我们努力去做，不会比别人做得差；其三，一大批“人才”。本班有学生会主席、有校园十大歌手、有活动策划人才、演讲朗诵人才、主持人才、表演人才，有写作高手、吉他演奏高手，有乒乓球、羽毛球高手，有篮球队，有环保小组，有无线电测向队，在经过了各项活动的磨炼之后，同学们的这些才能从隐到现，由弱变强。

下面仅就歌咏比赛的组织和开展，谈谈如何在活动中渗透德育目标，发挥教育效能。

## 一、“先带后助再放手”的总体培养思路

其实进校之初，由于受到中考失利的打击，同学们大多数表现的都很内敛。第一年的第一学期学校组织了班歌比赛，没有人知道该怎么办，我想这应该是我发挥作用的时候了。但选班歌这个环节我还是让同学们自己去完成，目的是让他们尽量地参与其中。结果选出来的班歌是朴树的《平凡之路》，老实说这是首校园民谣不大适合合唱，但既然是同学们喜欢的，我马上拍板：就是它了。接下来我花了一个晚上的时间策划整个合唱的流程，包括领唱、合唱、穿插的朗诵分别定人、分词，并确定了集体和个人的动作，台上的站位和走位，等等，并且我自己在一个星期内也学会了这首歌，且达到听伴奏会唱的熟练程度。第二天我拿给同学们的是一个完整的方案，每个人都能找到自己的位置和承担的任务，我先要求每个人先单独练起来，然后小组合练，最后全班合练，先在教室利用读报时间合练，再找舞台加上动作和走台合练，并且根据实际情况进行调整，在这个过程中，学生一直非常配合，效果也越来越好。结果，我们首先在初赛中达到进入决赛的目标，在最后的决赛上，我们一举夺得二等奖，同学们都欢呼雀跃，应该说这次活动的成功是在我的“带动”下取得的。我没有讲为什么要这么策划，也没有去解释每天的训练目标是如何制定的，但我所做的一切应该在同学们的脑海中都留下了痕迹，至少他们看到了我是怎么做的，这样做可以取得什么样的成绩。

第二年学校组织了朗诵比赛，我拿着学校下发的比赛安排到班上宣布：这次由你们自己来策划组织，我无条件协助。我的协助体现在以下几件事情上：①要求团支部组织挑选并确定朗诵篇目，结果他们定的是《满江红》；②要求全班每个人在周记中写一份策划案，结果我发现有三个人写得非常不错，特别是秦嫚写的，几乎可以直接拿来作为脚本使用；③组建以秦嫚为首的策划组，要求他们尽快综合大家的意见通过讨论定稿；④在班上宣布本次活动由秦嫚全面负责，全班同学无条件听从安排和调度，包括老师在内。⑤把在训练时发现的问题私下跟秦嫚沟通；⑥帮助训练朗诵、演唱技巧这些学生可能把握不好的方面。一个月左右的时间，同学们一直在秦嫚的组织下进行着各种训练和调整，最后一路从初赛进入决赛，并且在决赛中实现突破，获得一等奖的好成绩。这个一等奖来之不易，意义非常重大，因为这次是同学们自己策划和训练取得的成功，这意味着同学们将脱离我的扶助走向自主自立。到此为止，我的“带”和“助”都告一段落，以后的活动怎么开展，我相信班上的同学们都会

心里有数，离最后的放手也就不远了。

## 二、集体合作精神的培养

“团结就是力量”这句话人人都懂，但却不是人人都会去做。职校生因为初中阶段学习成绩不理想被边缘化，从那时候起就形成了很多事情都与我无关的观念，不参与，甚至不旁观，就算被要求旁观，也没有鼓掌的兴致。所以通过活动调动大家的积极性，进而培养集体意识和合作精神就显得尤其重要了，因为这是他们都可以做到的。我一是要求集体活动人人参与，两次歌咏比赛我们都是全班一起上，第二次更是人人写了策划案，训练在一起，比赛在一起，大家共同经历，形成了我们是一个整体的概念；第二，我要求人尽其责，有些训练是专门针对除了领唱和领诵的其他同学的，我要求每个人都站好自己的位置，摆好自己的姿势，发出自己的声音，我要让他们感觉到自己的位置很重要，是班级不可缺少的一部分；第三，我会经常地讲一些体现同学认真和努力的小细节，他们为班级的付出要让每个同学都看到和感受到，榜样的示范作用也能激励大家为集体作出自己的贡献；第四，我会对比赛的成功进行各种总结，让大家看到自己的成绩，肯定每个人的努力，形成功劳属于大家的思想。多次活动下来，我们的集体越来越有力量，很多同学都发生了很大的变化，在个人总结中都会写上积极参加学校活动这一条，性格也变得开朗随和起来，每天都能看到同学们热情洋溢的笑脸。

## 三、个人能力的挖掘

进入职校的学生，学习成绩不理想是事实，但并不意味着他们的学习能力丧失了。在活动中，越来越多的学生发挥了他们的潜力，令人刮目相看。副班长秦嫚在策划案的“海选”中脱颖而出，我就把全面负责的重担交给了她。在几份策划案中统一意见不容易，把三十多个男生召集起来训练不容易，各个部分出现的问题要改进也不容易，这些是困难也都是机会，她聪慧好学又能吃苦，牢牢地把握住了机会，成就了活动也成就了自己；学生会主席吴天赐其实没有在公开场合朗诵过，我看中的是他的胆量、热情及强烈的责任感，刚开始插科打诨继续“搞怪”风，晓以利害之后他迅速领悟，第二天的训练就让所有人惊讶；郭嘉明不是班上的风云人物，但他声音浑厚我认为可以担当领诵重任，我只陪他解读了半个小时的原文，他很快就找到了抑扬顿挫的感觉，勤加练习之后在决赛上的表现让人眼睛一亮；小宇是播音员，字正腔圆，但由于对文本缺乏理解的关系，刚开始情感表达并不到位，她自己很努力，经常会自己在私下练习找感觉，我起的作用就是关注、肯定并提出建议，在比赛中她成为了当之无愧的亮点。丁汉东和大宇有热情，动手能力较强，我把音乐伴奏剪辑的任务交给他们，虽然明知道他们从来没做过，我只说没做过就学着做，他们最后也漂亮地完成任务；还有四名唱歌的同学，其实个人能力有高有低，且音域不同，四人合唱的效果可能不如某两人合唱好，但我支持策划组的想法，让他们都上去练一练，练歌也练胆量，还练团队合作的精神。还有负责写词的刘思贤同学，我只建议并不作决定，充分尊重她个人的想法。同学们在活动中一个个精彩的表现充分验证了“予我长袖，我必善舞”，而这些成果是他们在常规的课堂学习中不容易获得的。

## 四、科学运作方法的探索

一项同样的比赛任务分配下来，为什么只是部分班级能取得成功，他们成功的秘诀在哪里？这个问题搬到同学们踏入社会后，就会演变成如何使我班组的业绩成为优秀？为什么这次加薪升职没有我？我希望通过活动的开展，对活动过程的观察以及对活动结果的剖析，同学们能去思考、实践并且验证，最后掌握使任何一项活动有效进行的方法。我体验到的首先是 PDCA 循环的工作程序，即计划，执行，检查和改善。第一步就是群策群力搞好策划，一个好的策划就是成功的一半，解决“做什么，怎么做”的问题，是后期行动的总纲领；接着就是不折不扣地执行，统一意志集体行动，避免无谓的时间和精力的浪费，在这个环节中阶段性的反思和统一思想非常重要；第三就是对照要求进行比对，做得好的进行肯定并且固定，做得不好的进入下一环节进行改进。这样在一个统一的方案下，每一次练习要么是巩固，要么是发现问题及时改进，用通俗一点的话说，就是想好了再做，做得不好就改，整个活动的质量呈螺旋式上升的结构发展，效果当然会越来越好。另外一个我认为比较有效的方法是分模块运作的工作模式。活动的组织是层级管理，秦嫚是总负责人，下设策划组、领唱组、领诵组、合唱及合诵组，其中合唱及合诵组还根据任务和站位的不同设有 A 组和 B 组，各模块的组长管理本模块的组织和训练，并对秦嫚负责。这样做的好处避免了眉毛胡子一把抓，有问题的组进行单独的训练，这样人少好组织并且要求能一一落实，领唱组就因为四个人的配合问题经常放学后留下来加练，各小组自行练到位了，再统一进行合练就只是练衔接的问题，不会因为某一组的问题导致全班陪练，这样就能在较短的时间内取得比较高的效率，同学们都很拥护，这也是从头到尾大家都能积极配合的重要因素。目前这种方法已经应用到技能课的学习上，实行分组学习，组长管理组员，负责答疑解惑，组长则向课代表负责，课代表通过组长贯彻老师的要求，我认为在落实方面确实比以前老师全盘抓的效果要好得多。

“学校无小事，事事关教育”，其实教育的平台有很多，课堂教学是一个方面，课外的活动也是非常重要的一个方面。任何一种精力的投放都会导致学习过程的发生，作为老师我们要做的，就是为学生寻找，有时候是搭建合适的平台，寻找合适的契机，带领学生一步一步地探索，让他们在这个过程中发挥出潜能，逐步确认自己的能力和位置，从而慢慢建立起面对未来的勇气和信心，这是个缓慢而艰难的过程，作为教师的我们任重而道远。

（胡艳/文）

# 论中职美高学生行为习惯养成教育

我国著名教育家陶行知先生说："播种行为，就收获习惯；播种习惯，就收获性格；播种性格，就收获命运。"这一育人哲理道出了培养行为习惯的重要性。人在自然状态下，不假思索，不必费什么心思，更不用意志去控制而形成的某种行为，就是一种习惯。良好的行为习惯是促进一个人健康成长的重要条件，是健全人格形成的基础。我校是一所中等职业学校，进入我校学习美术的大多是经过中考洗礼，高考又要和普通高中生站在同一起点上去比拼的学生，他们身上存在太多不良的行为习惯，或许学习态度不端正，抑或行为不够规范，或者集体观念淡漠……因此进入学校后，培养学生良好的行为习惯是班主任的首要工作。

## 一、正确面对学生存在的不良习惯

我校的学生自中考失利后进入职业学校，自身有一定的失落感，但他们心中的大学梦是依然存在的。班主任要向学生灌输：习惯有好坏之分，好习惯终身受其益，坏习惯终身受其累；习惯培养最主要的方法是训练等。过去的生活方式、学习方式、工作方式和思维方式都过去了，从现在开始，培养良好的行为习惯，养成良好的做人、做事和学习的行为方式；班主任还要淡化学生过往的经历及错误，引导学生向前及向上。班上陈庚泽同学每周总会迟到一两次，找他谈话他总是说自己比以前好多了，跟家长联系，家长也是要寻求老师的表扬，但面对还没有完全成人的学生，一方面肯定他的进步，另一方面要求学生和家长不要将别人不好的习惯来和自己比较，做自己该做的本分才是重点，这样也可以养成良好的新习惯。这就是我们班这学期的工作关键词："养成"。

## 二、营造良好的学生学习、生活环境

工作中注重班集体的建设，努力创造良好的学习环境和生活环境。在集体中，以“橘在淮南为橘，在淮北则为枙”的说法向学生道明不同的环境会有不一样的结果，学生良好的行为习惯与优良班风的形成之间具有密切的联系。一个个具有良好行为习惯的学生就会组成一个优秀的班集体，而一个优秀的班集体会约束每个学生的行为习惯。现代生活离不开手机，手机现象在学校教育工作中成为话题。我们班在家长无力管理学生带手机到学校，学生无法控制自己上课不玩手机的情况下，全班集体同意并自觉遵守：学生手机由班长集中保管，放学时再发还给学生，这样便杜绝了学生上课玩手机，自己管不住自己的现象。经过一段时间后，即便不交手机，学生也能自觉不在学习时间玩手机。

## 三、从小事上进行习惯训练，并持之以恒

对于学生行为习惯的培养是没有小事可言的，习惯的养成正是在一件件小事中情绪体验的积累。学校的规定对学生良好习惯的养成具有促进作用。正因为如此，班上十分注重学校规章制度的执行，并在此基础上制定了适合本班实际的详细执行计划，由班上学生干部具体落实，每周一公布，对每月班上末位同学班主任会找其谈话。另外，养成良好习惯不是一朝一夕的事情，学生要一步一个脚印；教师也允许学生习惯形成有个过程。师生密切配合，老师督促学生认真练、经常练，学生要持之以恒，坚持不懈。这样在过去的一个学期里1501班全体学生以校操行评定为蓝本，班上操行评定的标准为指导，规范自己的言行，班级已经形成了力争上游，不甘落后的好班风。

## 四、协调学生的“知”与“行”，鼓励上进，巩固习惯

学生知道了要做什么，也知道了为什么要这样做，但做起来时往往会因为主观的或者客观的原因而不能顺利地进行，这时就很有必要对“知”与“行”进行协调，注意调查、了解情况，及时给予指导，与学生一道寻求方法解决问题。刘云飞是个聪明的学生，但无论做什么事都喜欢偷工减料，作业有五题他只做三题，专业绘画也是如此，多次跟他谈到这个问题，还是不能解决。一次在出现作业少做的情况时，班主任请来了他家长对其进行共同教育。通过了解得知，原来他在以前学习过程中将自己会做的题目做完后，忘了再做其他的题目，而老师也没有任何疑问，久而久之，他有意无意都会少做作业，其他的事也都能省则省，养成了干什么事都不较真的习惯。他也知道，这个习惯不好，偶尔想着怕老师较真才仔细做事。既然这样，学校对刘云飞同学的各科作业都跟科任老师沟通好，严格检查；在班上他的作业情况由组长例行检查后，学习委员每日单独汇报给我；在家里请求家长核实作业完成情况，在各方面杜绝了

他想蒙混过关的想法。慢慢地，他的作业再也没出现拖延的现象，在班上清洁卫生、日常管理方面也认真负责起来了。如若长此以往坚持下去，相信他会成为一个认真的人。

为了使学生尽快形成良好的行为习惯，班级建立了一整套评比制度，开展文明小组、爱学小组、卫生小组的评比活动，组织班干部互相督促检查，每月做好总评一次。哪个小组做得最好，给予鼓励，奖励加分。一步一个脚印，扣紧每一阶段，利用每一件事，规范行为教育。

## 五、动员家长、老师做好榜样

陶行知先生说："生活即教育。"到处是生活，即到处是教育。整个社会是生活的场所，亦即教育的场所，教育无处不在。作为老师要以身作则，作出榜样，正面诱导是十分重要的。作为家长，是和学生时时相处的人，也是其最好的老师。开学不久，班级建立了家长微信群，学生 QQ 群，将养成教育的理念传达给每个学生、每位家长，并要求学生争取做有益于自己，有益于他人，有益于社会的事，并长期坚持，直到成为习惯性的行为；要求家长注重学生在家的好习惯养成，配合新学期学生的教育落实跟进，并注意自身的修为，为学生做个好表率。配合各科任老师充分挖掘各自现有教育资源，结合各种教学活动，把"做人、做事、学习"的正确习惯的培养融入平常的教学活动中。持之以恒，自然成习惯。

科学证明，当一个行为或动作每天都做，坚持 21 天，那么它就会变成一个习惯，如果持续了 90 天，那它就成为了一个不容易改变的习惯。一个习惯的养成，并非一朝一夕之事，而想改掉某种不良习惯，更是需要一段时间。我们作为中职学校招收的美术高中学生，都位于各个初中学校的中下游，入校前身上都有或这或那的毛病，即不好的行为习惯。进入学校后，学校要从各方面给予其要求，帮助学生改掉不良的习惯，培养他们形成良好的行为习惯。学生要从点滴做起，贯彻落实到位，争取在学校学习的三年时间能让更多的良好行为习惯伴随全班学生。

（张红花/文）

# 论在集体活动中培养学生的集体荣誉感

集体荣誉感的教育是学生德育教育的重要部分，是班主任工作的重心之一。怎样才能在班集体中培养学生的集体荣誉感，使学生懂得集体的含义，集体对于个体的重要意义？集体就是许多个人组合在一起的一个整体。要使学生懂得其是集体的一员，集体的荣誉就是自己的荣誉。校荣我荣，班荣我荣；校耻我耻，班耻我耻。个人荣誉和班级的荣誉紧密联系在一起，不能以个人利益为重，要以集体利益为重，处处为集体着想，时时为集体着想。

现在的孩子他们大多是独生子女，在家长的宠爱呵护下，他们对于“心中有他人，心中有集体”的观念感不强。个别学生对学习不重视，成绩不理想，学习态度不端正，这不仅是对个人利益的轻视，更是对集体荣誉的忽视，殊不知他们这种行为严重地拖了班级的后腿。有些学生虽然学习成绩非常优秀，但对于班级的事情一概不关心。这些行为反映出了现在学生集体意识的缺乏，集体荣誉感的淡薄。所以应当把培养学生的集体意识和集体荣誉感作为班集体建设的头等大事，把培养学生们热爱集体、勤学守纪、班内呈现出人心齐、风气正、集体的工作大家抢着干、人人为集体争光的局面，作为班主任工作的重要职责。那么，作为班主任，我们应该如何培养学生的集体荣誉感呢？我个人认为应从以下几个方面进行。

## 一、通过各项活动来培养学生的集体荣誉感

每个人都生活在集体之中。培养学生的集体荣誉感，一定要重视各项活动并参与其中。集体活动是富于教育力和感染力的课堂，我们要利用活动激发学生的集体荣誉感，增加学生的班级凝聚力。作为教师，尤其是班主任，切不可忽视每一次集体活动，要善于利用集体活动培养学生荣誉感。我们要通过开展文艺体育比赛、联欢会、各种参观活动等多样化的活动方式，培养学生健全的人格，在活动中让学生学会团结协作、学会宽容、学会竞争、学会关心、学会负责。在活动中，使其感受到集体荣誉跟每个人的努力分不开，以增强学生的

上进心和自我克制力。

之前，我班学生参加了第一个入学后集体活动“军训”。当第一天军训结束后，就有 2 个学生反映扭了脚，想观训。第二天一大早又有 3 名同学说不舒服。我知道如果这样下去可能会有更多的同学要求观训，那后八天的训练怎么办？于是我先带他们去校医那进行了检查，发现这 5 名学生中只有 1 人是甲沟炎复发确实需要休息，其余的同学完完全可以正常训练。在我的要求下，除了一个女生，其他的同学都回队了。而这名女生哭着反映说她脚确实疼。我再次给她仔细检查了一下，发现并没有什么症状。估计军训强度对长期不运动的人有点大，于是买了一瓶带冰的矿泉水，让她冷敷一下。借着她敷脚的时间，我告诉她军训的目的除了让他们锻炼意志，更重要培养集体主义。其他同学也很累，但是如果都休息，我们班在“大会演”时就会落后，难道这是大家愿意看到这样的结果？如果冷敷后好点后就回队伍，并叮嘱她晚上要用热水泡脚。后来这名学生回到了班级队伍完成了后八天的训练。

## 二、培养学生集体荣誉感必须增强学生的主人翁意识

在班级管理中，班主任应切实将订立规矩、解决问题、监督落实三个方面的主要工作，建立在学生广泛参与的基础上，让学生明确自己是班级中的一员，确立“班荣我荣，班辱我耻”的思想，真心实意地投入到对班级荣誉维护的行动当中。

(1) 定规矩，大家做主。班级日常的规章制度，是规范学生行为习惯的重要准绳，面向的是每一位学生，具有广泛的针对性。一套学生愿意遵守，乐于遵守的规定，必定要能体现绝大多数学生的要求。

通过开学的第一个班会主题“我的班规，我做主”，我引导学生群策群力，发挥集体的力量，根据他们自身实际制定班级的规章制度，这样做不但可以保持班规的公正性、全面性、可操作性，还可以提高学生遵守的自觉性，有效地保证今后的落实。

(2) 出问题，大家解决。班级日常事务纷繁复杂，42 位同学朝夕相处，难免会出现各类问题。这些问题如仅靠班主任解决是远远不够的，要发动全班同学，参与民主管理，大家的问题，大家解决。

(3) 抓落实，大家监督。班级日常工作的落实实施，必须要有监督保障。这些千头万绪的工作，如果仅靠班主任及班干部等少数人去督促和监督只能是“事倍功半”。长此以往，容易使学生产生“事不关己，高高挂起”的懈怠思

想，消磨他们的参与热情和主人翁意识。针对这一现状，我在班上设置“流动组长”制度，让每一名学生都加入到班级工作中，变“旁观者”为“参与者”，做到“大家的班级大家管”，在实践中让他们明确集体与个人的关系，增强集体荣誉感和责任心。

## 三、知人善任，发挥班干部作用，维护集体荣誉

班干部是班主任的左右手，对班集体有着以点带面和以面带面的作用。唯有慎重地选拔和培养班干部队伍，班主任工作才能逐渐从繁重走向简单与轻松。

班主任在平时的教育教学过程中，善于发现班干部的苗子，有意识地向全班宣传，表扬他们的优点。例如，让他们在主题班会或联欢会等活动中展现各自的风采，形成正确的舆论导向，从而能顺利地开展选举工作。

培养集体荣誉感并不是一朝一夕就能完成的，它是在班主任煞费苦心地引导与教育下，通过多种形式的实践活动逐步培养起来的。

（黄华兰/文）

# 让学生成为班级的主人

魏书生说："管理是集体的骨架。"而班级作为学校管理的基本单位，也是一个小集体，管理工作当然也起着举足轻重的作用。有良好的管理，事情就有头有绪，集体就会像一架机器健康而有序地运转。对于中学生来说，他们对生活充满好奇，也渴望介入生活，更渴望自己的才干得到同学们的认可，渴望自己获得成功，并品尝到成功后的喜悦。因此，我在工作中特别注意这一点，那就是在班级中给学生机会和条件，让他们成为管理班级的主人。

## 一、参与制定班规，激发自主意识

学生自主管理不仅是管理班级，学生管理学生，更重要的是学生自己管理自己。前一种能力是工作能力，后一种能力是自我约束能力。著名教育家斯宾塞说过这样一句话：记住你的管教目的应该是养成一个能够自治的人，而不是一个要让人来管理的人。陶行知在《学生自治问题之研究》中也具体谈到自治四点好处："第一，学生自治可以为修身伦理的实验。第二，学生自治能适应学生之需要。第三，学生自治能辅助风纪之进步。第四，学生自治能促进学生经验发展。"因此我在刚接手新班级时，结合班级学生的实际情况，采取以法治班的做法。具体操作如下：首先，明确班规的意义。先向学生讲述班规与《中学生守则》《中学生日常行为规范》不一样，它具有可操作性、互制性、灵活性。其次，全体学生参与，让每个人都成为"立法者"，征集"金点子"，然后确定班规，使学生觉得这不是老师在管自己，而是自己对自己的约束，具有很强的针对性、实效性。再者，强调班规面前人人平等，充分发挥班规的作用。这样既体现了学生的民主参与，又调动了学生的积极性，实现起来效果还不错。

## 二、健全班级组织机构，坚持自我管理

许多人说班级难于管理，其原因是让学生被动地接受管理，使其缺乏主人

翁意识。若能让所有学生都能体验到作为班级主人的责任，都能意识到自己是集体中不可缺少的一员，情形就大不一样了。要想调动全体学生的积极性，就必须让学生全体参与，构建全方位、多层面的集体自我管理机构，体现管理的主体性。

**1. 组建责任心强的常务班委**

让学生主动参与班集体管理，老师不必事事躬亲，建立一支责任心强、素质高、工作胆大的班干部队伍是必不可少的。因为他们是班集体的核心，是凝聚班集体的纽带，有了一支强有力的干部队伍，班级管理就成功了一半。具体做法如下：采取学生民主选举班委会，班委会民主选举班长的做法。然后，由班长组织班委会，确定班干部工作的责任目标和职权范围，向全班公布，由全班同学讨论通过。班干部在开展工作中，由全班同学负责监督和评价班上的一切日常管理，全部有班干部负责。而此时，班主任是不插手的，只作为班干部的坚强后盾。

**2. “轮流执政”的值周班长**

一个班级需要一个相对稳定的班干部组织，可这个组织不能是静止不变的，这样不利于学生的全面发展，应为每个学生提供当干部的锻炼机会。值周班长是经民主推选产生的临时班长，每六位同学一组自由结合，组成一届临时班委，负责本周班级的日常事务。其中一位同学总负责，任值周班长，其余五位学生分工负责。这种形式为每一个人提供了参与班级自我管理的机会和条件，锻炼了每位同学的能力，增强了学生的自我约束力和主人翁意识。

**3. 灵活多样的自治小组**

班级除常务班委之外，还有“轮流执政”的值周班长小组，这就形成了一个有层次的管理网络。而要建设能让每个学生都能发挥主体作用的班级自我管理机构，就必须根据本班学生的实际组织和建立多样化的自主自治小组，如学习督导组、纪律监察组、卫生监督组等小组。这些小组吸收了全体学生参加，每个小组各不相同，每位学生有自由选择的权利，从而使全班同学人人有责任、个个担担子。既是管理者、参与者又是被管理者、合作者，做到“事事有人管、人人有事管、人人有人管、人人能管人”。管理与被管理的相结合，提高了每一个学生对班级管理的参与度，使他们能在集体中找到自己的位置，感受到自己的利益和责任，也大大激发了他们的主人翁意识和责任意识。他们不仅能管别人而且能自觉地管理自己。这些以学生为主体的自我管理的手段，增强了学生的使命感、责任感和信任感，提高了班级的工作效率。

## 三、开展各项有益活动、实现自我发展

心理学研究表明："一个集体若没有丰富的集体活动，就必然死气沉沉，缺乏活力，这将有碍于班集体的健康发展。"要想让班集体充满生机活力，最重要的是组织学生开展各项有益的活动，况且中学生有强烈的表现欲，他们希望通过自身的表现来展示能力和才华，获得认可与成功，如何引导使他们向健康的方向发展，是班级工作的重点。可结合重大节日、纪念日和国内外大事，在班级里鼓励学生积极参与演讲赛、辩论赛、文体活动、社会实践等各种有助于学生全面发展的健康活动，让每一个学生都有展示自我的机会，让每个学生都成为班级工作的参与者、主持者和实施者。

## 四、发挥示范教育的作用，探索自我评价

常务班委和值周班长成员是班级的骨干分子，他们是在服务的基础上实行管理的。他们的示范服务是一种无声的管理、无形的激励，正是这种无声无形的管理和激励使一种积极、健康、向上的有声有形的班风蔚然形成。在这种风气中班级管理工作通过一种示范激励的途径使学生将自己与他人之间、自己与制度之间、自己与自己之间进行比较、对照，从而引导学生自我评价、自我修正、自我管理、自我教育。

长期以来，班主任给人的普遍印象是起早摸黑、事必躬亲、苦口婆心、终日琐事缠事、疲惫不堪，究其原因是忽视了学生成长过程中的主体意识，把原本属于他们自己的事代劳了，剥夺了学生经历磨炼的机会。如何摆脱这局面？班主任应改变观念，转换自己的角色，淡化"管理者"意识，一定要具有敢于让学生去摸索的意识，让更多的学生在集体中承担责任。这样不仅可以增强学生的集体意识和班级凝聚力，而且学生可以获得管理班级的主人翁似的积极体验，从而激发学生主动参与班级管理的积极性，并从管理者的角色中学会管理他人，并学会自我管理。

（贺仁军/文）

# 如何发挥学校体育的德育功效

谈到体育，我们习惯上把体育与德育、智育以及其他的教育分开，强调了体育在人的体能、体格、体质、体形上的功能和作用（学科观），很少用联系的观点、系统论的观点去考察体育对于人的综合素质养成所起的作用，所以，在目前的学校教育课程体系和课程的实施过程中，体育的教育价值、文化价值以及体育与德育、智育等他育的相互作用也往往被忽视。

## 一、树立正确的学校体育观

人首先诞生为实体，四肢健全，发肤完善，五官齐备，才称得上完整的人（区别于先天残疾）。“德、智皆寄于体。”人体完整，才能负载思想和精神。人之初生，首要之事，绝不是教他读书识字，父母首先要使子女身体健康，能够茁壮成长。身体健康是父母对自己的孩子最基本的要求。作为强身健体的体育活动也就应该成为父母希望自己的孩子能够通过锻炼达致身体强壮的首选活动。著名教育家斯霞老师曾经讲：“智育不好，是次品；体育不好，是废品；德育不好，则是危险品。”

## 二、充分开发体育学科的德育资源

学校体育教育内容丰富、形式灵活多样，环境特殊、可变因素较多，并具有极其丰富的教育资源，为寓德于体的教育提供了良好的载体优势。学校体育包括三个方面的内容：体育教学、群体活动、业余运动训练。

**1. 体育教学**

理论教学内容中的体育史、奥运史、亚运史以及我国优秀运动员、教练员顽强拼搏为国争光的先进事迹等，就是极好的爱国主义、价值观教育的好教材；中华武术、中国象棋及其他传统体育项目的学习，是对学生进行人文教育、提高民族自尊心、自豪感的最佳内容；篮球项目是群体协作精神要求极高、对抗性激烈的拼搏项目，对培养群团意识，胜不骄、败不馁的良好意志品质，文明礼貌，乐群合群的优良行为美德都具有重要的启迪和诱导作用；田径项目是单调、艰苦、枯燥的，正是这种特殊的练习内容以及单一的次数重复，能培养训练者勇敢、顽强、奋发进取、吃苦耐劳的优良品质等。每项体育项目都有各自的特点和天然的德育资源，体育教师要钻研教材，挖掘德育教育丰厚的资源内涵，因势利导地进行德育教育工作，使德育教育在体育实践中充满生机，具有实效性。

**2. 群体活动**

我们学校的群体活动主要内容有跑操、田径运动会和趣味运动会。这些活动的开展，不仅极大地丰富了学生的校园文化生活，也极大地促进了班集体的形成，同时也为学生搭建了一个展示完善认知自我提供了一个极好的平台。跑操，我们的要求是队伍整齐，集体跑进，其中蕴含了很多的德育内容，例如：以大局为重、能力强的要照顾他人、能力差的可以培养意志品质、大家怎样为同一目标共同努力等德育内容。

**3. 业余运动训练**

我们学校业余训练自2008年以来基本上是一个空白状态，在2008年以前一直有田径队和篮球队在坚持长年训练，曾经培养出了郭顺、吴汉明、伍玲、张明等优秀的运动员，篮球队多次在武昌区获得前三名的好成绩，还曾经获得过武汉市第五名的好成绩，女篮还获得过湖北省第六名的好成绩，对业余训练的缺失原因是多方面的，但就我本人而言对此感到非常的遗憾。运动训练对于学生个人的德育意义我不想过多地阐述，我想说的是对学校德育整体上的意义。记得我们2009—2010年搬家过来后，有一个现象很突出，就是学生在校内抽烟的现象非常严重，当然原因是多方面的，有合校的原因，有校园增大的原因，但是我认为还有一个重要的原因就是运动队缺失的原因。运动队的队员有一个特点，就是学习成绩大多都不太好，学习习惯也不太好，且影响力和破坏力都很强的学生，可以说是各个班级管理中的“大鬼”，然而，他们在学校体育中却是佼佼者，在学校体育的平台中，他们得到了成就感，也受到了纪律的约束，他们都是不敢在学校里抽烟的，“大鬼”都不敢在校内抽烟，那“小鬼”就更不敢在校内抽烟了，我想运动队对这些“大鬼”的失控也是造成这一现象的原因之一。

总之，德育教育始终贯穿着学校教育的各个环节。可以说，德育教育无小事，德育教育关系着一个人能成为什么样的人，这个人往哪个方向发展的问题。也可以说，德育教育无大事，德育教育贯穿于学习和生活的一点一滴，德育这个大事是由小事组成的。学校的每一件事物、每一个教职员工、每一项活动都被赋予德育的含义。体育教育也一样，体育活动的过程与德育密切相关，不可分割。体育中有了德育，德育就可使体育变得更加有活力、更加有秩序、更加规范。有了德育理念的注入，体育教育就会变得更加有思想，更加理性。在体育活动和学习中只有树立了正确的锻炼观念和正当的娱乐意识，体育才能具有重要意义，体育活动才能生机勃勃，充满活力。当体育被赋予了德育的、文化的含义，体育的价值才能被更好地体现。

体育给德育教育搭建了一个平台。美国教育家杜威认为，“教育即生活、生活即发展”、“教育即生长”、“教育即改造”。他认为教育的任何一个环节都应该放到实践当中去锤炼，才能在实践的过程中创新和发展。社会实践是进行德育的最好场所，实践的活动来源于人与人之间的交往。顾拜旦先生倡导的现代奥林匹克运动的目的就是通过体育竞技来达到教育人的目的。学校教育中，体育教育有其他学科教育所没有的特征，它不仅有说教，更有大量的实践活动，是在动态当中进行的。

（戚驭/文）

# 从班级活动出发培养良好班集体

开学第一天，看着全班四十多个陌生的面孔，我不禁在想，初次独立担任班主任的我，能把她们培养成怎样的学生？能把班级建设成怎样？一个个疑问在脑海中闪过，可无论设想有多少，最终还是要落实到日常的实施过程中。不可置否，学生在校学习的不仅仅是文化、技能知识，更重要的是性格、能力等综合素质的养成，而我恰恰是更看重后者。开展班级活动对促进学生发展，加强班集体建设有重要的意义，而我们学校恰好活动安排比较丰富，初出茅庐的我，将自己对班级的管理融入了每一次的活动当中。

## 一、从小事做起，督促学生加强基本能力培养

就班级而言，卫生工作是衡量一个班级精神风貌，文化氛围的一面镜子，培养学生良好的卫生习惯，能够增强班级凝聚力，更能提高学生的文明素质。因此搞好班级卫生意义重大，但在实施过程中，卫生工作很容易被忽视，常常被当作是一件“小事”。对于新班管理来说，如果没有严格地抓好卫生工作，后面班级的清洁工作怕是很难开展，况且班级日常清洁是每一位同学都会参与的事务，因此从开学第一天起，我对这件事情就非常重视。刚开始的两天，班级中的清洁工作在清洁委员的带领下有条不紊地展开了，每天由两名同学负责早上和中午的清洁。每天我进入教室的第一件事就是查看清洁情况，遇到不合格的地方立即整改。在学生们做清洁的过程中，我也会仔细观察每一位学生，学生因性格不同，对待清洁的态度也是因人而异，效果也是参差不齐。因此只要找到机会，我就在班上强调清洁对于他们的意义，告诉他们做卫生并不是为了别人做的，其实归根到底是为了锻炼自己的能力。虽然学校每日有固定的检查，但是大家做卫生的目的不是为了应付检查，而是因为大家需要一个干净敞亮的学习环境，没有人愿意生活在满是垃圾的环境里。在家里，父母体谅学生学习任务重，很少让学生插手家务，但是总有一天孩子要离开父母独自生活和工作，我相信最基本的做卫生的能力大家还是需要的，因此每日的清洁的最终

目的都是在培养自己的清洁能力，让大家具备独立生活的能力，同时每一个人都会参与班级的清洁工作，大家齐心协力做一件事情，感情不是应该慢慢就深厚了吗？所以做清洁虽然是学生眼中的“小事”，可是从小事做起，培养基本能力，至关重要。

## 二、培养奉献精神，互助友爱

响应学校号召，每个班级需要开展一项志愿者活动。在开学之初，跟同学商定之后，我们班的志愿者活动项目是清扫专业教室门口的公共区域。在团支书的安排组织下，每一组 8 名同学，每两周进行一次清扫。在第三次活动的时，我由于开班主任会，没有亲临现场，会议结束后我去到清扫区域查看开展情况，全部工作已经结束，学生们都已经走了。我正备感欣慰之时，手机响了，原来是小组组长发来了信息，信息内容大致是分配打扫任务的时候，大家都觉得自己做得多，自己的部分做完了就都不愿意做别的了，只有她和另外一名同学留到最后把事情做完了，其余人都先走了。这条信息像一盆凉水一般，把我浇得冰冷。面对小组长的“气愤”，我先安抚了她的情绪，肯定了她和另一名同学的劳动，告诉她老师会来处理这件事情。志愿者精神是奉献、友爱、互助、进步，而学校号召举办这项活动其目的也在于此，而目前我们班开展的情况却是如此，令我十分担忧。细细思索一夜后，第二天一早我就找到小组长再次了解情况，并在利用早自习时间对同学们进行教育。首先我跟同学们做了自我批评，因为与开会时间冲突，没有能参与大家的活动，在之后的活动当中，老师一定尽量争取到位，跟同学们一同参与。学生们对于我突如其来的表态有些惊讶。其实班主任作为班级的旗帜和风向标，自身的带头作用一定要到位，由于工作的安排冲突，导致参与不及时，结果班级里出现了这种情况，我怎能不先自我检讨。紧接着，我对昨天的清洁情况进行了陈述，对于提前离开、相互抱怨的行为也提出了批评。由于我先自我批评了，在班级上再提出他们的问题，他们也无话可说，逆反心理没有那么重，气氛良好。随后，我与同学们一起探讨志愿者活动的意义。刚开始同学们面面相觑，认为无话可说，觉得志愿者离自己很遥远，自己去做的只是清洁而已。因此我从教室后写着志愿者精神的宣传板开始讲起：“奉献是志愿者精神的精髓，奉献是不求回报的付出，奉献是高尚的精神，只有每一个人都愿意奉献，才有友爱的根基。我们不应该奢望别人的付出和贡献，而应该首先从自身做起，这样才能够做到和谐友爱。对于我们班级昨天活动中出现的相互推诿事务的情况，老师深表痛心，大家都计较自己的得失，却没有想着要去多做一些帮助自己的同学，这样的活动你们自己做着开心吗?”同学们深深地低下了头，默默不做声。其实我们班的学生还是有较强的集体荣誉感的，从军训时就已经表现出来，因此也能很快认识到问题所在，于是我趁热打铁紧接着说道：“有了奉献才能够友爱，友爱也需要每一个同学的相互帮助，这样你们才能够共同进步，志愿者精神在你们身上才能展现。同学们在参与活动时，将自己的抱怨减少一些，多想想这八个字的含义，热情的投入到活动当中去，既然做就做好，认真地做一次志愿者，希望你们从活动中收获的不是埋怨和辛苦，而是大家相互扶持、帮助，追求进步的心态，这种心态会跟随你很长时间。现在社会中非常提倡志愿者活动，地铁里，车站里，奥运会，随处可见志愿者的身影，用人单位也十分看重志愿者工作经历，因为这代表着热心、奉献、进步，哪个单位不喜欢这样的人。我们身在学校，就应该努力使自身更加完善，希望在后面小组的志愿者活动中，同学们能够调整状态，摆正心态，积极地完成班级活动。最后要说的是，老师也会陪同大家一起，让我们一起进步。”在后来的几次志愿者活动中，班级同学积极参与，相互协助，取得了不错的效果。

## 三、培养学生齐心协力精神，培养有力班干部队伍

学校每年都举办一二·九纪念活动，今年以班级诗歌朗诵的形式，从接到学校通知起，我就在思考，是我带领大家去组织这项活动，还是以学生为主，我起指导作用。衡量一番之后，决定以学生自行组织为主，原因有三点：一是中职学生有精力、有能力完成这样的活动，他们活泼好动，个别学生有表演欲望。二是这是入校以来第一次全班性的文艺活动，放手让他们尝试自行排演，就算出现问题，也是一种学习成长的过程。三是自行排演组织，节目是学生们自创的，他们会更加有兴趣，也会更加珍惜。因此鉴于这三个理由，我选择让学生自行组织。让团支书作总负责，文体文员组织，其他班委配合协助，充分发挥班干部的作用。朗诵稿首先由团支书查找，然后与我商量后分发给学生进行背诵。文体委员负责音乐和队形的编排。在前期排练过程中，团支书和文体委员都比较被动，经常我分配下去的任务，等到要检查了，他们还没有准备好。这时我才明白，他们还没有把活动和自己关联起来，所以总是处于被动的状态，班干部都是如此，其他的同学更不用说了。于是，激发学生齐心协力做好排练，发挥班干部带头作用的时候到了。班里的班干部在初中或许从未担任过职务，不知道应该如何发挥自己的作用，这是一个很好的机会让班委知道，

班干部除了各司其职，还有通力合作。在班级活动中，班干部首先带头，作为组织者的团支书和文体委员应该对排练有一个具体安排、时间规划，可以发动其他班委帮助自己。而其他班委可以在排练时多组织纪律，带动其他同学配合排练，提高排练效率。为此我借班委会的时间，让班委自己对朗诵比赛的准备进行总结，文体委员意识到自己做事效率偏低，应该每次排练之前作好准备和安排，避免跟大家排队形的时候，自己容易犯糊涂。团支书则总结到每次排练大家都很吵，所以要花很多时间维持纪律。两位组织者这么清楚地总结了自己的问题，那么我作为指导者，肯定要帮助他们解决问题。对于纪律问题，我对其他班委说，这次活动虽然是他们两人主要负责，其他班委应该全力配合，并协助他们。这一次你协助他们做事情，下一次轮到你的时候，别人也会协助你。班委之间的工作除了各司其职，还有通力合作，所以希望每一位班委在排练中发挥自身的作用，带动整个班级做好工作。在此之后，诗歌朗诵的排练变得顺畅一些，团支书会主动询问排练安排时间是否合适，文体委员排练思路更加清晰，班级整体排练纪律良好，总能在队伍中听到“安静、安静”的口令，每次我都在旁边观看学生自己排练的情况，总体情况还是令我比较欣慰的。这个节目肯定不会全都是学生自己排练，在学生排练成型后，我再来帮他们找老师指导调整。我的目的也就在这里，通过排练节目，班级学生学会齐心协力，班干部的能力也得到了锻炼，并且学生会感到非常有成就感，学生能做到此就很好了。其他能够优化的部分，作为班主任的我，能够帮助他们多少就是多少，节目最终能拿什么奖已经不重要，他们在这个过程中获得的成长更重要。

经历一个半月时间，朗诵比赛结束，我在班上及时地进行了总结，肯定每一位同学的付出，肯定了班委的积极配合，包括团支书和文体委员的总策划工作。通过这一次活动，班级学生更加齐心，班干部的能力也得到了锻炼。

## 四、激发学生集体荣誉感，增强班级凝聚力

每次在“一二·九”活动结束后，就是趣味运动会，在诗歌朗诵比赛中，班级已经具备了一定的团结协作精神，而且表现出非常乐于接受这些活动，因此趣味运动会的开展比较顺利。学校号召班级要自行进行练习，我也积极响应号召，发动班级学生进行训练。以文体委员为首，利用好体育课，安排好每个项目的练习，班长和团支书负责协调和监督。体育活动最易激发学生的集体荣誉感，而且趣味运动会的项目具有合作特点，对增强班级凝聚力有很大帮助，

正是利用这一点，在这次活动当中，我着重于发掘学生的集体荣誉感，增强班级的凝聚力。

记得在跳长绳训练中，几乎每一位同学的身体都会被绳子刷得生疼，每当我关切地问询时，他们就摇摇手说没事，然后继续参与训练，其实我是非常心疼的，但是同学们这么努力认真，我觉得他们真是非常了不起，心里深深为他们骄傲。在拔河比赛中，同学们手被勒得生疼，大家也只是当时娇滴滴地跟我“抱怨”一下，然后就像没事儿一样，只到旁边去搓搓手。在同舟共济比赛中，大家一起谋划、探讨策略。在比赛中，不仅要组织好参赛的学生，我认为更重要的还要组织好旁观的学生，让团支书负责拉拉队的组建，只要当时没有参与项目的学生，都要去为班上同学加油。比赛结束，我们班跑操、同舟共济获得第一，其余项目也分获二、三等奖，收获颇丰，学生们非常开心。我把每位同学的表现记在心里，在比赛结束之后，在班上认真地对每一个项目进行了总结，肯定了每一位同学辛苦的付出，让他们为自己鼓掌。通过这样的活动，学生之间更加亲近，也更加认同了这个集体。

班级是学校开展德育教育的主阵地，班主任是德育教育的主要实施者。利用好班级活动，让班级德育工作开展得有声有色。认真利用好每一次活动，将我们的育人理念融合在活动当中，学生更易于接受，也更具有说服力。

良好的班集体建设是班主任追求的目标，班主任从班级活动出发，重视班级活动，将宏大的德育教育拆散、糅合进这些日常活动中去，变高高在上为平易近人，用点滴德育浸润、滋养学生的心灵。

（李梦婷/文）

# 传道倾心育良才，授业着力塑技能

## ——学生家长给班主任赠送锦旗背后的真情故事

2014 年 9 月 9 日，在全国第 30 个教师节来临之际，习近平主席同北京师范大学师生代表座谈时发表讲话。《做党和人民满意的好老师》提出：做“四有”好老师。第一，做好老师，要有理想信念；第二，做好老师，要有道德情操；第三，做好老师，要有扎实学识；第四，做好老师，要有仁爱之心。

———题记

正如习近平主席所说教育是一门“仁而爱人”的事业，爱是教育的灵魂，没有爱就没有教育。好老师应该是仁师，没有爱心的人不可能成为好老师。高尔基说：“谁爱孩子，孩子就爱谁。只有爱孩子的人，他才可以教育孩子。”教育风格可以各显身手，但爱是永恒的主题。爱心是学生打开知识之门、启迪心智的开始，爱心能够滋润浇开学生美丽的心灵之花。老师的爱，既包括爱岗位、爱学生，也包括爱一切美好的事物。

2017 年 9 月 12 日，在第三十三教师节来临之际，1617 班学生家长鲁保春同志，专程到武汉市第二职业教育中心学校，给他孙女鲁莉（化名）所在 1617 班主任王斌武赠送锦旗。经德育副校长袁彬推荐，由党委书记陈春荣代表学校接受锦旗。锦旗上书：“赠武汉市二职中心一六一七班主任王斌武老师：‘传道倾心育良才，授业着力塑技能’。学生家长鲁保春，2017 年 9 月。”

学工处龚纯主任将送锦旗的照片发到二职中心班主任和教职工群里，引来一片赞叹之声，还有班主任情不自禁地发出感叹：“当了数十年的班主任，临近退休了，还没有家长赠送锦旗。”王斌武中途接班当班主任才一个学期，就有家长给他送锦旗，请问赠送锦旗背后，到底有怎样的感人肺腑的班主任真情故事呢？请允许我娓娓道来。

话说家长鲁保春的孙女鲁莉，因父母离婚家庭破碎、中考失利一蹶不振、性格叛逆经常旷课逃学。对待旷课逃学的学生，班主任的常用法宝是报请学工处给予违纪处分，劝其退学，或者开除学籍。简单痛快，一了百了，班主任落得一身轻松，任科教师拍手称快，学生杀一儆百，以儆效尤。殊不知这种简单的处理方法，班主任是痛快了，但毁掉的却是学生的一生。教育家说："没有教育不好的学生，只有不会教育的老师。教师是人类灵魂的工程师。"教师的职责就是教书育人，实质上就是"治病救人"。只不过医生医治的是人的身体疾病，教师医治的是学生的心理疾病，医生和教师都是为了挽救人类身心的健康。

家长给教师赠送锦旗，一般是优秀的学生家长，而面对这样一个旷课逃学的违纪学生，家长为什么还要给班主任赠送锦旗呢？即我是如何面对需努力的"差生"呢？我与鲁莉及其家长的网上 QQ 和微信交流，经统计整理一个学期达到 10 页纸，5321 字。从中可以看出班主任付出的心血、汗水与智慧。谈一点心得体会，归纳为：交心、攻心、换心的"三心"教育法，供借鉴参考。

## 一、晓之以理，耐心交心

先谈一下接手 1617 班班主任时的背景情况。1617 班为学前教育专业，全班 33 人，女生 32 人，男生 1 人。因为男女性别比例严重失衡，阴盛阳衰，女生由于失去了男生的性别监督，为所欲为，无所顾忌，一个个露出女汉子的本性，造成班风学风不正，不好管理。前班主任是名女老师，一方面因身体不好，另一方面因为班级难得管理，高一上学期结束后主动提出辞职。在此青黄不接危难之际，我被学校任命为中途接手的班主任。一般班主任更愿意从头开始带，顺理成章，水到渠成，中途接班就犹如后爹后妈不好当。

刚接手当班主任时，原班主任就告诉我，鲁莉经常旷课。我没有按照常规对旷课者给予纪律处分，我要先对她进行教育，相信教育可以改变人生。纪律处分那是教育无效后的不得已的最后选择。

原文照发三则学生鲁莉与班主任短信与 QQ 请假与交流实录，仅供参考。

学生鲁莉："2017 年 2 月 23 日，汪老师，我是鲁莉。昨天回家时风吹得受凉了。昨天晚上就一直不太舒服。今天早上想坚持一下去学校可还是不太舒服。所以只能跟您请假一天。明天把请假条补给您！谢谢王老师的谅解！"

班主任："2017 年 2 月 23 日，请家长下午 2：30 以后，给我打电话核实，并请家长在请假条上签字，请你转告纪律委员一声，请假以后要附病历。"

学生鲁莉：“2017 年 3 月 1 日，汪老师，我昨天又感冒了，有点重，鼻子也不舒服，整个人都是晕的，我跟您请两节课的假。谢谢老师！”

班主任：“2017 年 3 月 1 日，请务必赶上跑操，今后小毛病能坚持尽量坚持上课，以后请病假要有病历和休息证明。”

学生鲁莉：“2017 年 3 月 3 日，汪老师，我身体还是不舒服！实在是克服不了。肚子撕得疼，我也很无奈，让老师费心了，对不起！”

班主任：“请今后加强锻炼，轻伤不下火线，小病要坚持上课，人要有坚强的毅力和顽强的精气神。请假拿病历和休假证明。是王老师不是汪老师。缺课连班主任老师的姓都弄错了。”

据统计，鲁莉每周总要请一到三次病假，也没有什么大病。请假理由：受凉、感冒、胃疼、生理期……凡此种种，举不胜举。每月至少缺课三分之一，早已达到旷课 10 节，达到了给予纪律处分标准。开始接手班主任时，因并不了解班级情况，请病假一般都批准了，但要求请假在病假条上签字，并附病历或病休证明。鉴于鲁莉经常请病假，实质是旷课，网络沟通无效，我专门找鲁莉面谈了三次，每次都晓之以理，耐心交心，婆口苦心讲解经常请假和旷课的危害。虽略有好转，但收效甚微。

好老师的眼神应该是慈爱、友善、温情的，透着智慧、透着真情。好老师对学生的教育和引导应该是充满爱心和信任的，在严爱相济的前提下晓之以理、动之以情，让学生“亲其师”、“信其道”。好老师要用爱培育爱、激发爱、传播爱，通过真情、真心、真诚拉近同学生的距离，滋润学生的心田，使自己成为学生的好朋友和贴心人。好老师应该把自己的温暖和情感倾注到每一个学生身上，用欣赏增强学生的信心，用信任树立学生的自尊，让每一个学生都健康成长，让每一个学生都享受成功的喜悦。

## 二、家校配合，合力攻心

鉴于找学生鲁莉三次谈心都好不了几天，其从初中已形成的经常旷课的积习难改，收效不大。于是班主任希望得到家长的积极配合，合力攻心改变。

我先后与鲁莉的爸爸、妈妈、爷爷沟通交流，并请鲁莉的爸爸来校面谈两次、鲁莉的父母一起来校面谈一次，鲁莉的爷爷面谈两次。再原文照发几则班主任与学生鲁莉的爸爸、妈妈、爷爷的短信、QQ、微信交流实录，现身说法。

班主任："2017年3月30日上午，鲁莉今天又旷课了，她是经常请假缺课，我还正准备表扬她按时上了两天课，有进步，早上上操一看，没看到人。正准备给你打电话，周一做的保证不再旷课，怎么才坚持了两天！第三天怎么又没看到人？后来才看到你的消息。我相信你的观察，再观察观察几天看看吧。加强教育与联系。请家长清明节后有时间来学校研究对策！"

鲁莉爸爸："3月30日下午1：25：40，我是鲁莉爸爸，今天她例假来了，肚子疼，每次例假头两天疼，去医院检查医生也只能说调养，她的确请假多了，我也经常批评她，我经常对她说要她坚持去或晚点去上学，她又有一些爱面子，她不好意思去上学。我和她妈离异多年，她跟我住一起，我工作也比较忙，我在江夏工作，经常也加班，回来也蛮晚，现在竞争也激烈，忙了外面还要忙家里，对伢关注的要少些，但对她的教育，我也是非常严格，不允许她随便请假，我也会经常跟老师保持联系！谢谢老师对她的关照！"

班主任："2017年4月24日上午9：41：29，鲁莉昨日未到校，也没请假，也没病历，今天到校，也没上操，要她上操，她上厕所，请家长加强教育！鲁莉妈妈，你虽然与鲁莉爸爸离婚了，鲁莉与其爸爸一起生活，但是你仍是鲁莉的妈妈，鲁莉仍是你的女儿，你仍然有负责鲁莉教育的义务和权利。请你下周与鲁莉爸爸一起来校研究鲁莉旷课的问题！"

鲁莉妈妈："2017年4月24日上午10：28：28，好的，我与鲁莉爸爸下周来校面谈！"

鲁莉爷爷："鲁莉爸爸在江夏上班，早出晚归，她妈也不在跟前。缺少教育监督，甚至在生活上，思想上关爱环境缺失，而总是把自己禁锢在她的三尺天地很少出门，又少有与人交流，这也是令我十分着急。谢谢王老师！我打算先来校一趟了解一下具体情况。待我了解详情后再与家人讨论如何帮助教育，甚至最后挽救措施，孩子这几天自己关在家里，他爸这几天急得够呛，请假不敢上班了。因我们（她爷爷奶奶）年过七十，身体也不好，为此事着急，她奶奶也病了。我在先不惊动他们情况来求助老师商量解决办法。到时召集家人，届时也请您一起，为我们指导，找出教育孩子的万全之策。谢谢王老师，您费心了 。"

经家校联合，合力攻心，在家长严格的监督和督促下，经常旷课的鲁莉，矿课情况明显好转，收效明显。

## 三、动之以情，以心换心

为了彻底改变鲁莉同学经常旷课的不良习惯，在晓之以理的基础上，在家校合力攻心的情势下，我决定乘胜追击，进行家访谈心，动之以情，攻心为上。

经与鲁莉家长联系，鲁家欢迎家访。“王老师晚上好！今天谈话让我很感动，有关家访一事，目前家人均很赞赏，感谢老师不辞劳苦，为我们孩子费尽心血。晚饭时跟鲁莉谈了这事，她觉得同学来了会知道她单亲家庭情况。她希望老师一人来家访，可否？她怕同学知道她单亲家庭不好面对同学。”

2017 年 6 月 17 日，周六上午，我利用休息时间，约好去鲁莉家家访。为了更好地达到动之以情，我在良品铺子买了一满盒食品，还买了一个笔记本和一支笔，共花费 150 多元。我还在笔记本上亲笔题字：“预祝鲁莉做一个‘三好’学生：在学校做一个好学生、在家庭做一个好孩子、在社会上做一个好公民！”

9 时到鲁家家访，鲁莉、鲁爸和鲁莉的爷爷、奶奶都在家。鲁莉看到班主任亲自家访，还给自己买了良品铺子食品，买了一个笔记本和一支笔，很感动。家访谈到了鲁莉的旷课问题、学习、生活、过去、现在和未来，气氛融洽、其乐融融、以心换心、相谈甚欢。鲁莉保证不再旷课，决心好好学习，真正达到了动之以情。鲁家也很感动，表示要积极配合学校，督促鲁莉不再旷课，做一名好学生。

上午 11 时，家访整整进行了 2 个小时。鲁家要留我一起吃饭，被我婉言谢绝。鲁莉和鲁家人送我到车站。家访成功，满意而归。家访后，鲁莉焕然一新，重新做人，安心上课，再没有旷课。鲁莉前后判若两人，其进步很大。

为了感谢班主任的爱心奉献，付出了艰苦的努力，辛勤的汗水和不辞辛苦的家访，鲁家人给班主任赠送锦旗，以表谢意。

有爱才有责任。好老师应该懂得选择当老师就选择了责任，就要尽到教书育人、立德树人的责任，并把这种责任体现到平凡、普通、细微的教学管理之中。正是因为爱教育、爱学生，我们很多老师才有了用一辈子备一堂课、用一辈子在三尺讲台默默奉献的力量，才有了在学生遇到危难时挺身而出的勇气，才有了敢于攻克新知、新学的锐气。老师责任心有多大，人生舞台就有多大。

“三寸粉笔，三尺讲台系国运；一颗丹心，一生秉烛铸民魂。”今天的学生就是未来实现中华民族伟大复兴中国梦的主力军，广大教师就是打造这支中华民族“梦之队”的筑梦人。因为教师的职业道德规范要求是：爱国守法、爱岗敬业、关爱学生、教书育人、为人师表、终身学习。班主任教师应当拥有一颗爱心，教育事业是爱心事业，班主任教师应当将关爱学生进行到底。

（王斌武/文）

# 中职学生养成教育的误区与对策

英国小说家萨克雷有一句名言：“播种行为，收获习惯；播种习惯，收获性格；播种性格，收获人生。”有人曾把行为习惯比作人的“第二天性”，实际上，人们性格乃至人生中的很大一部分，所表现的正是一个人习惯化了的行为方式。目前中职学生的思想道德品质不高的现象比较普遍。因此，在中职教育中，在教会学生掌握一定职业技能的同时，采取行之有效的措施，加强学生日常行为习惯养成教育，不断促进学生综合素质的提高，显得尤为重要和紧迫。

## 一、中职学生教育的误区溯因——唯成绩论

当前，中职学生不仅文化基础知识薄弱，而且在行为习惯、组织纪律、道德品质等方面也存在许多问题。他们以自我为中心，放纵自我，以实用主义为价值观，自私自利，集体荣誉感、家庭责任感、社会责任感淡漠，组织纪律观念、团队精神不强，对父母依赖性较强，逆反心理较重，不愿意接受长辈和教师的劝导。学习目的不明确，态度不端正，上课迟到、早退，在课堂上讲话、打游戏、发短信、看小说、打瞌睡等现象屡禁不止。在日常生活中抽烟、喝酒，说脏话、撒谎，厌学、逃学，谈恋爱，打架斗殴、小偷小摸，精神萎靡不振、沉迷网络，生活自由散漫、夜不归宿等现象时有发生。

造成这种现象的原因是多方面的，但无疑与他们在中小学期间养成教育的缺失有很大关系。接受中职教育的学生基本是中考落榜生或者在初中义务段辍学者，相当一部分是学困生。由于一直得不到肯定和认可，相当一部分学生对自己的前途感到迷茫，自暴自弃的学生非常普遍。长久以来，我国成绩至上的基础教育往往陷入两大误区：其一，家长只注重孩子的成绩，只要成绩好，要什么给什么，无形中助长了学生以自我为中心，追求时髦，不懂关心他人，缺乏感恩意识，自理能力差等众多不良行为习惯。其二，家长和老师认为孩子进不了高中，成才已没有可能，对孩子丧失信心，动辄挖苦羞辱，冷嘲热讽，对

孩子的成长、学习和生活漠不关心，无形中使学生有了被遗弃的感觉，自我放纵，我行我素，对自己、家庭和社会丧失了责任感。

这样长大的孩子，对于学校而言，是三年的问题；对家庭而言，则是一生的难题；对社会而言，也是巨大的隐患。要解决上述难题，我们必须走出误区，改变唯成绩论的思维模式，从行为习惯的养成教育抓起。

## 二、养成教育的实施 ——唯习惯论

培根说："习惯真是一种顽强而巨大的力量，它可以主宰人的一生，因此，人从幼年就应该通过教育培养一种良好的习惯。"中职教育的本质就是使学生养成良好的职业技术行为习惯，为学生熟练掌握职业技能，成为合格技能型人才奠定坚实基础。中职教育培养的是生产一线应用型技能型人才，这种人才不仅得有能够胜任岗位的技能，而且需要能够适应企业和谐发展的思想素质、个人品质和道德行为规范。这才能够真正实现在就业、择业、创业过程中进得去，留得住，叫得响。而这种职业能力和综合素质的形成是个长期的过程，因此养成教育是一个以"培养目标"为目标，通过多种教育手段的实施，综合思想教育的滋润补给，有内容、有层次的推进过程。为了培养学生良好的道德品质和文明行为习惯，每个教育工作者都有自己的做法。在这里简单地谈一下我的几点体会和思考。

### （一）家校配合，无缝对接

"近朱者赤，近墨者黑。"教育首重环境，但教育环境不仅限于学校，还有相当一部分在家庭。中职学生正值青春期或青年初期，他们心理渐趋成熟，追求人格独立，在人生目标、价值追求、处事原则和态度等方面已经有了自己的观点和思维。虽然在思想和生活上对家庭既有一定的依赖性，又强烈地希望能够摆脱家长的束缚，独立、自由地学习生活。有些家长则往往不理解孩子们的这种心理变化、需求，家庭对立情绪严重。

因此，作为中职教育者，身上肩负的往往是双重重担：既要教育学生，也要说服家长。在学生面前你是严师，在家长面前你是益友，具体的措施有很多，形式也可以多样，总的目的只有一个，即创设一个完整的教育环境，实现学校、家庭无缝对接。教师可以经常性地开展家访活动，或通过电话与家长探讨交流，让家长理解学校教育的各项措施和对学生的要求，帮助家长转变观念，全力配合好学校搞好子女的教育工作。

### （二）教师垂范、以理服人

班主任老师与学生朝夕相处，长期生活在一起，并且由于是教育者出身，比学生有着丰富的社会生活经验，学生自然地视班主任老师为学习的楷模，其一言一行都有着直接的或间接的教育意义。因此要求学生做到的，教师首先也要做到，以教师的示范带学生的规范。例如在劳动中，班主任应当与学生共同参与来完成劳动任务。另外，班主任老师在教育学生时同样要提高自己，认为老师只是教育学生，忽视对自己的要求，忽视“律己”和“垂范”，这样说得再多，教育效果也不会很好，必须注意自己的行为表现，特别是在日常生活中尽最大的努力给学生作出表率，做到对学生的“身教”。

其次，班主任老师要以理服人，教育他们懂得为什么要这样规范自己的行为，虽然这不是件容易的事，但必须要这样做。执行规范要求并不是“吃亏”的事，也不是个人行动的“不自由”。遵守行为规范，不仅有利于集体，而且有利于在社会生活中与大家协调相处，只有行为“规范”了，才能符合群体与社会生活的利益和要求，使学生明白这些道理，变有约束感为自觉的行为。另一方面，班主任老师也要注重在实践中培养和训练学生，在学习与生活中强化学生行为规范意识，在反复要求中增强学生的意志，在褒贬的评价中促进学生自觉履行行为规范。

### （三）重视激励，从我做起

孔子曰：“人不可无弘志，人无志不立”。但遗憾的是，不少中职学校的理想目标教育尚是空白，因而导致学生思想茫然，浑浑噩噩，学无劲头，学无所获，甚至中途辍学。鉴于这种情况，我认为应该开展内容充实的目标理想教育，如利用演讲训练营开展“我的理想”等主题演讲比赛。通过这些措施，使学生重新明确目标，树立远大理想，人人构筑起思想灵魂的支撑。

苏联教育家苏霍姆林斯基认为：“促进自我教育的教育才是真正的教育。”只有当受教育者不是靠外在的力量而是靠内在的力量，根据社会的需要和自己个人的需要，主动地调适、充实和丰富自己时，才是教育的最大成功。激励教育的目标就是激发学生的内在动因，挖掘自身潜能，形成积极主动的心理，促进学生的发展。中职学生一般处在十五六岁至十七八岁，正值青春期或青年初期，在教育学上被称为“心理断乳期”。这一时期是人的心理、情绪变化最激烈的时期，也是产生心理困惑、心理冲突最多的一个阶段。由于知识基础比较差。学习能力比较弱，自律能力不够强，如何引导他们完成并不轻松的学习任务，这是摆在我们面前的一个严峻的话题。怎么办？这就需要我们改进传统的教育方法，在实践中采用以激励教育为主的教育方式，善于及时发现、总结其优点，使他们看到自己身上的闪光点，可以制定激励制度；实施激励评价；举办技能竞赛、学习竞赛，采用鼓励谈心，甚至采用恰到好处的批评处罚或激将法等，对不同的学生采用不同的方法，激发其潜能。

有时，还可以有计划地请一些优秀毕业生回学校作报告，讲述其亲身经历，破解职场迷局。用学生身边的成材事例，让他们看到希望，看到未来，让他们看到这些榜样离自己是如此之近，以此能使学生更有真实感、亲切感，更容易受到激励，让他们既看到困难又看到希望。教师通过激励，引导学生从现在做起、从自我做起，重新做好人生规划，重新点燃他们人生的激情。班主任老师在理论引导学生的基础上，同时也要创造“机会”给学生，给学生实践的机会，在实践中培养和训练学生。

### （四）强化规范，常抓不懈

朱熹说：“论先后，知为先，论轻重，行为重。”因此，对学生进行行为习惯养成教育应该首先从学生的认知出发，让学生首先明确什么该做，什么不应该做。老师要加强对《中学生日常行为规范》《中学生守则》及学校相关的规章制度的学习，要结合中职学生的实际，从学会学习、学会做人、讲究文明、注重仪表、注重卫生、注意安全等方面制定切实可行的职中生行为规范和一日常规，让学生明确做什么。为什么要这样做，以及如何去做。在学生充分认知的基础上，按照循序渐进的原则，对养成教育常抓不懈，既不能大刀阔斧，又不能快刀斩乱麻。在日常教育中，要有耐心，看到学生逐步成长的动态过程，同时加强监督。注意学生日常行为表现的反复性，对好的行为及时发现，及时表扬，及早批评、制止或纠正不良的行为习惯，注重信息反馈，促使行为习惯养成教育经常化。

良好的学习行为习惯形成的过程，是严格训练，反复强化，坚持不懈的结果，所谓“冰冻三尺，非一日之寒”，要让学生养成良好的学习行为习惯，不仅学生要自觉坚持，教师也要做到坚持，教师要做到步步到位，环环相扣，不能因其他琐事而把学生学习习惯的培养置之脑后，而是要随时了解情况，随时检查，随时与学生相互交流，随时督促和提醒学生。只有在老师的严格要求和关心体贴下，学生才能有形成良好习惯的信心和决心，久而久之，才能使这些良好学习行为习惯得到内化，使学生真正养成良好的学习行为习惯。

“十年树木，百年树人”，开展养成教育，老师要在思想上走出误区，重视行为习惯的训练，要扎扎实实地把养成教育的各项要求融入班级建设中，融入学生的日常管理，融入学生的各项常规活动之中，这就要求中职教育者必须具有高度的社会责任感，用我们的爱心，从一点一滴抓起，让教育不断贴近学生的心灵，让学生一次次地有所感悟、有所成长。“千里之行，始于足下。”相信我们不断的努力，长期的坚持，定能有助于学生形成良好行为习惯，为他们职业生涯的发展打下坚实的基础！

（王华/文）

# 论中等职业学校学生良好行为习惯养成

中等职业学校学生行为习惯培养的重要性：

## 一、培养学生良好行为习惯是全面提高职业学校教学质量的需要

当前，中职学生不仅文化基础知识薄弱，而且在行为习惯、组织纪律、道德品质等方面也存在许多问题。接受中职教育的学生，基本是中考落榜生或者义务教育阶段辍学者，所以相当一部分是学困生。他们由于一直得不到肯定和认可，因此对自己的前途一直感到迷茫。这给中职学校的学生管理和教育带来了困难，管理不好这批学生，既影响他们今后的职业发展，也会对社会产生不良影响。而学校管理质量一定程度上反映了学校办学水平和学校发展潜力，对于中职学校来讲，德育管理则承担着更重的任务。德育管理的成败将直接影响到学校教学秩序和学生出路问题。所以，中职学校必须认真研究对策，培养学生良好的行为习惯。

## 二、培养学生良好行为习惯是实现学生良好就业的需要

德育工作的重点确立很大程度上是由学校培养学生的目标所决定的。周济部长曾说，职业教育就是就业教育。职业学校就是为行业培养和输送初中级技术人才，也就是说职业学校培养的学生毕业就进入行业接受行业的检验。根据多年的学生就业情况和企业单位用人信息反馈，我们很容易得出：行为习惯好、专业技能强的学生深受用人单位喜爱，反之，行为习惯不好的学生就会处处碰壁，面临很多的压力。同时，在专业技能和学生行为习惯中，可能用人单位更看重他们好的行为习惯。所以，培养学生良好行为习惯是实现学生良好就业的需要。

## 三、培养学生良好行为习惯是学生终身发展的需要

真正的教育要为学生的终身发展负责，所以学校培养学生良好的行为习惯真正的目的是为实现学生终身的发展服务。良好的行为习惯会对人的一生产生深远的影响，会让一个人终身受益。19 世纪著名心理学家李德说过："播下你的良好行为，你就能拥有良好的习惯；播下你的良好习惯，你就能拥有良好的性格；播下你的良好性格，你就能拥有良好的命运。"我国著名教育家叶圣陶先生也说："什么是教育，简单一句话，就是要培养良好的习惯。"学校是育人场所，理应在培养学生行为习惯方面大有作为。为此，学校必须培养学生养成良好习惯，真正让学生成为家庭、企业、社会受欢迎的人。

## 四、如何加强中职学生行为习惯的养成

养成习惯规范化具体化。要让学生明确做什么，为什么要做以及如何做。另外，要加强监督，不断强化。良好的行为习惯不是一朝一夕可以一蹴而就的，必须持之以恒，要抓反复，反复抓。只有通过长期的训练和教育才能培养出有良好行为习惯和文明礼貌的中职生。

（徐忠群/文）

# 浅谈如何做好中职生职业生涯设计指导工作

中职生大多属于普通高中选剩的“后进生”，他们不但普遍具有学习目的不够明确，学习态度不够端正，基础知识比较薄弱，纪律要求不够严格等特点，而且他们对职业学校及自己缺乏合理的认识，对自我的未来缺乏必要的信心，对获取职业生涯成功的看法偏颇，对自我的行为缺乏有效的控制，形成了发展方向不明确、上进动力不足的局面，因此有人称之为学生中的“弱势群体”。面对这些将来既无学历优势、又无经验基础的中职生，如何帮助他们在将来竞争激烈的人才市场中获胜，成就自我的职业生涯呢。通过多年的工作实践和不断地探索，我在担任财会班班主任时对多名学生进行了“职业生涯设计”指导，取得了良好的效果，其中尤以1004班叶超帆、1207班曹伟同学的效果更为突出，下面就谈谈我是怎样指导的。

## 一、组织开展“专业组新生教育”，上好“开学第一课”，唤起学生专业化职业生涯发展方向的意识

中考的失利使中职生被动地来到职校，他们中大多数人抱着“破罐子破摔”的心理打算混个高中文凭就业了事，即使其中有报读“技能高考”的学生也不过大多因为迫于家长的压力而随意选择个专业待着试试看。

他们对学校、对专业知之甚少，对未来没有憧憬，对自己毫无要求。职业生涯设计理念强调：“目标决定成功”，“思想有多远就能走多远”。为了让学生树立明确的职业生涯目标，我主动联系、召开“财会专业组新生教育大会”，上好“开学第一课”，内容分为四大项：①专业组长致辞，②专业课教师专业介绍，③高年级专业技能特长展示，④公共素质特长多媒体展示。

其中第四项又分为四小项：a. 爱我专业演讲展示，b. 职业生涯设计演讲展示，c.《先就业好还是先择业好》辩论赛展示，d. 班歌表演展示。“专业新生教育大会”使学生耳目一新，精神为之一振，点燃了他们对中职学校、对专业学习的浓厚兴趣。

## 二、全面撒网，树立榜样，贯彻“请进来，走出去”的双向交流思想，增强学生职业生涯规划的实践能力

中国有句古话：读万卷书，行万里路。要提高学生对职业生涯规划必要性的认识，除了课堂学习外，我们还要让学生到生活实际中去感悟。我一方面通过邀请“本校毕业生”职业生涯规划中的成功榜样来校座谈、讲座，与学生交流，让学生知道“未来尽在掌握”是要有规划作前提的，为学生树立学习榜样。另一方面，引导学生有目的地参加社会实践、社会调查等活动，帮助学生认识职业世界、认识自我，形成科学的职业观、职业理想、职业目标，使学生知道设计一份好的人生职业生涯规划是职业成功的前提与基础。

比尔·盖茨（Bill Gates，1955 年—），是美国著名企业家、软件工程师、慈善家以及微软公司的董事长。比尔·盖茨是在 1973 年进入哈佛大学读书，1975 年他正式辍学创业，因为他有明确的目标：电脑将进入千家万户，社会将进入微型时代，故成立微软公司，使其成为全球最大的电脑软件提供商。2007 年，比尔·盖茨又回到了哈佛大学。31 岁成为世界首富，曾连续多年登上《福布斯》全球富豪榜榜首。2014 年 2 月，以 4100 亿元人民币成为 2014 胡润全球富豪榜首富。

## 三、具体措施

### （一）了解自我（兴趣、价值、能力、个性），择己所长

职业规划设计倡导：“最适合的才是最好的。”“财会专业”1207 班学生曹伟刚入校时因为初中好友，以及“动漫专业”学生的游说萌发了转“动漫专业”的念头，我便通过全面的“职业性格测评”和“日常生活观察”对其进行了耐心细致的“职业性格分析”。他属于“严谨型”职业性格，特点是：注重工作过程中各个环节、细节的精确性；愿意按一套规划和步骤工作尽可能做得完美，倾向于严格、努力地工作以看到自己出色完成工作的效果。适合的职业是：会计、出纳员、统计员、校对员、图书档案管理员、打字员。“日常生活”表现为数学成绩好而绘画能力一般，打消了他冲动而冒险的转专业念头。最终，促成了他在 2014 年 9 月独自一人代表学校经历一日之内长达十个小时的比赛获得了湖北省技能大赛“会计专业全能比赛二等奖”，创造了本校

财会专业该项目比赛的历史最好成绩。

### （二）正确定位，合理分层

我把从网络上下载的成功人士的“职业生涯资料”和“全国文明风采比赛官网上”获奖的《职业生涯规划书》给学生看，让学生根据“样板设计”尝试着按部就班地进行个人职业生涯设计，再通过QQ文件传输反复修改完善学生的电子版《职业生涯规划书》，并把“设计”细化成一个个的“目标”，如让他们细化到一个学期的目标，一个月的目标，一个星期的目标，并把这些“目标”贴到课桌上，同时交给我一份。

### （三）亲自“督查”，保障“设计”的圆满完成

对于学生的设计，我提出了几点要求：一是要切合实际，不能好高骛远；二是落到实处，不开空白支票；三是持之以恒，不能半途而废。刚开始几周的时间他们往往做得很好，每天学什么东西，完成什么任务，都安排得井井有条，但随着时间的推移和各种杂事的干扰，再加上每个人特有的惰性，会出现完成任务不及时的现象，这个时候班主任就得亲自督查，给他们一些鼓励的同时施加点压力，在这种情况下，才能收到很多好的效果，保障“设计”的圆满完成。

例如1207班曹伟同学，在2013年时因为暗恋本班某位女生学习时心不在焉，我便对其进行了心理安慰，帮助他迅速走出了青春期的情感困惑，督促提醒他按计划报考2014年5月份的“会计专业从业资格证”，并制订了一份详细的《考前复习计划书》，在考前的几个月，他一丝不苟地按计划学习：早自习和课间时间至少花1个小时背诵《财经法规与会计职业道德》理论知识；每天中午除了午饭的半小时外，其余时间全部用来训练“会计电算化”、小盘、点钞等专业技能；下午放学后还自行留下学习到天黑前才回家，晚上睡觉前还做了大量从网上下载的《基础会计》试题。“功夫不负有心人”，最终他一次性通过了“会计专业从业资格证”考试，成功地拿到了“会计专业从业资格证书”。

### （四）密切联系，培养自我探索能力

1004班叶超帆同学到了大学，见面的机会少了，他所面对的问题也多了，例如学校的学习方式、生活规律以及老师的授课方式等都与高中完全不同，他说刚开始与大多数的同学一样，有点不知所措，特别是在没有课的时候更感到

空虚无聊和无所适从。如何让他在新的问题面前自己找到解决的方法呢？我说，“大学可以培养一个人，同样也可葬送一个人，可以让一个人碌碌无为，同样可以让一个人学有所成。高中时你的周末都过得很愉快和充实，大学图书馆里有大量的书籍更能开阔你的视野，各种社会活动是你展现自己的舞台”。我还给他举了很多活生生的例子，使他在思想上有了一个很大的转变，并开始继续实现他的计划，很快他就适应了大学的生活，按他的话说就是“有条不紊”、“充实”、“视野开阔了很多”。与此同时，他在大学三年级的时候顺利通过“初级会计师”考试，并成为中国共产党预备党员，这对中职毕业生来说是很难得的。他现在已考上学校的专科套本科，在他的人生路上还会遇到各种各样的问题和挑战，我相信，凭他这几年的经验，他会比其他中职毕业生走得更好，走得更远。

## 四、反　思

中职学生在职校三年的学习中所学到的知识毕竟是基础的、浅薄的和有限的，如果要想在将来的社会竞争中站稳自己的脚步，就必须要有终身教育的思想和继续学习的精神、习惯与能力，如何培养他们主动继续学习的习惯和能力是每一个“职业教育工作者”的追求，这些可以从“如何做好中职生职业生涯设计指导工作”的过程中找到了答案。职业生涯设计的过程，是强化学生职业意识、职业理想、职业道德和就业观、创业观教育的过程；科学、合理的职业生涯设计，是广大中职学生顺利踏入社会、走上职业岗位，在实践中不断发展和提高的重要条件。

（李慧勤/文）

# 如何引导学生进行职业生涯规划

一个有效的个人职业生涯规划，是一个人走向成功的关键性的一步。科学、合理、正确的职业生涯规划教育，是广大中职生顺利踏入社会、走上职业岗位、在实践中不断发展和提高的重要条件。从中等职业教育自身的发展特点来看，班主任如何正确引导学生进行职业生涯规划，也成为教育中存在的一个不容忽视的问题。对中职学生而言，职业生涯规划就是在对自我分析和职业世界认知的基础上，根据自己的专业技能、兴趣、性格、价值观，结合社会环境分析，对将来要从事的职业以及要达到的职业目标作出方向性判断，并制定出实现目标的可行性实施方案。

## 一、首先让学生明确职业生涯规划的意义

职业生涯活动将伴随我们每一个人的大半生，只有拥有成功的职业生涯才能实现完美人生。职业生涯规划可以帮助学生解决职业生涯中的“四个定”——定向（确定职业发展的方向）、定点（确定职业发展的地点）、定位（确定自己在职业人群中的位置）、定心（稳定自己的就业心态）。因此，中职学生要充分认识到职业生涯规划的重要意义。

（1）职业生涯规划可以发掘自我潜能，增强个人实力。一个不断修正完善的职业生涯规划设计可以促使我们：①正确认识自身的个性特质、现有与潜在的资源优势，帮助我们重新对自己的价值进行定位并使其持续增值；②对自己的综合优势与劣势进行对比分析；③树立明确的职业发展目标与职业理想；④有效评估个人目标与现实之间的差距；⑤前瞻与实际相结合地进行职业定位，搜索或发现新的或有潜力的职业机会；⑥学会运用科学的方法、采取可行的步骤与措施，不断增强自己的职业竞争力，实现自己的职业目标与理想。

（2）职业生涯规划可以增强发展的目的性与计划性，提升成功的机会。它可以促使学生从入校起就科学树立目标，避免学习的盲目性和被动性；尽早标定自己的位置，避免“高不成、低不就”；利于查找自身差距，并采取有效

的方法，按照自己的目标和理想，有条不紊、循序渐进地努力。

（3）职业生涯规划可以提升应对竞争的能力。当今社会处在变革的时代，到处都充满着激烈的竞争，整个就业市场面临供大于求的严峻局面，要想在这场激烈的竞争中脱颖而出并立于不败之地，必须设计好自己的职业生涯规划，这样才能做到心中有数，不打无准备之仗。

因此，职业生涯规划应该从中职生入学就开始培养、引导和训练，以便为学生未来一生的职业发展打下坚实的基础。

## 二、分析中职新生在职业生涯规划意识上存在的问题

国外发达国家从中学时期就普遍实行职业生涯规划指导，而我国基本要在进入大学后才开始接触这一理念。进入中职院校学习后，职业生涯规划意识上的不足则逐渐显露出来。

（1）部分学生不理解中职培养目标，存在着极大的失落感和自卑感。中职教育就承担着这一神圣使命。由于受历史遗留思想影响，部分学生对中职教育的培养目标和性质认识不够，主观上认为自己中考失利，上不了高中，今后将从事蓝领工作，比不了白领风光体面，因此存在着极大的失落感和自卑感，进而影响到对专业学习的规划和兴趣。

（2）多数新生存在松散自由的思想。很多中职新生对学习的认识是肤浅而片面的，误解了自主学习的真正含义，认为中职的生活和学习应该是轻松而自由的。没有真正理解综合素质培养的内涵，心情长期处于松散和浮躁的状态，无法安心听课和学习。

（3）由于专业与个人兴趣存在的差异，部分学生对学习茫然，教师要让学生了解会计是一个非常讲究实际经验和技巧的职业。随着社会经济的高速发展，会计行业已经开始和其他的专业慢慢融合从而产生了许多新的职业，这也为以后会计人员的发展提供了更多的选择机会。社会对财经类各专业的人才需求一直都处于一种上升的趋势，即使是在大学生人数激增，就业形势不容乐观的今天，财经类专业的中职生就业形式相对于很多专业来说依然比较好。

## 三、让学生了解财经类专业具有以下两个明显的优势

（1）财经类专业就业方向比较广，无论是大型国有、三资企业还是小型民营公司都有不同数量的财经毕业生的需求，而且受行业结构调整变化影响也

较小。

（2）市场需求量比较大且稳定，伴随着经济的高速发展，社会对财经类专业人才的需求量一直居高不下。由此可见，财经专业的就业形势还是非常乐观的。

财经专业的发展前景较好，社会需求量大。可以看出以后从事会计这一行业的职业前途是很值得看好的。

我们的学生是中职生，专业技能的操作性较强，专业知识还行，但是文化成绩相比于高学历的人来说相对弱了些。在今后的职业生涯里学生们找到与自身条件相符合的岗位尤为重要。进入职场后，学生们要从基层做起，积累经验，发挥专业知识、技能的优势，并逐渐提升自己，内外兼修结合，朝着自己的目标进军。

（谌洪菊/文）

# 中职生职业生涯规划存在的问题及对策分析

中职生职业生涯规划存在的问题及对策在当前中等职业教育改革和发展的大潮下，是一个不容忽视的问题。

职业规划在人的一生中占有极为重要的地位，职业规划的成功与否直接影响到人生价值能否得到充分的体现，因此，做好职业生涯的规划关乎个人的前途与命运，对于每一个人来说都是十分重要的。

## 一、职业生涯规划的含义

随着经济的快速发展，国家加大了对职业教育的投入与支持。中职生可塑性大，掌握了一技之长，能随时应用于实践，因此中职生就业率比较乐观，部分专业毕业生供不应求。但随着中职学校的扩招，一些学校盲目开设专业，造成部分专业需求过剩。这就促使中职生自身必须立足于整个人生来思考、规划自己在学校的学习。

“职业生涯规划”又叫职业生涯设计，是指结合自身条件和现实环境，确立自己的职业目标，选择职业道路，制订相应的培训、教育和工作计划，并按照职业生涯发展的阶段实施具体行动，以达到职业目标的过程。职业生涯规划关键就是要解决“干什么”“何处干”“怎么干”“以什么样的心态干”的问题。

对中职生进行职业生涯教育，不但有利于缓解中职生的就业压力，也有利于中职生应对以后工作中出现的各种变故；既能弥补教育体制上的不足，也可以促进中职生的综合素质的发展，最大限度地帮助学生确定职业生涯目标和规划人生的发展历程。

## 二、中职生职业生涯规划存在的问题

（1）中职生缺乏职业生涯规划意识的现象比较普遍。许多学生对自己的未来没有详细规划，他们对学校开展的就业活动缺乏兴趣，只有不到1/3的学生表示留意过学校开展的相关方面的活动。许多中职生对生涯规划的内涵不了解，对学校开设生涯教育课能给自己有何帮助一片茫然，他们只关注能找到什么样的工作，能挣多少钱。

（2）学习观念存在偏差、只强调专业课的学习中职生对于“为何学习”和“学什么”的认识比较局限。他们不愿意在学习上花费太多时间，尤其是在一些非专业课上，比如英语、政治等。他们认为主要是学好专业课，以后找个好工作就行，普遍不喜欢“将来用不上”的文化课和“枯燥难懂”的专业基础课，只喜欢上直接与技能有关的专业课、操作课。这种轻基础重专业、轻素质重技能的实用主义短视行为，严重影响中职生综合素质的提高。

（3）职业生涯教育的内容、方式比较单一，缺乏针对性。中职学校的职业生涯教育内容、方式比较单一，缺乏针对性，尤其是在建立本土化的职业生涯教育体系方面比较薄弱，不能满足学生的实际需求，既定目标难以实现。主要以职业指导课和实习或就业前的面试指导为主，对专题讲座、职业咨询、企业行业参观等手段运用较少。

## 三、职业生涯规划中常见问题的解决途径

在职业规划的有效实施以及个体的职业发展过程中或多或少都会产生一些消极影响，为了避免和淡化这些影响，就需要从实际出发开展规划。

（1）从社会方面的着手。在当今社会，“人才浪费”现象严重。中专生可以胜任的工作找大专生，大专生可以从事的工作用本科生。这导致缺乏学历优势的中职生越来越有危机感。另一方面，社会亟需技术人才，出现“技工荒”、“高级技工荒”。因此只有社会改变对中职教育的歧视，才能使职业教育真正迎来发展的春天，职业生涯规划才能在职业教育中发展起来。

（2）从学校方面的着手。学校在平时的教育中，除了重视专业技能的教育，还要加强对学生整体生涯规划的教育，重视学生的综合素质的培养。

许多中职生属于中考的失败者，属于普通高中选剩的“差生”。在进入职校学习之初他们就认为自己是没有太大出息、事业上很难有所作为的。要针对他们的特点因材施教，针对不同年级的学生开设职业生涯辅导相关课程。如低年级学生乐观进取，但比较缺乏对职业生涯的探索和行动，学校为他们开设生涯规划课和心理健康课；高年级学生有较好的职业生涯设计能力，但缺乏正面乐观的态度，学校专门为他们开设职业道德和就业指导等课程。

学校每年请企业人士到学校给就业学生讲解企业对员工的要求；请成功人士到学校演讲，加深学生对职业生涯规划的认识；在学生实习期间，请优秀毕业生现身说法，使学生正确对待实习试用。配合全国“文明风采”大赛，举办“我爱我的专业”演讲比赛、征文比赛、职业生涯规划设计比赛；在实习中开展“爱岗敬业”摄影比赛；配合职业生涯规划课程教学，定期举办“我是谁”、“我想成为谁”、“我怎样成为我想成为的谁”等题活动；通过召开各种学生、家长座谈会，了解学生对实习和就业的期望。

（3）中职生在进行职业生涯规划时要明确自己的方向。中职生要脚踏实地，通过认识自己所学的专业，激发自己在发展方向的思考，促进职业规划意识的形成。要深入学习各种知识，包括政治、专业、文化、艺术等方面，提高自己的专业素质、个人修养；要通过参与集体活动、开展社会实践活动等途径充分发展自己的兴趣和特长；要在集体中成长，在老师和同学的帮助下更加客观地认识自己，发现优势和劣势。只有这样才会更好地扬长避短、不断进步。

在职业规划的设计和实施中，不可避免地会遇到困难和挫折。这时，不要消极地抱怨或畏缩，要看到困难和挫折的积极一面，并且客观冷静地对待困难和挫折，在完成职业生涯规划调整的同时，自身也将获得进一步的发展。

中职生也是人才，三百六十行，行行出状元，只要有一套系统合理的职业生涯规划，通过中职生职业生涯规划发现其存在的问题，并及时合理有效地引导他们进行正确的适合的职业生涯规划，相信每个人都能获得成功。

（李红/文）

# 中职学校烹饪专业职业规划的思考

我们的生源——走进我们校门的孩子，是一群十四五岁，都是家中的宠儿，却被贴上“中考落榜生”标签的毛孩子。

我们的生源，是家人对他们重新审视，认为已不是读书的料，丢进社会太不现实，就让他在职校混两年，是一群被家长丢来混两年的孩子。

我们的生源，家长对其没有过高要求，反正是混两年，至少这两年有人管，不再需要家长每天操心，学习也不是他们的重心，能学点什么是什么，是一群家长不抱多少期望的孩子。

我们的生源，家长说，反正是指望不上，就学点技术吧，能以后自己糊口就行了。

而我们，就是要抓住这最后一点，让这群毛孩子不仅学点技术，还期望他们能以此技术作为谋生的本领，并用这本领去谋划他们的人生之路。

在中职学生就业形势越来越严峻的今天，面对这样的生源，对其职业规划的思考尤为重要，更可以说是中职学生成才的另一利器。

就每个人而言，职业生命是有限的，如果不进行有效的规划，势必会造成时间和生命的浪费。

作为我们的中职生，若是带着一脸茫然，踏入这个拥挤的社会怎能满足社会的需要，使自己占有一席之地？在茫茫人海中，如何能先拔头筹，就看你是否准备充分，所以，作为他们的班主任，对这班孩子的职业生涯作个适当的规划是很有必要的。有了目标，才会有动力。

在这世界，每个人就像一棵很不起眼的小树，可是小树也有它的理想，为了让小树能够更好地实现自己的理想，长成参天大树，于是对其作出以下人生的规划，以便于时常提醒自己不要忘记目标。

## 一、职业认知

### 1. 家庭环境分析

我们的生源家庭环境并不是太好，城市低保学生家庭占比不小，享受国家特困资助学生比例更大，很多学生不仅不需要交学费，还能每年领取 1500 元的生活补助费。我们的很多学生父母属于下岗职工，很多工作不够稳定，所以经济收入也不稳定，其收入仅能维持学生的基本上学开支，但要想为孩子的今后铺路的家庭并不多，所以绝大多数学生需要自己奋斗。

**2. 学校环境分析**

我校是一所正规的中职学校，教育教学管理规范，师资能力较强，教学设施齐全，且比较先进，教学水平也较先进。烹饪专业虽然不是重点专业，但办学近三十年，有较好的教学实践经验，有责任心强的教师队伍，有全国烹饪专业科班出身的专业技能把关教师，能够培养有较高烹饪技能水平的从业人员。

**3. 社会环境分析**

我国人才的竞争日趋激烈，中职生就业难、失业率居高不下，这些都使我们的就业环境看起来不容乐观。但烹饪行业属于服务性行业，就业人员流动性较大，同时也说明有一定的用工缺口，所以这也是我们专业学生的优势之一。

**4. 职业环境分析**

烹饪专业，厨师行业，目前还是一个不被大众接受的职业，工作环境相对较艰苦，从业人员工作强度较大，工资待遇相对较低，从业群体整体素质较差，愿意从事厨师职业的从业人员逐年减少，高素质的厨师更是少之又少。

## 二、职业决策

**1. 职业目标**

培养较好的职业素养，有较扎实的专业技能的厨师行业从业人员。

**2. 职业发展的路径。**

具体路径见表 1。

**3. 职业规划与实施途径**

（1）在校学习期间：

①学好烹饪专业各科专业理论知识。

②全面掌握烹饪专业技能，在校学习期间，不一定能够确定今后从事的工作种类，所以在校期间，要全面扎实掌握各项专业技能。

③在各项操作技能中找到自己的兴趣所在，选择更加适合的工种加深加宽钻研。

④锻炼身体，厨师行业是一个对身体素质要求极高的职业，所以要有健康的体魄，以迎接未来工作的挑战。

⑤培养良好的职业道德习惯，成为有素质的厨师。

表 1　**中职生职业发展的路径**

<table>
<tr><th rowspan="2">第一、二年</th><th rowspan="2">第三年</th><th colspan="2">毕业后</th></tr>
<tr><th>第一年</th><th>三年后</th></tr>
<tr><td rowspan="4">学生在校<br>系统学习</td><td>进五星级酒店实习</td><td>在酒店<br>转为正式员工</td><td>星级酒店<br>有资历员工</td></tr>
<tr><td rowspan="3">自谋实习岗位</td><td>跳槽到<br>低级别酒店</td><td>成为部门主管<br>或经理</td></tr>
<tr><td>私人酒店领班</td><td>承包小型厨房</td></tr>
<tr><td>寻求有意向酒店<br>继续积累</td><td>自主创业</td></tr>
</table>

（2）假期安排：

①中专一年级寒假：要求学生全部到社会各个行业中去打工，感受社会，体会艰辛。

②中专一年级暑假：要求学生到社会餐饮酒店后厨实习，真正了解我们行业的实质，也定位自己是否从事这个职业。

③中专二年级寒假：如果今后从事厨师行业，这将是大家走入社会前的最后一个春节，由于行业特殊，今后几乎没有机会与家人一起过春节，所以建议大家这个假期好好在家陪陪家人，用自己学的技术，为家人服务。

## 三、能力培养实践计划

表 2　**中职生能力培养实践计划**

| 序号 | 设计 | 主要意图 | 活动计划 | 个人想法 |
|---|---|---|---|---|
| 中专一年级上学期：形成良好班集体 | | | | |
| 1 | 稳定职业方向 | 让学生安心学习烹饪专业 | 加强专业学习，稳固学生思想 | 有的学生选择烹饪专业不一定是自愿，我们要展示烹饪专业魅力，用技能学习来吸引他，让他们能够既来之则安心，安心学习，为自己的谋生打下基础 |

续表

| 序号 | 设计 | 主要意图 | 活动计划 | 个人想法 |
|---|---|---|---|---|
| 2 | 组建班集体 | 培养学生责任感 | 将班级的各项事务工作，分配到每个同学身上 | 体现把一件小事做好不难，但两年时间坚持做好这一件小事并不容易 |
| 3 | 教师节 | 培养学生尊敬每一位老师 | 第一周班会全班集体商讨，说出三句能够向各科老师承诺的话语 | 烹饪班学生与科任教师的关系容易出现纠纷，我想在这个班一开始树立尊重每一位教师的班风 |
| 4 | 军训 | 学校统一安排军训 | 尽力在军训中形成有凝聚力的班级体 | 不在乎军训得到什么成绩，但重要的是军训能够体现一个班级的力量 |
| 5 | 家长汇报会 | 展示一学期所学内容 | 让家长到校，参观学生一学期的学习成果 | 经过一个学期的学习，孩子们已学到了一些基本功，让家长看看孩子们的学习成果，给自己信心，鼓励孩子继续努力学习 |
| 中专一年级下学期 | | | | |
| 1 | 学雷锋活动 | 培养为他人服务的意识 | 通过学雷锋日的义务服务活动，培养学生无私为他人服务的精神 | 厨师是一个服务行业，没有服务意识，是做不好这个职业的，所以服务意识对于烹饪专业学生尤为重要 |
| 2 | 技能月考 | 调动学生学习兴趣 | 每月将开设的技能课程进行综合月考，将总分排名 | 学生经过一段时间的学习，对于技能学习会有些倦怠，或是出现偏科现象，为了大家均衡发展，设立月考制度，调动大家的学习兴趣 |
| 3 | 技能节 | 学习，积极参与其中 | 技能节时，选择一两个项目，让学生们参与其中 | 第一个技能节时，中专一年级的孩子学习的技能有限，所以展示的内容也很有限，但不能因为技能不全就放弃这个学习机会，让他们参与一两项，一方面体会技能节的气氛，另一方面，也是学习二年级同学的展示，项目为后期作准备 |

续表

| 序号 | 设计 | 主要意图 | 活动计划 | 个人想法 |
|---|---|---|---|---|
| 4 | 校园义务工 | 让学生用劳动赚班费 | 利用学校大型活动，让大家承担一些工作 | 开始让学生体会劳动所得的成就感，这种所得也许微乎其微，但对于培养孩子们的创业意识很有帮助 |
| | | 中专二年级上学期 | | |
| 1 | 卖搅搅糖 | 运用所学技能，开始做些“小买卖”，让大家体会劳动的收获 | 购进麦芽糖，经过制作，在校园卖搅搅糖 | 这是最简单的技术，只要稍作加工，就能让大家初尝技能的收获 |
| 2 | 支烧烤摊 | | 购进烧烤设备，进货，制作，在校园支摊，出烧烤摊 | 这个投资成本较低，资金回笼快，通过活动，让大家真正认识我们所学技能的实用价值 |
| 3 | 制作开胃椒 | | 制作开胃椒，先在教师团队中预订 | 这是技术含多量高的活，也是大众所喜爱的调味品，通过活动让大家领悟，我们的技术在实践中的作用，开始考虑我们到底还有哪些技术可以开发成创业资本 |
| 4 | 技能月考 | 调动学生学习兴趣 | 每月将开设的技能课程进行综合月考，将总分排名 | 学生经过一段时间的学习，对于技能学习会有些倦怠，或是出现偏科现象，为了大家均衡发展，设立月考制度，调动大家的学习兴趣 |
| | | 中专二年级下学期 | | |
| 1 | 家长汇报会 | 通过技能节展示在校学习成果 | 分小组，制作完整宴席，让家长来品尝 | 十六七岁的孩子，几个人就能制作完整的宴席，而且档次定位较高，在现在其实很少有人能做到，我们就要让我们的孩子做到这一点，让家长认可孩子的能力 |

续表

| 序号 | 设计 | 主要意图 | 活动计划 | 个人想法 |
| --- | --- | --- | --- | --- |
| 2 | 等级考核 | 经过考核，取得厨师就业资格证 | 严格训练，争取每个学生达到资格标准 | 厨师从业资格证，是对孩子们技能的认可，也是含金量高的技术证书，对于孩子们今后的职业发展很有帮助 |
| 3 | 芽菜酱制作 | 运用所学技能，开发创业门路 | 学生制作芽菜酱，并到教师中自己推销 | 新品种调味料，不仅仅考核制作技术，还需要学生自己去推销，学会推销技巧，这对学生能力的锻炼非同一般 |

（盛娟/文）

# 谈在班级管理中学风管理的重要性

所谓学风就是一个学校或一个班级在学习方面所表现出来的风貌。

一个班级的班风与学风，不是一个孤立的问题，在某种意义上讲，与一个学校的校风，甚至社会风气相关。

没有良好的班风就没有良好的学风。要抓学风，必先抓好班风。这是没有错的。但这里有一个很现实的前提，那就是我们抓班风的最终目的是要抓学风，而不是为抓班风而抓班风。这个“要抓学风”，要自始至终贯穿于我们“抓班风”之中，这个关系才成立。但是，我们的管理现状是：由于我们有些班的老师认定我们学校的学生在学习上没有太多希望和竞争力，从而有意无意地把抓学风这个最终目的放在了一边，几乎花了全部的精力在抓班风，抱着“不出事就行”的心态，结果我们的班主任穷尽了所有的精力却仍然改善不了班风（更不要谈学风了），越抓事故越多，越抓困难生、顽固生越多。

一个班级良好的班风与学风是靠班主任带出来的。班主任的品行、气质、学问及其坚韧不拔的工作精神能够带出一个班级的良好学风。可以说班风与学风建设是件十分费力的事情，要想抓好确实不易。但一旦形成良好的班风与学风，学生就会主动、自觉地进行学习，并为建设良好的班级体打下扎实的基础。班风与学风是互相补充互相促进、紧密联系的、不可分割的。

在我们中职学校的班主任中，有很多教师还没有认识到学风对班级管理的重要性。从我多年的带班经验中，我想从以下两个方面谈谈班级管理中学风的重要性。

## 一、不重视学风管理的危害性

我们中职学校的学生本来行为习惯、学习习惯都存在严重的问题，要抓良好习惯的养成，确实需要班主任付出很多。但从我身边的情况来看，许多班主任比较重视行为习惯，而忽略了学习习惯的培养教育，导致有一些班级刚进校时，班上只有个别的学生不爱学习，甚至扰乱课堂教学秩序，有些老师只是处理违纪情况，没有从根本上解决学生的学习问题。有的班甚至连正常的教学也没法进行，导致一些自控力不强的学生跟着一起不学习，不学习的人数越来越多，上课玩游戏，讲话，班风存在着严重的问题，有些想学的学生在这种环境下，也没法读书。有的班会出现想学的学生转学；有的班班主任如果管理严格，会出现不想学习的学生在学校待不下去，想休学、退学。这也导致了一部分班学生流失严重。在这种学习风气不浓的班级上课，科任老师也是一种煎熬。

## 二、学风管理经验总结

（1）明确学习的重要性。心理学研究表明，需要—动机—目标是构成人的积极性行为心理动力的主要因素。有了需要才能有动机，有了动机才能确立目标。一个人只有清晰地意识到自己的学习活动所要达到的目标与意义，并以此来推动自己的学习行为时，这种学习行为才可迸发而成一种有利的学习动机。在教学过程中，教师应反复向学生强调知识的重要性。新生一进学校，就要大力地进行专业前景预测，课程设置以及与文化课的关系的宣传工作。这种宣传工作要利用各种机会进行。此外，第一年的课程设置也要能吸引学生的兴趣，将学生引入专业学习的领域。学生对所学的课程知道重要性后，就会重视这些课的学习。

（2）进行宣传工作后，要求学生制定短期、中期、长期的学习规划。在每天的班级管理工作中，将行为习惯与学习习惯全都纳入班级管理范围内。我校学生本身学习习惯差，基础差，学习缺乏主动性、自觉性，这要求学校的班主任更要有高度责任心，要投入更多的时间，每天都要过问学生的上课情况，作业完成情况，将其与班级量化管理结合，一开始就不要放松，经过一段时间的严格要求，学生就会形成习惯，班主任在学生计划的完成中起到一定的约束作用。如果坚持下来，学生就会感受到学习的主动权掌握在自己手中，并且让他们看到了自己有能力和信心达成目标，会激发出自发学习的主动性。

（3）由于我校的学生闲暇时间较多，很多时间要靠学生自主学习，对于我校的学生来说，要做到这点很难。这就要班主任不计个人得失，充分利用中午以及第七节课的时间对学生进行专业技能或文化课的训练，将学生的时间安排紧凑。一开始学生可能不会配合，班主任要强制地进行并严格要求。经过一段时间，学生看到学习效果后，就会自觉地进行。

（4）经常与科任老师联系沟通，了解学生各门学科的学习情况，发现问题，配合科任老师一起解决。

（5）对于个别学生要与家长进行联系，要求家长在家能够进行一定的配合教育。

（6）在学生自主学习的过程中，教师应成为一个组织者和引导者，正确、适时地引导学生的自主学习，让学生自主学习不再只是学生单方面的事情，而是成为教师与学生互动的桥梁与纽带。只要教师能够用宽容的心态去对待学生的每一个过失；用期待的心情去等待学生的每一点进步；用欣赏的目光去关注学生的每一个闪光点；用喜悦的心情去赞许学生的每一点成功；用科学研究的方式去设计每一个课堂教学的环节，学生就会慢慢学会自觉主动学习。到那个时候，学生们就会觉得学习不是用来打发时间的，而是用来充实心灵的。我们期待那一天！

如果学生将精力放在学习上后，在其他的方面就会少出问题，班主任的管理工作也会起到事半功倍的效果。

（张桂萍/文）

# 中职学校毕业生的职业规划初探

确定了这个主题，我深感幸运，天生喜爱电子的我，在企业从事机电工作多年，算是兴趣与工作较为完美地结合了。20 世纪 90 年代转到学校，从事电子技术教学工作，因此，在平时的教学过程中，很自然地将所涉及的理论知识与实际中的应用联系起来，给原本枯燥的理论教学注入生动而活跃的元素，看到同学们那种期待的目光，也时常被学生们的兴致所感染，有时讲起课来也会“手舞足蹈”起来，十分得起劲。自感工作效率很高，并乐此不疲。

由此可见，一个人对事物喜好或关切的程度，对其工作情绪和热情的影响是巨大的。现在每年都有较多的中专毕业生毕业，据初步了解，相当数量的毕业生都没有将所学专业与工作形成较为紧密的联系，有的学生的专业也是父母长辈圈定，自己不知道所学课程与社会实践如何挂钩，也不知道自己的将来和去向，持有车到山前必有路的心态，做一天和尚撞一天钟，时间久了，也就失去了学习的动力。

或许是班主任的工作使然，近两年来自己有了许多此前不曾有过的思考，如：电子专业的学生，或是自己所带的 1312 班的同学们将来能有多少考上大学？将来能做什么？社会需要什么样的中职生？如何调动同学们的积极性等问题，集中出现在我的脑海里，常常使自己呆呆地陷入思考当中。

俗话说，玉不琢，不成器。喜欢玉石雕刻的人都知道，一块从山上采下来的玉石毛坯又叫玉毛石，要想把这块玉毛石制成工艺品，首先需要要对该石作一个整体考量，判断该石可能的用途，雕刻家针对形体特征可以进行全方位的分析与想象，可能有几条构思作为可选的预案，最后，再结合市场需求情况给予巧妙的加工，成为市场上的商品，供人们挑选。

培养学生也是一样，刚刚入校的学生，无论此前是如何状态，当你细心观察时，都能发现学生的习惯及其独特的一面，问题是我们能否依据其特征来进行特有的规划和“加工”，或者加以适当的引导，就像加工玉石一样，外部加工符合本身的“纹理结构和外部特征”，使其能最大限度地发挥自身优势或效能，如此加工或许不一定能成为人们所想象中的产品，起码也是一块加工好的玉石，只是尚未找到合适的主人罢了。

综上分析，无论是哪所学校，每年都会有新生入学和毕业生，对于学生来说，进入一所学校就标志着一个新的开始，然而，职业学校的新生或许还有另一番情形。不得不承认，报读我校的初中毕业生绝大多数是因为中考失败才选择中职学校的，原因是多方面的，也很复杂，但无论是何种原因，来到中职学校对他们来说，算是一个较大的打击，这一点与普通高中的学生有着显著的不同，他们来到我们学校没有成功的感觉。针对这种情况，除了打气鼓励之外，班主任应尽早帮助学生调整心态，根据其爱好、特长等，结合专业确立新的努力方向，尽快树立信心才是当务之急，让学生重拾信心。在学校也应根据学生的实际情况，结合学校特色制订相应的教学计划，其实，每一个学生都有不同，没有完全的可比性，这就不能完全依据学校特色来安排学生活动，如能建立学生动态情况记录，便可以形成有针对性的跟踪记录与指导，结合社会需求，指导学生未来发展的方向，使每一名学生都能看到希望，知道为什么学，树立明确的学习目标。由此可见，学习动力的源泉来自于对未来的憧憬，因此，尽早对学生未来可能的发展方向进行预测，结合社会需求有针对性地对学生进行职业规划显得十分必要。

本人以为，不要真的把学生的职业设计给规划了，人毕竟不是静止的物体，恰恰相反，中学时代也可以说是活力的代名词……所有针对学生的事儿，都应该找到合适的载体，选择合适的时机进行。为了分析我校电子专业将来可能的就业方向，我首先了解了市场的需求（本文略），市场情况摸清楚了，相关专业学生的发展方向也就基本确定了（学生自愿报选什么专业是极为重要，往往会出现学校根据本学校各专业报考人数的比例情况，来诱导学生朝着学校办学的方向走，而没有考虑到学生个性的发展），专业确定了，学生在本校学习的主攻方向也就明确了，因此，各个专业都应该开展展示本专业特色的活动，不仅仅让学生知道所学专业的情况，还应让学生能尽早体会到本专业的特色。

为了提高本专业学生将来的就业能力，同时也是为了丰富同学们的课余生活，提高对专业学习的兴趣，2013 年年底和 2014 年学校分别进行了一次学生兴趣的调查，本学期末又有学工处的安排，要求每名班主任要写一篇关于“中职生的职业规划”方面的论文。为此，为了配合此项工作，我又开展了两次类似的调查摸底活动，最近的一次是在 2015 年元月初的一次班会上进行的，班会的题目是：“我的职业，我的梦”，通过同学们的充分参与积极发言，我听到了学生们暗藏在心底的愿望及呼声，这些愿望或者是呼声中自然有很多不能接受的内容，但其实不必过于计较，更不能当场予以纠正，以免打击学生们参与的积极性。通过开展各种活动与学生进行充分的接触，真正会发现同学们身上有很多值得称赞的事儿，在活动中也可以了解学生。这种贴近生活的活动能使学生尽早地了解周边事物，认识自我，这种贴近实际的体会，更能使学生看到自己的差距有多大，这种实战的经验也能促使同学们更加理性和现实地作出职业选择。

今天起笔开始撰写关于学生的职业规划的问题，我首先想到的是学生能力的问题，当今社会的发展日新月异，变化多端，各行各业相互渗透，所谓的专业也越来越没有明确的界限，相互交叉现象严重，因此，在对新生进行职业规划时，不能一味地着眼于专业知识的培养，也应考虑提高学生适应各种变化的应变能力，说到底，就是应该以培养学生综合能力为核心，围绕专业特点进行展开。

2013 年接手新班时，我就制订了符合电子专业特色的学生活动计划，首先，编制了一个学生情况调查表，上面有很多选项，比如：你小的时候有哪些梦想，你最喜欢做的事儿，以及个人爱好和最崇拜的人物等。随后，我又开展了电子小制作和无线电测向活动，在活动中，同学们可以尽情地发挥自己的想象力，独自完成规定的任务，享受着成功的乐趣，当然，在活动中也存在了一些问题，然而，学生显露出的亮点会让你更加兴奋与欣慰，在这种自然状态下，你会发现学生的潜质和能力会不断涌现，比如，在活动中，有的学生明显显露出在电子专业上的天赋，差异确实存在。我认为，好苗子要有更好的土壤才能长出更加丰硕的果实，而有些能力较弱的学生，学习的坡度不能太大，应选择适合的台阶，很显然，这两类学生，虽然在同一个班，但并不在一条轨道上，从教学计划或者职业规划来说，也应有不同的安排才行，这或许要求我们在制订教学计划和学生职业规划时应倍加谨慎，做到有粗有细，并对表现出积极一面的学生要及时给予肯定。比如，我准备在班里的墙上做一个专业能手明星栏以及“星空灿烂”专栏，将学生所展现出来的亮点及时给予公布和表彰，让每一名同学都有感受到成功的喜悦等，这样做还有一个目的是，让学生看到自己的成绩，看到明星有可能就在我们当中产生，或者说，我也可能当选为榜上的一员，这些都不是很遥远，就在自己的身边。

学生的职业规划不是空洞的，不能仅仅停留在那些漂亮的计划书里，应该对应一个个较为具体的活动中；学生职业规划也不是静止的，还要与现实社会的需求相适应。

1312 班我已经带了一年半了，可谓体会多多啊，亲身体会到了班主任工作真的不容易。每天忙忙碌碌应付各方面的事情，然而，在这紧张的学期末尾，学工处布置的这道关于“中职生职业规划”的课题，我有一种久旱逢甘雨的感觉，只是来得晚了点，但不管怎么说，毕竟是来了，深深感到很有必要。我认为，此课题的推出，也对班主任提出了更高的要求，要求班主任对于每一名学生的情况都应了如指掌，对于本专业的特点必须更加清楚，增强班主任整体管理的意识和掌控能力。同时，职业规划工作也是学生学习目标、合理路径的指示牌，一步步指引着前进的方向，是积极性的学习方式。

时间不等人，这一年半下来也留下了一些遗憾，假如班上的“明星栏”若能早一点推出，是否可以在班上尽早形成崇拜先进、崇尚荣誉的优良作风呢？假如针对学生的职业规划能在新生班组建时同步规划和建立，学生们是否能尽早明确自己的学习目标和步骤，那又将会形成怎样的学习氛围和情形呢？此课题值得我们进一步地深思和探讨。

（刘起义/文）

# 班主任如何引领学生健康成长之我见

在中等职业学校中，不少教师都会有这样的感叹：现在的中职学生不好教。为什么会有这种感叹呢？我认为主要有以下几个方面的原因：①受传统教育和社会多元文化下不同的价值观，以及学生家庭教育等现实问题的影响，升入职业学校的学生多是在初中学业不具优势的学生，自尊心得不到应有的尊重，普遍具有思想不稳定、学习缺乏动力、生活缺少规律和良好习惯的特点。②随着社会的发展，家长对子女的期望值在增高，学生学业、就业压力随之增大，学生个体出现心理问题增多且又无处倾诉；生理成熟与心理承受的落差、逆反，大大增加了学生德育的难度。③受普高升温的影响，职业学校招生困难，招收的学生素质较差，他们大多入校时基础弱、素质低、不会学也不想学。④学校德育工作目前主要是班主任、学工处的事，科任教师集中精力搞教学，甚至认为自己在德育方面没有责任，把德育推诿给班主任或学工处，这样他们在德育中的教育职能则日渐弱化，学生的需求得不到充分发挥等。在这样一个客观事实面前，我们如何教好学生、管好学生，使学生能够遵守纪律、主动学习，成为对社会有用的人呢？在此，我想结合个人的班主任教育实践谈谈如何做好“学生成长的引路人”。

## 一、树立以生为本的教育理念

学生既是教育的出发点，也是教育的落脚点。教育要以学生的发展为根本，任何教育都要经过学生全面的过滤才能变成学生自己的东西，强迫是不行的，单凭教师主观也是不行的，必须符合学生身心发展的规律。学生在受教育过程中，既是教师教育的对象，也是教育的主体，树立以生为本的教育理念需要我们清楚地认识到，学生之所以称为学生就是因为其还年幼，还很无知，需要教育，因此我们不能把学生当作成年人，不能苛求学生的完美表现，应该允许学生犯错。对待发生在学生身上的事情，我们要根据学生不同的年龄、不同的心理特征来区别对待，我们要把学生犯错当成成长的需要。

树立以生为本的教育理念需要我们清楚地认识到，学生是可以改变的，这也是教育存在的价值。因此，我们要用发展的眼光看学生，相信所有的学生都是会健康成长的，因为学生的可塑性很强，潜力很大，我们的教育任务之一就是要充分开发学生的潜能，我们应当充分相信学生的潜力。

## 二、用老师的真爱感化学生

班主任是班集体的管理者和组织者，是一个班级几十个青少年学生的核心和引路人。现在的学生多为独生子女，在家是娇生惯养的小皇帝，离家后没有父母的关爱和管理，有的学生学习不主动，甚至调皮捣蛋，这是正常现象，无可厚非。但是我们要相信他们的本质是好的。每个教师都应当把自己融入学生中去，多同他们交流思想，交流感情，了解他们的兴趣和爱好，了解他们心灵深处的烦恼和痛苦，解除他们思想上的包袱，解决他们生活上的实际困难，给他们创造轻松愉快的学习环境。要让学生感受到：老师关心的不仅仅是他们的学习，同时还关心他们的身心健康；老师不仅是教给他们知识的师长，同时还是关心他们生活的“父母”；老师批评他们是为了帮助他们改正错误，而不是为了发泄自己的怨气；老师要求他们遵守纪律是为约束他们的行为，而不是为了自己的利益；老师应当得到他们的尊敬和爱戴，而不是为了“师道尊严”。

## 三、用教师以身作则的行动感染学生

常言道：“近朱者赤，近墨者黑。”老师对学生的影响，不仅在口头上，更在行动上。如果一个老师的行为轻浮、举止粗鲁、表里不一，他的学生会不效仿他吗？即使他对学生要求非常严格，教育学生的话语是金玉良言，难道学生不认为他是自欺欺人吗？如果一个老师的行为庄重、举止文明、表里一致，他的学生会不受感染吗？他教育学生，即使只用三言两语，难道学生领会不到他言近旨远的教诲吗？答案不言而喻。品德高尚、为人师表、教书育人的教师，会受到学生的尊敬和爱戴；道德败坏、言行不一、误人子弟的教师，只能遭到学生的唾弃和鄙视。所以，只要我们老师行为规范，举止文明，言行一致，以身作则，为人师表，学生就会在潜移默化中受到感染，受到熏陶，得到教育，得到提高。学生的思想情操得到了陶冶，世界观得到了矫正，学习的目标得到了指引，学生的学习态度就会端正，学习动力就会增强，学习成绩自然就会提高，学生的道德品质也会升华。

## 四、采用科学合理的管理方法

教育是一门科学，科学就要求真。科学合理地开展育人工作是引导学生成才、做学生成长的引路人的前提。班主任在教育工作中要重视“科学方法”的引领，教会学生统筹安排、合理规划、轻松学习、高校做事、快乐生活、出色成长。

第一，班主任自己要有强烈的生命价值意识和效率意识。在班级管理、教学工作、日常事务和为人处世中，要讲求方法，追求效益，努力减少“低、慢、差、费”现象，以优秀引领优秀，以高效引领高效。

第二，培养学生的效率意识。要通过系统的教育、训练和实践指导，让学生意识到：人生苦短，须用心经营，要节约时间、用好时间。

第三，注意习惯的培养。班主任要培养学生终身受用的好习惯，包括良好的学习习惯、生活习惯、做事习惯、交往习惯等。要着重培养学生事先计划、目标明确、珍惜时间、条理清晰、要事为先、拒绝借口、立即行动、积极乐观、宽容大度、追求共赢等重要习惯。

第四，要引导学生学会反思。反思是智慧之源，也是知识之源，要提高做事效率，就要坚持经常反思，加强自我监控，及时发现学习、生活中的缺陷，排除干扰因素，改进方法，提高效率。比如我经常会让学生在反思中统计一日的无用功：即讲闲话句数、做闲事件数、闲思小时数，这样的反省对学生的成长来说就是一种很好的做法。

## 五、用耐心教育的方法挽救学生

中职学生中有不少学生不努力学习、贪玩好耍。究其原因是他们年龄小，思想和生理都不成熟，他们不懂得学习的重要性，没有明确的人生追求目标，当然学习态度就不端正。在他们心中，吃、喝、玩、乐是趣事，上课、做作业是负担。他们做事，仅凭兴趣爱好，凭感情冲动。只要他们感兴趣，只要他们一时感情冲动，什么事都会干，都敢干，不计后果。如有的学生，为了一点小事而殴打同学；凭兴趣在桌椅上乱涂乱画；为贪玩不请假离校；上课时心猿意马，做作业时无所适从；对老师的批评充耳不闻。这些学生的本质坏吗？不！我认为他们的本质并不坏，只是他们的思想不成熟，由于受社会和家庭环境的影响，他们养成了一些不良习惯，形成了一些不良嗜好。我们作为人民的教师，就应当掌握每个学生的缺点和不足，耐心细致地做他们的思想工作。让他们充分认识自己的缺点和错误，以及这些缺点和错误会给他们人生带来什么影响，给学校、给社会造成什么恶果。绝大多数学生的本质都是好的，只要我们教育得法，他们是能够认识和改正自己的缺点和错误的。

## 六、用表扬和奖励激发学生

中职学生年轻气盛，喜爱争强好胜，面子观念极强，逆反心理极强。教师应当抓住学生的心理特点，引导学生向健康的方向发展。对平时学习积极主动，学习成绩优良的学生进行奖励和表扬，激励他们再接再厉；对平时学习不积极、不主动，学习成绩平平的学生，我们也要肯定他们的长处，用鼓励的话语激发他们积极向上。不管他学习成绩好与坏，不管他道德品质高与低，只要他有进步，我们都要给予肯定和赞扬。

十五六岁的孩子，正是学习知识、渴望知识的时期。不管是基础差还是基础好的学生，他都有求知的欲望。只是对某些学生而言，有的知识他难以理解，阻碍了他的求知欲。作为教师，就有责任、有义务激发起他对学习的兴趣。教师在教学过程中应当因材施教，对基础差的学生，使教学内容尽量浅显易懂，化抽象为具体，化理论为实际，让学生多动手学操作，提高实际操作技能；对基础好的学生，使教学内容循序渐进，使抽象与具体结合起来，除动手外，再多学点理论知识，达到技能和理论相结合。通过尝试，学生对自己所学的专业都有一定程度的掌握。只要教师的教学方法得当，教学手段得法，教学设施先进，学生就会被奇妙无穷的知识所吸引，被教师博闻强记、博学多才的能力所感染，从而激发起学生的学习兴趣，提高学生的学习成绩。比如班上有几个平时比较努力，但成绩总是上不去的学生，通过观察和分析，我发现他们是因为学习基础差，没有科学的学习方法，导致学习效率低，我就鼓励他们："只要你们上课记笔记，下课后能认真完成老师布置的全部作业，你们的期末成绩就可以及格。"他们非常高兴。从此，他们认真记笔记，做作业，不懂的地方问同学、问老师，最后达到了老师的要求，我也兑现了我的承诺。

## 七、用制度约束学生

常言道："没有规矩，不成方圆。"没有制度的约束，没有处罚，仅凭教育是挽救不了个别学生的。要想把每个学生都培养成才，学校必须建立一整套严格的、科学的教学管理制度和学籍管理制度。对表现良好、学习成绩优秀的学生给予表扬和奖励，并优先分配；对严重违反校规校纪，且屡教不改的学生严惩不贷，该批评的批评，该处分的处分，该开除的开除，决不能手软。只要有了严格的校规校纪、严格的学籍管理制度，并严格执行，才能做到"惩一儆百"的作用。如果没有严格的校规校纪、严格的学籍管理制度，或执行不力，那些平时表现较差、学习不努力、成绩不合格的学生就会产生蒙混过关的思想；那些表现良好、学习主动、成绩优秀的学生也会产生随波逐流的思想，严重影响学校的教学和管理，影响学校的声誉。

## 八、开展形式多样的教育活动

班主任要积极开展励志教育，要努力让学生志有所向，指导学生正确认识自我、发现自我、规划自我、管理自我，让学生找准自己的人生定位和价值追求，既要树立长远的志向和理想，还要确立中期、短期的目标，更要有每天的计划和安排，学会每天有目标、有计划地生活。一个没有志向和追求的人，必然会浑浑噩噩地虚度年华，容易滋生是非、违法乱纪，班主任必须重视学生的职业生涯规划教育，让学生每个阶段有梦可追，每天都有"计"可循，当自己人生的主人。

学习就是在不断的尝试错误中获得正确的知识的，所谓"吃一堑长一智"、"失败是成功之母"就是这个道理。我们面对的是心智尚未完全成熟、情感冲动、理性思维尚不强大的中职学生，身心特点决定了他们容易犯错误，教育就是面对一个个错误的过程。学生因错误而成长，教育因错误而赋予价值和意义。对学生的错误，班主任必须认识到：学生就是在不断犯错误中成长的学习主体，不犯错误的学生是不存在的，任何错误都是从某个角度指向真理和正确，从而指引学生的成长的，而班主任工作的重要内容，就是面对学生的各种错误，帮助学生正确认识并改正错误。

总之，中职学生健康成长的培养工作无疑是一个艰巨而又责任重大的工作，班主任教育学生三年，要想着学生的一生，要为学生的幸福人生打下基础，要将学生的现在与将来联系在一起，认真为学生谋划未来、规划人生。做好学生健康成长的引路人，需要我们班主任老师不断提高自身的思想素质、文化素质、道德修养，不断提高自己的教育教学水平，不断改进自己的教学方法和教学手段，要花费更多的精力，牺牲更多的时间去教育学生、培养学生，使我们的每个学生都能成为栋梁之才。

（周浩/文）

# 班主任是学生的人生导师

在学校的教育教学中，班主任的作用极其重要，他们的素质和能力会对学生的成长有重要的影响。而现在的班主任特别难当。学生大多是独生子女，许多学生个性强，抗挫折能力弱，心理素质差，而许多年轻班主任也是独生子女。如何了解学生的特点，科学管理加人性化管理，重视情商教育，同时发掘学生潜能，发挥学生特长，真正为学生的终身发展服务，是现在教育的一大难题。

在新出台的《中小学班主任工作规定》第一章总则第二条中，明确规定“班主任是中小学日常思想道德教育和学生管理工作的主要实施者，是中小学生健康成长的引领者，班主任要努力成为中小学生的人生导师”。规定中特别把班主任定位在“人生导师”这四个字上，这是班主任的责任、使命和义务及其意义。班主任工作就成为重中之重。

在学校教育里，班主任是学生最亲近的人，是对学生影响最大的人，是跟学生联系最多、最紧密的人。我们的一举一动，一颦一笑，都可能与孩子未来的人生有关。那些孩子不管他们长到多么大，不管他们的成就有多高或者他们的人生有多么的平凡，回忆的时候，他们总是会说：“我是某某学校毕业的，我们的班主任是谁谁。”这正是因为班主任工作能激发和引领别人，能规范自己的言行，愉悦自己的身心，说班主任是学生的人生导师一点也不为过。

下面就班主任如何当好学生的人生导师谈一点我的看法。

## 一、爱　心

没有爱就没有教育，爱是教育的真谛。首先，班主任要有爱心，现在的孩子在家里都是掌上明珠，不管是学习好的还是学习差的，他在你的班里只是你学生的几十分之一，但是对于他的父母来说那就是百分之百，那就是全部。班主任要像爱自己的孩子一样去爱所有的学生。其次，教育学生要有爱心。经常性地用生活的实例，来让学生判别是非好坏，来提升学生对对错的判断，并自觉养成有爱心的习惯。有句话说得好：怜悯可以使一个人高贵起来。培养学生有爱心、有怜悯之心、有感恩之心，班主任用自己的言行，用自己对待事物的方法去影响学生的人生观。

## 二、交　　心

班主任要多和学生交流，用真诚和学生交流，用生活的例子，用自己的经历，坦诚地指导学生解决成长中的烦恼，以此来增加和学生的亲和力；对学生的学习少些斥责，少些谩骂，多鼓励、多表扬，多发现学生的闪光点，不要吝啬自己的好听话。交心还有很重要的一项内容，就是和学生一起成长、一起共勉一些生活的感悟。让学生充分享受和老师一起成长的快乐，老师也在教学中获得对生活的感悟，从而达到了教学相长的目的。

## 三、公　　心

公平的心、公正的心。作为班主任要从小事做起，要从点滴做起，公平处理班级事务，包括处理学生间的矛盾纠纷等。班主任要让全班每一个人都清楚地认识到，我们每一个人都只是班级里的普通一员，任何人没有特权，都应该成为班级的一块“砖”，哪里需要就哪里搬。一个班级就是一个集体，集体中的成员应该相互帮助，学习好的同学带学习稍差的同学；学习差的同学要努力向学习好的同学看齐。班主任更不能以自己的好恶来评价学生，不能因处理问题不当而导致学生性格偏执、心灵扭曲。这样，学生会给你对着干，你说东他说西。如果很不幸遇到了这样的学生，既然在自己的班上，做自己的学生，班主任就要用一颗公平公正的心努力地把他扭转过来，让他回归到正常状态的成长轨道中来。

## 四、“粗　心”

班主任要适当“粗心”些，对学生的小错误、小毛病，领导或任科老师告诉你们班怎么怎么乱了，某某学生捣乱了，扣班级积分了，等等，作为班主任一定要正确看待这些问题，千万不可随意大动干戈。在处理这些问题上一定要换一种处理的方式、换一种处理的思路，借力打力来改变班级的一些问题。苏霍姆林斯基说过“有时惩罚引起的震动比惩罚更强烈”。班主任的宽容，会让学生有一个更宽松的成长空间。当然，这里的“粗心”不等于“失察”，不等于对别人的批评置之不理。对于班级的事务，班主任要一切尽在掌握中，在合适的时机，用合适的方式，借助合适的外力，给学生以扭转。

## 五、“童　心”

每位班主任要“傻”一些，要保持一颗童心，童心是纯洁的，童心是美好的。现在社会上流传着一句话，成熟的标志是看你是否有一颗童心。我们中职的老师，永远面对的都是15—17岁的孩子，因此我们要来研究、来洞悉这个年龄段孩子的心智，哪些是这一阶段孩子容易犯的错误，哪些是该犯的错误。理解这些，老师就可以放下包袱，来和孩子们做心理方面的游戏，让学生“耍一些小聪明”等。

## 六、平　常　心

大家都感受到现代社会的物欲横流，校园也是社会的一部分，同样会弥漫着这样的气息。就教育而言也是不平衡的，学科教师间的不对称、班级与班级之间的不平衡、班主任工作的付出与其他教师付出的不平衡，都会导致我们心理的失衡。我们应该怀有一颗平常心来面对得与失，只有班主任的心理健康了，才有可能感染学生保持积极向上的心态。想想班主任在班级建设中的位置，在学生心目中的位置，只有有责任心的班主任才能称得上是真正的人类灵魂的工程师，学生人生成长的导师。

（周建兰/文）

# 浅谈如何加强对中职生实施职业生涯规划教育

初出校门，步入社会常常是碰了一个又一个冷壁。随便走进一个人才市场，那些招聘信息上，学历要求一栏，多是“大专以上学历”。而那些学历不限的工作，90%以上是小学文凭的人也可以做，基本待遇普遍很低，而要求中职学历的，几乎看不到。这是一个即将毕业的中职生的就业困惑。中等职业教育是我国国民教育体系中一个重要组成部分，其发展对于促进国家经济和各项社会事业的发展具有重要作用，随着严峻的就业形势，细致的社会分工和其他职业环境变化迫切呼吁我们做好中职生的职业生涯规划教育和引导。如何做好中职生的职业生涯规划？我想应从以下几个方面着手：

## （一）各部门协同，结合市场和社会发展要求，提高职业生涯规划的专业性、科学性、针对性、指导性

中职生职业生涯规划设计指导，应突破学科局限，确立法制和德育观念，围绕市场和社会发展要求作出生涯规划，积极构建学校德育教研、职业指导老师、学校心理咨询、就业指导、专业学科等多部共同参与模块教学，实施具体任务分工，严把关拓展教材内容，通过顶岗实习和其他社会实践等形式，做好由课内向社会的延伸，帮助学生树立正确的成才观念，确立自我职业理想，以自信的姿态，规范和调整自己的行为；各学生社团充分为学生设立社会实践类的社团，积极联系，并与校外的企业外联，从而让我校中职学生能获得锻炼的机会，亦做好了学生由学校向企业的延伸，帮助学生了解职业要求，明确专业方向，提高职业认识，培养职业素养。突出以学生为中心的能力本位理念，做到学练结合，内外结合，校企结合，既保证了职业生涯规划的严谨性、科学性、技术性，提高教学效果，更为学生结合规划实施自我日常行为管理提供了支持。

### （二）围绕学生能力为核心，以人为本，加强改革，逐步推介兴趣教育

职业生涯规划教育的主角是学生。教师是领跑者，作用是引导。围绕职业生涯规划，逐步推介兴趣教育。学生在学习过程中知识信息的获取能力不容忽视，现有书本上的文字、案例，大多可以说是三四年前的东西，最前端的知识大多通过网络、媒体、资料等自己查找式学习，动态的、彩色的、悦耳新颖的网络和课堂比较更显得有吸引力，因此，教师决不能照本宣科，所以要求教师多在教学方式方法上加强和改进。另外，根据各班学生个性差异，运用班级教学的分组技术，建立有效的学习兴趣小组，各兴趣小组团结协作、交流会话，确保学习的有序性、层次性以及互补性，并加之老师引导和配合，达到教学相长的效果，因为动力来源于兴趣。

### （三）推行德技双馨教师评选制度，提高师资水平

德育课是职业生涯规划的主要阵地，提高德育课教师的职业指导水平是关键。技能实践课教师是职业生涯的主要高地，是提高技能实践课教师的职业生涯发展的重要砝码。德育是学生的软件，技能是学生的硬件。将两者集于一身就是未来从事职业教育者的方向。

### （四）结合当前就业形势，给学生适当“减压”和“增压”

目前，我国未就业大学生约有 710 万人之多，同时高校毕业生人数每年均在大幅度地增长，求职竞争激烈等因素，对于即将跨出校门，为工作辛苦奔波的中职毕业生来说，所要面临的就业压力就更大。在这样的压力下，不免出现各种各样的心理问题。此时，毕业生要主动培养与社会接轨的能力，锻炼自我营销能力，克服自卑、胆怯的心理，树立自信心和敢于竞争的勇气。家长和学校也应该对他们进行更多的挫折教育，通过实习、见习等途径增加他们与社会的接触，帮助他们从心理上“断奶”，摆脱依赖甚至恐惧。中国经济正处于转型快速发展的重要时期，技能型人才缺乏与结构性失业并存，纷繁复杂的社会，媒体和网络很容易让一部分自制力、抵抗力较差的学生误入歧途。所以学生，家长及学校应适当给他们加压。

每个人都渴望成功，但并非都能天遂人愿。认清自己、明确坐标、有坚定的奋斗目标，并按照情况的变化及时调整自己的计划，方有可能实现成功之愿望。这就需要进行职业生涯的自我规划，总之，对中职生进行职业生涯规划教

育是中职院校中非常重要的一环，如何实施则是进行教育的关键。这不但有利于缓解中职生的严峻就业形势，也有利于中职生应对以后工作中出现的各种变故；既能弥补教育体制上的不足，也可以促进中职生自身素质的发展。

（张建华/文）

# 浅谈中职生职业生涯规划教育

职业生涯教育是一种将职业生涯概念纳入教与学活动的教育策略，通过职业生涯认知、职业生涯定向、职业生涯准备、职业生涯熟练等步骤的逐一实施，使学生获得职业生涯能力，建立个人的职业生涯形态。它是通过以开展职业生涯教育与指导课程教学为主线的职业指导体系和以社会市场服务为主导的就业服务体系，对中职生讲授关于社会职业和中职生个性发展特点的基本知识，培养正确的世界观、人生观、价值观和择业观，发展高职生的职业选择和决策的技能。

## 一、中职生职业生涯规划教育的必要性

### （一）严峻的就业形势的要求

随着高等教育的扩招，越来越多的大学生涌进了就业市场，这使得社会上对人才的要求越来越高，这对中职生的就业带来了很大的冲击。作为天之骄子的大学生尚且面临着越来越尖锐的就业难问题，而对处于高中层次的中职生来说，就业形势之严峻可想而知。那么，中职生到底该如何应对目前这种严峻的就业形势呢？从学校层面来说，就要有效地开展中职生职业生涯规划教育。

### （二）日新月异的职业环境变化的要求

市场经济条件下，科技迅速发展，资讯及知识日新月异，且成倍增长。一个人在学校中所学到的知识，几年后可能有大部分过时，一辈子从事一种职业的时代一去不复返。在这种形势下，中职生不能仅以毕业后找到一份工作为满足，而更应立足于整个人生来思考、规划自己在学校的学习和生活，把自己的人生发展与社会变迁紧密结合起来，把自己培养成有发展潜力和核心竞争能力的人。

### （三）克服中职学校教育体制缺陷的要求

虽然中职学校的教育理念、管理体制、教学内容都进行了改革，但仍存在许多弊端。首先，我国的中职教育是以继承为中心的传统教育。这种教育只重视对知识的记忆、模仿和重复性的练习，而忽视创新精神的培养。其次，我国的中职教育是以学科为中心，忽视了整体化的知识，造成专业口径太窄、分科太细。这种学科体制导致了毕业生知识面较窄、专业单一、适应性差、后劲不足。再次，我国的教育是以智力为中心的教育。只注重智力因素，而忽视非智力因素，如学生的动机、兴趣、情感、意志和性格等。学生的智力与非智力因素不能很好地相互促进，严重影响了学生的生存能力、创造能力和良好道德品质的形成。

## 二、如何对中职生实施职业生涯规划教育

我们可以清楚地看到，对中职生进行职业生涯规划教育是非常有必要的。为了有计划、有组织、有系统地实施职业生涯规划教育，建议从两个方面去考虑。

### （一）分层实施

分层实施就是从纵向维度去考虑对中职生进行职业生涯规划教育。纵向纬度是指职业生涯规划教育应从新生入学开始到毕业，根据不同年级确立不同的教育内容、目标与方法，选择恰当的培养方式和途径，构建全程指导的职业生涯教育体系，让学生在认识自我、认识专业的基础上完成职业生涯规划。

一年级阶段，从新生一入学开始，教师就应当引导学生考虑自己的职业生涯，帮助学生认识到职业生涯规划的重要性，并初步了解职业内容，了解自我，并进行职业兴趣测量。在结合了家长、同学和师长的建议对自己和职业有了清醒的认识后，就要确立职业目标。职业目标是职业取得成功的前提条件。在一年级的第二学期老师应帮助学生在学校的专业中选择适合自己的专业，并指导其进行职业规划。学生的职业生涯发展规划可以是两年的，五年的，甚至是十年的。

在二年级阶段，中职生基本上已经适应了学校的生活，已经在老师、家长的帮助下初步制定了自己的职业生涯发展规划。接下来需要解决的问题就是落实自己的职业规划了，这是职业生涯教育中最难的环节，但对于中职生来说是

最关键的环节，因为再完美的规划，如果不去执行，就像天边的云彩，纵使看起来很美丽，却是怎么也够不着。在这个时候就要不断地鼓励学生去实施自己的职业生涯规划。中职生由于年龄较小，一般相当于普教体系中的高中阶段，因此要采用合理适当的方式深入地对中职生进行职业生涯规划教育。

三年级阶段对中职生来说，是最关键的一年。对学校来说，也是进行职业生涯规划教育任务最繁重的一年，学校应大力加强职业生涯规划教育指导，帮助学生顺利就业或继续深造，提高就业率或升学率。这个时候，学校主要从以下几个方面来做好工作。首先，帮助学生调整好就业心理。在中职生中间，普遍存在着一些不利于就业的心理：如依赖心理——认为找工作是父母老师的事；自卑心理——认为自己没有什么竞争力；职业心理定势——只在所学的专业范围内找工作等。这些心理状况都是不利于成功就业，学校要注意积极引导。其次，学校应积极地与社会各界取得联系，广泛获取就业信息及招聘会信息，建立起学生与用人单位的信息互通。最后，要努力地安排每个学生进用人单位实习，大力增强他们的社会实践经验，消除人们对中职生的偏见。

### （二）多形式实施

多形式实施是从横向维度考虑对中职生进行职业生涯规划教育。横向纬度是指职业生涯规划教育作为一种新的教育理念，要根据职业学校和中职生的具体情况，灵活地选择合理的途径、采用适当的方法去开展。

**1. 职业生涯规划教育的途径**

（1）开展课程活动。课程活动有两种方式：课程介入和教学渗透。所谓课程介入是指独立开设职业生涯规划教育课程，将其纳入思想政治教育的课程体系之中，传授职业生涯规划的理念、知识与策略等。培养学生进行职业生涯规划的意识和能力。可以采用选修课也可以采用必修课的形式，课程介入时应注意：其范围主要适用于职业生涯规划知识理念的传播，原理和方法的学习。教学渗透是指在学科或专业教学中，渗透职业观念、职业理想、职业生涯规划意识和技能等，使学生在不知不觉中认识到职业生涯规划的重要，并身体力行。但是这种方法对教师的素质水平要求较高，要求学科或专业教学的教师受过良好的职业生涯规划教育，并能将这种理念融合到自己的教学中。

（2）进行专题辅导。专题辅导是指以学生职业生涯规划过程中所遇到的问题为主题举办专题讲座、报告会、交流会或咨询会等。旨在帮助学生处理在职业生涯规划过程中存在的实际问题。专题辅导可以由教师发起也可以由学生发起。教师发起的专题辅导，教师将学生职业生涯规划中遇到的问题集中起来，有目的地跟学生交流，或是对职业世界的新变化、新理念进行集中辅导；学生发起的辅导主要是学生将自身职业生涯规划过程中遇到的问题集中起来，咨询教师，以答疑解惑。

（3）鼓励自我反思。自我反思是充分发挥学生的主体作用，在学习职业生涯规划的过程中，在规划自己的职业生涯中、在实施职业生涯规划方案的实践中、在平时的学习生活中，不断地反省自我，反思规划，发现职业生涯规划中存在的问题，据此不断调整自己的职业生涯规划，更新职业观念，优化职业理想，使得自己的职业生涯规划更合理。自我反思一般以内省方式进行。这就要求教师在教学中注重对学生反省意识和反思能力的培养。

**2. 职业生涯规划教育的方法**

（1）个性化指导。个性化指导是针对不同学生存在的不同问题进行个别化的指导。其显著特点是个性化，采用一对一的方式。中职生每个人对自己的要求不同，据此形成每个学生有其特定的职业意识、职业期望、职业兴趣。个性化指导可以在很大程度保护学生的隐私，对处于青春期的中职生来说是再适合不过的一种方式，不过个性化指导成本较高，对学校的师资能力要求较高。

（2）集体化咨询。集体化咨询是针对整个集体在特定时间进行职业生涯规划问题的咨询，一般以班级为单位。这是心理学上团体咨询方法在职业生涯规划教育中的扩展应用。这是一种比较灵活的方式，教师可以关注某个个体，也可以引导整个集体相互启发、讨论，解决问题，达成目标。实施集体化咨询时教师要把握好自己组织者、协调者的角色，营造良好的氛围。

（3）榜样式启发。榜样式启发是指通过职业生涯规划中的成功榜样，这样的榜样最好是本校的毕业生，引导学生学习，进而形成自己的职业生涯规划。榜样式启发可以通过那些获得职业生涯成功者的榜样力量的启发，帮助学生认识职业生涯规划的价值和意义。榜样式启发时要注意，选取的榜样必须是正面的、成功的例子。另外，榜样应具有可模仿性，并适合中职学生的心理特点。

（4）实践性体验。实践性体验是指通过引导学生有目的地参加社会实践、社会调查、行业实践、行业调查等活动，帮助学生认识职业世界，认识自我，形成科学的职业观、职业理想、职业目标等，为自己的职业生涯奠定坚实的基础。

总之，对中职生进行职业生涯规划教育是中职院校中非常重要的一环，如何实施则是进行教育的关键。从纵向维度考虑，要充分估计中职生每个年级的不同情况，进行不同项目的职业生涯规划训练；从横向维度考虑，进行不同项目的训练时，要采用灵活多样的方法。把握好纵横两个维度的教育，中职学校的职业生涯教育工作就能上一个新的台阶。

（朱珍/文）

# 如何引导中职生做好职业生涯规划教育

中等职业教育是一种职业定向教育，一方面为社会培养经济发展所需的职业技能型人才，另一方面对受教育而言是为其从事某一职业而实施的教育，而新时期，中等职业教育迎来历史性的发展机遇，同时也存在巨大的挑战：严峻的就业形势，日新月异的职业环境变化，中职生综合素质相对偏低等制约了中等职业学校的人才培养。因此，如何使学生从入学之初就逐步形成良好的职业价值取向，使他们对职业角色要求更具自我价值现实性，即如何开展中职生的职业生涯规划教育，在当前中等职业教育改革和发展的大潮下，是一个不容忽视的问题。

## 一、中职生职业生涯规划教育的必要性

**1. 严峻的就业形势的要求**

随着我国经济的飞速发展和高等教育的扩招，越来越多的大学生涌进了就业市场，使得市场对人才的素质和技能要求越来越高，这对中职生的就业形成了很大的冲击。尖锐的就业难问题成了社会的焦点，也成了政府亟待解决的问题，而对处于高中层次的中职生来说，他们的路又在哪儿？我认为在就业前做好必要的职业生涯规划很关键。从学校和教师层面来说，就要有效地开展和引导中职生职业生涯规划教育。

**2. 细致的社会分工和其他职业环境的要求**

市场经济条件下，科技迅速发展，资讯及知识日新月异，成倍增长。一个人在学校中所学到的知识，几年后可能有大部分过时，一辈子从事一种职业的时代一去不复返。专业性和细致性增强了，在这种形势下，中职生不能仅以毕业后找到一份工作为满足，而更应立足于整个人生和整个社会来思考、规划自己在学校的学习和生活，把自己培养成有发展潜力和核心竞争能力的人。要做到这些，就需要做好职业生涯规划。

## 二、中职生职业生涯规划教育存在的问题

**1. 看不见“授之以渔”，职业生涯规划教育“纸上谈兵”**

教学大纲明确提出“引导学生树立正确的职业观念，学会根据社会需要和自身特点进行职业生涯规划，并以此规范和调整自己的行为，为顺利就业、创业创造条件”，对中职职业生涯规划课程教学的科学性、有效性和指导性要求十分明确。国家权威调查显示，目前，中职学校《职业生涯规划》课程教学中，61%的教师结合教材内容补充了相关案例；41%的教师在教学过程中使用了案例导入；30%的教师使用了多媒体技术，但结合教材，以学生为中心，给学生定位，因学生主动探索不够所导致的自我认知不足，甚至迷失自我，特长分析定位不准，兴趣特长与职业专业发展结合度不高，职业规划方向不明确，和市场结合不够密切，职业指导教师所掌握学生职业生涯规划信息，缺乏全面性、针对性、有效性的问题较为突出，甚或根本没有职业指导教师。为学生提供的所谓的职业生涯规划书，也大多为应付上级考核，仅为纸上谈兵，职业生涯规划的指导不复存在。看不到授之以渔。

**2. 学生认知技术和专业发展必要信息的缺乏直接影响教学效果**

由于中职生的基础较差，自我认知技术和职业、社会发展、专业发展信息的缺乏，使指导者无法根据学生个人特点和强项，准确定位职业方向，充分利用个人与家庭社会资源，评估个人目标和现状的差距，发现新的职业机遇，为学生提供针对性的职业规划指导，严重影响职业规划变动性、科学性、一致性、可评估原则的贯彻，直接影响职业生涯规划教学效果。

## 三、中职生职业生涯规划教育的思考

**1. 引导学生以自身的特点为规划的出发点**

中职生进行职业生涯规划，首先要明确自己的理想和志向，确定自己的职业发展目标，对自己的将来有所规划。明确的理想和志向是成才的基本前提。进入职校后，我们就是“准职业人”了，而且很快就要步入社会、步入职业的大门，这时，应该对自己的将来有所考虑、有所预期。只有明确了自己将来想要干什么，才能作出适合自己的职业生涯规划。我们应立足于整个人生来思考、规划自己在校期间的学习和生活，把自己的职业规划与未来的人生发展紧密结合起来，把自己培养成有发展潜力和职业竞争力的人。

其次，进行职业生涯规划还要了解自己的性格、气质、能力、兴趣以及自己的长处短处，只有明确自己适合干什么，能干什么，才能对自己有一个准确的定位。既不高估自己，又不妄自菲薄，从实际出发规划自己的职业生涯。进行职业生涯时，要与自己的个性倾向、心理特征及个人能力特点等方面相结合。通过职业生涯规划，认清自己，充分发挥自己的特长，挖掘自身的潜力。

**2. 引导学生进行科学合理、合身的职业生涯规划**

首先，职业生涯发展目标的选择要从了解自己开始。只有对自己的能力、兴趣、个性、价值观等有了比较清晰和明确的认识，才能够切实设定自己的职业生涯发展方向和目标，只有了解自己的优势和不足，才能使自己理性地面对纷繁复杂的职场，在规划职业生涯时走出盲目从众、眼高手低、无所适从的误区。

其次，制定职业生涯发展目标时还要综合考虑社会因素，如了解市场需要什么人才、当地有什么资源可以利用、哪些人际关系资源有助于实现职业理想等，形象地说，就是要做到天时、地利、人和。所谓天时，就是要知道国家经济发展的大趋势。天时对每个人都是平等的，是机遇，可遇而不可求，必须作好准备，待机而动；地利，就是要了解本地区的经济特色和未来发展趋势，尽可能利用区域的经济发展机遇；人和，就是要了解你的家庭成员及社会关系，熟悉你所在学校教师，包括你的同学、朋友在内的人际网络，处理好周围的人际关系，并善于从人际网络中寻找对自己未来职业有积极意义的成员，多向他们学习，多与他们交流，从中获取对自己有益的成分。

**3. 引导学生及时修正职业生涯目标，改进策略，以适应环境的变化**

职业生涯规划是一个动态的过程，必须根据实施效果以及客观环境的变化及时进行检查与修正。检查的内容主要有以下几个方面：一要检查职业理想是否有偏差。职业理想是事业成功的基本前提。没有正确的职业理想、积极向上的信念，事业的成功也就无从谈起。理想和信念，反映着一个人的胸怀、情趣和价值观，影响着一个人职业生涯的目标和方向。二要检查自我认识是否有变化。职业成功的起点来自清醒地自我认识，一要了解自己是一个什么样的人。二要了解自己人生的目标是什么。三要了解自己选择什么样的职业最合适。四要检查自己所处的外部环境是否有变化。环境是制约职业目标设定与职业理想实现的外部条件。个人所处地区的经济发展环境和就业形势，往往影响着我们的职业选择和职业发展。所以，根据自己所处环境的变化，适当调整职业生涯发展方向，是职业生涯规划管理的一个主要内容。五要检查职业目标定位是否合理。在职业生涯规划中，必须有明确的职业目标，以便使自己的学习、工作以及各种行动措施沿着正确的方向前进。一个人的职业目标一定要同自己的能力、特点及工作适应性相符，同时还要符合社会发展变化，过高或过低的目标都要及时修正。六要检查措施是否落实。在确定了职业生涯目标后，行动便成了关键的环节。没有行动，目标就难以实现，也就谈不上事业的成功。

事物总是不断变化发展的。我们中职生要想实现自己的职业理想，在进行职业生涯规划时，必须与时俱进，灵活调整，不能一次把终身职业生涯的每一个细节都确定下来，而要在实施中去检验规划的效果，及时诊断职业生涯规划各个环节出现的问题，找出相应的对策，并对规划进行调整与修正。这样才能让我们的职业生涯规划更加合理、更有意义，我们的职业理想才有可能实现。

常言道："三百六十行，行行出状元。"只要有一套科学合理、合身的职业生涯规划，只要我们向着既定的目标努力前行，相信我们每一个中职生都能获得成功。

（吴彬/文）

# 校正航向，加油起航

## ——浅论如何做好职校生转轨期间的就业指导

所谓转轨时期，是指事物的结构形态、运转模型和人们观念的根本性转变过程。不同转型主体的状态及其与客观环境的适应程度，决定了转型内容和方向的多样性。转轨时期是主动求新求变的过程，是一个创新的过程。

职业学校的学生在经历了两年时间集中的文化知识、专业理论和实际操作学习及培训后，就会迈出校门，进入毕业实习，逐步融入职场，正式完成从校园到企业的环境转变、从学习到就业的工作内容转变、从学生到员工的角色转变。“三个转变”能否顺利、平稳地实现，对学生的职业生涯而言，是一个非常重要的拐点，而毕业实习前的过渡阶段，则是这次转轨的关键节点。通过就业指导帮助学生选择正确的从业方向、职场规划，更是这个节点中的核心点，且自然成为转轨期间教学的重点。

## 一、转轨期间做好就业指导工作，具有非常重要的意义

虽然职业学校毕业的学生整体情况是好的，在各自岗位上发光发热，受到用工单位的积极肯定，但近些年，我们也不时听到来自用人单位反映的问题：刚刚参加工作的学生缺乏职业规划。主要表现在：

（1）有的对工作抱无所谓态度，缺乏上进心和责任心，比较散漫。

（2）有的进入状态较慢，工作中经常扮演旁观者，难挑大梁，有被边缘化的可能。

（3）有的在取得一点工作成绩后即骄傲自满，或不服从严格管理，或动不动就跳槽。

用人终端反映的情况，从一个侧边也暴露出学校在就业指导方面存在的薄弱环节。如果我们能够认真客观地认识问题，并进一步完善、加强转轨期间的相应工作，既对学生在用工单位爱岗敬业、展现个人能力等具有短期的现实意义，更对学生个人职业生涯的长远发展，乃至职业教育的极大改善有着极其深

远的正面影响。

## 二、帮助学生做好职业规划，是就业指导工作的主线

从学生进入校门那一刻起，我们都在帮助他们进行职业生涯的规划。但鉴于学生对行业的认识程度还比较模糊，对个人的目标也不是特别明晰，对个人如何达到岗位要求、实现完美结合等更显得混沌，加之各种文化、理论及专业学习占用教学的相当时间、精力和资源，学习阶段和学生探讨职业规划，有时在他们心里呈现得虚无、杂乱，难以形成明确、恰当的目标，也就无法制订出实现目标的路线。

身处转轨时间段时，由于学生对将来从事的工作已经有了一定了解和接触，或多或少有了部分感受，同时即将面临的毕业实习就是他们迈向职场的第一步，为了尽量避免职场的坎坷和弯路，现实的压力迫使其必须做好职业生涯规划。这是我们帮助其梳理过往思路、明确目标，使其在新环境下能够生存和发展提供良好建议的最佳时机。

职业规划主要包括职业目标、达成途径和方法、正确对待职业生涯中的特殊情况三个方面。

**1. 个人职业生涯的目标：根据旅游、饭店行业的职业发展特点，这个目标包括短期、中期和远期三个阶段，解决的是方向问题**

（1）毕业实习阶段为短期目标，需要达成的是对新的工作环境和岗位要求的适应，较好地融入团队，养成良好的工作习惯，具备基本的生存能力。

（2）从业三年时间作为中期目标，需要达成的是逐步成长为团队骨干，可以单独胜任各项工作，在团队中具备一定影响力，可以带领实施班组一级的工作，逐步展现出个人的工作能力和综合素质，并获得认可。

（3）从业五年以上作为远期目标，需要达成的是成为具体工作职责领域的权威，整体工作能力可以独当一面，在做好日常工作规范的同时，具备一定的创新能力，形成个人魅力，在团队中树立了较高威望，对自身工作有更新、更高的认识，逐步培养出正确的职业价值观。

**2. 达成途径和方法是实现职业目标的线路图，解决实现过程的计划和控制问题**

职业规划的线路设计，需要考虑学生个人综合素质、用人单位的具体情况和两者之间的结合度等因素，不可能做违背事物发展规律的直线上升，也不可能所有人都如出一辙。

（1）达成途径的设计一般要按照螺旋上升、稳步推进的原则进行，在学生个人发展意愿强烈、综合素质优秀，且用人单位行业领先、管理规范、正能量充沛的情况下，可以适度提高上升的角度，缩短达成的时间，反之，应作反向调整。

另外在职业发展的过程中，要建立若干缓冲平台期，预留部分个人思想调整、业务整固的时间，既让学生对未来可能出现的困难有一定预见，建立相应的心理准备，同时也方便其进一步夯实基础，积蓄力量，有利于由量变到质变的阶段性突破。

（2）达成目标的方法是一门艺术，既包括方式的选择，也有度的拿捏，必须因人、因时、因环境而变，不能千篇一律。艺术也是有规律可循，要想达成职业目标，选择合适平台、爱岗敬业、扎实工作、善于学习、把握机会都是最基础的“功课”，一定要放弃投机专营、一蹴而就的幻想。哪怕通过这些方法取得一定成绩，也是不牢靠、不长久的，在面对有实力的竞争时，也可能会一败涂地。

**3. 培养正确的职业价值观，妥善对待职业生涯中的特殊情况**

在工作了一段时间后，有些学生开始抱怨和疑惑：“我工作挺努力的，为什么他先升职了？”“做的同样工作，凭什么别的部门（企业）收入比我高？”“每次出外参加业务比赛，领导都不派我，怎么总不给我机会？”“总安排我做脏、累的活，请个假还不批，是故意整我吧？”这些“特殊”情况的发生，究其核心是学生职业价值观的培养不到位所致。把收入、职位等作为职业价值来衡量无可非议，但这仅仅是表象，职业价值不仅仅于此。职业价值的核心应该是胜任岗位的能力是否真正不断得到提高，通过这种能力是否创造出应有工作价值，以及个人存在对工作平台（团队）中影响力有多大。

在帮助学生进行职业规划时，上述内容也是必不可少的，一定要教育他们明白职场生涯最重要的是实力和能力，要正确对待“特殊”情况，把它当成自我反省的一次机会，催人奋进的一种动力，是金子总会发光的，绝对不能因此而心灰意冷、垂头丧气或是怨天尤人，这样必定会阻碍自身的职业前途。

## 三、有针对性地对学生进行思想意识、业务技能和行为规范等方面的强化培养，是转轨期间就业指导工作的具体内容

制定职业规划只是帮助学生解决进入职场的方向问题，而围绕规划进行相应行动前的准备，则是为他们即将到来的工作、生活最好的具体指导。笔者在

经过多年的就业指导工作实践后，探索、总结出下列需要在转轨期间完成的具体指导内容。

**1. 根据学生的个人规划和特点，协助其选择合适的实习单位**

古人云：良禽择木而栖。充分说明了一个良好的工作平台对于个人实现远大理想和抱负的重要性。我校每年可以提供的实习用工单位众多，既有豪华的四、五星级饭店，也有普通的餐厅；既有管理严格规范的上市公司，也有机制灵活的民营企业，而且薪酬水平、福利待遇也会参差不齐。对个人职业生涯而言，最好的并不一定是最合适的。老师要在尊重学生意愿的基础上，帮助他们选择出一块对其个人成长进步、实现长远目标最有利的“土壤”，准备长期深耕，成就事业，而决不能仅图眼前小利和安逸，限制了目标的达成。

**2. 帮助学生了解用人单位要求，帮助其提高适应能力**

在以往的毕业生实习的实践过程中，经常会有学生在进入单位不久就回学校哭鼻子的情况：有的反映适应不了企业的规章制度，认为过于苛刻或是没有必要；有的是突然直面工作压力和岗位标准，感觉畏难、难以承受；有的处于新的团队后，对新同事及新氛围一时接受不了，融入困难甚至产生恐惧心理。通过转轨期间的就业指导，可以帮助其建立相应的心理准备，防止出现急剧心理落差，从而大大提高对新环境、新任务、新团队的适应力。

**3. 查漏补缺，针对性强化实操训练，突出实用性技能，尽量和岗位标准、工作实际紧密接轨，帮助学生进一步增强自信心**

同样的技能或流程，在不同的实习单位会有不同的岗位标准。我们在转轨期间是以具体用人单位操作规范为标准，以之前的训练为基础，做好最后的业务“打磨”，以保证学生进入实习单位后，工作上不完全是个旁观者，能尽快平稳上手。

**4. 鉴于学生进入职场初期容易出现组织纪律涣散、注意力不集中、流于形式走过场、思想迷茫、团队合作意识淡薄等问题，我们将下列习惯的养成作为转轨期间就业准备的重要内容来抓**

（1）加强组织纪律观念培养。建立明确、切实可行的纪律制度。学生首先要知道有什么样的纪律需要遵守，才能建立明确的纪律观念。所以我班学生再次重温自己设立的班级班规，并根据转轨期间暴露出的新情况和新问题，进行了必要的修正和完善；从上课的纪律至作业的上交，从考勤到清洁卫生每一个点上都有明确标准；人手一份熟悉这样的标准，为了避免流于形式，到了学期结束这也是作为德育考评的唯一依据，这也是学校安排帮工的唯一依据。

要让学生明白制定及遵守制度的作用。如果只是让学生知道要遵守什么，而不让他们明白为什么要遵守，那么，他们就会产生疑问：为什么非要遵守不可呢？对于叛逆性格较为明显的学生，就会产生逆反心理。在宣传规章制度的同时，我让学生知道，纪律是成功的前提，是胜利的保证，而且纪律与他们密切相关，他们遵守纪律的同时，就是在保证学习、生活的正常进行。而这个宣传工作当仁不让地就是我这个班主任的活了。

教师要作出表率。自觉遵守学校纪律。青少年容易受榜样的感染，而教师则是自然的榜样。教师在教育学生的同时，也要反省自身，要经常以学生来鞭策自己，争取做到成为学生的好榜样。如要求学生每天提前到校，我只会提前不会滞后，对于教学教育工作，积极热心，尽心尽责，时时刻刻做好学生的表率。

要经常注意监督。良好的习惯是否形成，是学生具有遵守纪律的觉悟的表现。好的习惯一旦形成，则学生就已经自然地去遵守纪律了。本学期班级人数依旧为 30 人，班级整体呈现团结友爱，积极向上的稳定态势，早自习，读报，班会都有相应内容及负责的同学，整体显得井然有序。每一学期全班同学共同协商制定的班规严谨、方便操作，开学初即进一步明确了班规的意义及作用，强调了奖惩制度，让学生在校开始就养成制度管人，非人管人的管理模式，通过这些举动让学生养成遵守规章制度，服从上级等好的习惯，为他们今后走上实习岗位，踏上社会进入职场铺路。

（2）加强团队合作精神的培养。俗话说，“一个和尚挑水喝，两个和尚抬水喝，三个和尚没水喝。”“一只蚂蚁来搬米，搬来搬去搬不起，两只蚂蚁来搬米，身体晃来又晃去，三只蚂蚁来搬米，轻轻抬着进洞里。”上面这两种说法有截然不同的结果。“三个和尚”是一个团体，可是他们没水喝是因为互相推诿、不讲协作；“三只蚂蚁来搬米”之所以能“轻轻抬着进洞里”，正是团结协作的结果。有首歌唱得好“团结就是力量”，团队不仅强调个人的学习成果，更强调团队的整体成绩。团队强调通过成员的共同贡献，能够得到实实在在的集体成果，这个集体成果超过成员个人成绩的总和，即团队大于各部分之和。团队的核心是共同奉献。这种共同奉献需要一个成员能够为之信服的目标。只有切实可行而又具有挑战意义的目标，才能激发团队的工作动力和奉献精神，为工作注入无穷无尽的能量。所以团队合作是一种为达到既定目标所显现出来的自愿合作和协同努力的精神。它可以调动团队成员的所有资源和才智，并且会自动地驱除所有不和谐和不公正现象，同时会给予那些诚心、大公无私的奉献者适当的回报。

我们班的活动就是以组为单位办黑板报，做清洁，三人为一组承接班会。

从筹备，组织到主持及之后的班会记录供稿，全程负责，每月进行小组评定，提升学生团队合作精神，加强学生班荣我荣，班耻我羞的观念。每逢运动会，跑操，军训等活动时，我都会鼓励学生参加，重要在于参与，只有参与其间，才能感受到来自集体的力量与温暖。每周一次的主题班会也是体现团队合作的活动，光有负责的同学的主持，没有同学的参与也不能称其为一个成功的班会，让学生知道每个人其实就只是一块煤炭，集体是熔炉，只有每个人都往这个炉里添加自己那块已燃烧的炭，这个集体的火才会越烧越旺、才会越来越温暖。

（3）加强竞争意识，相互激励。竞争，一直是社会的主流，从远古的“物竞天择，适者生存”，到今日的“优胜劣汰”，竞争推动了人类社会的进步，创造了人类文明的辉煌。我校每月活动都有主题，其中主题黑板报是我班学生最喜欢的活动之一。一学期当中，我要求每一组的每位同学都要参加，可以是写字、画画，也可以是排版或找资料，哪怕是帮帮忙画一条线，找一条名人名言，擦洗黑板也成，通过这样的活动学生的动手能力得到了实际性的锻炼。每次办完后我会和其他组的学生们点评排版、构图、打分等，看到老师及同学如此重视，接下来的每个月，为了得到好的点评及好的成绩，每一组的同学们都拿出了自己的看家本领，团结一心，学生的竞争意识增强了，黑板报的质量提高了，同时也让他们懂得了团结同学和分工合作的重要性。

每月我们会把每组的考勤，作业，上课纪律，举手发言，德育考分等情况以表格形式张榜公示，之前利用读报时间或者班会时间跟全班同学通报，并排序，只有五组，每月凡是排在第一名的组集体加德育分 2 分，表格中只有组别，没有具体学生名字。每当这时同学们都很激动，那些获得好评的同学露出了开心的笑容，心里暗暗下决心，为了本组的荣誉，再接再厉，获得差评的同学羞愧得低着头，我抓住时机，适时给他们“打气”，不能气馁，为了本组的荣誉，只要努力，一定行的！

读普高，高考是指挥棒；读职高，技能比赛是标杆。每年学生 4 月份都有校技能节，5 月份有武汉市中职生技能节比赛。为了迎接这些比赛，我会在班上鼓励所有学生积极参与其中，相互切磋，取长补短。有的学生动手能力强，有的学生背专业理论知识问题很有一套，有的做事有热情总可以用自己的积极性影响到周围的同学。卢俊及谭思敏同学参加市级硬笔书法比赛、中餐宴会摆台比赛一举获得一、三等奖，董颖茜、石玉琪参加市级客房铺床比赛获得二等奖。

（4）全面展示，增添自信。初中文化学习的失利让我们的学生自我放弃，长期的自卑让这些孩子们脸上少有笑容，缺乏自信就是在否定自我，如何让他们带着自信进入职场。我在我们班上采用了几个办法，一是开学初就挖掘每个同学的才艺，有的同学是很明确地说出自己的才艺，有的同学是由别的同学转述的，还有的同学却是经过一段时间观察才发现的，二是挖掘出了才艺就让它们展示出来，有的学生会绘画，有的会十字绣，我们就利用教室文化建设时特地开辟一个小天地来展览他们的作品，有的学生口才好，文笔好，就鼓励他们参加本专业的，或者学校的演讲比赛，甚至是全国文明风采大赛；有的学生会唱歌，就利用每天的读报时间教全班唱歌，我们班原本有班歌：《梦想的地方》《职来职往》主题曲等，既陶冶情操，又励志，同时让更多同学的学生生活多姿多彩。

我还经常组织学生搞些社会实践活动，早日适应社会要求。在 2005 年 4 月班上部分学生停课一周在校招生办公室领导下参与学校招生工作，校外发放宣传单，前后几次安排学生在武昌区考试办公室帮工，接听电话，组织安排考生报名，照相，表格的制作与整理。这种工作即宣传了学校，学生在这项社会实践中的礼节、沟通能力也得到了很好的锻炼，带队老师及用工单位对我班的学生都赞不绝口。由于本学期要参加实习面试，所以上学期放假时特意要求学生去观看《职来职往》至少五期的视频，在本学期的第一个班会就安排畅谈观看感，在 5 月份的班会上多了面试技巧、面试时服饰搭配等内容，甚至外请已实习过的学长传经送宝，面试指导，心理辅导，职场规划。

“百舸争流千帆竞，敢立潮头唱大风。”我们的就业指导工作就是在打造坚不可摧的“百舸”，帮他们确立正确的职业航向，为其备好充足的“器材”和“干粮”，并目送其驶向浩瀚的社会海洋。我们为之加油，期待不远的将来，学生们通过自身的不断努力，可以顺利抵达职业生涯的巅峰。

（马海/文）

# 老师的激情是学生学习动力的源泉

经常会听到同事们感叹自己带的学生不好教，上课不听讲，讲话，睡觉，玩手机的都有。老师们最后都会将这种情况归结于学生不爱这门课，没有兴趣，学生自身素质太差。学生对自己所教的科目非常有兴趣，又能自觉学习，自主学习，并且课堂教学效率非常高，是每一位老师的追求目标。我作为一名教师，我也非常渴望我教的学生是这样，但由于学生的学习方法、个体差异、章节的难易程度，使每个学生在学习过程中总是出现不同问题。学生为什么不喜欢我上课？我讲的知识点和操作动作的技巧讲了不下十次，为什么学生还不会做？为什么我教的班这么多后进生？从 2010 年再次回到教育工作岗位，关于这些问题我在这 4 年的教学工作中不断尝试，探索，从学生和学校的反馈信息中可以看出，之前的尝试和探索还是取得了一定的效果的。学生用酒店评星级的方式对班级任课的老师作了评定，在十几位任课老师当中我是唯一一个被评为五星级的老师，并且经常会从学生那听到："我最喜欢上周老师的课了，今天一下午都是周老师的课该多好！"随后我在课堂上可以看见同学们听讲时专注的眼神，操作课上一遍又一遍又不厌其烦地操作。他们是那么可爱的一群学生！我深感欣慰，自己 4 年的尝试看来还是有一定效果的。学生之所以有学习的动力，正是因为老师不可缺少的激情。多一份激情能影响学生的学习动力，能提高学生的学习效率，进而提高学习效果，其实老师的激情就是学生学习动力的源泉！

对于一门新的学科，学生刚刚开始学习的时候都是很感兴趣的，但是随着时间的推移，兴趣逐渐消退。对老师而言：如果学生对自己教的学科失去兴趣，老师自己也将会失去激情，这时候往往会发生这样的情况：当学生偶尔不听教育的时候，老师经常会不问缘由，严厉批评，然后再罚他站一节课，甚至在语言上恶语相向。这样的恶性循环只会有如下的几种效果：①师生关系越来越紧张。②学生的逆反心理越来越强。③学生破罐子破摔，自暴自弃。④学习无目标无动力，各种特长将无法得到锻炼及表现。不论是哪一科目，学生是否有兴趣，是否能自觉学习，是否课堂教学效果非常好，都是对每一个老师的考验。这个最大的考验就是老师的激情，教师自始至终保持的激情将会在很大程度上提高学生的学习兴趣，成为学生学习的动力源泉。那么怎么让教师保持较好的激情呢？在这里把我自己收获的方法分享给大家：

## 一、上好第一堂课，树立第一形象至关重要

新的学生到新的环境开始上的第一堂课，对每个学生来说总是充满着好奇和期望。老师第一堂课与学生的初次沟通至关重要。每当新生上第一堂课我采取的课堂内容就是让学生自告奋勇地作自我介绍。学生自我介绍的好与不好不是关键，在介绍的过程中重点是在于学会倾听学生的介绍，发现学生的特长并牢牢记住，在以后的课堂上适当的时机下可以发挥学生的特长，让学生找到自信。除此之外在自我介绍过程中还要注意和学生眼神的交流，眼神是相互交流的无声窗口，你的关注会让学生感到受到了重视。每一个学生个体都是渴望受到老师关注的，特别是在一个新的环境中，受重视的需求更为强烈。这样一来老师上好第一堂的激情成为一个学生树立自信的起点。

## 二、学会在适当的时机正确地赞美学生

每一个人都喜欢听好话，我们的学生也不例外。在第一堂课的激情中我们部分的学生已经有了少许自信，为了使这种自信扩大并延长，我们还需要在日常的学习和生活中学会赞美我们的学生。课堂上表现好的学生我们可以表扬，另外课堂以外的赞美就显得更加珍贵，因为这样的赞美才能让学生从心里面真切感受到老师发自内心地对他们欣赏。例如我带的 2010 级有一位男生，平时课堂上不是睡觉就是讲话，作业也不按时完成，各科的老师都觉得这个孩子习惯太差，又不太服从老师管教，还经常和老师发生争执。当然最初在我的课堂上表现也是如此，是老师比较头疼的问题学生。偶然一次，我经过学校的操场看见这个男生在体育课上穿梭在长绳中，矫捷的身姿，敏捷的步伐，俨然一个穿梭在天空中的燕子。那一刻我快步走上前去，大声地赞美：“哪来的这么一位灵活的燕子！真是跳得太好了，简直帅呆了！”这个男生听见我的赞美露出羞涩的笑容，不好意思低下了头。那一刻，我们之间的距离拉近了，我知道在我的课堂上这个后进生一定会踏踏实实完成每一堂课的内容。老师的赞美成为学生上进的动力！

## 三、少一些惩罚，多一些包容

我经常会听到老师这样说："这道题我们做了N次了，但你仍然不会，你把这道题重做10次。"学生不会做题是有原因的：学生本身的智力低下，这些同学无论你如何处罚，他还是学不会。一味处罚，只会增加师生间的怨恨，不会带来任何好处。这种结果不是老师、家长、学生本人，甚至社会愿意看到的。也有可能是由老师所讲的知识的确太难理解，学生难消化造成的。有的老师会抱怨："内容好简单的，不知道这些学生怎么样学的，讲了这么多次也不会?"我们不要忘记：我们是成人，是教师，已经工作好多年，所以觉得容易、简单，但学生只是刚刚进校的学生，就算学了一年或者只有几个月，我们也不能用老师的能力标准去衡量学生的能力。另外也可能是学生太懒散，上课不留心听造成的。学生懒散，老师对之深恶痛绝，这是老师罚他们的主要原因。一般情况我这样处理：因为我是一名专业老师，学生刚刚接触专业课的实操学习时，是我们上课感觉最难的时刻。我们的学生中学时从未接触这样类型的课程，平时在家里也是娇宝宝，自己的衣物都未动手洗过，何况是需要动手的操作课程。新课之前，我会先告诉学生：这节课操作课程动作比较难掌握，你们要留心看老师的示范操作，同时仔细听老师讲到的操作要领。如果我讲完后你仍然不会做，我会把你的名字记下，如果被我记下三次，你就需要做俯卧撑5个，这样一来，就算他受罚也是心甘情愿的。而老师看到学生这种"心甘情愿"，自然就有了从教激情，并会自然而然地不断优化教学方法。

## 四、多一些幽默，少一点责备

我教的专业课程中，在操作课上和学生接触的时间最长，操作内容是酒店中式铺床，其中要大量接触床上用品。因为床上用品易脏，所以最怕学生乱丢乱放。一次在操作室课间休息时间，一位男生和班上另外一位男生嬉闹过程中，不小心把床单当作挡箭牌丢了出去。看见床单落在地上，有学生马上向我报告，看见床单丢在有灰尘的地面，我也是气不打一处来，正准备严厉责备教训这个学生，看见学生惊恐不安的表情，我当着全班说道："××同学，老师把手中的床单当作自己的'恋人'呵护它，爱护它，你们瞧瞧，每次老师用它给你们做示范动作的时候，它哪次让老师示范失败呢？所以说呀，今天你把你的'恋人'丢在了这么脏的地上，它不生气才怪呢，以后的操作一定不会配合你。”我的话音一落，全班哄堂大笑，这位男学生也红着脸连忙捡起丢在地上的床单说道：“我今天拿回去把它好好洗干净，它就会乖乖听我的了。”不出意外，绝大多数学生乐于接受这种责备。这种师生都心情舒畅的表达方式，不但令学生暗生敬佩，并暗自努力，又能令老师自觉阳光年少，这就是双赢。当你总是乐于思考自己的教学言行会给学生带来什么心情时，你的激情也就发挥出来了，你的学生自然也会被你感染。

## 五、永远做一位跟得上时代步伐的时尚教师

经过多年教学内容的积累及教学经验的沉淀，让大多数老师认为我现在不用备课也能教好学生。殊不知，传统的传道、授业、解惑已经不能跟上时代教育的步伐。我们面对的是21世纪的学生，这个时代紧密联系的是科技和时尚，老师如果不能紧跟上社会的时尚和当今的潮流，你将会失去和学生沟通的平台。时尚和潮流的东西可以是新闻，流行音乐，服饰，影视，饮食，甚至是电玩，网游。因为你知道的这些将会让你更容易走进学生的世界，与他们更能沟通到一起，作为他们真正钦佩而又崇拜的朋友。学生喜欢的不是你这门学科，但学生会因为你而喜欢这门学科。

“一只绵羊带领一群狮子永远也打不过一群狼，但是一只狮子带领一群羊却可以打败一群狼”故事说明领导者是多么重要，老师就是一群羊中的那只狮子，他的领导引领着学生走上成功的道路，而引领中时刻保持的激情是引领学生不断前进的前提。

（周莉红/文）

# 关于中职生职业生涯规划设计的思考

2002年，自国务院作出《大力推进职业教育改革与发展的决定》后，教育部等七部门又相继发出了《关于进一步加强职业教育工作的若干意见》的通知，各省市也根据国家的精神制定了发展职业教育的规划和政策，各职校依据当地的条件和专业的特点，在大力发展职业教育的同时，紧紧围绕如何培养高素质、高技能型专业人才进行了大胆的改革，取得了显著的成效，然而随着我国市场经济的发展和高等院校招生规模的不断扩大，中职生的就业问题也日趋突出，成为影响中职发展的"瓶颈"，成为当今中职教育广泛关注的焦点。为了适应新形势、新任务的要求，如何实施职业生涯规划的探索实践，用创新教育理念指导中职生全程培养计划的制订，用职业生涯规划的方法分解和落实培养内容，已经成为中职学校以及中职班主任和老师们必须面对的新课题。下面就自身对中职生职业生涯规划的问题谈一谈个人看法。

## 一、职业生涯规划的目的

20世纪80年代美国麻省理工学院斯隆管理研究院心理学院教授E·H·施恩提出了"职业锚"理论，它是指就业者职业活动生涯的理想归宿。在当今社会形势下职业生涯具有独特性、发展性和终身性，它不仅仅关注一个人的职业，更是一个有关生活形态的概念，包含了与个人工作生活有关的所有活动。生涯规划的核心理念在于结合自身情况和眼前制约因素，根据社会需求，正确进行自我分析和职业分析，将职业理想与社会需要结合起来，把自己放在合适的职业岗位，制订实施方案，适时进行评估与反馈，并根据实际情况作出调整。它强调个体在自身发展中的主体地位和主导作用，而不是被动地等待自上而下的"指导"，它体现了新的以学生发展为本的教育理念，富有鲜明的时代特征。有的人从小就明白自己适合干什么，有的人工作一段时间才逐渐明白自己将来适合做什么。明白得越早，就有可能在年轻时有针对性地加强学习与进行准备，使自己从事理想职业的机会增加，取得的成就更大。我们进行职业生涯规划的目的就是要让学生一入学就积极主动地、有计划地进行职业定位，通过自己的探索和努力实实在在地找到适合自己发展的理想职业，实现自己的“职业锚”。

## 二、职业生涯规划的内容与方法

职业生涯规划过程是根据社会经济发展需求和个人实际能力，结合自己兴趣、爱好来进行的，是对个人职业前途的展望，进而制订相应的教学计划和工作培训，并按照一定的时间安排，采取必要的措施，使之按预期目标的要求开发潜能、提高综合素质，实施职业生涯目标的过程。整个规划过程分五步：自身条件分析、职业目标确定、发展阶段规划、实施措施制订、反馈与修订。自身条件分析和职业目标确定主要放在一年级实施，经过一年的探索和分析，初步确定职业目标。二年级在逐步完善职业目标的基础上，主要进行发展阶段规划和实施措施的制订。三年级重在落实，在实施的过程中通过不断反馈与修订，完成职业生涯发展规划的全过程。

**1. 自身条件分析**

自身条件分析的过程就是引导学生从职业的角度了解自己、了解社会的过程。新生入学后自己选定所学专业，然后由班主任和学工处负责指导学生认识自己，对自己进行全面剖析，熟悉自己应掌握的知识与技能；剖析自己的人格特征、兴趣、性格等；总结自己的优势和不足。通过这几个层面的剖析，学生就会对自己形成一个比较客观、全面的认识和基本定位。

**2. 职业目标确定**

职业目标确定的过程就是引导学生从个人生存发展的需要和社会的需要去考虑未来所从事的职业的过程。新生入学后，由校领导和就业指导办公室负责做专业介绍系列报告，让学生了解本专业不同就业方向的社会需求情况、发展目标、培养目标、人才素质要求等，并聘请企业管理人员对学生进行“企业文化”和岗位技术需求介绍，让学生结合自身素质条件，初步筛选出符合自身发展的职业目标。

**3. 发展阶段规划**

发展阶段规划的过程就是引导学生根据自己的职业目标所要求的人才素质来规划自己在校生活学习的过程。让学生从职业目标确定之日起，结合自身条件，充分参考家长、教师、企业以及高年级学生的意见，制订出自己在校生活学习的发展规划。

**4. 实施措施制订**

实施措施制订的过程就是自我约束和自觉性形成的过程。学生根据自己的职业目标、发展规划采取链条分解法逐层分解，将职业目标分解成一个个具体目标，这使他们在每一学年、每一学期，甚至每个月、每个星期都有自己的小目标，然后根据具体的小目标，采取相应的具体措施，步步落实，逐一实现，最终完成职业目标。

**5. 反馈与修订**

反馈与修订是一个逐步完善的过程。通过学生在实施过程中对职业目标认识的进一步加深和自身素质的发展变化，以及社会就业市场的变化，及时调整职业目标及其实施措施，靠着科学的选择和不懈的努力找到适合自己发展的职业。

总之，这五步环环相扣，使学生职业生涯规划的过程成为理想确定的过程，并落实在提升自身素质、实现职业目标的动力机制中。

## 三、职业生涯规划的配套管理措施

为了更好地实施职业生涯规划，并实现一次性就业和全程就业方案，提高该方案的有效性，学校应成立专门的领导小组，从学生入学就进行就业宣传、教育和指导，在二年级实施全员导师制，建立每个学生的职业目标档案，由班主任归纳整理、分类指导、分别管理，校学工处和就业指导办公室负责督察和落实，实行全程就业指导，为学生就业发挥应有的作用，实行择业、就业、创业一条龙服务。同时，在管理措施上也要进行相应的创新。

**1. 开设《生涯规划》和《职业道德与就业指导》课程**

选派优秀教师在高一、高二开设《生涯规划》，高三开设《职业道德与就业指导》，真正实现从“规划”到“就业”的转变。还可聘请往届优秀毕业生返校作就业思想形势报告会，指导和激发学生的就业热情。

**2. 实施目标管理**

从学生入学开始，就应将学校的各项规章制度、管理目标公布于众，让学生根据自身条件进行目标设计规划，通过自己的努力实现规划目标。这样，既可以提高学生参与管理的主动性和自觉性，又能锻炼学生的自立能力，使学生做到自我设计、自我规划、自我教育、自我管理。

**3. 实施全员导师制**

为更好地管理和指导学生的思想、学习和工作，让学生根据自己的职业目标，应从二年级起自行选定职业指导教师，并由导师全程负责该生的生活、品德、学习和工作，让学生参与到教师的教育、教学、教研之中。同时根据学生的职业目标成立相应的科研小组，并由专人教师负责管理。学生在导师的指导下自我设计试验、自我实施实验、独立写出科技论文，既可以提高学生的科研动手能力，又可以培养学生的科研创新能力。

**4. 加强职业技能实践**

根据学生的职业目标，在狠抓教学质量、提高综合素质的基础上，学校应积极与外界合作，让企业人事部门和技术人员到校作专题讲座，使学生在就业前感受“企业文化”，并联合举办各种职业技能培训和鉴定，鼓励学生利用节假日到职业目标相关单位实习、实践，并“拜师学艺”，培养学生在未来职业中的实践动手能力和职业适应能力。

**5. 编制《学生职业档案》，建立激励机制**

给每位学生建立《职业档案》，让其结合自身实际，作出自己的行动方向、行动时间和行动方案，并记录其每年的学习成绩、工作情况和奖惩情况，让《职业档案》成为学生规划职业人生、规划在校生活、成长成才的见证，使之自觉地按预期目标的要求开发潜能、提高综合素质。对在职业生涯规划活动中有突出表现的学生进行精神和物质的奖励，并优先推荐到相关单位或部门去工作。

总之，职业生涯规划的过程是学生适应校园生活、巩固专业思想、走向心理成熟、培养创新能力、适应社会发展的过程，对增强学生的综合素质、提高就业率有着极其显著的作用。但是，在实施的过程中会面临到一些问题，如有的学生在实施过程中产生功利思想，对与自己职业关联不大的课程产生厌学情绪；还有的学生职业目标更换频繁等。针对这些情况，在今后的工作中应进行更加深入的研究与实践探索，以期取得更好的结果。

（何臻/文）

# 中职班主任该如何指导学生做好职业规划

学校职业生涯规划指导，也就是所谓的“生涯教育”，源于西方教育者在20世纪70年代初提出的旨在解决学校教育与社会生活脱节问题，引导青少年从“升学主义”转向个人生计与未来发展的观念。学生接受生涯教育所获得的不应仅仅是职业生涯技能，更多的是对人生价值和生命意义的思考和追寻。

目前学生职业生涯规划具有较大的盲目性。专业选择是个人就业的起点，影响就业者的职业生涯的发展前景。专业的选择标志着个人职业方向的确定。因此，选择适合而又喜欢的专业显得有尤为重要。根据调查显示：学生自我参与选择专业的主动性差。第一，他们过度地依赖了家长、教师和朋友，在专业选择中没有体现出学生的主体性。第二，学生入校前对专业的了解不够，可以说学生在一个非常盲目的状态下开始了自己专业的学习。第三，对专业的喜爱程度低。因此学生很难建立起专业兴趣，如果没有与之适合的职业生涯规划，可能直到毕业，学生都没有找到专业的认同感，甚至是厌恶自己所从事的职业，也造成了学生工作后的高转岗率，更是造成了教育资源的极大浪费。

由此可见，职业生涯设计在中等职业学校的学生中认识不够，自身开展职业生涯设计的能力较弱，急需加强教育与引导。

古人云：凡事预则立，不预则废。班主任是学生职业生涯辅导中不可或缺的重要角色，应该在学生职业生涯规划中发挥着重要的指导作用和引导作用。

班主任可以从以下几个方面指导学生进行职业生涯规划。

## 一、借助系列主题班会，引导学生调整职业态度

中职学生自身存在着学习目的不明确，学习态度不端正、不积极、怕吃苦、眼高手低、好高骛远等现象，部分学生无心学习，连专业知识和专业技能都是通过老师“强行”灌输，到了应该就业的时候，便不知所措，过分地依赖社会和父母，自立能力差。一部分学生来学校读书的主要目的只是对某个专业产生好奇，而不是为了获取职业。一部分学生来学校读书，是迫于家长的压

力，对所学专业根本不感兴趣，更谈不上对未来的打算。

班会课是一个很好的开展德育的阵地，班主任可以在精心准备的主题班会氛围中，帮助学生调整职业态度，确定职业目标，引导学生建立正确的职业价值观念与人生观，合理设计符合自身的职业生涯规划。

## 二、依托文明风采竞赛，提升职业生涯规划能力

“职业生涯设计竞赛”是依托教育部开展的“文明风采”活动中的一个设计类竞赛。班主任可以利用课余时间，传授职业生涯规划知识，指导学生在知己、知彼的情况下设计自己达成目标的行动计划方案，系统地将所学、所思的成果展现出来，通过竞赛进一步提升自己的职业规划能力，为今后成功实现职业发展奠定基础。

## 三、通过企业实践活动，教育学生正确认识自我

我国的中等职业教育是一种定向明确的教育，它摒弃了普教重视升学和教育的模式，通过系统的专业学习为社会培养合格、能胜任选定工作的技能型人才。这样的培养模式给中职学生带来了许多的局限性，不像普通中学的学生有一个缓冲期。这种模式使得他们中间绝大多数人毕业后，踏入社会走上工作岗位，既无学历优势、又无经验基础和良好的就业心态。部分毕业生在没有调整好就业心态的情况下，对就业期望值偏高，不断换岗的情况时有发生。因此，班主任应该带领学生，通过企业实践，在实践过程中，组织学生与企业师傅沟通交流，通过现实教育，引导学生正视自我，给自己作好职业定位，找准适合自己发展的平台，明确职业取向，以此来合理构建适合自己的知识结构体系，充分有效地利用在校的时间来获取与职业相关的知识和技能，培养自己的职业能力。

## 四、结合学生日常管理，促使学生养成良好习惯

学生日常管理是中职学校养成教育的重要环节，班主任开展就业指导应与学生日常管理相结合，使学生养成良好的学习习惯、生活习惯、职业习惯。学生毕业上岗时，就会自然地将这些好的习惯迁移到工作岗位上，顺利地完成从学生到职业员工的角色转换。

## 五、配合学校职能部门，做好学生职业生涯规划

班主任应配合学校各部门，结合市场和社会发展要求，提高职业生涯规划的专业性、科学性、针对性和指导性。班主任工作应多与学校实训处等部门共同参与，分工合作，通过实习和其他社会实践等形式，做好由课内向社会的延伸，帮助学生树立正确的成才观念，确立自我职业理想，以自信的姿态，规范和调整自己的行为，同时也明确专业方向，提高职业认知，培养职业素养。

## 六、讲座类辅导，促成学生毕业求职成功

根据我校教学计划安排，三年级将去相关用人单位实习试用，最终实现就业目标。因此，三年级的职业生涯规划以教育辅导为主。

针对毕业班学生大多有择业心理定位不准、求职面试心理调适不当，以及部分学生在实习试用期间容易发生心理危机等情况，应对学生进行有针对性的辅导和帮助以及进行讲座类辅导：如《如何参加面试》《毕业前的心理健康》，并为学生提供个性化的信息咨询与指导服务帮助学生完善求职材料，同时举办就业政策、就业程序、求职要领和面试技巧等方面的知识讲座，为学生提供丰富的就业信息、用人单位信息和其他相关资讯。

（刘晓璐/文）

# 学生职业生涯设计人的品质培养

写下这个题目，着实惶恐，作为一个初带电子班的班主任，且并非专业老师，对这个专业及其以后的职业走向可谓一无所知。但我想，不管什么职业，有些基本素养是共同的。那么，我的设计就是，在我对专业还不甚了解的情况下，在第一年，我可以把工作重点放在培养作为一个职业人所具备的基本职业素养上。

“我们从来不缺少人，但我们缺少人才”这话出自湖北电视台新闻部张主任之口，言语之中体现了对能满足现实岗位需要的人才的渴望。所谓人才，我的理解是“人”和“才”的复合体。这个“人”应该区别于生物性的概念，因为在此意义上人都是人，而我们需要培养的是符合社会需要的人，是个社会性的概念。“才”也是一样，人的能力和才能只有为社会所有，为社会作贡献，才是有用的“才”。人在前，才在后，对人的培养无疑是一切后续的基础。那么，我们在中职阶段可以在人的培养方面作出哪些努力呢？下面就谈谈个人的一点粗浅的认识。

我认为作为一个社会人，最重要的品质体现在以下六个方面：热情积极的态度、正确的是非观念、守时守规、友善宽容、言行文明、责任感。

## 一、热情积极的态度

很难想象一个冷漠、消极的人会有什么作为，不管做得好不好，首先愿意去做，这是最主要的。因为只有愿意尝试，才有开始，有开始才可能有结果，也就是才有进步和成功的可能性。所以，我在班上特别注意激发和保护同学们的热情和积极性。班歌比赛时，同学们提出的歌虽然不是很适合合唱，但既然是同学们喜欢的，我双手赞成，硬是和同学们一起努力“把一首民谣歌曲合唱得还挺好听”，最后获得了二等奖。平时对于同学们的建议，只要能执行的我都马上执行，并且大力表扬提建议的同学，这样同学们就不怕提出个人的看法了，而他们要提建议的话，必须平时多观察、多思考，无形之中增强了自己的社会性，为自己以后顺利融入社会创造了条件。

## 二、正确的是非观念

人的一切行动都是受思想观念的支配，我们的学生有些事没做好，很多时候是他们不知道怎么做是正确的。所以在人生观、世界观和价值观的引领上，作为老师负有不可忽视的责任。从集体层面的引导来看，我认为国学经典《弟子规》里“入则孝”“出则悌”“谨”“信”“爱众”“亲仁”的观念和规范正好是我们可以拿来用的。于是，我在班上采取了由学生志愿讲解的方法，每天仅学习四句，每节课前的两分钟由学生干部组织同学们诵读，做到烂熟于心，同时我再结合实际情况适时地引导他们在生活中运用。比如布置孩子们回去实践“父母命，行勿懒”，然后在周记里记录父母看到自己改变的欣喜心情。再比如要求同学们在任课老师一走进课堂就全体齐立，向老师问好，实践“长者立，幼勿坐”。通过日复一日的学习和诵读，同学们“谦恭有礼”的习惯有望逐步形成。个人思想观念的引导主要通过布置和批改周记来进行。我布置的周记首先都是有主题的，然后就是有400字的字数要求。这样同学们就可以集中思考一个问题并进行相对充分的表达，同学们在“我在军训中的收获”、“当父母冤枉我时”、“我的努力，我的分”、“从班歌比赛中想到的”、“在我心中他最棒”、“我当干部的得与失”、“我这一学期”等主题下学会观察，学会分析总结，学会表达，通过我的点评更深入地认识了同学和自己，在班集体中倡导形成了正确的观念，如别人的东西再小不能拿，要帮助同学不要幸灾乐祸，团结就是力量，细微的坚持也能见大成效，学会合作是获得良好人际关系和强大集体的前提等，而这些观念的形成必将深入地影响孩子们的现在和未来。

## 三、守时守规

遵守时间是我认为作为一个人最重要的品质之一，是形成人与人之间相互信任的基础。为此，我首先做到自己不迟到，每天早晨都按时出现在教室里。然后，采取一系列措施来帮助同学们养成守时的习惯，如对全勤的同学进行操行分的奖励，同时进行阶段性的集中表扬，对偶尔迟到的同学要求他们在同学们面前讲讲自己迟到的原因和保证下次不迟到的措施，请同学们监督，对习惯性迟到的同学则给予相应的任务每天留校完成，虽然带有惩罚性质，但同时也让他们学到了东西或得到了锻炼。一学期以后，学生迟到次数明显减少，特别是有一名学生是以前经常需要留校的，在学期后一两个月的时间里几乎没有迟到，堪称本班历史上最大的改变。守时是守规的一部分，可以理解为建立学生规则意识的重要抓手。守规教育是从让学生知道规矩开始，努力让他们理解规矩进而遵守规矩。如升旗仪式的规范，课堂纪律的要求，清洁卫生的保持，食堂就餐的文明等都需要从为什么要这样做开始讲起，做到让学生从内心产生认同，然后一步步去践行。

## 四、友善宽容

作为一个处于社会当中的人，眼中就不能只有自己。根据个体心理学的观点，合作是社会进步的推动力。因此，自私自利，不擅合作的人势必遭到集体本能的抵制或排斥。换句话说，那些在集体中受到欢迎的人必定是善于合作的人。而合作，首先就意味着对集体成员的尊重、理解、支持和宽容。学校的班级里，集合了来自不同教育背景下性格各异的孩子们，是培养和锻炼合作精神的重要平台。作为班主任，首先自己要做到对每一个学生友善宽容，态度上和蔼可亲，特别是对于犯错的学生，从帮助他们改错的角度出发有所行动而不能站在道德高台上恣意评价。同时，允许同学们的改错过程中有一些反复，在工作中多一些耐心和等待。在平时同学们的关系处理上，积极引导他们互助互爱，让他们切实感受到别人的理解和宽容给自己带来的愉快体验，从而影响着自己也能这样去做。另外，我们还通过集中为每个同学办生日 Party 的形式让同学们感受到集体的关注和温暖，这都为他们关爱其他的社会人奠定了心理基础。

## 五、言行文明

如果说微笑是进入社会的第一张名片，那么言行文明就是在社会中走动的通行证了，因为它代表了良好的个人修为，是对社会规则的深度理解和对人的深度关怀的集中体现。就拿语言文明来说，首先同学们就要做到不说脏话和粗话，在公众场合不大声说话，自己作为听众时不要随意插话，老师允许讨论时也要保持轻声。但有些同学已经养成随意开口和讲话不注意场合的习惯，所以我需要做到的就是随时提醒，有的同学脏话说到一半扭头看到我，剩下的一半就咽了下去，这也算是一个成果。同学们有时在群里说一些不文明的语言，我只要看到了也会提醒他们注意文明用语，慢慢地，再有这种情况出现时，就有同学出来提醒他们了。另外一个在同学们身上表现出来的不文明行为是随手乱丢垃圾。我想首先要采取有力措施保证每次做清洁和保洁的质量，让教室在任何时候都保持干净整洁，这样同学们就不忍心往地上扔了。再就是无论我在教室里还是在外面，看到垃圾就会主动弯腰拾起，我相信对看到的同学至少也是一个触动。总之，言行文明涉及习惯的改变，任重而道远，作为老师应有足够的耐心，而再小的坚持也是会有效果的。

## 六、责 任 感

一个人生活在社会群体中，就必须要履行相应的义务，承担相应的责任。每个人都贡献自己的一份力量，这个集体才有战斗力，作为个体也才有在集体中存在的意义和价值，换句话说，个人才能被集体所需要。一开学我就在班上提出了“我为人人，人人为我”的集体工作目标，要求每个人尽力为集体服务，同时也努力让同学们看到集体的利益反过来惠及了每个人。比如我班每天的清洁任务是由四人小组完成的，如果哪一组团结合作得好，清洁做得非常到位，我就会要求组长在读报时间讲一下，他们是如何做到人尽其责的，同时也让同学们看看自己的周边，感受由于别人的劳动给自己带来的整洁的环境。在运动会的准备过程中，我特别注意搜集同学们对集体负责的表现及时在班上宣讲或者记录在班级日志中让大家自己去体会，比如我不在时，班干部仍然组织同学们去操场训练；不是参赛队员的同学仍能在旁边提出建议或者陪练；为了把项目完成好，大家一起研究了比赛规则，也想了很多方法，事后证明这些方法都是有效的，保证了我班在运动会决赛中取得两个第一，两个第二，一个第三的好成绩。学校的奖励发下来之后，同学们都很开心，因为这其中的每一份奖励都是同学们共同努力，人人尽责挣来的。一个学期下来，我感到非常欣慰的是，这一班的同学在集体需要的时候都不会打折扣，无论是男生还是女生，也不管是不是干部，都不会计较自己多做了多少事，因为我都会让他们看到由于自己的付出给他人带来的便利和快乐，让他们为自己的成就感到骄傲和自豪。

经过一学期的工作，我也很无奈地发现，这群学生经过层层考试的筛选，在学习方面比较普遍地丧失了兴趣和自信，这种对自己无力无奈的感觉也渗透到他们生活的其他方面，在很多事情上都表现出兴趣不高，持续性不强，容易退缩和放弃等特点，但我还是相信他们的潜力还在，只要我们为他们搭建好平台，扶着他们试着走一走，也许有一天他们会重新发现和认识自己。冰冻三尺，非一日之寒，要想解冻，也绝非易事。但既然开始了，我们就有理由相信，总有一些改变在悄然发生。

（胡艳/文）

# 浅谈职业生涯设计在班主任工作中的开展与实施

据中国新闻网报道称2014年全国高校毕业生总数达到727万人，比被称为“史上最难就业季”的2013年再增加28万人，号称“更难就业季”，创下历史新高。另一方面，社会对技能人才的需求越来越大，据统计，自2006年以来，中职学校毕业生就业率一直稳定在95%以上。近年来，中职毕业生的高就业率一直是社会关注的热点，但其就业的稳定性、就业质量不高也是不争的事实。如我校招生就业处反馈回校的消息也称近年走出校门的毕业生一部分在福利待遇优越的企业干不了多长时间就离职跳槽，但是重新更换的工作地点和岗位却不一定比原来的轻松优越、待遇高或更有利于学生的发展。为什么会出现这些情况呢？究其原因，主要是中职生在专业选择、就业定位和未来发展等方面普遍存在着较大的盲目性，很多学生对自己的未来职业缺少规划设计，不知道将来该做什么，要做什么，应做什么。由此可见，做好职业生涯设计是十分重要的。那么作为中职学校的班主任们就有必要积极引导学生去正确理解职业的概念，帮助他们进行有效的职业生涯设计。

## 一、职业生涯设计的定义

职业生涯设计又叫职业生涯规划，是指个人与组织相结合，在对一个人职业生涯的主客观条件进行测定、分析、总结的基础上，对自己的兴趣、爱好、能力、特点进行综合分析与权衡，结合时代特点，根据自己的职业倾向，确定其最佳的职业奋斗目标，并为实现这一目标作出行之有效的安排。职业生涯设计的不仅是帮个人按照自己的资历条件找到一份合适的工作，更重要的是帮助个人真正了解自己，为自己定下事业大计、筹划未来，拟定一生的发展方向，根据主客观条件设计出合理且可行的职业生涯发展方向。

## 二、加强职业生涯设计的重要性

职业生涯设计在20世纪初起源于美国，从国外引进我国还是近几年的事，我国对中职生进行职业生涯教育也还处于初步探索阶段。职业生涯设计的出现，为中职生就业指导提供了新的思考方向和借鉴途径，在中职生就业指导工作中加强职业生涯规划是非常必要的。

**1. 职业生涯设计是学生就业指导的重要内容**

中职生就业指导教育应包括自我认知、自我设计、自我职业决策、生涯评估四部分。职业生涯规划教育是要指导学生根据自身情况结合社会环境，确定自我职业发展的目标，并选择达到目标所采取的可靠手段和方案规划，力争顺利就业。目的是帮学生了解自己，实质上是让学生通过自我认识，进而实现学生人生价值的最大化。

**2. 职业生涯设计是个性化就业指导的具体应用**

职业生涯规划，强调先对学生个体内在素质进行测评，具有明显的个性化特征，只有这样才能满足学生个性化的设计要求；职业生涯规划指导是以学生为主体的个性化就业指导，通过对学生的职业生涯规划指导，引导学生根据自身特点结合自己的兴趣爱好等设计职业未来发展目标。

**3. 职业生涯设计是学生就业指导的理想平台**

学生通过职业生涯规划认识及重塑自我，设计自我，掌握自我评估，自我职业决策和自我发展的策略，成为自我职业生涯的主人。通过职业生涯发展规划，可选择适合自己发展的职业，确定符合自己兴趣和特长的职业生涯规划。职业生涯发展规划丰富了学生就业指导的内涵，成为就业指导的理想平台。

**4. 用职业生涯规划的思想做学生全程就业指导工作**

全程就业指导是以全面提升学生综合素质和专业能力为目标，在校期间全过程、全方位地进行就业培训和指导，使学生带着良好的学习习惯、较高的综合素质、扎实的专业功底、强烈的创新意识、熟练的实践技能、广博的知识内涵、敏锐地观察视野走向各自的工作岗位。全程就业指导贯穿于学习的全过程，让学生自始至终关注就业前景，按照职业生涯规划的目标实现自己的成才计划和就业计划。

## 三、班主任实施职业生涯设计的优势

中职生年龄小、阅历浅，对未来的职业生活备感兴奋与好奇，却缺少理性思考与设计。目前学生获得职业信息主要通过互联网、大众传媒、就业指导课程以及相关讲座等，尽管信息量很大，但学生不能切身体验职场的真实状态，没有真正了解将要从事的职业，以及该职业对从业人员的潜在要求。而学校从事职业生涯设计的专门人才极少，也没有培养职业生涯设计的专门机构。如今各中职学校都在努力提升毕业生就业质量和数量，职业生涯设计无疑是最好的一条途径。作为中职班主任一员的我们应正确对待学生兴趣培养和职业生涯设计的师资方面的差距和不足，充分利用专业课堂、班会、读报、课外活动的阵地，积极引入职业生涯课程中的相关内容，推动学生的职业生涯设计，更好地做好学生择业、就业的指导工作。班主任在实施职业生涯设计中有如下优势：

**1. 沟通优势**

由班主任实施职业生涯设计，能经常与学校就业办公室、各专业任课老师沟通，或下点到企业、用人单位实地考察，这样更便于了解学生学习和实习情况的优势，同时学生在实习和就业初期碰到各类问题时，首先最容易想到和倾诉的人也往往会是班主任，这样班主任们就可以最快、最直接地了解更多关于大学生成长情况的信息，便于掌握情况，开展工作。

**2. 有效性优势**

如果仅仅由德育教师通过课堂教学专门实施，由于其工作头绪较多，任课班级多，接受学习的学生杂，无法兼顾每位学生，或由于对学生的不熟悉而不能更好地根据特点给予指导，进而造成组线条的效果。对班主任来说，职业生涯规划教育和班主任工作殊途同归，班主任对此会认真规划、精心雕琢，产生细笔描绘的效果。

**3. 点对点的直接优势**

班主任在班级管理中和学生朝夕相处，课内课余经常在一起，无论是课堂还是活动、是早读还是读报或班会，都是参与其中，所以对学生的个性特点、学生身上存在的共性或个性问题、学生各自优劣势等情况都比较熟悉，便于班主任有针对性地因材施教。碰到问题便第一时间找到学生与其交流，长期相处后形成的默契和信赖也使得学生愿意接纳班主任的建议或观点，这样的教育显得直接而有优势。

## 四、班主任加强职业生涯设计的相关实践

中等职业学校的培养目标是使学生成为适应社会经济发展需要的中等职业应用型人才，班主任处在班级思想政治工作和学生管理工作的第一线，是学校学生职业发展教育和就业指导中不可缺的力量。班主任应将职业生涯设计内容贯穿到整个对学生进行教育的全过程。

**1. 自我认识阶段（中职一年级）**

初中毕业生到职业学校来，面临的第一个问题就是专业选择问题，由于他们刚刚初中毕业，并不了解什么是专业，根本谈不上选择专业，他们大部分听从家长或朋友的建议来到中职学校，因此这一阶段职业生涯设计的重点就是帮助学生了解专业，重新认识自我、明确学习和发展目标。该阶段建议开设相关主题班会，如：自画像、职业理想、我了解的本专业、我的未来蓝图等。

（1）了解专业：在新生入学初，可以借助学校的新生入学教育相关讲座或开设相关专题班会介绍所学专业的职业前景、工作性质、工作流程、能力要求、工作待遇以及本专业的培养目标、学制、课程设置、从业职格证书、等级证书获取与考核，第一年后期还可以利用家长会的机会与家长沟通，尽快帮助学生及家长全面了解专业信息。

（2）帮助学生认识自我：只有正确了解自己，才能对自己的职业发展目标作出正确的选择。准确分析自己，要了解自己的性格、气质、能力、兴趣以及自己的长处短处，只有明确自己是谁，想干什么，适合干什么，能干什么，才能对自己有一个准确的定位。班主任可以利用相关专业心理测试、成长经历探寻等方式，帮助学生准确认识自我，评价自我。

（3）明确职业发展目标：经历前两个环节后，班主任指导学生制订自己在学校三年学习的学习计划和素质拓展计划。如学习哪些知识、掌握什么技能或第一年技能达到何种要求。通过这些，帮助学生树立职业目标、唤醒学生的职业发展愿望，从而形成积极上进的思想观、人生观，激发学生的学习原动力，让学生主动接受和适应现在的身份。

**2. 职业素质培养阶段（中职二年级）**

一年的学习后，学生就业前景意识已基本唤醒，在本阶段他们面临的是如何结合自己的实际情况，处理好专业与兴趣、专业与职业以及如何完善自我的问题。因此现在的工作重点是帮助学生进一步认识、提升自我，培养与自己职业发展目标相一致的、社会需要的职业意识和素养。建议开展社会实践交流、

就业观分享、企业喜欢的员工等主题班会活动。

（1）将思想政治教育与就业指导相结合：借助社会及学校当中的正能量事件对学生进行积极正面的教育，特别是学生受到社会不良现象和错误思想的误导产生困惑时，班主任可以凭借自己的“朋友”角色优势与学生进行细致深入的沟通交流，针对学生的性格特点，多角度、多层次细微地分析，帮助学生克服困难，形成正确的思想和观念。

（2）提升自我、着重培养职业素质：企业和用人单位在招聘时，不仅要考核其专业知识和技能，而且还要考核其综合运用知识的能力，对环境的适应能力和实际操作能力。因此，要鼓励学生认真学习专业知识，参与相应登记证的考核，还应开展各种实践活动，鼓励学生积极参与其中，使他们在实践活动中相互学习和竞争，从而达到提升自我、认识社会、提高与职业匹配的各项素质和能力。常采用的形式有：职业生涯设计比赛、作品展示、技能大赛、短期社会实践、班内流动值日演讲比赛、辩论赛、模拟招聘会、素质拓展活动等。

（3）树立正确的就业观念：学生的就业观念受文化、环境、社会各因素的影响，难免会产生误区。班主任最好从一年级开始就帮助学生树立正确的就业观，可以借助班会、职业指导课等机会教育他们到哪都要认真、踏实、虚心、能吃苦、多学习，先就业再择业。摆正位置，从基础做起，切忌好高骛远。

**3. 就业技巧培训阶段（中职三年级）**

三年级要突出择业谋业创业的方法与技巧，指导学生掌握收集、处理、利用招聘信息的方法；学习向社会积极推销自己的技巧；做好面试准备，赢得理解、信任及被录用的策略。让学生做好求职前的准备，便于顺利实现就业目标。建议开展写好求职简历、模拟面试、如何建立良好第一印象、求职心理准备、求职信息收集、如何维护自己的合法权益等主题班会活动。

（1）法律知识和就业政策指导：了解国家就业法规政策是求职择业关键一步。班主任可以通过开展主题班会和学校就业办申请专题报告等形式进行相关政策的宣传与普及，告知学生择业就业、签约聘用阶段注意事项，学会保障自己的合法权益。

（2）就业技巧指导：班主任可以在班会、读报、相应专业课程中通过案例分析、模拟面试、简历设计等形式指导学生作好求职前的准备，引导学生做好个人自荐、掌握面试技巧、交际技巧、基本礼仪、沟通技巧，使学生能在竞争中脱颖而出，给用人单位留下良好的第一印象。

（3）就业信息收集指导：在信息化的今天，信息是否灵通直接关系到就业工作的成败。在平时，班主任要针对性地开办相关求职信息收集、筛选、分类、储存等能力的专题培训，要重点引导学生利用现代科技，如微信、QQ、百度、微博等资源，收集掌握用人单位岗位需求和就业信息。

（4）个别咨询：主要针对在择业求职方面个人准备不足的学生，以一对一的互动方式进行指导。班主任一定要多接触学生，并能根据其兴趣爱好、性格和所面临的具体就业问题，通过一些心理测试技术和心理咨询方法的运用，帮助学生增强信心，及时走出就业困境。

综上所述，可以看出学生职业生涯设计教育的成效如何，直接关系到学生是否能树立正确的职业价值观，而班主任在学生职业生涯设计教育中无疑是起着非常重要的作用的。

（汤敏/文）

# 中职班主任如何成为学生的人生导师

学生的成长和教育离不开家庭、学校、社会三方面的帮扶，在学校教育当中，班主任充当的角色至关重要。班主任是学校思想道德教育和学生管理工作的主要实施者，是学生健康成长的引领者，是学生的人生导师。有人说，班主任既是世界上“最小”的主任，也是“最大”的主任，因为他影响着学生的未来。正是因为如此，如何让班主任成为学生人生成长的导师显得至关重要。

在中等职业学校当中，班主任工作有一定的特殊性。首先，从教育性质上来说，中等职业学校是在对学生进行高中文化知识教育的同时，根据职业岗位的要求有针对性地实施职业知识教育和职业技能训练。不同于普通高中教学中由于参加高考偏重于文化知识教育，中等职业学校中职业知识和技能的教学占有相当大的比重，学生毕业后掌握一定的职业技能，能够顺利参与社会工作。其次，从学生特点上来说，中职生综合素质不高，普遍存在心理素质不佳、文化基础知识贫乏、专业理论学习困难、个人能力欠缺的问题。班主任的工作就更加有难度，提高他们的综合素质，让学生走出校园之后，能够迅速地被社会接纳或者获得更深远的发展成为班主任工作中的重中之重。那么班主任如何成为中职生的人生导师呢？

第一，班主任应当取得学生的信任。信任是人心之间沟通的桥梁，是学生与老师之间情感的纽带。因为有信任，学生可以依赖老师，相信老师可以给他正确的指引；因为有信任，老师也依赖学生，相信学生总能朝着正确的方向走去，这种相互依赖的关系使得老师和学生的距离更近了，这也给班主任的指导工作奠定了良好的基础。

第二，班主任应该培养学生良好的行为习惯。行为习惯反映了学生的责任意识、自律意识以及修养素质。在中职学校中，大部分学生行为习惯有待提高，他们在之前的教育阶段没有形成良好的行为规范，导致责任意识、自我约束意识薄弱，显现出修养素质不高，因此规范学生的行为习惯，有着重要的意义。我们学校的日常管理制度，即是针对这些方面的，如每天的考勤，考勤不是根本目的，其实是培养学生的责任意识，这需要让学生明白，同时因为个人的迟到会对班级产生影响，如果毫不在意，那也是集体意识薄弱的表现，这一定不利于以后职业生涯的发展；每天清洁的检查，督促班级学生做自我保洁，培养学生的劳动意识，吃苦耐劳的精神，锻炼他们的意志；规范学生的仪容仪表，谈吐言行，帮助他们形成正确的审美观。通过这些行为的规范和矫正，无论学生在学习能力上的好坏，至少在综合素质上是肯定不会差的，这同时也与他们的职业要求更加贴近，提前有一定的职业习惯的养成，避免学生在以后的道路上出现不适应问题。

第三，帮助学生树立良好的心态，引导学生认识自我。班级中，有的学生性格张扬，勇于表现自我，但是却难以听从管理，有的学生服从管理，但是性格内向、不自信。过于极端的性格难以让学生认识自我，作为班主任，应当细心观察学生，发现学生性格的优点，给予机会展示和鼓励，同时也要找到学生的缺点，给予适当的指导，让学生能够有一个良性的心态，了解自我的特质，并在此基础上规划属于自己的人生。作为人生导师，帮助学生了解自我的特质，并且能够传授情绪管理的技巧是必备的素质。

第四，帮助学生拟定人生计划、规划未来。人生导师也可以称为人生教练，旨在帮助身心健康、社会适应能力、良好的成年人认识自我特质、了解人生目标、拟定人生计划、执行决策、调配时间、规划未来、开发情绪管理技巧及智慧经营人际关系。由此可见，班主任充当学生的人生导师角色时，不仅仅是帮助学生认识自我，更重要的是要引导他们拟定人生计划、规划未来。中职教育时期，学生初次和职业亲密接触，而目前大多数学生对职业生涯规划的意识薄弱，作为班主任应当将学校与班级管理结合起来，加强对职业生涯的教育和指导。从入校开始，就应当让学生充分了解自己学习的专业，真正选择适合自己的专业，有助于学生职业生涯的健康发展，反之会制约学生职业生涯的成功，同时也浪费了教学教育资源。以我校学前教育专业为例，学校开设专业有钢琴、声乐、美术、舞蹈等，两年后升入大专学习，这是学校安排的一个职业学习的道路，学生今后从事幼儿教育教学工作。如果学生对所学习的专业课程毫无兴趣，那么无疑浪费了自己学习的宝贵时间，相反，若能够很好地掌握专业课程，成为一个能说、会唱、乐于表演、充满青春活力的学生，那么这无疑对它的职业生涯是非常有帮助的。在我校的两年时光，掌握基本的技能基础，在大专院校的学习当中丰富自己的专业理论知识，这对将来从事幼师行业无疑是非常有利的。班主任在学生在校期间，应当多鼓励学生参与社会实践，在班级中营造职业氛围、提供生涯规划辅导等。

第五，重视家庭教育配合，引导家庭教育。大部分中职生处于青年前期向青年后期的过渡阶段，自身的生活经验不足，视野不宽阔，不能完全依靠学生自身和学校来进行职业生涯规划，班主任在其中应当做好沟通衔接作用，让家庭也参与其中。班主任可以通过将编写学生职业生涯规划的资料发给家长，力求家长的支持和参与；定期召开家长会，交流学生的学习情况和教育信息；开展有学生家长参与的专业展示、职业规划等活动。

综上所述，班主任要成为学生的人生导师，是一项复杂的工作，对班主任的综合素质是一项考验。教师不仅要取得学生信任，更要帮助其规范自己的行为习惯，在此基础上帮助学生了解自我的特质，并协同家长一起帮助规划职业生涯，这也是一项有利于学生成长并关系到其未来发展的工作。

（李梦婷/文）

# 德育的“马拉松”，我们努力在路上

面对着我们教育的对象，一群遭受中考失利又桀骜不驯的学生，我们带着美好的期望——希望他们在我们的手中改变、成人、成才，2014 年我们在德育的“马拉松”中努力着，一直在路上！

## 一、我们努力矫正学生中存在的不良行为习惯

我们的学生身上有很多不良的行为习惯，如何矫正？首先，我们加强了制度规范的建设，学生的管理也必须建立在法治的轨道上，做到学生管理有法可依、有章可循，以制度规范约束学生行为。本年度完善了学生行为规范制度，文明礼仪制度，使学生在日常的学习生活中有规矩约束，在实践中有章可循，知道学校倡导什么、反对什么，从而增强遵规守纪的自觉性，良好的习惯在制度的框架内逐渐养成；其次，加强了检查和督促。每天早上校门前值班人员的检查（可谓年复一年、日复一日，长期的努力换来今天的成果），课间教官的巡查，每月进班抽查，无不体现着矫正同学们不良行为习惯的良苦用心；最后，把学生行为规范的管理与职业素养培训相结合，加强学生的规矩意识教育，提高遵规守纪的自觉性。每周一次的学生拓展训练，强化着同学们的规矩意识、纪律意识。一年来，通过学工处及训教中心的相互配合，加强对学生日常行为习惯的管理和教育，把管理和教育寓于每周的拓展训练之中，极大地提升了学生遵规守纪的自觉性。

## 二、我们努力提升学生思想中的正能量，抵御不良文化的侵蚀，树立社会主义核心价值观

互联网时代极大地便利了学生对信息的获取，但信息的良莠不齐，学生无法鉴别，难免会受到消极错误信息的影响和误导，我们牢牢地占领着德育主阵地，向学生灌输着积极向上、真善美的丰富营养，增强他们鉴别错误、有害信

息的能力，抵御不良信息的影响，强化积极健康向上的精神境界。如早自习的经典诵读、午间广播读报、晚自习的新闻联播、每周升旗、主题班会、每月的主题教育：感念师恩（9月）、心态与成功（10月）、感恩教育（11月）、青年励志教育与迎新活动（12月），以及道德讲堂：敬业爱国教育（10月）、诚信友善教育（11月），每学期的党校、团校等形式，有计划地对学生进行社会主义核心价值观的宣传和教育，不断挖掘和发现同学们身边的先进典型进行宣传报道。一粒粒传播核心价值观的精神食粮，播撒在同学们的心间，同学身上正能量被激起，好人好事不断涌现，助人为乐（拾金不昧、捐款）渐成风尚，同学们心中的善良被不断地焕发出来。

## 三、我们努力开展丰富多彩的课余文化活动，成立多个兴趣小组，让学生在活动中，不仅受教育，而且重拾自信

为提高学生的综合素质，增强自信心，丰富课余生活，2014年学工处、团委、各班班主任在不同时期开展了相应的课外活动。如春秋季运动会、三人篮球赛、一·二九歌咏比赛、社区青年志愿服务、迎新年晚会、文明风彩竞赛等活动。多种兴趣小组（腰鼓队、根与芽环保小组、动漫社、礼仪队、书画社、模特队）更使学生看到自身的价值而乐此不疲。学生们在活动中深得教益，在成功中重拾自信。

## 四、我们努力加强安全法治教育，以唤起同学们对生命的珍视，做知法、守法、懂法、用法的合格中职生

为增强学生们的法治意识，提高自我防护能力，我们聘请法律专家为学生作法制报告，宣讲法律法规，讲授自我保护技能，组织法律知识竞赛，开展特殊情况下紧急疏散、消防灭火等演练活动，提高了学生自我防护意识和自我保护能力。

## 五、我们努力加强校园文化建设，以期充分发挥环境育人的功能

我们继续开展和推进企业文化进班级活动，丰富走廊企业文化，以核心价值观为主要内容，重绘校园文化墙，校园视频不断展现学生们的精神风貌，营

造积极向上的校园氛围。同时还进一步开展了校徽、校旗、校歌、校训的整理、设计制作工作，再加之学校进一步打造山水园林之美景，当我们的学生们步入校园，无不浸润于浓浓的文化意境之中，学生文明的习惯将在此养成。

## 六、我们努力加强班主任队伍建设，增强德育工作的有效性

火车跑得快全靠车头带。一年来我们通过四个坚持，即坚持每月两次班主任例会、坚持班主任工作的量化考核、坚持德育工作年会制度、坚持暑期班主任培训，加强班主任队伍的建设，增强班主任在学生中导师的示范引领作用，保证了德育工作的有效性。每个班主任都有着自己育人的故事，《班主任工作》里面的每一篇文章无不印证着老师们的酸甜苦辣，正如陈春荣书记在《序》中所说："班主任工作是件劳心又劳力的苦差事，但苦中有乐，乐中生趣。向阳老师在与迟到的斗争中收获了学生的进步，朱再玉老师在拉一把中收获了学生的成长，邓桂华老师在德育与智育的有机结合中放大了教育的功能，陈玮老师用兴趣助推学生成才，马海老师在宽严相济的管理中打造良好班风、学风，刘俊老师在学生意外伤害中体现着教师的担当，盛娟老师用智慧探索着教育的新路子，汤敏老师用教师的人格魅力打动学生的内心，李慧勤老师用浓浓的园丁情换来学生天真纯洁心……"

每个班主任的工作是勤恳的、任劳任怨的，我们班主任队伍是能打硬仗的队伍。现在班主任的工作相比以前多了很多，就拿这学期来说：学生受伤校园责任险的理赔、学生医保资料的归集、到银行为学生转账缴费、毕业生求职补贴申请的通知、资料的收集、每月贫困生国家资助申请资料收集、上交每月异动的审核等，相关部门通知一下，没有一个班主任说这不是我的职责我不做、不管，大家加班加点按时完成工作。所以说我们班主任队伍是好样的。虽然在坚持过程中在某些策略上还存在许多不足、不合理，甚至于不公平的地方，有待于完善，但大家应该看到正是我们的坚守努力，才使我们取得很好的成绩。

以上为本年度的总结，主要肯定了成绩，当然在我们的工作中还存在许多不足，正因为如此所以我用的标题是"德育'马拉松'我们努力在路上"，大家要看到德育工作非一朝一夕之事，非立竿见影之活，是"马拉松"，需要我们的坚持努力！

（袁彬/文）

# 中职生不良行为矫正的策略探讨

中职学生在学习习惯，课堂行为等方面普遍存在很多问题，如，不能按时完成作业、上课讲话、注意力不集中、违反校纪班规、与老师发生冲突……而这些问题的存在也是由来已久，单凭说服教育是远远不够的，我们需要一些更加有效又强有力的措施来帮助他们矫正这些行为问题。

## 一、矫 正 策 略

**1. 正强化**

所谓正强化，是指当人的某一行为出现之后，随之出现一个事件，使那个行为频率增加。正强化是最常用的行为治疗方法。学生课堂上出现最多的问题是注意力不集中和讲话，而课后的主要问题是作业问题，对此，我们可以采取称赞和奖励的方法。在这方面，我灵活运用班级量化评分细则，使正强化发挥适当作用。例如，我班一部分学生好动，上课喜欢讲小话，影响课堂教学，也影响整个课堂学习秩序，那么，我就把讲话扣分变成不讲话的加分，执行一段时间后，如果情况好转，整体课堂纪律较好，那么再改变方式。如果作业出现了普遍问题的时候，也一样可以采取此种方式，对少数做得好的学生实施加分奖励机制，以调动学生学习积极性。另外，因为大多数学生都是独生子女，劳动观念和劳动能力都较差，所以，采取正强化的方法也是行之有效的。一种行为被强化，有时候会被泛化到其他行为，比方说，一个学生的英语作业完成得好，得到称赞，那么他（她）下次会把作业做得一样好或者更好，同时，也会把这种行为在其他科目上泛化。因此，有效利用正强化是会收到意想不到的效果的。

**2. 消退**

所谓消退，即当强化不再存在和出现，个体逐渐停止做原来的行为。消退是强化不再出现的过程。父母可以使用消退的基本原则对待孩子，老师可以以此来对待行为不当的学生。例如，孩子无理取闹或哭的时候，父母可以不理会，而有的学生喜欢上课哗众取宠，以引起大家关注，这时，老师可以采取冷处理的方式，也就是不予理会。慢慢地，学生觉得无趣，也就不会再出现此种行为了。但是，要注意，消退原则要运用恰当，不可用于良好的行为举止。例如，某学生上课经常举手想发言，但老师没有给予机会，那么久而久之，这个学生的积极性就受挫，也就是说，良好的行为举止被消退了。

## 二、自我监控

让学生学会自我管理是我们教育的一个重要方面。学生如果能很好地自我管理，那么，可以增强他（她）对环境的控制感，减少不良行为的出现，减少对老师的依赖。自我管理成功者，如果能得到来自他人的积极反馈，也可以说是正强化，那么，就非常有助于促进行为的改变。例如，让一个上课特别爱讲话的学生，采取自我监控法进行行为纠正。具体说就是每天规定相应时段作记载，记录上课情况（讲话次数），一个星期作一次自我评价，通过评价结果，学生自然会发现，随着自己讲话次数的减少，上课的效果好了，能听懂老师讲的内容，作业完成质量高了，学习进步了。当然，对于自觉性差的学生，运用自我监控法是有一定难度的，需要老师不断地引导和帮助。

总之，我们运用正强化来肯定学生良好积极的行为举止，而运用消退法来消除学生的不良行为，最后让学生学会自我管理。

## 三、倾　　听

在对学生行为进行矫正的同时，我们有必要了解学生不良行为的根源。此时，我们就需要倾听。“倾听是一种艺术，通过倾听，我们使用共情穿越我们之间的距离……”我们要为理解而倾听。

大多数青少年不良行为多是由教养问题以及环境造成的。如，单亲家庭或家庭管教存在问题，这样的家庭要么是收入不稳定，要么是父母监控差，那么，这样的学生在学校与人互动时，感受到的多是负性评价，甚至引起学生和老师的厌恶。我们的学生往往就是在这样的环境影响之下，带着许多毛病走入了我们职校。对于这样的学生的教育，既需要我们付出极大的耐心，也需要我们采取一些更科学有效的方法。我们有必要学习和运用一些倾听的技巧，去了解学生的成长经历，了解他们的家庭，了解他们的真实想法，这样才能更好地帮助他们。

（徐忠群/文）

# 坚守课堂这个教育的主阵地

课堂是学生接受教育活动最集中、持续时间最长、活动空间最大的场所，是最有效地组织学生、最灵活开展教育的场所，也是教育辐射面最大的场所。因此，教师应该充分发挥课堂的主阵地作用，将德育融入智育之中。

我是一名中等职业学校计算机应用专业教师，在教学的同时担任班主任。在实际工作中，我亲身体验到教学和德育工作的有机结合能更好地帮助学生成长，让德育在潜移默化中浸润学生的心灵。我将自己曾经做过的一次尝试和探索再现出来，与大家共享。

## 一、情景描述

在高一下学期末，我班组织了一次“我的一学期”的主题班会。当时，学生刚刚学习完“PPT 制作”教学单元，出于检验学习成果的需要，我把这次班会的准备过程安排成一次“PPT 项目训练”的教学实践。教学过程经历了以下环节：

（1）全班自由组合分组：4—6 人一组，先学习项目评价标准，然后讨论并制作项目计划书，设计 PPT 基本内容，进行小组分工，安排制作进度。

在分组时，出现了一个意外的插曲，有 8 名同学显得孤单，没有小组愿意接受他们。其中有的是因为平时不爱与人交流，自我封闭；有的是因为平时懒散，不愿承担任务不能被其他小组接纳的。于是我让他们从自身找原因，鼓励他们克服困难，拿出作品来证明自己，同时将这 8 个人分成两个组。最终全班分成了 7 个小组进行比拼。从分组的情况来看，部分同学能改变自己的个性，调整自己的行为，更好融入班级之中。

（2）整理资料：回顾一学期的学习生活，准备制作 PPT 所需要的素材。

这一个过程由学生在课余时间完成。他们在整理素材的过程中，清理了上课的作业，回顾了一学期班级的各项活动，从中找出自己有乐趣、有收获的片段。然后收集相关图片和编写文字资料，来表达自己的收获感受，最后生成电子资料（我们计算机应用专业的许多作业本身是电子版的）。同学们在私下交流的过程中，发现了我班各科学习最棒的同学，还分析了他们学习的特点。有同学跑来跟我说，难怪××学得那么好，其实我也能做到。对身边优秀的同学由衷地赞赏，对自己学习的不足有了反省，这就说明整理材料的过程也是学生进行自我教育的过程。

（3）进行 PPT 制作。这一阶段，大多数小组合作不错，各施其责，技术上相互探讨交流，让专业技能得到很好的锻炼。其中，第一个组合作非常愉快，把 PPT 当大片一样，除了完成计划任务外，还用手机拍下了一些他们小组交流中的花絮，记录了充满乐趣的学习过程；第二组，特别的沉闷，组长大包大揽，把他们的组员晾在了一边，一个人默默地进行着任务，独享大家整理后的资料，有点个人英雄主义；第三小组，无所事事，其组员正是分组中不被接受的 4 个男生，他们平时积累不够，难以完成前两个环节的任务，以致于后面阶段不知道干什么，任务难以推进。但他们还是在其他几个小组之间游历，试图从别的组身上获得启发。第四小组的四个人则是做着各自的 PPT，各有一套资料，团队成员之间根本不合作。

我一方面对各组遇到的制作方法和技巧进行技术指导，及时通报进程，引导学生分享前文提到的第一小组合作的乐趣。对第二小组的情况，我及时指出问题，促使他们多些合作分工，落实项目计划书。而面对第三小组，在有限的时间里，我有点分身乏术，忙不过来。只能引导他们根据自己现有的力量，运用 PPT 最基本的操作技能，制作有他们个性的作品。这组的 4 个男生都爱游戏，我就让他们展示游戏中的乐趣。对于第四小组，我则淡化处理，因为评价标准中有对小组合作的评价方法。教师针对性的专业指导很有必要，但不能一刀切，要因材施教，学生的专业水层次有深浅之分。

（4）班会展示和讲评。通过认真准备，大家信心满满。班会在学校的多媒体教室进行，7 个小组长抽签确定演讲的顺序。第四小组 4 个人都做得不同，在交流 PK 后最终确定了一名代表，还有一个同学坚持展示自己的作品，从这个小组中分离出来。而第三小组因为问题太多，作品没有做完，我在讲评的时候把他们的半成品给大家进行了展示，让大家借鉴他们作品中的创意。

在作品展示的过程中，同学第一次感受到微机显示屏上显示效果与投影效果的差异；第一次尝试运用 PPT 进行演讲，有的一时紧张不知所措，演讲和 PPT 演示不同步；有的照着 PPT 读。演讲效果最好的是班长所在的小组，班长亲自上阵，她较好地把握了演讲的节奏，让 PPT 突出了她所要介绍的内容，内容也显得充实、直观。这组制作的 PPT 也是充满童趣，大家能从中感受到她们在班集体中快乐的学习生活，被大家评为最佳作品。而第一组，因为演讲和版面安排有不合理地方，虽然没能评上最佳作品，但同样赢得了同学们的掌声。

## 二、问题分析

教师在教学中要敏感地抓住各种契机，激发学生的情感体验。这次班会我们没有讲大道理，同学们却从中收获不少，懂得许多德育道理。

（1）学有所用，学有所乐。这次活动采用项目教学法，为学生营造民主、开放的、自主的学习环境，活动内容选择以学生一学期校园生活为素材，更易激发学生情感体验，让学生明白学习和实践能让我们的生活更加美好。同学们经历了从制订计划书到运用 PPT 进行演讲的全过程，亲身体验到如何运用 PPT 帮助演讲、突出重点、直观生动、吸引听众、提高宣传效果，专业技能得到了一次很好的锻炼。整个过程以评价标准为准则，鼓励学生合作完成任务，教师少干预，给学生较大的自由空间放飞思维的翅膀。学生在作品中呈现了很多表现自己个性的内容，譬如有同学运用所学知识将生活中的感悟制作小故事，我还被他们的作品“幽默”了一番。遇到一个问题，有时小组内就找到几种解决方法。也有其他组的同学在其任务完成顺利情况下，自发地加入到求解的行列。大家互相帮助，小组的同学合作学习。师生其乐融融，一起体验着学习、创新的快乐，分享成功的喜悦，感受同学间、师生间的友谊，觉得学有所用，生活充满乐趣。

（2）合作重要，分工必要。沟通交流是否充分直接影响合作的好坏。分工合作的目的就是要发挥学生各自长处，制作出高质量的作品来。第二组就是由于第一阶段交流不够充分，分工不明确，以致大家整理的资料雷同，之后组长又没有与组员进行好的沟通，才出现了在 PPT 制作阶段的合作不愉快。为此我请几个做得较好的几个组长介绍他们组的做法，该组同学从其他组身上了解到其他组的同学是如何确定项目内容、如何根据自己特点提出建议、在意见有分歧时是怎样进行沟通的。经过小组之间的交流，第二组重新进行了讨论、分工，在后续的学习合作中表现较好。

作品的质量直接反映出小组合作的好坏。班长所在小组在制作过程中也遇到了一些问题，他们组收集资料很丰富，应该怎么选择使用这些素材、这些素材在 PPT 中如何进行组织等问题的解决就是合作。他们经过商讨最后确定分三个层次表达他们的成长和收获，并用三只可爱的动物表示他们成长中的感悟。第一层是慢成长期，如蜗牛般行进缓慢，虽做了很多事，成绩却不明显。第二层是成长期，遇到一些困难，但如传说中猫咪有九条命一样，坚持不懈闯过难关。第三层是收获期，可以看见一些成绩，如故事“龟兔赛跑”中有了第一次教训的那只小兔，提醒自己看到成绩不能骄傲。他们在 PPT 中把蜗牛做成动画，爬向其准备的图片，或留下一句富有哲理的生活感悟；可爱的猫咪则被他们安排到 PPT 页面的切换，从一张页面翻过去，在下一张页面滚下来，一页反映一次成长经历……作品充满童趣，小动物的萌态让大家心见尤怜——动物好可爱，保护好动物。

（3）取长补短，互相欣赏。在制订计划书时，学生计划都是粗线条的：学习上的成长和收获、学校活动中的成长和收获……到收集整理资料时，找到的只有学习方面的资料，一下子感觉这个项目难以完成。林××同学成绩一般，找我叫难，“老师，我没有什么优点，连我妈妈都一直这么说。她还说如果我能找出来优点来，就给我买份奖品”。“怎么会没有优点？”我跟同学们一起，回忆林××从他进校开始一学期点点令人感动的瞬间，他才发现自己有很多好的变化，惊喜地说道：“老师，这些你都还记得！”他脸上绽放出幸福的笑容，我知道我们的心更贴近了。我也不失时机地鼓励道：“你明是非，愿意为大家服务，只是基础差了点，做事不主动，有些事做得有些毛糙。要有信心，只要努力，就能做得精细些。每个人都有长处，也有不足，有些不那么明显，需要我们不断的努力，让那些优点彰显。”之后同学们也学着做，你说说我，我说说你，在回忆一学期的生活中更多地看到了身边同学的长处，学会互相欣赏。他们选择了其中一些动人的故事或情节，以文字，声音等多种形式整理成 PPT 素材。大家感受到集体的温暖，提出以后要把这样一些美好的瞬间捕捉到手机里。

同学们在收集整理素材的过程中，发现了身边的榜样，从成长的痕迹中看到了自己进步，他们的信心一下子被充满。在制作 PPT 时，主动向身边的同学取经，积极表现自己优秀的一面。这也是我当初设计教育活动的目的之一。

（4）锻炼提高，靓丽自己。班长的演讲给同学们留下了很深的印象。她的演讲一结束，我带头鼓掌，感谢她让我们看到了她的又一个进步，这时同学一下子安静下来，诧异地看着我。我说道：“大家还记得班长第一次站在讲台上发言时的情景吗？今天不也是她当好班干部、为大家服务、积极参加学校活动让能力得到锻炼的一次成果展示吗？”同学们一下子就想起了那个站到讲台前用手指绞着衣脚的腼腆女生，教室里顿时笑声一片，掌声四起。

大家从班长身上看到了积极参加各种活动、当班干部虽然会牺牲自己的一些学习时间，但能在实践中得到很好的锻炼。在之后的学习生活中，我班以后班级活动都是学生主动找我商量后，自己组织进行的，井然有序。

（5）学后知不足，希望犹在。在讲评中，第三组的半成品一亮相，同学们为他们的创意欢喜。该组学生将一些游戏中的画面取出组合成 LOGO，介绍了常玩的几款游戏，因平时知识积累太少，不能在玩中体会更多感悟，PPT 做到中途被搁浅。同学们感叹：再好的创意，没有实力去实现它，只能是空想。相信他们在这样的认识下，学习的动力会有提升。我趁势引导大家，“玩游戏本身没有错，但要分清主次，要有节制，要注意锻炼意志力，培养自我管理的能力，希望有一天，能看到我们自己设计的游戏”。在之后的学习中，就有同学运用 FLASH 制作了一个小游戏供大家课后娱乐。

## 三、效果延伸

通过高一下学期的这次主题班会，高二上学期同学的进步明显：学习变得更主动些，自我教育和管理意识增强了。班干部工作主动分工合作、有计划地安排班级日常管理工作。同学之间的合作意识增强了，各项班级活动井然有序，质量也较高。这些实践都证明了，德育只有以审美为教育的内容，以课堂为主阵地，以知识传授为根本手段，才能转化为学生接受的积极内动力，产生最有实效的教育效果。

每个人身心的发展都是有其规律的，都要经过“认知—情感—意志—行为”这样一个发展过程。因此，人们往往先看到的是现象，在眼前利益和长远利益发生矛盾时，他们往往选择现实。新时期德育工作实效不强的原因之一就是德育往往停留在口头说教下，脱离实际，道德目标定得大而远、虚而高，违背了学生的身心发展规律。学生从内化到外化成自己行动时，不知啥是好是坏，不知道该干啥、怎样干，德育收不到实效。如果在承载智育的教学活动中融合德育，伴随学生的认知过程，更能激发学生的情感，更能增强德育实效。

苏霍姆林斯基建议：“任何学科的教学，都要对学生进行道德教育，教师不仅要向抱有求知欲的学生传授自然科学知识，而且要向他们讲解产生这些知识的精神因素。学校开设的各门课程既要用知识充实学头脑，也要点燃他们的心。”人类科学文化所取得的每一点进步，人类文明的每一点进展，都凝结着先辈们的辛勤劳动，都凝结着无数人的道德价值。因此，智育的每一个素材、每一个过程都深刻地包含着道德精神和道德思想，都蕴涵着德育的因素和德育的力量，只要我们每一位教师都能以教书育人的责任感去挖掘智育中德育因素，释放出智育中德育的能量，德育就会在智育中大放光芒。

（邓桂华/文）

# 让兴趣成为学生成长的有益牵引

物理学家爱因斯坦说过："兴趣是最好的老师。"我认为兴趣是打开学习生活宝藏的钥匙，指引学生不断开辟人生的处女地；兴趣是照耀理想的灯塔，指引学生努力去实现理想。其实在学习生活中，兴趣给我们师生带来了很多意想不到的收获。十年的职校班主任经历让我体会到：兴趣是学生成长的有益牵引。在教育学生的过程中，只要你能及时地发现学生身上的闪光点，激发并有意识地引导他们的兴趣，，学生就可能不断地取得你意想不到的成功。

2012 年，我再次担任了电子专业高一的班主任。开学不到两周，科任老师反映几个学生经常上课在下面玩手机游戏，不认真听讲。这种懒散的风气如果得不到有效的遏制，班上积极向上的学习氛围就会被击垮。班风不正、学风不正，还会给班级的管理工作带来许多麻烦。

怎样才能找准突破口把学生的主要精力引到学习上？经过一段时间的观察，我发现：他们之中最突出的是大个子学生朱逸哲。该生的特点是有点小聪明、自以为是、自由散漫，遇到自己感兴趣的事情，他便会有极大的热情，但毅力不够。除了玩手机，他还喜欢打篮球：在学校的篮球场上，他经常带着班上的同学一起打球，很有号召力。我决定以此为契机，对其进行了引导。

一天下午放学后，我找到朱逸哲，要求我们打场篮球比赛。朱逸哲惊讶地看着我说："陈老师你也会打球呀！"我说："是呀！如果你今天赢了，我把你的手机还给你。"朱逸哲高兴地说："好，一言为定。"我找了三个学生当我的队友，并对他们进行了简单有效的培训，一场 4 对 4 的球赛开始了。虽然我方没有身高力量的优势，但凭借着严密的配合、精准的投篮，我们最后以 38 比 35 赢得了比赛。比赛结束后，气喘吁吁的朱逸哲不服气地要求再比一场。我摇摇头说："再比一场你们还会输。你个人能力强，但你们不讲配合和战术，这样的比赛不输球才怪。""不知道跑位、拆档、传球。打球的配合意识差、毫无章法。""你们几次被断球，传球失误，你只知道单打独斗，往里冲。"听了我的分析，这几个学生连连点头称是，希望我传授一些技术和战术打法，我同意了。同时要求他们积极训练，准备参加 12 月份学校组织的三人篮球赛，他们也高兴地答应了。此后，我一有空就和朱逸哲一起研究篮球的战术打法，并对他们进行技术训练。我告诉他们要想做好一件事情，必须动脑筋、想办法，不断地解决困难，不要因为一点进步就骄傲，也不能因为一点困难而退缩。在我的鼓励和帮助下，这些学生刻苦训练在篮球赛中表现出色，获得了校篮球比赛三等奖。

共同的兴趣爱好是连接人际关系的桥梁。兴趣相同的人遇到一起，坦诚的交流信息、交流感受、共同探讨，很容易加深彼此之间的感情。在管理学生的过程中，教师充分利用自己的兴趣拉近与学生的距离，使师生关系变成朋友关系，这样的教师才能真正地走进学生的世界，为进一步实施教育打下基础。所谓“亲其师，信其道”正是这个道理。

由于篮球训练和比赛，我们师生经常沟通，我和朱逸哲之间建立了良好的信任关系。在专业教学中，朱逸哲也开始积极主动请教我如何解决焊接过程中遇到的问题，并不时把焊接好的产品让我检查。我发现他的产品无论是焊点还是工艺都没有达到基本的要求。为了既保护好他刚燃起的热爱专业的兴趣之火，又能让他认识到自己课堂学习中存在的不足，我决定再找到一个合适的切入点。

在一次新项目的制作中，他以较快的速度焊好作品，自信满满地给我看。我仔细看后告诉他产品效果测试不出来。他不服气，要求测试。结果果然被我说中了。看着他垂头丧气的样子，我开始对他进行细致入微的专业指导。他按照我的要求将两处焊错的地方改正过来，加固了几处疑似虚焊的地方。经过几次仔细打磨，通电测试效果终于出来了。他满脸喜色地说：“老师，谢谢您!”我趁机说：“好的焊点和工艺是产品质量的保证，所以要在焊接装配基本功上多下工夫。一开始不能求快，要稳扎稳打，才能为后面打好基础。”他听后点点头。从这以后，每次技能课他都认真完成我布置的任务。那几个常玩手机的学生在他的带动下都开始积极主动地进行技能训练。班上学习的氛围浓厚了，朱逸哲他们也感觉到了自己的进步，因此在其他方面他们也渐渐地跟上了全班同学的步伐。可见，由于篮球兴趣的及时挖掘，实现了朱逸哲由课外兴趣向学习的有效转移，使他产生了约束自己行为的兴趣，促进了自己的全面进步。你能说，这不是兴趣引导学生不断地开辟人生的处女地吗？兴趣是打开学习生活宝藏的钥匙，一点都不假!

在专业教学方面，老师要有足够的耐心，保护好学生的自尊心。传授技能技巧不必过快，不能要求学生短时间达到较高的水平。否则，学生刚燃起的兴趣之火如微弱的烛光逐渐熄灭。《学记》告诉我们：“使人不由其诚，教人不尽其才。其施之也悖，其求之也佛。”表明的就是教师要了解学生学习的实际情况，要了解他们的优势和劣势，要根据不同的情况指导他们，否则是不能成功的。

苏新雄是我校电子专业09届的一名优秀的学生。该学生在报考我校参加面试时就对电子技术表现出浓厚的兴趣。依他当时中考的分数，还可以报考我校更好的专业，但是他直接选的就是电子技术应用专业。因为他立志成为高级蓝领电气工程师。入校后，我鼓励苏新雄加入校电子专业的无线电运动队。在了解无线电运动是一项电子技术和体育运动相结合的竞技活动之后，他对无线电测向活动产生了极大的兴趣。除了完成指定的专业学习任务外，他把大量的时间花在运动队的训练项目中。在测向机的制作、调试过程中，他一点一点地闯关，遇到不懂的就问老师，回家后还查找相关资料。测向活动中，他训练刻苦，表现优秀，寻找技巧和体能均优于其他同学。在职业技能鉴定考试中，他很轻松地获得了无线电调试中级工的资格，被班上同学亲切地称为“学霸”。由于专业成绩优秀，加上无线电训练的突出表现。老师同意他代表学校参加湖北省中职技能大赛，不服所望的他获得了当年的二等奖。

在家访中我还了解到，这个学生对电子技术达到了痴迷的程度，经常拆装家里的废旧电器进行维修。还帮邻居组装电脑，修理简单的电器。有一次，邻居家的电动车充电器出了故障找他帮忙。他拿到充电器后，做了简单的测试，发现显示灯不亮，里面的风扇也不转。于是就拿出工具，打开充电器的外壳，检查里面的电路，没有发现明显烧坏的痕迹。用万用表检查了很长时间，怎么也找不出原因。于是他打电话向我咨询。我让他上网查找电动车充电器修理的相关资料。经过两天的努力，第三天他兴奋地告诉我，灯不亮是因为保险管断了，风扇不转是因为控制三极管坏了。他自掏腰包买了对应的元器件进行了更换，把充电器修好了。

毕业后，他应聘到了华工正源电器设备有限公司。刚到公司，有的同学因为住宿生活条件差、工作量大，跳槽远离，有的甚至临阵脱逃，但是苏新雄时刻不忘自己的理想坚持了下来。他出满勤、虚心请教熟练工人，不断在车间加班加点。不到一年的时间，他从普通的工人做到线长、班长，后来就调到公司的技术部成为了公司的技术骨干。用人单位对他的评价是：这个学生很有钻研精神，也能吃苦、乐于助人、有很强的团队合作精神。在兴趣的指引下，苏新雄实现了自己的人生价值。后来他打电话感谢我当初对他细心培养，表示会继续努力，争取早日当上高级蓝领电气工程师。可以想见，如果没有最初的兴趣，苏新雄是不会这样执着地追求自己的理想，也就是个普通的上班族。

班主任要耐心仔细地观察每个学生，挖掘他们身上的潜力。全面地掌握每个学生的优点和缺点、兴趣爱好，有针对性地引导他们的兴趣，不断地寻找契机，鼓励并发展他们的兴趣特长。这样的兴趣一定会在教育的过程中起产生良好的连锁反应。这是一种积极向上的反应，更是老师、家长乐意看到的。总之，兴趣是一种促进学生成长的有益牵引。

（陈玮/文）

# 严宽结合才能实现有效管理

## ——浅论中等职业学校加强班级管理

班级是学生学习成长的园地，是学校的“窗口”、家庭的延续、社会的起点，培养优良严谨的班风、学风，打造一个和谐、上进班级，能促进每个学生的全面发展。

中等职业学校的班级管理工作，同普通高中相比，在以下要素方面存在较大差异。

（1）培养目标的不同：前者主要培养学生的专业技能，以培养动手能力为主；后者主要是为学生升入大学打基础，以语、数、外、文化管理素养等各科学习为主。

（2）教学形式的不同：前者学生在学习过程中，会有多次或是长时间的工作岗位实习，往往会打散班级建制，脱离老师的直接监管，接触社会时间长、单独行动机会多；后者学生的学习过程基本都是在校内相对稳定的班级完成，相对前者更稳定。

（3）学生生源的不同：受择业观念和就业竞争等方面的影响，前者的生源相对后者，在思想品德、学习态度、自觉性、学习能力等方面有着比较明显的差距，为班级管理带来了一定难度。

与普通高中相比，中等职业学校学生的特点表现为：生理上好动和兴奋，容易随心所欲；心理上自控力差，信心不足；行为上纪律观念淡薄，散漫易出错。

常常听到有的班主任抱怨：在班级管理中我非常用心，什么都管、什么都抓，事无巨细，非常辛苦；制定了严格的规章制度，完全照章办事，恨不得四双眼盯着学生，可结果还不尽如人意。特别是班主任离开就出问题，按下葫芦浮起瓢，疲于奔命。

怎样才能搞好中等职业学校班级管理呢？依我拙见，应该在“严宽结合”的基础之上动脑筋、想办法。缺少了严宽结合或是没有做好严宽结合，再好的形式和方法，效果必定要不同程度地大打折扣。

“严”和“宽”两者相辅相成，是辩证统一的。“严”是指依据国家法律法规、社会行为准则、校纪校规、学生行为规范等为标准，严格约束和纠正学生的言行，加强班级管理和建设；“宽”是指关心每位学生，和他们以心相交，付出爱心赢得其信任支持，让严格执行相关规章制度内化为学生的自觉行为，更加有效地达到教育的目的。

## 一、严是手段，宽是润滑剂

管理者常说：“严是爱，松是害。”在计划经济、思维单一的年代，对这句话的简单理解和执行，曾经取得过良好的效果。以前甚至有“严师出高徒”、“棍棒底下出孝子”等经典。现在是市场经济、思维多元化时代，年轻人个性空前突出，想法差异很大，对“严是爱，松是害”的理解、执行也应该与时俱进：单纯依靠外部的约束和高压、无情的严格往往适得其反，激化师生之间的对立；即使一时取得一定效果，也不能从根本上解决问题，教育效果不能稳固下来，一旦条件改变，效果立即化为泡影。

因此，班主任在尽职尽责实施严格管理的手段之前，必须先做好晓之以理、动之以情的感情疏通，尊重学生的人格、个性、尊严，给他们全方位的关爱，让他们感受到班主任特有的“家长式”温暖，从而对老师的管理给予理解、信任和支持。在此基础上进行的管理，往往事半功倍。

怎样才能扎实做好这项基础工作呢？

首先，班主任必须全方位地了解学生，要深入他们的内心世界。为此，班主任需要定期走访学生家庭，与家长沟通，知晓他们的生活背景，通过家长了解他们；与用工单位联系，经常看望驻点实习生，杜绝管理空档，知晓他们的工作情况；与学生本人交朋友，时常和学生促膝谈心，直激其内心，知晓他们的思想情况；巧借班会这个平台，珍惜并开好每一次班会，通过观察学生们在会场的表现、倾听其发言内容，分析出大家对班级建设的态度和意见。只有充分了解了每位学生，我们才能理解他们的作为，甚至不好的作为，严格的管理工作才可能做到有的放矢。

其次，需要根据学生不同类别，实施差异化的关爱和管理要求。不同类别学生背景、心理、能力、目标等方面千差万别，班主任在运用感情投入时不能一成不变，对分属不同类型学生的关爱侧重点是不同的，正所谓“对症下药”，

厚爱班级的后进生：后进生之所以暂时“后进”，往往是由个人缺乏目

标、家庭教育缺失或生活困难、性格孤僻等多种因素造成的，在班级管理中，我们要抱着不抛弃、不放弃的决心，努力将“与人为善”的爱心倾注给后进生，做他们的朋友和亲人，给他们以更多的关注、更多的投入。不仅要批评他们的不足，更要创造条件，发现和发挥他们的闪光之处，用教育和鼓励帮助其纠正偏差，融入班级的怀抱，感受温暖。

博爱班级的中等生：中等生往往是班级中容易被忽略的群体，他们有比较稳定的心理状态；他们既不像优秀生那样容易产生优越感，也不像后进生那样容易自暴自弃；他们是班级的一面镜子，他们希望老师重视他们，但又不那么自信。对这类学生要掌握他们的心理特点，调动他们的积极性，帮助其作好职业规划；正确对待他们的反复，始终如一地尊重、理解、信任他们。

严爱班级的优等生：对优秀学生谁都会宠，因此优秀生的缺点往往容易被忽视、被掩盖、被原谅、被袒护，然而小的缺点也易造成大的隐患。对这类学生不要过分宠他们，更不要迁就他们，时时提醒他们做学问先做人，要做一个正直、热情、向上的人。优生不单纯是学习成绩优秀，更重在品德优良、心胸宽广、心理健康。对待成天被人赞誉的学生，就要用更加严格的制度要求他们，这样才能克服优生的弱点，才能使其扬起风帆继续进步。

当我们能够用真情换回学生的真心，就消除了班级建设的重要障碍，赢得的是信任、支持，为加强班级管理准备了一片沃土。

## 二、班主任会用、巧用信任

现在的学生希望最大限度地得到周围各方面的认可，包括在班级中展现才能；他们身上存在的缺点也往往让班级的管理者（班主任）因为不放心而产生顾虑，在班级管理中难以做到放权，对学生的教育往往难以从根本上解决问题。

在面临“放”和“不放”选择时，班主任需要理清思路。学生需要得到认可其实是上进的信号，是要鼓励和支持的；他们的缺点和不足是需要改正的，关键是采取什么方式促使他们认识到自己的不足，并产生改正的动机。

我认为班主任传统的管理方式需要作调整，不要因为过多地直接插手具体事务而间接地将班级真正的“主人”排除在集体管理工作之外，使之坐享其成，甚至事不关己；更应该搭建一个学生自主管理的平台，强化班主任指引和监督的职责，充分相信学生在实践中可以认识到自身的问题，增强其内心解决问题的急迫性和能力提升，在逐渐的管理中让接受教育者实现从“要我做”

到“我要做”的质变；将学生可能出问题的“风险”掌握在可控范围内。

信任是对学生最大的关爱，班级民主管理是最大关爱的良好体现形式。如果班主任会用和巧用信任，在人性化的管理过程中，就可以培育学生的责任心和自觉性，反省和担当、深化团队合作意识，提升自我发现和解决问题的能力。这样不仅可以达到能力的提升、集体凝聚力的出现，也能实现人性的健康完善。

班级民主管理的具体做法有：

**1. 自己定制度**

班纪班规的民主制定是民主决策的重要内容。学生自己参与制定出的班规，比教师的强制和说教更有效。可先由学生参照学校的规章制度，结合本班实际情况起草，然后小组讨论，最后拟出草案，再在班上讨论、修订并最终形成。这样的过程可增加学生的认同感和主人翁意识。

**2. 自己选干部**

班委会是一个班级的核心，所有班干部（从小组长到班委会成员）均自民主选举产生的过程即是贯彻民主精神的过程，培养学生自我管理能力的同时也为学生提供展示能力、发挥特长的舞台，激励学生勇挑重担、关心集体、乐于奉献。

**3. 自己拟目标**

制定班级目标能使每一个学生都能参与规划，激发他们参与共同活动的积极性，使集体生活充满憧憬、活力，使学生享受取得成绩的欢乐。班级目标可以具体分为：近期目标、中期目标、远期目标。班主任要善于将集体目标逐步转化为每个成员的精神需求，使每个学生的认识、情感、行动同集体要求保持一致。

**4. 自己解决问题**

班主任可以对学生放权，让他们自己管理班级，自己的问题自己解决。通过集体舆论把管理者的教育意愿表达出来，通过集体去影响每一个学生。学生会真切感到集体对他们的关注和监督，想到自己与集体有着不可分割的联系，感到自己的一言一行都影响着集体，必须管好自己。让学生自己参与问题的解决处理，是民主精神的重要体现。

**5. 自己组织活动**

班级活动的实施应以“体验教育”为主，突出学生的主体性、实践性和参与性，使其明白道理、养成品质、锻炼能力，增强班级的向心力和凝聚力。活动的内容与形式应丰富多彩，要适合学生特点，并为他们喜闻乐见，满足他们渴求知识、抒发情感、关心社会等多方面的需要。

## 三、恰当处理违纪的现象，坚持原则性与灵活性的有机结合

国有国法，校有校纪，班有班规，无规矩不成方圆。学生违反纪律一定要受到处分，这是天经地义的，为了教育学生这也是必需的。怎样才能使受到处分的当事人心悦诚服地接受处分，不产生消极的抵触情绪呢？惩罚违纪学生常常被学生、家长视为冷酷无情。其实，这是班主任严宽结合的特殊表现，是班级管理艺术的集中体现，看似无情胜有情，班主任特别要拿捏好感性和理性的分寸：即坚持理性不退让，并充分发挥感性的“润滑”作用，切忌走极端。否则，一般性问题小题大做，或是原则性问题淡化处理，皆可能出现与教育目的背道而驰的结果。

根据性质采取不同处理方式非常重要：对于轻微的违纪、偶尔违纪等，处理上应该多一些灵活性，以批评教育为主，并采取罚背诵、抄写《班级管理条例》《中职学生管理制度》《中学生日常行为规范》等制度条文，帮助其加深对规范的了解和理解，杜绝今后发生类似问题；对于较为严重的违纪、经常性的违纪、涉及校外的违纪等，除了坚持原则按照规定处罚外，还应向家长、实习单位了解、通报情况，做好后续的教育跟进工作，帮助当事人建立改过自新的信心和勇气非常重要；对于严重违纪行为，绝对不能姑息迁就，不仅对当事人要“治病救人”，也要从班级管理的全局利益考虑，起到教育和警示作用，不能因为害怕个人得失影响眼前利益而不予处理，无形中树立了反面榜样。

总之，做一名好的班主任，必须擅于把握严宽结合，做到严宽有度。只有这样，才可能更加富有创造性地选择有效的工作方法，搞好班级管理，从而对学生成长产生深远影响，真正推进全面实施素质教育。

（马海/文）

# 让中职生在老师的关爱中健康成长

职业教育作为国民教育体系和人力资源开发的重要组成部分，是广大青年学生打开通向成功成才大门的重要途径，因而职校老师肩负着为社会培养多样化人才、传承技术技能、促进就业创业的重要职责。如何能让中等职业学校学生在老师的关爱中健康成长，并成为社会有用之才，一直是中等职业学校教育工作者们探讨的核心问题。新的素质教育观和以人为本的学生观使老师们对于培养学生的创新能力和实践能力的内涵有了更宽广、更深刻的理解，也为职业学校灵活多样的教学模式提供了更多的平台，教育心理学又为老师们在学科知识教学、对学生进行心理疏导等方面提供了理论帮助。改革传统的教育、教学方式，树立信念与能力同步培养的意识，让学生在老师的关爱中接受各种真实锻炼，学生解决问题能力就会逐步提高，身心也就会健康地成长，就能成为社会所需要的人才。

结合我多年的教学实践，就老师关爱学生的策略谈几点不成熟的看法，与大家共享。

## 一、将激发学生学习动机与提高学生职业技能相融合，使职校学生成为有理想、有追求的社会高素质劳动者和技术技能型人才

激发职校学生学习的内在动机，培养他们成就目标意识，是促进他们成为新一代技术技能型人才的良好开端和关键所在。

**1. 挖掘梦想，激发学习动机**

如果将学生的个人梦想与实现民族复兴的中国梦相联系，弘扬劳动光荣、技能宝贵等优良传统，营造人人皆可成才、人人尽展其才的良好环境，就能有效地调动学生的内在积极性，提升学生的职业素养、职业技能和就业创业能力。

例如：许多学生当初选择服装专业带有盲目性，他们缺乏专业基础和特

质，最重要的是缺乏吃苦耐劳、努力进取的品质。当他们真正接触实际操作以后，一部分同学就会产生退缩之心。当我引导他们把自己在开学之初设定的专业理想和目标置身于当今中国市场之中，再将中国市场融入国际市场之时，同学们就开始有了“中国人也要有自己的民族专利”的民族意识，也开始有了中国梦，这梦是通过实现“个人梦”，助推“中国制造”走向“优质制造”和“精品制造”的“中国梦”。

**2. 终身学习，提高职业技能**

终身学习不仅是教师专业发展的动力，更是激发学生的学习兴趣、提高学生职业技能的有效渠道。因为往往能激发学生学习兴趣的事也有助于提高学生各主面的能力。老师既要教学生，自己也要不断研究专业知识。由于自己的爱钻研，就容易对专业知识产生兴趣，也会吸引学生学会钻研，而老师丰富的学问、精良的技能，也是提高学生职业技能的关键所在。

例如：中国服装受到国际先进技术的影响，专业技能的表现手法变化多样，如果老师以探索研究、与时并进的心态，在用不同方式和技巧表现出不同的服装效果，同时让学生参与进来共同探讨，就会大大地提高学生的学习和探究专业技能的兴趣。

**3. 以人为本，面向全体；强化信念、成就目标**

“以人为本、面向全体”是《国家中长期教育改革和发展规划纲要（2010—2020 年）》对老师在开展教育活动时设立的核心指导目标。教育是每个学生的需要，教师要面向全体，注重抓住时机，不断强化信念，促使每个学生尽力达成目标，让每个学生在老师的关爱中健康成长。

当学生对某些知识或技能产生强烈的学习动机后，就能够唤醒学生的学习情绪状态，会给自己设定目标，并使自己的学习行为朝向这些目标。不同的学习动机会使学生设定不同的目标，作出不同的选择。在学生实现目标的过程中，老师应不断强化他们的学习信念，注重提高学生的自我效能感，只有体验过失败后成功的喜悦与价值感，才会有不断自我实现的能量和动力。对于教师而言，不论什么水平的学生，都应该提供机会让他们能够体验成功的喜悦，这种体验可能是个人擅长的一面，也可能是小组的集体成功。只有获得不断的成功体验，才会使每个学生拥有对学习越来越高的兴趣，也才能逐步实现目标。

服装毕业设计作品表演是每年毕业生们最重视的事情，不仅检测学生两年以来所学的专业知识水平，更是对学生合作能力的考验。面对我校服装专业老师人少、学生设计作品多的情况，一名老师要照顾到每个学生实在是有一定的难度。

为了能设计出更好的作品，同学们会常常根据自身的特长，能力强或能力差的各自组合，如果老师只去照顾能力强的同学或小组，自然会很轻松，也容易出好的服装作品，但是就会忽视一组水平差的学生，这便导致他们会更自卑，而这样一来，许多颗向往得到自信、成功喜悦的心灵也会受到伤害。老师要本着以人为本、面向全体的心去对待每一个学生，让差生暂时不去与强生比能力，而是让他们找出自己擅长的一面，积极认真地去完成自己的作品，只要完成就是成功。这样学生就会知道如何以健康的心态让自己在社会中立足。

**4. 创造和谐氛围、增强合作意识**

在学生实现目标的过程中，老师应尽量督促学生掌握目标，而不是仅空谈目标；关注自身知识的积累、技能的进步，而不仅仅是为了与他人比较。在合作型的课堂结构中，某个小组成员非常努力地工作，那就会增加小组其他人成功的机会，小组成员之间相互促进，更容易激发学生的学习动机，学生会学习克服自己的弱点，学会进取。这就会促使班上形成一个劳动光荣、技能宝贵、人人皆可成才的良好氛围。而那些表现优异、学习能力和吃苦能力强的同学被选拔出来，经过专业强化训练，成为省赛、国赛比赛场上的选手，更重要的是通过比赛，他们能更多地了解社会的需求，为未来自己在社会上立足奠定了扎实的基础。

正是因为教师的职业技能与学生职业技能相融合，学生才能成为社会高素质劳动者和技术技能人才。历年来，从我们学校服装专业毕业后的学生，社会上取得一定成就的人员有许多，有在23岁就成为亚太地区某服装公司的执行董事长的，更多的是在高校继续深造后，成为各地服装厂里的技术骨干与服装界的精英。由于他们的楷模作用，影响着一届又一届二职中心服装专业的学弟学妹，长江后浪推前浪，一代更比一代强。

## 二、以教育心理学作为教育手段的理论依据，用正确的关爱方式去注重学生品德形成与发展的培养

“培养学生团结互助、诚实守信、遵纪守法、艰苦奋斗的良好品质”是新时期我国确立的德育目标，是培养社会主义新人、使学生成为社会有用之才的必要条件，如何对学生进行德育教育，是教师德育教育的核心。

**1. 用冷静观察和及时引导代替过多的干预和烦琐的说教，引导学生成人成才**

职高阶段品德发展趋向成熟，品德的发展进入了以自律为主要形式的时

期。影响品德发展主要受到内外部一系列因素的影响。帮助职高学生形成对老师、家长、集体的积极态度定势，是使学生接受道德教育的前提，也是培养学生尊师重道、尊重家长与爱护集体良好品德的开端。在中职学校有部分学生刚到学校时还能够遵守学校的规章制度，但随着在校时间的增加，年龄的增长，就不再愿意接受规章制度的约束，对任何老师说的话，都置若罔闻。其原因是：该阶段学生的身体、心智都逐渐成熟，其独立意识、逆反心理也在与日俱增。这些学生开始就没有读书的愿望，只是对父母的选择盲目随从，因而不能长久坚持。而这些学生的家长也容易在孩子厌学时，责备唠叨多于适宜引导，缺乏与孩子及时的交心谈心，不去了解孩子内心需求，学生就故意与父母作对。如果此时老师、家长能够冷静观察，找到孩子厌学的原因，同时采取适宜的引导措施，发挥学生身上的优势，就能使其产生正能量。更重要的是家长、老师、学生在这一系列互动过程中，三者都能够增加了解、增进感情，从彼此身上学到许多有益于各自身心健康成长的东西，这样收到的效果往往超过我们所求、所想。

我曾经教过的一个学生，由于她父母工作无暇照顾她和弟弟，就习惯了我行我素。她母亲对她除了唠叨责备，就是无奈，根本就管不住她。可见过多的说教未必能收到好的效果。但我却看到了她的另一面：很具号召力及影响力。于是决定等待时机将她的这一特点转化为正能量。

在与她家长有效地沟通后，后来她母亲听取了我的建议，利用假期让她出去打工，感受社会的磨炼，让她认识到在学校学习的重要性。一个假期的打工下来，她以前的坏习惯少了许多，为同学们树立了榜样。她也成了班上的得力骨干、班会组织负责人、清洁委员。她的事例证明：面对“问题”学生，只要切合时机，善加引导，就能成为正面教材。她的母亲也因此作出了改变，少了责备，多了交流，母女之间关系也较以前融和了许多，更重要的是她学会了尊重父母、尊敬老师，懂得了遵纪守法、吃苦、进取。这一品德的形成对于她将来的生活、学习与工作是极有帮助的。

**2. 适宜地挫折锻炼往往更能有助于学生身心健康地成长**

通过行为实践使学生接受磨炼和考验，是培养学生优良品德的方法之一，在培养他们良好行为习惯的同时，提高他们认识、增强他们的情感体验。

处于独生子时代前后的职高生，儿时大多在家长的娇宠中度过，缺乏性情和人生的磨砺，情感上处于不成熟向成熟的过渡期。中考的失利，使他们的内心深处会有一丝自卑心理，但他们展示在人前的往往是另一副模样：自我、自以为是。他们的心敏感、复杂、脆弱。

为了帮助他们顺利地度过这个非常时期，让他们正确认识社会、自己及他人，我们不妨让学生接受一下挫折教育，适宜的挫折教育不仅可以提高孩子的抗挫力，更有助于建立学生的自信心，有助于他们身心健康地成长。

我曾带的1216班，同学们仅认识一周，就因家庭习惯、家庭背景、兴趣爱好、社会关系、性格脾气等因素，自发地在班上形成6个小团体，并且彼此间出现了分裂现象。虽然大家从道理上都知道团结的重要性，但对于不团结所造成的严重后果并没有一个直接的认识、切肤的体验。所以我决定借用军训让学生感受挫折，有效挖掘出同学们的内在潜质。因为只有亲身经历的苦痛，才能震撼心灵，让人痛改前非。这样才能有效挖掘出同学们的内在潜能。

军训在磨砺学生性情上能起到不可替代的作用。新生军训结束需要各班表演节目，一个方队由两个班组成。和我们班同方队的1018班是一个齐心合力的班级，表演的节目很快就准备完毕了。而我们班没有人愿意也没有人能够组织起这一场表演，原因是大家既觉得自己不行，也觉得别人不行，大家既不愿管人也不愿被管。选拔赛的那天，我们班由于唱得不整齐而落选。看到晚会台上其他班精彩的表演，同学们的心灵都震憾了，也亲身体验到了不团结所造成的严重后果，明白了正是因为是班级成员不团结而导致的失败，与此同时，同学们不服输的本能被激发出来了。通过刻苦训练，在最后一天军训会操表演时，同学们同心协力成功地完成了任务。同学们因此找到了自信的根本，这一次的挫折教育，增强了他们的抗挫力，为两年的学习生活作了良好的铺垫。

实践证明，适宜的挫则教育，不仅可以提高学生的自信心，提高抗挫力，还能激发学生的潜能，有助于学生身心健康发展。

可见，要想使学生改变原有错误的道德认知，建立新的正确的道德认知，就要遵循先他律后自律、循序渐进的原则，要结合实际，避免空洞、枯燥的说教，要注意消除学生在道德内化过程中出现的心理障碍与行为障碍，关注使其人格健康成长。

## 三、教学相长与互相欣赏

“教师所受的教育是老师成长的沃土”，而教师面对的受教育者——学生，其实就是教育老师心灵、技能成长的沃土。一直以来，我们所面对的师生关系是，老师就是学生树立信心的榜样，是教会学生生活、做人、如何思维的先生。一路走来，才发现与学生相处不仅能磨炼老师的耐心与爱心，还能给老师增添信心。当老师开始调整原有的师生关系观念后，不仅有益于学生身心健康发展，也增强了师生感情，有益于老师的身心健康。

在职高生中，一些学生因为担心得不到家长、老师的认可，常出现“自己不如别人”的思想，他们很自卑。但从另一面，也说明他们有表现好的愿望。为此我在班上及在这些学生父母面前给他们创造了多次表现的机会，也是想借此建立他们的信心。可是愿望归愿望，实际上效果总不好。

他们多年来养成的“我行我素”散漫习气，不是一朝一夕就能改变的，甚至，嘴里说的一套，行出来的又是一套，三天打鱼，两天晒网的事情常有发生。他们的父母已对其失望，不抱有任何希望，这就为职校班主任老师的教育工作带来了很大的难度。这时，老师的耐心和爱心显得尤其重要，而能够更进一步培养出老师爱心和耐心的，正是这些“问题 学生”。

每当我想放弃对“问题”学生的教育的时候，班上其他同学对这些差生所抱有的期望却常常会让我看到一线希望，因为他们让老师看到，让差生转变好不仅只是班主任的愿望，还是同学们的愿望。他们时常在老师感到走投无路之时，会给老师重建信心。而当老师有信心时，就会感染到他们，这样，彼此影响，学生的集体意识就会增强，不再只是从自身的利益出发，不再只会从自己的角度考虑问题，同学们便学会了从他人的利益和角度来考虑问题，学会了理解他人。

学生成长的过程中，有着较强可塑性。当我们在他们身上找到突破口，就会让事物向好的方面转变。班主任要花很大精力去面对一些成长困难或人格方面有某些缺损的学生。对于成长困难的学生，尤其行为规范表现不佳的学生，单纯的说教和行规条例约束，有时候显得这种教育很苍白，教育者也很无奈，因为这些不能起到内化的作用。要调动学生的积极性，就要善于发现学生身上的闪光点，激发其内在的热情，点燃其心中的明灯。而这些都需要班主任抛开一切功利之心，用极大的耐心和爱心来面对学生中所出现的一切问题，与学生间共同建立信心，运用集体的力量去化解矛盾，建立彼此的信任，班集体才会朝着积极健康的方面发展。

（陈谊/文）

# 论班主任的人格魅力

在多年班主任工作中，我越来越意识到，一个成功或者渴望成功的班主任一定是具有人格魅力的人。怎样才能使自己具有不凡的人格魅力呢，我认为要从以下几个方面努力。

## 一、为人师表、爱岗敬业

每次和学生的沟通，班主任都蕴含着教师的责任心、事业心和高尚的师德。老师的一言一行都是学生的榜样，我们常常在学生身上看到老师的影子：性格内向的班主任带出来的学生比较“稳重”，性格活泼的班主任带出来的学生大多很活跃；善于思考的班主任带出来的学生喜欢思考问题，粗心的班主任带出来的学生做起事有些马虎；品德高尚的班主任带出来的学生素质都不低…… 因此，不同班主任所带班级的学生性格具有明显的差异。

因为学生在校和班主任接触的时间最多，在班级性格的形成中，班主任的性格对学生的影响特别大。现在不少学校实行班主任负责制度，班主任几乎成了孩子的“家长”。学生心中班主任是一座丰碑，榜样的力量是无穷的。学生耳濡目染，更何况青少年的模仿能力强，班主任的言行、喜好、思维方式甚至字迹，对学生都会产生影响。古代教育家孔子曾说过，“其身正，不令而行，其身不正，虽令不从。”强调的就是教师为人师表的作用：只有教师自己做得好，才有资格教育学生。教师说得好而做得差，其说的话学生也就不会令人信服。

班集体是学校教育、教学的基本单位，是学生学习、生活发展的直接环境。我认为：班主任要努力塑造班级优秀的个性，把班级建设成为一个班风纯正、学风浓厚、文明守记、团结向上的集体。

为了强调学生不要迟到，我每天早上都会提前 10 分钟来到班上，督促同学们上早自习；刚入校时，班上同学人人都手机不离身，为帮助大家远离手机的干扰，上课时，我自己带头关机，休息时，引导大家看文字书，看好书；为了鼓励大家学好文化知识，我在班上引导学生开展“我当小老师”活动。渐渐地，班上迟到的同学少了，开学第一周就迟到三次的杨林，在接下来的几个月里，再也没有迟到；上课看手机的同学也逐渐减少，刚入校被同学们戏称为“手机控”的何佳劲，上课不再捧着手机不抬头；随着“我当小老师”活动的开展，腼腆的同学变得大方活泼，好学的同学变得更加自信。聪明内敛的朱德亮能够站在讲台上侃侃而谈，刻苦认真的刘丽在第二学期获得了全班第一名的好成绩。整个班级逐渐形成良好班风、学风。由于师生的共同努力，2014 年我们班被评为武汉市优秀班集体。

## 二、学识渊博、教书育人

班主任应帮助学生设定合适的学习目标，树立起他们的信心，用努力逐步实现自己的目标。我们班上有些同学眼高手低，一进学校就定下目标，希望可以考上本科院校。但在实际学习过程中，学习习惯差，听讲注意力不够集中，专业知识学得不够扎实。眼看离自己的目标越来越远，有的同学开始有些垂头丧气，渐渐没了最初的学习积极性。在平时的日常管理中，我很快发现了魏珊珊、韩学、李家豪等同学陆陆续续出现了这种情况。针对上述情况，在班会上我先从大的方面谈理想、谈抱负，然后因人而异，把目标从大的分解成小的、具体的。魏珊珊的特点是动手操作能力强，但在理论知识上不愿花工夫，期末技能成绩和文化课成绩差异大，我首先表扬了她的各项技能课成绩，相信她的技能课成绩一定能更上一层楼，成为班上的第一名，同时鼓励她要学好文化课，因为谁都知道跛了一条腿是不能走得又快又稳的。我把这个问题丢给她，让她好好地想一想。又一个学期之后，她用缩小的成绩差距给自己交了一份满意的答卷。刚入校时，我最欣赏的学生之一就是韩学，但半个学期之后，他没有能够像所有任课老师期望的那样，成为班上优秀的学生之一，而是在各个方面都有下滑的趋势。在多次的观察中，我发现他是班上的“老好人”，谁找他都是来者不拒，上课时老师正在讲课，他去回答同桌不懂的问题，老师正在讲解的下一个问题他自己反而没听清楚。我先给他调换了座位，然后要求他每堂课做好笔记，很快他的各科成绩不再下滑，科任老师也纷纷表扬他的进步，不再灰心的他终于找准了自己的学习位置。

目标具体，则方向明确，那么学生有事可做，学习起来就会显得充实；有事可做，也就一定会取得一定的成绩，这样很容易帮助学生树立起自信心。

重新帮助每个同学设定符合自己特点的合适的目标，不断地去实现，我充分利用主题班会的小结时间和中午的读报时间，不断地督促学生去完成每一个具体的小目标。从一开始老师指导到慢慢地由同学们互相督促，到学期末最后的自我约束，一个学期下来，班上学风浓了，同学们的自觉性、主动性加强了许多。

及时肯定成绩，形成一种上进的氛围。任何人都有自己的长处，也都希望得到别人的肯定。我们对班级的每一个学生情况都有一本比较清晰的“账本”，对学生的“闪光点”“火花”应该及时在班级里加以客观地评价和表扬，使他们在心理上得到一种满足，而这种满足往往会持续很长一段时间；对班级集体活动的整体收益，给予客观的肯定，让大家产生共同愉悦感，这是班级形成上进氛围非常重要的“关卡”，一旦突破这一“关卡”，将会产生非常好的效果。

进入中职学校，不光是学习知识技能，参加各项社会实践活动，对同学们的锻炼也是必不可少的。中学生社会实践是引导学生走出校门、走向社会、接触社会、了解社会、投身社会的良好形式；是培养锻炼才干的好渠道；是提升思想、修身养性、树立服务社会思想的有效途径。参加社会实践活动，有助于学生更新观念，吸收新的思想与知识，可见，在学生的成长过程中，参加社会实践必不可少。

我们学校的实践活动很多，校技能节大赛、专业知识实习、体育运动会、第二课堂拓展运动、道德讲堂、经典诵读、文明风采全国大赛，还有各种校级社团活动……一篇篇活动后的感悟不仅仅记载了学生的心声，更重要的是记录了他们的成长。在活动中学生知道挣钱的辛苦：“整天在公司辛辛苦苦上班，天天面对的都是同一样事物，真的好无聊啊！好辛苦啊！在那时，我才真真正正地明白，原来父母在外打工挣钱真的很不容易”；学生明白如何利用人际关系：“在这次活动中掌握了很多东西，最重要的就是使我在待人接物、如何处理好人际关系这方面有了很大的进步”；更多的同学自担任班干部后受益匪浅，明白到管理的重要性：“班级里的同学们，要想让他们服从你的管理，那么你对每个同学，要用到不同的管理方法”、“在管理时，要因人而异 ”。班上为数不多的几个住宿生，则成为我们班上自强自立的典型。很多学生在征文中谈到专业的重要性，“选择了会计专业的我，能把自己在学校学到的知识运用出来使我颇感兴奋！”

因此，班主任要取得很好的教育效果，必须从以下几点上突破：首先要有奉献精神；其次，必须具备几个“心”：热心、责任心、信心和爱心；最后，教会学生学习、做人、做事。要让他们在学习、生活中善于表达、敢于表达，学生在班主任的面前敢于说话，愿意说出他们想要说的话，这样班主任才能知道他在想什么，才能有针对性地与他谈心，做他的思想工作。对那些学习差、纪律差的学生，班主任应该去关心他、鼓励他、帮助他，这样他才会在心里感激你并用实际行动追求进步，如此一来班级管理工作也才会顺利。

## 三、大公无私、赏罚分明

班主任要想在班里树正气，首先自己就要成为正义的捍卫者，学生中的好人好事要适时给予表扬，不良现象要及时予以纠正。立场要坚定，态度要鲜明，让大家明白对与错，在集体中哪些行为是鼓励的，哪些行为是该遭到批判的。让做好人好事在班里蔚然成风，让有不良行为的学生自惭形秽，这样有利于帮助学生培养良好的行为习惯与自身形象。

为了强调赏罚分明，我对全班同学一视同仁，严格按照量化评分评出优劣等级；对优等生毫不吝啬地表扬，助长全班浓厚的班风、学风；对差等生的鼓励、尊重、不放弃，让学生一直感受到教师的关爱。

例如，袁晶热情大方，热衷于各项加分，被选为班长，以前从未担任过班干部的她有些担心，不知道怎样才能做好。我告诉她首先应从自己做起，成为一名优秀的学生。于是她从不迟到，周周全勤加分；上课积极回答老师的问题，经常登上表扬榜；拾金不昧，乐于助人也是她的经常加分项目；获武昌区运动会3000米竞走第5名及1500米长跑第4名、校运动会1500米长跑第2名的及800米长跑第3名……学期末她的量化评分成绩比第二名高出了三十多分，学习成绩上升成为班上前三名。除此以外，我有意布置更多的班级工作，让她去尝试完成，她实现了从一开始的依赖到慢慢的独立，到最后的主动积极去做好的转变。她终于成为我们班上的一面旗帜，期末评选中，她成为当之无愧的校优秀学生干部。

龚柯的自我约束力差，和班上其他同学形成鲜明的对比。第一个学期，他上学很少提前来到教室，经常踏着铃声进来，作业拖拖拉拉。我们班的班规是，要求在预备铃响之前进入教室，否则作为迟到处理。第一个学期里他受到的处罚不断“升级”：扣分、罚做卫生、休息时间加罚技能训练，学期末他的量化评分全班倒数第二。第二个学期一开学，他找到我问道，“老师你看我能够在量化评分里加点分吗？我不想在班上排倒数。”我肯定地告诉他：“可以加分，但要从遵守班纪开始。”果然，他不再踏着铃声进教室，尽量提前来到到学校；主动做卫生成了加分项目；而上个学期加罚的技能训练也逐渐看到了效果，他也不时成为专业课老师表扬的对象；学习的劲头足了，量化评分的分数上去了，把五六个同学远远抛在了后面。

教师的人格影响着学生健康人格的形成，这种影响是深远的，有时甚至是终身的。教师个性的表现及言行直接作用于学生的心灵，影响着学生的内心世界，且耳濡目染、潜移默化。学生通过对教师的认同加以模仿，并自然而然地转化为自己的思想、观点和品德。学生的这种心理行为是内驱力作用的结果，是自觉自愿和积极主动的，这绝不是教师仅靠说教或靠手中的“权力”发号施令所能产生的。一个有着良好人格品质的教师，容易与学生打成一片，友好相处，能对学生心灵深处的喜悦和烦恼、肯定与疑惑及时察觉，并对他们的点滴进步予以肯定和表扬，从而与学生在心理上产生共鸣，赢得学生的信任和积极效仿。反之，性格暴躁、忧郁孤僻、表里不一的教师，对学生的影响则是消极的，如果他是一个班主任，这个班的纪律观念、学风班风也一定不会好。这样的教师不仅容易割断师生间的情感交流，还会使学生对教师及其所教学科产生抗拒与厌学心理，“授业”的效果当然也是不会好的。因此，作为教师，尤其要注重自身的人格修养。

这多年的班主任工作让我明白，班主任具有高尚的人格魅力，不仅能够赢得学生的信任和尊敬，而且能培养出具有良好人格魅力的学生。每个学生都是一个独立的生命个体，他们需要自我认知、需要别人尊重、需要被社会接受，他们也需要尊重别人、心存感激。只有做到这些，我们的学生才能挖掘出自己生命蕴藏的力量，为将来创造更多的奇迹打下扎实的基础。

（陈竹娴/文）

# 短暂的感动管窥栋梁的未来

军训，是孩子们学校生活一个小小的片断；感动，是老师情感在那一个瞬间的短暂流露；而孩子们情商的培养和提高，才是他们成长过程中必须打下的坚实基础。

2013 年 9 月 29 日上午 9 点，学生正在接受军训的最后检阅，灿烂明媚的阳光映照在每个人的脸上，老师们也在感受十天军训成果的最后震撼。一个小时后，军训会操胜利结束。喜悦，洋溢在脸上；感动，流淌在心间……

为期十天的军训，虽然很快就结束了，然而它却给了我们留下了很多难以磨灭的记忆：整齐划一的方阵、豪迈有序的步伐、昂头挺胸的气魄、嘹亮高亢的口号，无一不在展示学生训练的成果。十天军训，学生学会的不只是稍息立正的军式训练，更多的是接受了一次意志的沐浴、一次精神的洗礼：磨炼了坚强的意志，培养了吃苦耐劳的精神；增进了学生之间的友谊，增强了团队意识；提高了学生的沟通能力，加强了团队凝聚力；改善了精神风貌，提高了综合素质。

军训是一个过程：学生考验自我、磨炼自我、没有半途而废。军训很辛苦：练步伐脚上磨出了泡，正步走踢麻了腿，站军姿站酸了腰。但我们 1316 班没有一位同学中途退出，个个都是好样的，全部表现优秀。表现突出的夏依然被评为钢铁战士，刘梦瑕、付瑞瑞、徐慧敏、陈浩然等同学被评为优秀学员。具体来说，短暂的军训让我看到了以下几点重要的收获。

**1. 吃苦耐劳、坚持不懈**

不怕太阳晒，不怕风雨狂的意志，特别是刘梦瑕，把这种精神真正是体现到了极致。这个女生个子小，身体弱，长期口腔溃疡，还有比较严重的风湿。军训期间，因为口腔溃疡，基本不能吃、不能喝，只要沾上东西就疼得眼泪直掉，喊口号的时候也会因为碰到溃疡部分而疼痛难忍……看着她的表情，我感受到她的痛苦，但她一直坚持，咬紧牙关，从不放弃。军训的后几天下雨了，军训正常进行，淋湿的裤子紧贴在她腿上，我关切地问她能否坚持，她说：

"我要坚持，决不放弃!"我想强行把她从训练场带去休息，但我最终没有，因为我要尊重她的选择。

**2. 互相关心、互相爱护**

因为口腔溃疡，疼痛难忍，刘梦瑕吃不下饭，也不想吃饭，甚至拒绝吃饭。有一天中午我去寝室时，正好看到刘梦瑕同学两眼泪汪汪地看着手上的饭碗，而付瑞瑞同学也是两眼泪汪汪地端着一碗稀饭，一个是因为嘴巴疼，吃得眼泪汪汪，一个是因为心疼得泪眼婆娑，我看着也眼眶一热。后来才知道，那碗稀饭是吃早餐时宿舍的同学特意给刘梦瑕留的。付瑞瑞同学喂刘梦瑕同学喝稀饭的那一幕，现在还时时在我眼前闪现。

**3. 感恩长辈、关爱父母**

现在的孩子都是希望能得到父母更多的关爱，很少有孩子知道主动感恩长辈、关爱父母。军训期间，更是想向父母倾诉自己所受的苦、所遭的累，好像受了多大委屈似的。我们班上的两位同学却让我感受到了乌鸦反哺的那种感情。

董振阳同学是一位看起来傻里傻气的可爱大男孩，大大咧咧，没心没肺。让我没有想到的是，他的感情会如此细腻。一次午餐时间，他对我说想借我的手机打一个电话（因为军训第一天教官收掉了所有同学的手机，有事情只能向班主任借手机），恰好我手机没带，他很失望，我问他有什么事情，他不好意思地说："我妈妈今天生日，我想对她说'生日快乐!'""这个电话你一定要打，我给你去拿手机"我果断地说，真的，我很感动，更为他的父母感到欣慰，养育了这样懂事的儿子，父母是多么幸福。

杨晓珍同学是一位很腼腆、很秀气的女生，平时话不多，做事也很谨慎。有一天中午，她向我借手机，她说："我爸身体不好，现在天气变了，我担心爸爸的身体。"我说："你打吧，但不许哭!"因为有同学反映她前一天晚上哭过，她想家了，我以为她是因为军训太辛苦了才特别想家的。但事情并非如此，只听她拨通电话后的第一句话就是："爸，天变了，你没有发病吧？记得不要太辛苦，不要喝酒。妈妈呢？我跟妈妈交代一下。"听到这些，我的眼泪在眼眶里打转，我怎么能在学生面前先哭？我转过了头，但眼泪还是止不住地流了下来……学生后来也哭了。她不是因为觉得自己在军训期间受了多少苦而哭，而是因为担心爸爸的身体。我拍着她的背安慰她说："没关系的，这些事情不用你担心，你妈妈会照顾好你爸爸的。"从杨晓珍身上我看到了一位孝顺的女儿对父母的关爱，一个十五岁的女孩子，虽然她现在暂时还无法承担对家庭的责任，但她对父母的关心足以让这个家庭充满阳光、充满爱。

**4. 团结协作、互相帮助**

1316 班走到哪里都不愧是一个团结友爱的班集体。军训期间，由 1316 班和 1317 班 52 个陌生人组成的十三连，让他们体会到了团结就是力量。因为两个班同学的生活习惯不同，彼此不太了解，在刚开始几天的零距离接触中，难免产生一些小误会和小摩擦，最严重的是因为某个同学多次的错误而反复被教官严厉惩罚。刚开始 1316 班的同学会一起批评那个犯错误的同学，也会因此发一些牢骚。经过两位班主任老师的共同教育，他们都认识到了自己的问题，并且认识到了团结的真正含义。在后面的训练期间，虽然也偶有误会和摩擦，但 1316 班的同学都能够做到互相劝导、息事宁人，做到互相关心、互相爱护。确实，团结让十三连拧成了一股绳；团结让十三连感受不到困难；团结让十三连流尽的汗水转变为可喜的收获。军训结束大检阅时，我们团结友爱的十三连取得了优异的成绩。你能说，这不是因相互团结带来的收获吗？

军训结束，感动并没有成为过去，情商的提高正在孩子们的成长过程中继续。智商是一种潜在的智慧能量，情商是吹醒这些潜在能量的号角。一般人表现出来的智慧只是总体智慧潜能的极少部分，如果一个人要具有了较高的情商，那么就有可能提高各方面的能力。我们学生在军训中所积累的好品质，的确有利于他们以后的成长。

仔细回忆以前，那些在军训期间表现良好的学生，后来都相对更成功。比如 1018 班军训期间的钢铁战士陈荣进同学，军训回校后刻苦学习，全面提高，获得 2011 年湖北省文明风采大赛演讲类一等奖、武汉市优秀学生干部、武汉市优秀团干；军训的优秀学员，张利莎、张愿、刘晓颖、程卓、余叠等同学，在 2011 年 11 月和 2012 年 11 月举行的湖北省服装设计制作大赛，分别获得一、二、三等奖，张利莎同学在 2013 年 6 月获得全国服装设计制作大赛中获得三等奖；1018 班全班同学军训后在各方面的表现优秀，2012 年 5 月被评为武汉市优秀班集体。1115 班军训优秀学员陈义、陈雨、刘璇同学分别在 2012 年 11 月和 2013 年 11 月举行的湖北省服装设计制作大赛中获得一等奖，陈义同学在 2014 年月获得全国服装设计制作大赛中获得三等奖。他们都被武汉职业技术学院免试专业课录取，获得了进一步深造的机会。2013 年，1316 班军训已结束，这一年，1316 班的孩子们都表现出了优良的品质，在 2014 年 5 月 1316 班被评为武汉市优秀班集体，并在技能节中展现出良好的专业素质，在武汉市期末文化课抽考中，合格率为 100%，优秀率达到 80%以上，对于中考失宠的这些同学来说，这是多么了不起的成绩。

我相信，这些军训中的优秀学员在湖北省服装设计制作比赛中一定能获得好成绩，在今后的人生道路上越走越宽广！

军训，让我们欢呼，让我们欢笑，让我们感动，让我们留下最美好的回忆！

（张晓灵/文）

# 在良好的师生关系中管好中等职业学校班级

经济的发展对人口素质的要求不断提高，职业教育也越来越受到国家和社会的关注。发展中等职业教育是培养劳动者素质、培养大量应用人才的重要途径。特别是经济不稳定时期，我国要保持稳定的发展，中等职业教育成为我们国家解决就业问题、提高生产力的有效途径。中职学校的学生一般都处于十六七岁的年纪，多是成绩不理想、家庭经济困难的孩子。他们想通过学习技术早日就业，他们具有强烈的好奇心和逆反心理，他们意志薄弱、自理能力差、行为极易反复无常、不能严格要求自己。他们中部分学生不爱学习，纪律性较差，打架斗殴、早恋等各种违反校纪校规的事情时有发生。进入中职学校以后还保留以前学校或社会上的不良习惯和风气：自高、自大、自傲、自暴自弃等。在中等职业学校中，班主任既是联系各科教师及学生之间的纽带，也是沟通学校、家庭和社会教育的桥梁。所以在引导学生成长的班级管理的过程中，班主任的工作艺术显得尤为重要。如果能让自己与学生建立起如下的几种关系，班主任在工作中就会收到事半功倍的效果。

## 一、让学生像崇拜偶像那样看待老师

教育心理学认为，教育者的个人威信与教育效果呈现出较为明显的一致性。因此，班主任在学生中享有较高的威信，是搞好班级工作和教育好学生的前提和保证。“打铁全凭自身硬”，要想成为一名出色的班主任你必须练好内功，让自己的个人魅力去吸引学生，让学生喜欢你，崇拜你，愿意接受你的教育。学生只要喜欢你这个老师，就会接受你说的道理，愿意听你讲的课。怎样才能让中职学生如偶像一样地崇拜你呢？

**1. 全面的个人素质**

形象靓丽：仪表举止适度得体。刚开始，我要求自己具备干净的外表、知性的气质、时尚的服饰、得体的言行。不仅如此，敏捷的思维，辩手的口才，娴熟的专业技能，扎实的教学基本功，流利的外语，也是我追求的目标。后来，硕士研究生的学历让自己成为学生关注的焦点以至于竞相模仿。这些得天独厚的个人条件使我在学生家长的心里树立起了良好的第一印象。我的班总是人员满额。学生、家长为我身上散发出来的个人魅力所折服，调皮的学生可能变得懂事，无理的家长能够变得理性，落后的学生可以变得上进，散漫的班级可以变得和谐。

上课新特：我追求内容连贯，逻辑分明。遇到不会的题，不要搪塞，承认不会。听过我上课的学生往往都会有一个共同的评价——“来劲”。我的课堂教学内容丰富，节奏紧凑，语言生动诙谐，课堂流程清晰明了，尤其是我善于调动和鼓励学生，课堂气氛总是很活跃。在一次参加市级公开课的评比时，武汉市教研室的一位专家点评我：“素质全面，应变灵活，课堂驾驭能力强，像一位功底深厚的主持人。”

技能过硬：作为湖北省旅游协会的会员，省旅游服务技能鉴定协会的考评官，学生多次旅游大赛的优秀指导老师，我的技能课定位准，讲授精，功底深厚，技能娴熟，演练到位，每次的示范都会让学生叹为观止。不仅深入浅出，在示范中分步骤讲解、演练，更难得的是能按照标准的考核要求，全方位给学生进行高级别整体示范，并请学生做好计时与评分。娴熟过硬的基本功的展示，无形地增强了学生对我的信服与崇拜，让我成为他们心中的偶像，提升了学生学习及想超越老师的兴趣。

其他要素：流利的外语也是我征服学生的又一法宝，1995 年工作之初通过思考与总结，我率先在学校的专业课中推出了双语教学法，受到学生和专家的好评。1997 年便获得区教坛新秀的我一直担任教研组长，突出的教科研能力使得我多次主讲公开课、示范课、优质课，承担了多个省市区各级课题组的教科研工作，数十篇论文获各级奖项，并为武汉市教研室撰写了旅游服务专业的教学指导方案及旅游服务专业技能鉴定考核标准。2011 年被评为区学科带头人。

**2. 率先垂范与潜移默化**

在开展班级各种活动的过程中，班主任必须和学生组合在一起，互相配合，共同完成各项任务。班级所需要的制度和纪律，不仅是用来规范学生的，也是用来规范老师的行为的。在制度实施和执行的过程中，除了要讲明是非界限和标准，使学生明白为什么要这样做，还要充分发挥它的有效性，老师更应率先垂范。因为我知道，教师的一言一行、一举一动，对学生有着巨大的影响力以及示范作用。例如上早自习课，比学生以及学校规定的作息时间早到；日常劳动与大扫除，参与学生其中，共同体验累与乐；班级与学校的公共财物，带头爱惜维护。这样，教师对学生行为的潜移默化，就使口头宣传更具有说服力，全班同学更愿意主动去遵守学校和班级的各级规章制度。教育学生做个讲卫生的孩子，我就用自己的行动去感染他们，见到地上丢的垃圾，我亲自把它捡起，丢到垃圾桶。2000 年我中途接了一个乱班。为了能够更好地带班，暑假途中，我便狠心为半岁的孩子断了奶。九月接班后，早上 7：20 乐队训练我班的人数总到不齐，我自己克服了家远、孩子小、丈夫常出差等困难，坚持每天 7：10 之前到校，义务陪同学生训练。在学生的眼里，教师是教育的化身，教师的一言一行都是学生模仿的对象。教师的严于律己与率先垂范，能取信于学生，提高教师在学生中的威信，客观上增加了教育力量。学生看到了老师都能坚持做到提前到校，他们又有什么做不到的？

果然，一个星期的时间里，班上杜绝了迟到的现象。

## 二 、让自己像母亲那样呵护学生

中职生一般依赖耐性强、自律性差。一个有爱心的班主任在与学生的交往过程中，应该渐渐让学生能对你敞开他们的心灵大门。刚带班之初，你应该像母亲一样时时刻刻、各方各面关注他们，帮助他们慢慢形成好习惯，树立正确的人生观，让他们接受正确的知识，形成良好的习惯。你应该带着一颗爱心去工作，让学生觉得你是真心关心他们，从而缩短师生之间的距离。具体而言：

做到一个“勤”字。坚持勤到班，早到班，做好班级工作，如指导学生开窗通风、开灯照明，叫他们准备好要交的作业，组织他们自觉进行早读，搞好班务工作。只有深入学生的学习和生活，才能融洽师生之间的关系。

做到一个“爱”字。新生开学时，学生们不适应，想家，我就经常到宿舍里陪他们聊天，和他们开玩笑，让他们产生一种依赖感。利用活动课和学生一起打羽毛球，大课间和学生一起长跑，利用课后的时间和学生一起沟通思想，了解班级每天的情况，利用放学的时间，找学生谈心或家访……学生病了，我会组织和带领同学们去看望。2003 级“问题学生”余斌，由于初中放任自流，没有任何约束，来到我校后，长发垂肩、上学迟到、顶撞老师、课中睡觉、不交作业、课下抽烟，几乎各科老师都对他头痛。在一次考试中，因不服监考老师的管教，甚至还想大打出手。对于这样的学生，我没有轻言放弃，我决定自己要像母亲一样。除了严格约束行动外，对他的生活、学习，关爱有加，和他谈心，帮他补课，早上叫他起床，放学送他回家，消除他疑惧心理与对立情绪。同时，使之相信教师的真心善意。两个月后，他身上发生了变化：

迟到、旷课、不完成作业的现象几乎消失，他还兴致盎然地参加了学校乐队的训练，一年后，他已经成为了乐队的第一小号手。

做到一个“公”字。在平时的学习和生活中要像母亲照顾孩子一样细心关注每一个学生的成长，帮助他们总结经验教训，并给予他们相应的指导。关于班级里每一个同学的表现，每天我都用一个笔记本作详细的记载。每周利用读报和班会的时间一一点评。对于“非主体性群落”的那一部分学生，他们中的点滴进步，任何一个闪光点，都成了我每次班会通报的材料。当他们取得较大进步时，我会当着学生的面亲自向家长报喜。当然，他们在初中时的一些行为习惯积习已久，自负、敏感、容易冲动、打架、上网还是会时有发生。对于这样的学生，我虽然会生气，但从不会冷落、不理他们，更不会上交矛盾或通知父母来处理。因为这样，学生将受到处分，这也将影响其将来的就业和升学，也容易损伤学生的自尊，师生之间形成对立。在调查了解事情的情况后，会要求学生写出一份深刻的自我认识书，并在上面写明本次违纪该用什么班规班纪来处理，下次出现类似违纪又该怎么办。这样，学生感到老师是给了其改错的机会，从而愉快地接受处罚。在处罚后，我会精心地保留学生的自我认识书，经常关心他们，了解他们改进的情况。对凡属受过处分的同学，每月月初，我都会找他们谈心，帮他们拟制本月的奋斗目标，并安排几个思想素质好的班级同学帮助他。一旦有较大进步，我会及时到学生工作处去帮他们申请降低或取消处分。大家感觉对他们公平，就会竞相争先，班级氛围自然就好了，老师和学生之间的关系自然就和谐顺畅了。

## 三、让师生如朋友一样知心

在班级组织中，情感是联结个体形成集体的纽带。而当代中职生，普遍是“生理成熟前倾，心理成熟推迟”。因此，做班级工作最重要的是及时准确地了解学生的生理和心理特点，以便师生进行心与心的交流，做他们的知心朋友。我始终遵循这样一个原则：老师既要做他们的老师，又要做他们的朋友；生活中积极关心他们，学习上严格要求他们。

怎样才能让学生对我敞开心扉，跟我掏心里话，把我想要的信息传递于我呢？每届接新班，我都是尝试要同学们每周写一篇随笔交与我，题目自拟，体裁不限，任何内容都可以。开始之初，大部分学生决定采用敷衍的态度。失望之余，我还是本着认真、热忱的态度认真翻看每一篇随笔。慢慢地，同学们也开始向我敞开心扉，乐于向我求助，认真给我意见或建议，他们开始把学习、生活、工作、人际关系、家庭、心理等各方面的问题和想法提出来。我则把五花八门的问题分门别类，个别问题在周记里给予解答或私下谈心，共性问题则通过讨论的形式给予解答。

1997级的肖莉莉同学是我班的团支书，她是一个非常有主见和能力的女孩子，很讨老师和同学们的喜爱。在一次随笔中，她向我倾吐了交友中的顾虑，某班的一位男生与她很谈得来，于是他们走得很近，外界很多人认为他们在早恋，的确那位男生对她颇有好感。但是在交往之时，她就与他说得很清楚，以后的事以后再说，可大家还是说他们谈“恋爱”，现在不知怎么办才好。得知这一情况后，我及时地在随笔本中感谢她把我当成知心姐姐，相信她、肯定她，还特地找到她谈了此事，支持她的态度，相信她的决策，希望她抛却心理负担，把握好自己。如果需要帮助，不要忘了老师随时在她身边。

课余与课间，我总喜欢与学生待在一起，主动与他们聊天或谈心。一方面想通过我的言行举止潜移默化地影响学生；另一方面通过这种日常的交流，了解他们的各种心理想法，从而及时调整自己的工作方法。这种做法既让学生建立和培养了对我的信任感，缩小了我和他们之间的距离，又使学生更好地完成了从他律到自律这一行为过程的转变，更好地按照班级的各种规定和制度去严格要求自己。

## 四、让师生似手足一般和谐

心理沟通是指人与人之间在心理上互相容纳：理解对方、接受对方，互相信任、互相尊重。师生之间如能架起沟通之桥，很多事情就会迎刃而解。成功的班主任应该本着一个平常心，以一个平等的态度，如兄妹一般加强师生间的心理沟通，集全体学生聪明才智于一体。这将有助于建设一个富有生机活力的班集体。不能老是以师者自居、高高在上。

对师生而言，心理沟通就是学生能理解教师对他们教育要求的合理性和正确性、乐意接受教师的教育指导和帮助，并化为行动；教师能理解学生言行产生的背景、透视学生言行的真正动机、体谅其具体环境、知其所想；师生之间互相接受、将心比心、不曲解对方。一个十分有趣的教育现象是：有的教师温文尔雅，却能叫那些顽皮不驯的学生听话；有的老师批评学生，能叫他心服口服；有的老师批评学生却引发学生的逆反心理，这些是令人深思的。它说明除了思想教育工作要注意方式之外，很重要的一点就是教师在学生心目中的位置。教师热爱学生，像兄弟姐妹般热情真诚地帮助学生，学生理解老师的一番苦心，像接纳家人一样愿意接受老师的教导。这是一种相互理解的新型师生关系：心灵交流如亲人一般，体现着心理上的相互沟通。因此，师生心理沟通是教师打开学生心灵天窗的钥匙，是教育成功的秘诀之一。刚参加工作时，我对学生要求特别严，学生有了问题，动不动就批评，甚至请家长，不考虑学生的感受，不给学生一点自我调整的余地。学生见了我就如老鼠见了猫。他们不愿意与我说实话，没学生愿意和我单独相处。时间长了后，却发现“严管”之下无“强兵”：一是学生成绩上不去，二是班上纪律差（在我的课上好，但在其他课堂差）；三是学生之间关系不融洽，没有班集体概念；四是学生无上进心，缺乏创新思维，没有自信心。我管得这么严，却没有良好的效果。经过认真反思，我终于发现了端倪：教过严，师亦过。

一个班几十个学生，他们的情绪、气质、意志、兴趣和爱好不尽相同。如果每个人都我行我素，各行其是，班集体就是一盘散沙。班主任如能用真诚的情感去热爱学生、关心学生、爱护学生，就会受到学生的爱戴，就能沟通师生之间的心灵，学生就会亲近班主任，从而在师生之间架起一座信任的桥梁，把班主任当作可以依赖的人。学生也乐意和班主任推心置腹地谈思想、学习、生活，心就会往一块儿想，劲就会往一处使，形成一个有凝聚力和向心力的班集体。班主任只有把爱的情感投射到学生的心田，师生间才能产生心心相印的体验，收到良好的教育效果。教师对学生兄妹般的爱和理解，可以使学生感到温暖、关怀，可以交流师生之间的感情。理解是一种更重要的爱，对学生的思想、学习和生活等各方面的关心，与学生尽可能多地进行心灵上的沟通，这样他们就会把不愿同父母、家人讲的话同班主任讲，家里遇有矛盾和分歧的事喜欢跟班主任谈，想不通的问题愿意从班主任这儿找答案。爱学生的同时，我也要帮助学生认识本身的优势和不足，给出建议并提出一定的措施，发扬优势，克服不足。现在带班，课上课下我总找机会和学生在一起。虽然已到不惑之年，但我的心态年轻。学生甚至亲切地叫我汤姐姐。

当学生把班主任当成了偶像，当老师把自己看成了学生的母亲，当师生成了知心的朋友、和谐的手足，我们就可以走进学生，走进他们的生活，师生就可以相互尊重、相互理解、相互认可、共同成长。

（汤敏/文）

# 用小措施引导学生全面成长

## 一、问题的由来

十多年的中等职业学校班主任经历让我感觉到：班主任管理的小措施对学生的全面发展有着重要的作用。就班主任如何用换座位这个小措施引导学生的全面发展，我想谈谈几点不成熟的看法，请各位专家批评指正。

座位的换法：每组一人一坐纵成行，一共六组，每周星期五班会结束，前后左右轮流对换一次。很简单，真的。

每周经过这样换座位，每一个学生都可能坐到前面，也可能坐到后面；都可能坐到中间，也可能坐到两边；都可能一周逼近黑板，也可能一周远离黑板；都可能一周多用左眼看黑板，也可能一周多用右眼看黑板；都可能一周坐在老师的眼皮底下，也可能一周远离老师的视线。它最大的优点就是每一位科任教师给予学生成长的关注是公平的。中职教育阶段正是学生成长的关键时期，老师施加到学生身上的积极影响将会使学生受益终身，学生中职阶段印象最深的权利是什么？是公平、平等。中职学生也会终身记住对待他们是公平的每一位老师。

## 二、问题的初步分析

如果把这个小措施进一步搭建成学生成长的大平台，小措施的积极意义可就大了。

首先，它可以有效地保护学生的视力。现代医学认为，如果人们长时期侧面多用左眼或者多用右眼看事物，很容易造成一只眼睛过度集中、过度外展、外展不足，进而影响眼睛视力甚至是斜视。这在青少年的成长过程中尤其突出。如果我们的学生在读书期间形成了不同程度的斜视，在应聘中的面试环节，很容易在考官的第一印象中形成致命的短板，特别是那些对于五官要求严格的职业。每周星期五班会结束左右前后轮流对换一次座位的小措施无疑是保护学生视力的好办法。开始有的学生也许是在老师的强制要求下每周被动换座位，到后来，他们从换座位中体会到了好处，也就不用老师督促而每周自觉地换座位。把外在的规定内化为自己的习惯，学生在行为习惯的养成上就取得了第一次进步。英国教育家洛克说："习惯一旦培养成功之后，便用不着借助记忆，很容易很自然地就能发生作用。"中国不是也有"习惯成自然"的说法吗？眼睛是心灵的窗户，学生在毕业走出校门时带着学成的技能、知识，还有一对明亮的双眼，这是多么值得高兴的事情。而这一切的铸就只需要我们每周调换一次座位就行。

其次，它可以有效地培养学生用积累的正能量去抵制消极因素。美国的教育家杜威就说过，"我们所需要的是儿童以整个的身体和整个的心灵来到学校，并从更圆满发展的心灵和甚至更健全的身体离开学校"。要使学生在校期间健康全面地成长，培养上课集中精力学习的习惯至关重要。中等职业学校的学生就业中的许多岗位严格要求员工注意力高度集中。学生长时期坐在一个固定的座位很容易形成不利于他们全面成长的某些惰性的场。不论是学习较好的学生还是自觉性比较差的学生，长时期地坐在一个固定的位置，很容易与周围的同学形成一个上课开小差、分神、互相影响甚至包庇的相对封闭的场。这种注意力不集中的习惯，它会影响学生每一堂课的学习，影响学生的全面成长，还会影响学生以后职业的稳定性。为了促进学生的全面发展，我们需要努力动脑筋，想办法。班主任经常有规律地调换学生的座位，固然增加了班主任管理的工作量，但是这项工作既可以让学生接受一些老师传递的有利于他们成长的正能量，初步培养学生养成良好的职业习惯，又可以让老师及时对学生出现的不好的现象合理分流和引导，提高学生的是非辨别能力。这些常态工作的反复进行无疑能引导学生在全面发展的过程中良性循环，更何况教会学生"隐恶扬善"，这也是班级管理的不可缺少的一部分。

最后，它可以有意识地培养学生的维权意识和竞争意识。说起来，有些积习难改的学生因为迟到、不交作业、上课讲话、玩手机、吃东西等被老师安排在一个角落，一坐就是一个月甚至一学期，还自责不已，甚至破罐破摔，中等职业学校这样的学生又特别多。班主任应该通过换座位来唤起孩子的权利意识——近距离地坐在老师的面前，让老师多关注、多提问、多督促、多带着自己学习知识……这些都是我们每一个中职学生在成长过程中应该享受的权利。我们不是经常听到那些犯错误的同学要求"老师，你把我放到第一排坐，我保证努力学习，遵守课堂纪律"的呼声吗？这说明孩子们潜意识里还是有学好的想法，只不过希望老师把自控力较差的他们管住、调好。权利意识的培养又有利于义务意识的觉醒，这在学生长大以后特别是就业之中无疑是有着积极和深远的意义——他们在享受权利时要履行义务，牢牢记住要坚持权利与义务的统一。还有的学生坐在旁边或者后面，开始可能按部就班地跟定老师，随班级大流走，学多少算多少。到后来，因为老师注意力不够，后续措施不力，这部分学生容易脚踩西瓜皮，滑到哪算到哪。对于这部分“比上不足比下有余”的中等层次的学生，我们可以通过换座位唤起他们心灵深处的那份好胜、好强、上进的意识——坐最好的位置、听最好的课、发最好的言、读最好的书、考最好的分数。他们可是我们最容易忽视的班级中的大头。意识左右行为。一旦大部分学生树立了有利于他们成长的竞争意识，在行动中所爆发出来的潜力是我们难以预料的。

## 三、措施的跟进及分析

如果我们在学生每周换座位的同时再跟进一点小措施——第一排的同学担任小组长并承担相应的职责，那意义就更重要了。不信，你往下看。

第一，明确流动小组长的职责。每组第一位同学负责本周小组内的收发作业，做一次全班的教室清洁（可以单独做，也可以主动邀请本组其他的同学帮忙），维持上课纪律和记录小组每一个成员的操行，处理小组纠纷，为小组做保洁，提醒同学们上体育课和做课间操，负责专业课的分工与合作，等等。一句话，一周之内本小组所有成员的学习、纪律等问题都由小组长负责组织、安排。每一位同学都有管理的机会，也都要配合和服从别人的管理。管理别人时你在行使班级主人的权利，服从管理时你在履行班级主人的义务。赞可夫说过，学校最重要的任务之一，就是要坚持不懈地在全体学生包括差生的发展上下工夫。使所有的学生而不只是特选的学生都得到最大限度的发展。小组长负责制最大好处是培养了每一个学生的表现能力、理解能力、竞争意识、合作意识和自信心。一些看起来很差的同学也有他们的闪光点，只是需要我们用心去发掘他们潜在的能力，又教又育，搭建展现他们能力的平台，他们也一样可以光彩照人。北宋著名的教育家胡瑗创办安定学院，培养了许多历史上有名的政治家、军事家、文学家、教育家，他总结自己一生的收获时感慨地说道，“致天下之治者在人才，成天下之才者在教化，职教化者在师儒；弘教化而致之民者在郡邑之任；而教化之所本者在学校”。我把这句话借用下去：“致学校立社会者在班主任”。事实上，在我们职业学校的班主任队伍中，每一位老师身上都肩负着千钧的重担。你对学生的积极影响除了辐射学生一辈子，还会通过学生进一步地向外辐射社会，影响学校的声誉、招生和进一步发展。优秀的班主任也是扩大学校影响的无声的金字招牌。

第二，耐心培训流动小组长。刚开始，有些过去比较懒散的同学可能不习惯自己的管理职责，也有些粗心大意的同学常常管理不到位，还有些同学因为在管理别人的时候忘记用纪律约束自己而权威较低，也有的同学因为缺乏耐心而坚持不到一周，甚至对科任老师的教学方式不习惯……总之，各种问题在第一个月就像火山爆发一样涌现出来，不断地有问题缠绕着你，等着你去解决。在这种情况下，班主任一定要有万分的耐心、恒心去坚持我们培养班干部的工作，把学生盯紧，使整个班级的在运转过程中有步骤地贯彻自己的带班思想，绝对不能打退堂鼓。培养了一批学生干部至少就造就了一批学生人才。坚持了一个月，后面的工作就好做得多。这样培养出来的班干部可以使用三年，有的学生甚至在毕业后还会继续实践和辐射老师当年给予他的积极影响。《长江日报》中有载，50 名花甲小学生从全国各地赶回武汉，戴着红领巾为他们 100 岁的小学班主任王贺伟庆贺生日。因为一个“对对联”的动人的小环节，其中一位学生 60 年后还记得王老师当年为他们上的一节语文课，他们中有几位甚至因为老师的这堂课而选择当了老师。在学生中职求学期间我们要用自己万分的耐心引导学生的一分成长，你对学生的管理也就是三年，而千万个学生将来成长起来回报社会的价值却非常大。一个学生就是一粒种子，他将来可能影响一个家庭、一个单位、一个社区，更有出息的学生还能成为单位的领导，成为一方父母官。而千千万万的优秀学生成长起来，我们的社会不是变得更加和谐吗？所以我们有一万个理由坚持我们的耐心、恒心，为祖国，为社会培养人才，请你坚持培训班干部这一项神圣的工作，须知：粒粒种子撒遍祖国，星星之火可以燎原。

第三，发挥班会的功能。一般说来，我们在组建班干部和团支部时，班长、副班长、学习委员、体育委员、劳动委员、文艺委员、女生委员，团支书、组织委员、宣传委员，大约 10 位学生可能入选，再加上各学科课代表，这样就有一批得力的助手团结在班主任的周围。如今我们又有流动组长的不断出现，整个班级里面，绝大多数同学的积极性有效地被调动了起来。每天放眼教室：早自习有学科课代表帮助老师组织，教室里书声琅琅；有学生主动帮助老师收缴作业，作业整整齐齐、保质保量；有学生主动打扫清洁，教室窗明几净；还有学生记录考勤；也有学生提醒大家做操、上体育课运动，等等。看着步入正轨的班级学生，班主任是不是经常拥有好心情？是不是就有更多的时间去琢磨新的带班思想、套路？我建议，班主任不妨每周班会前开一次班干部总结会，开始可以由班主任主持，后来交由班长和团支书主持，再后来由各委员轮流主持，直到后来由各组长主持。在这样的会上班主任引导学生形成一些好的行为习惯："当面指不足，背后说长处"，"有则改之，无则加勉"，"知无不言，言无不尽"，"既看到成绩，又看到不足"，"团结就是力量"，"凡事预则立，不预则废"，等等。开始时我们在总结会上可以集中解决一个重点问题，让大家献计献策。往后逐步提升总结会的档次，逐步加大总结会的内容难度，把一些难度较大的事情：准备技能节、期末考试、实习推荐等交予班干部处理，进一步提高学生协调问题和解决问题的能力。这样，班会之前的总结会就成了锻炼班干部解决问题能力的有效平台，养成了好习惯——解决问题、信息共享、与时俱进；培养了好干部——以后各部门的主管、劳模；形成了好班风——以后和谐社会的缩影。相关部门也可以通过检查和监督，强化班会在学生成长过程中的功能。当然，在全班每周一次的班会上，班主任可以对一周以来的班干部表现给予肯定，以鼓励为主。这也要求我们的班主任一定要重视班会的功能，仔细观察在平时，运筹帷幄在心中，切实把班会派上用场，千万不能占用上课时间开班会，提前上晚自习，把班会不当数。特别是考试临近的那段时间，有很多事情要通过班会来强调和协调。

1999年年初，我担任班主任的年级已经到了高考的关键时刻，我个人也要准备研究生论文的撰写和答辩，开学不久是二月调考，根据学校安排我马上要到教育部开几天的德育会议。临上火车前，我召集全班同学，坦率地告诉了我的行程安排，希望大家把自己的事情都做好，有条不紊。当年高考完了后，一位平时非常关注班级管理的妈妈家长告诉我，她心里开始很着急：这么关键的时候，班主任开会不在学校，学生怎么办？她的班长儿子平静地告诉她："妈妈你别急，班主任老师平时已经把我们训练好了，我们按照他编订的程序正常运转，不会出什么大事情。"班长形象的"编订的程序"的说法就是我从高二开始进行的班干部培养工程。在专业考试中，报考、准备、乘车应试、收集文考证都是学生自己在老师的要求下完成的。当然，高二接手班主任时我充分派上班会的用场，花了几个月的时间做了艰苦细致的培训班干部的工作，这一届学生的综合素质也因此逐步提高了一些。紧跟着的1999年下半年的首届综合高中的学生对班干部培养工程就不感兴趣，因为他们在初中都是老师没有关注或者缺少关注的对象，学习目标不明确，权利意识、责任意识非常淡薄，一下子"从奴隶到将军"很不习惯。加上我们学校第一次办综合高中专业，管理经验不足，所以高一上学期问题多，烦恼多，不断地有科任老师到班主任身边反映情况。这也从反面告诉我们班干部培养工作是既必要又艰巨。如今，每一天我们看着校学生会的干部在老师的带领下查全校的考勤、读报、课间操、清洁、班会，无论在校园哪里碰到老师他们都会主动问好，学生会干部的综合素质也让我们感觉到学生干部的培养工作既是必不可少的，也是非常有效的。这些孩子在初中阶段未必就是班主任老师的宠儿，现在一个个不都是干得风生水起、有模有样吗？

第四，创造机会让学生体验成功。心理学发现，如果学生只看到自己的缺陷和不足，就会产生消极情绪，长期下去，肯定会影响学生的成长。生活中，每一个学生天生都是具有好学、上进、创新等诸多优点的孩子。我们不妨看看孩子们幼年时候曾经拼命地学习的镜头：蹒跚学步中摔了多少跤？但他们没有气馁，现在健步如飞；鹦鹉学舌中他们讲错了多少话？但他们没有气馁，现在巧舌如簧；使用餐具中他们洒了多少米饭？但他们没有气馁，现在餐具自如；观察外界中他们问了多少幼稚的问题？但他们没有气馁，现在都有自己相对成熟的思想。他们曾经把老师的话当作圣旨、神圣不能违反而在行动中努力绝对实施。为什么孩子们后来不像以前那样听话？为什么有的孩子长大了同过去完全不同，不服家长和老师的管教甚至和他们顶嘴？是因为外界杂乱的环境影响了孩子心中那份神圣的天性。这其中有的是由于家长、亲戚、朋友的原因造成的，有的则是我们不同学段的个别老师的冷眼、讽刺、挖苦、放弃所导致的。苏霍姆林斯基说过，“只有在集体和教师首先看到儿童优点的那些地方，儿童才会产生上进心”，“教育技巧的全部诀窍就在于抓住儿童的这种上进心，这种道德的自勉”。可见，我们的班主任应该采用多种手段，及时去挖掘每一个学生潜在的优势与潜力，让学生不断地体验成功，全面地成长。就拿我们学校来说，一些优秀的班主任在日常管理中总结出许多行之有效的好办法，我们不妨借鉴：经常中途接任班主任的朱再玉老师就坚信“葫芦是吊着长大的，学生是夸奖成长的”，她很擅长用夸奖的办法“哄”学生努力学习；多次担任年级组长徐中群老师擅长“用耐心和学生泡蘑菇，在相持中把学生引导到寻找学习乐趣的轨道上来”；李慧勤老师则擅长“用制度管理每一个学生，引导学生在制度的约束下规范地成长”。此外，向阳老师擅长“用软办法引导那些不服硬的学生”，梅艳老师擅长“用反复中不丢原则强化学生的学习意识”，邓生琼老师则擅长“把握大方向，放开小环节”引导学生。龚纯老师更是用男人的细心、细致、耐心把班级管理得有条不紊。已经退休的熊汉莲老师则擅长“率先垂范，以身作则”。有一段时间，贾云老师的孩子很小，每天上班路途上花费很多时间。但是她在担任班主任工作的时候，班级运转很正常，甚至比有班主任经常督促的班级还要好，关键就在于她培养了一批得力的班干部协助班主任管理班级。不难发现，这些班主任在日常管理中摸索出来的好办法尽管各有特点，但有一个共性：不断地创造机会让学生体验成功，促进学生健康全面的成长，把“引导”二字做到极限。

“书破万卷方成攀柱高手，冰冻三尺始有扑鼻花香。”“泰山不让土壤，故能成其大；河海不择细流，故能成其深。”让我们胸怀培养“参天大树”的目标，从换座位这样的“小措施”入手，努力促进学生的全面成长，我们的学生在未来一定能桃李芬芳、栋梁成行！

（金钢云/文）

# 用德育工作的坚持促进学生良好品德的养成

近几年来我校的德育工作取得了优异的成绩：在武汉市教育局举办的武汉市中职生才艺展示活动中我校“时装秀”节目获二等奖并受邀在武汉市政府举办的2011年校企合作大会上表演，得到市教育局领导的首肯；在参加教育部举办的第八届全国中等职业学校“文明风采”竞赛活动中我校30人次在《感恩的心》《职业生涯规划》《职业礼仪》等8个项目中获省级奖励，韩无穷等21名同学在《心秀未来》等6个项目中分获全国一、二、三等奖，我校再次获教育部颁发的全国优秀组织奖；旅游专业组在参加市教育局申报的国家级课题《准企业化环境下育人模式的探索与实践》活动中的阶段性成果得到市教育局领导和总课题组的肯定；在武昌区运动会上我校田径代表队获高中组团体第三名，创历史最好成绩；在市教育局举办的时事知识竞赛中我校代表队进入前八名；在本学年度我校共有340名同学受到学校表彰，60名同学受到区级表彰，10名同学受到市级表彰；100余人次在省市专业技能大赛中获奖，193名学生被大学录取。全校学生的思想面貌、行为规范、文明礼仪相对建校之初有了长足的进步，学生之所以能够取得好的成绩，是因为有了好的习惯养成，正所谓习惯成自然，但好的习惯养成（这些成绩的取得）得益于我校全体德育工作者长期的努力和坚守，得益于我校长期德育工作的坚持，下面我就从六个“坚持”来对我校一年来的德育工作作一个初步的回顾，请各位专家批评指正。

## 一、坚持“德育为先”，造就全员德育的良好氛围，以科学的理念指导人

我校德育工作在学校党委、校长的直接领导下，始终坚持“以生为本、德育为先”的理念，时刻把德育工作作为各项工作的首选和统领，德育渗透于学校工作的方方面面，学校各部门在努力抓好自己本职工作的同时，都能积极参与学校德育工作，贯彻“德育为先”的理念，各部门的行为自觉服务德

育，形成齐抓共管、全员德育的良好氛围。学校的大型电子显示屏每天都播放一周的德育信息、德育理念，校园广播每天通过身边的好人好事积极对应学校的德育工作，传播正能量。在这样的氛围当中，学生耳濡目染，无形中约束并规范了自己的言行，无声无息中也就成为了我们这个社会所需要的人才。

## 二、坚持师德垂范，提升班主任的专业素养，以导师的人格感化人

学校注重班主任队伍的师德教育和建设。“亲其师，信其道”，“身正为师、学高为范”。而要让我们的学生信服我们的班主任，把班主任当作他的人生导师，这对班主任的“身正”即师德表率提出了更高要求。为发挥班主任的垂范作用，做好学生的成长导师。在提升班主任专业素养方面我们做了如下工作：学校尽可能地派班主任参加市区教育局组织的培训，以提高班主任队伍职业素养。2014 年派出王春霞等 6 位班主任参加了市教育局组织的“中职骨干班主任培训班”；学校还坚持每月的班主任例会，在会上学工处对班主任工作给以指导，大家还通过这一平台相互交流学习，提升德育工作水平；坚持召开每学年度的德育年会，总结当年的学生德育工作，研究德育工作的新经验和新方法。2011 年的研究主题是《如何克服班主任工作倦怠》，2011 年的主题是《新形式下中职生德育工作的创新》，2013 年的主题是《我的成功之作》。除此之外学校还对班主任工作进行量化考核，以制度对班主任的工作进行督促和鞭策，发挥班主任的垂范作用，以班主任的职业精神和职业道德去感化我们的学生。班级建设的优劣与班主任的敬业精神密切相关。学生是有感情的，班主任的付出是会有回报的。一个优秀的班主任是能够胜任学生的成长导师工作的，他也能够成为学生的良师益友。学校对班主任队伍的建设取得了成效：向阳老师被评为武汉市优秀教师；梅艳、刘晓璐老师被评为区“百优班主任”；李红、朱凤龙老师被评为区“优秀教师”；吴斌、于淑霞老师被评为区“师德先进个人”；刘欣、殷媛媛、马海、汪静、张桂平等 6 位老师被评为学校优秀教师。在教师节表彰的老师中班主任占了主流，他们不仅是德育工作的践行者也是专业教学的佼佼者，形成了学校一道亮丽的风景线。朱凤龙老师虽然已届退休之年，但他积极要求担任班主任工作，希望以一届班主任工作画上他从事教育工作的圆满句号，在“访万家”活动中，他带病来到学生家中进行走访，学生家长深为感动并送上锦旗：“其情也真、其意也切；恩师益友，精心教育”。李洁老师建立家长 QQ 群加强家校沟通，及时向家长反馈学生信息和解

答家长的咨询取得好效果，深得家长的赞誉；盛娟老师关心实习生的健康，学生在实习期间生病，作为班主任的她利用休息时间前往学生实习工厂看望曹勇同学生；殷媛媛老师与学生建立了和谐的师生关系，像大姐姐般引导着学生……正是得益于一大批优秀的班主任高尚的人格魅力，我们的学生才可能不断地受到感化，不断地修正自己的行为目标。

## 三、坚持主题教育，突出学生的主体作用，以内心的体验升华人

进入中职学校的学生大多数在思想上缺乏是非观念，在人生观、价值观的取向上是幼稚的，在荣辱观、审美观是含糊的。学校学工处针对学生的实际，在思想教育工作中坚持主题教育，以正确的思想引导和教育学生。在每一学年的开学之初都根据该学年的社会、历史特点确定每月的教育主题，由班主任具体组织策划，以“主题班会”的形式对学生进行相关教育。如 3 月结合植树节对学生进行“爱我家园”的环境保护教育；5 月结合五四青年节进行五月的鲜花“争先创优”的活动；9 月结合迎国庆进行“祖国你好”的爱国主义教育；12 月结合迎新年进行“给妈妈的一封信”感恩和励志教育等。系列主题班会活动提高了学生明辨是非的能力，为学生的行为和价值取向指明了方向，保证了学生在正确、健康的思想轨道上前行。1114 班的同学在以“社会实践”为主题的班会后总结说：“这次班会使我们认识到社会实践的辛苦，赚钱的艰辛，想到父母为了我们真是不容易啊！”同学们还认识到团结合作的重要性，表示一定要建立和谐的同学关系。一次次成功的体验，一次次成功的激励，学生才可能一步步迈向更高的台阶，一步步成熟起来。

## 四、坚持开展社会实践，在活动中养成好习惯，以丰富的活动激励人

习惯差、不守规矩是刚进校中职学生的共同问题，如何改掉他们身上的坏习惯，养成良好的品德是对我们德育工作者的长期挑战。也许这些学生上课坐不住、自控力差、文化课功底不足，但是，动手是他们的特长，公关是他们的喜好，他们中的大部分都有强烈的表现欲望。针对这一点，近年来除了常规教育外，我们通过开展军训、羽毛球比赛、乒乓球比赛、好男儿杯篮球赛、校园歌曲大家唱竞赛、爱我专业演讲比赛、学生业余团校、党校培训、技能节专业

展示、新年联欢会、青年志愿服务等多种形式的课外实践活动来矫正学生的不良习惯，增强规则意识，培养团队精神。实践证明同学们在活动中看到了自己的闪光点，取得了成功、增强了自信心，在守规则中尝到了甜头，同学们在活动中取得了进步，在活动中提升了自己。当我们的学生在活动中展示自己的特长和专业时，曾教过他们的初中老师说，没想到中考失利的他们，也能在行为方面这么出色，做得这么好！我们学校的礼仪服务队、学生汉绣作品、时装秀、美术作品、冷拼雕花等都得到相关专家的首肯。

## 五，坚持环境育人，让墙壁变美变活，以真善美的空间熏陶人

中外历史上的教育家都很重视环境对人的影响。中国古代教育家荀子说："蓬生麻中，不扶自直。"欧洲文艺复兴时期意大利教育家维多利诺认为，良好的学校环境有助于学生的学习和教师的工作。学校充分认识到校园环境的育人功能，坚持为学生打造优美的校园环境，近几年完成绿色校园建设后，进一步加强了校园文化建设，特别是结合职业学校的特点将企业文化引入校园，进入班级。坚持用体现专业特色的班级文化建设和黑板报的评比，积极支持旅游专业组参加市教育局申报的国家级课题《准企业化环境下育人模式的探索与研究》的工作，并将阶段性成果在全校进行推广。良好的校园环境不仅陶冶学生的情操，而且净化学生的心灵，使同学们在不知不觉中受到影响和教育，正所谓"随风潜入夜，润物细无声。"良好的校园环境形成了有效的德育空间。近年来，我校旅游专业每一届学生不到毕业就被用人单位录用完毕。在全体教师积极向上的同时，学校大力开展专业环境熏陶人的活动，学生身临其中，自觉感受专业的要求，无形中用专业规则鞭策着自己，其一天一点的进步，就是最好验证。

## 六、坚持管理育人，按照企业的人才标准要求学生，以严格的管理塑造人

现代学生工作的基本内涵是管理育人——人本管理：以学生为中心，以爱护、关心，及有利于学生可持续发展为管理内容；科学管理——教育规律和学生成长规律的管理。在学生德育工作中，学工处注重用未来企业的标准管理育人，以有利于学生发展为目标进行管理（富士康人力总监的对学生的要求：

第一位的是组织纪律观念和服从意识）。坚持对学生进行严格的考勤、礼仪着装、行为规范的管理。坚持“三面红旗”的评比，即“纪律先进班级”、“卫生先进班级”、“广播操先进班级”的评比。坚持每天学生进校的礼仪着装检查。这一系列的管理将为学生走向社会奠定良好的基础。正因为有了长期严格管理的积淀和习惯的养成教育，同学们的组织纪律观念得以加强，班级荣誉感和团队合作精神得以增强，不良的行为习惯得以矫正，综合素质得到提高，我校的毕业生在走向工作岗位后得到用人单位的认可和欢迎。

学校德育工作是一个系统工程，站位比较宏观，需要持之以恒的努力。我们希望通过全体师生的努力，为社会、单位、家庭培养积极向上的人才，为我们伟大的祖国不断地传递正能量，把学校的功能发挥到最大的程度。

（袁彬/文）

# 我是一个幸福的班主任

班主任是学校教育计划的具体执行人，是教学及教管的助手，又是学校和学生家庭的桥梁。班级管理的好坏，直接影响学校教育管理工作进行。因此，班主任必须提高认识，加强责任感，掌握班主任工作规律。作为班主任我时刻牢记“爱岗敬业”和“为人师表”的职业道德之宗旨，在实际工作中不辞劳苦、主动开展班级管理和德育建设，班主任是班级的组织者和教育管理者，是学生健康成长的引路人，是联系各科任教师的纽带。班主任工作既是艰巨的，又是光荣的，也是幸福的。回首这些年的班主任工作，我感慨万分，因为我没有虚度光阴，因为我尽心尽力，我可以问心无愧地说，我很兴奋，很满足，同时也很自豪，因为我的学生进步了，更因为他们都能够顺利地毕了业。看着他们每天的点滴进步，我无时无刻不在享受着收获的喜悦。在学校领导的正确领导下，在同事们的关怀帮助下，我不仅圆满地完成了教学任务，还在班主任工作上有了很大的提高。结合所带班的实际情况，我归纳班主任工作如下：

## 一、耐心细致、严格要求是做好中职班主任工作的基本原则

由于中职学生各方面的素质与其他普高学生有所不同，他们是中招考试的失利者，部分人在社会上的声誉不好，但他们是未成年人，他们也是社会的一员，总得有人来引导他们、陪伴他们成长，我不能抱怨自己学生的行为习惯何以如此差，如果按普通学生那样去要求他们，肯定会使班级工作受到影响。所以，要做好中职教班工作就要做耐心细致的工作，但这绝不意味着放松对他们的管理。在管理与教育上我利用班会及课余时间对学生进行爱国主义教育，教育他们热爱劳动，讲文明讲礼貌，教育他们向榜样学习，将他们培养成为一个个自食其力，身心健康，遵纪守法的好公民，走上工作岗位后能吃苦耐劳，坚持进步，最终成为优秀员工。

作为班主任，我积极配合学校政教处的工作，利用各种形式对学生进行纪

律教育和日常行为规范的教育，使其不断提高认识，端正思想；在学生中树立好的典型，一旦发现好人好事便即时给予奖励，以个别的典型事例教育全班、带动全班，让班级快速形成一种良好风气。同时，又采取了一些相应的惩罚措施，对那些明知故犯、屡教不改的人给予严惩。如现在1409班夏××就是一例：该生刚进校时，一身的坏毛病，开口就是脏话，欺负班上同学，抽烟，自制力较差，一副社会黑老大的形象，学习态度不够端正。如何教育他，提高他的学习兴趣，改掉坏毛病，成了一大难题。对待这样的学生我做到了不嫌弃，不放弃，不抛弃，用细心、爱心、耐心来打造他，用《守则》《规范》来磨炼他们，用业余兴趣，各类活动来转移他们的视线，随时利用他们身上的优点来发挥作用，提高他们的自信心。我让他每天早自习在台上领读；让他参加演讲比赛；让他参加食品制作小组并销售，担任志愿者活动小组长，通过一系列活动方法，让他深受教育；让他的思想和行为向好方向发展，通过长期坚持不懈地工作，终于有了好的收获。学生收获成功，老师也收获了喜悦。

## 二、建设良好班集体，增强班级的内吸力

良好的班集体是完成教学任务的保证，是学生进行自我教育的力量源泉，是个性得以充分发展的摇篮。因此，在班级管理工作中，我比较注重班干部队伍建设，结合班级实际制定好班级管理制度，让班干部执行落实班级的管理制度，并起监督和带头作用，我也有意识地让学生参与管理，创设各种表现机会，充分调动全班每个同学的积极性，从而形成民主管理气氛，使学生自我表现心理得到满足，民主意识得到培养，管理能力得到增强。最终通过大家的共同努力建设一个良好的班集体，增强班级的内吸力，发挥班集体的团结力量在各种活动工作中的作用。

## 三、多与科任老师进行沟通，时刻关注学生的思想动态

在平时生活中，我经常和同学们在一起聊天，了解他们的思想动态，与他们拉近距离，使得他们能够对我敞开心门。平时，通过和同学们的聊天还有对他们的观察，尽量做到知道他们在想什么做什么，如发现问题，要对症下药及时解决学生中的问题。在平时的班级管理中，我还经常保持与学生家长联系，做好与学生家长的沟通，充分利用家庭与学校相结合，来引导和教育学生向好的方向发展。

我经常会向一些科任老师打听我们班同学的上课情况，我也很感谢班上科任老师，有时上课回来会向我反映的我们班级的上课纪律，还有个别学生的一些情况，让我及时了解到了学生的思想动态和一些不良的行为习惯，这给我对管理班集有很大的帮助，我会针对出现的问题对个别学生进行教育，加强对学生的思想政治工作，培养学生良好的道德品质，净化学生的心灵，形成良好的行为习惯，努力培养他们成为合格的中职毕业生。

## 四、关心后进生，照顾特困生

俗话说“十个指头各有长短。”一个班的学生不可能人人都是优秀的，难免会存在一些后进生。对于他们，我在思想上不歧视他们，在教育上，做到动之以情，晓之以理，从而提高他们的思想认识，增强他们的自信心和自尊心。我一般利用课余时间找他们个别谈心，对他们表现好的地方作出表扬，对后进生更要加倍关心爱护，多作思想工作，多加表扬鼓励。同时，配合学校各种活动，促进后进生的转变，鼓励他们参加丰富多彩的文体娱乐活动，通过参加这些活动，陶冶他们的情操，增长才干，使他们深切感受到校园生活丰富多彩，其乐无穷。有些时候，我会开放班级的各种管理工作故意让后进生来做，以增强他们的责任感。我们有两个住读生违反住宿规则一个翻窗外出，一个夜不归宿，我当时就他们的行为狠狠地进行了批评，学校对他俩进行了处分同时也不允许住校了。他们两个是外地学生，不让住校也就意味着不能上学了，不过在教育过程中他俩的认错态度还挺好的，我也不想放弃他们，我又主动找学校求情，因为他们也有接受教育的权利，虽然平时绩不好，纪律也较差，但我依然坚持“仁爱”相待，“坦诚相对”，我想用仁爱感化他们，激励他们，让他们留下来，目前效果还不错 。对于家庭贫困的学生我会给予更多关心，从人格上尊重，心理上关爱，学业上多帮助。我会经常和一些同学聊天，鼓励他们参加学校的勤工俭学，或是帮助他们申请国家助学金，让他们感受到学校、班级对他们的关爱，让他们有归属感，从而使他们能自立自强，身怀感恩之心，希望他们最终顺顺利利去完成学业。记得1215班有个贫困生，家庭环境比较复杂，父亲患有残疾，母亲重病做了手术。在一次查看宿舍时，我发现这位同学的床上用品特别寒酸，我当时就单独和她聊了会，她说了她的家庭情况，办不了低保，我当时也很想帮助她，于是我便向学校申请了国家资助。这个同学在平时生活中也表现得比较坚强，相信她也能感受到学校带给她这份无微不至的温暖。

## 五、鼓励学生参加各种各样的校园活动

通过参加各种丰富多彩的活动，后进生看到了自己的闪光点，重新找回了自信。我在这学期组织班里学生参加了校运动会、一二·九歌唱会、技能节，并组织本班学生与1216班学生打篮球挑战赛。同时我经常鼓励他们多参加社团活动，丰富多彩的活动让更多的学生得到了体验、增进了交流、激发了他们的求知欲。各种活动的开展，也为特长学生的自主发展开辟了广阔天地，使他们的身心得到了陶冶。通过这些活动，让所谓的后进生找到了自己的位置，发挥了他们的专长，同时也让他们找到了成就感，从而把他们的心留在了校园里；这也使他们赢得了同学的尊重，并通过他们影响其他的后进生，以同学间的感情，班集体的凝聚力留住学生的心，让家长放心，学生开心。同时，充分发挥各种教育渠道的作用，利用班会课，结合班级实际进行“文明礼貌”教育、学习目的教育、安全教育、法制教育等。班级每周开展一次班会，进行有的放矢的教育。我会定时组织学生开展形式多样的班级活动，带领他们一起玩户外拓展游戏、一起去打扫操场、组织家长聚餐报告会。通过参加活动将这些性格各异、接受能力不一、习惯差异巨大的学生凝聚到一起，使我们班成为了一个优秀班集体。

## 六、与家庭沟通合作教育

职业学校的学生很多问题出现的根源在家庭。学生的教育离不开老师和家长的共同协作，学生在家中的表现只能通过家长来获悉，班主任同样地应将学生在学校的表现及时反馈给家长，只有双管齐下，才能收到教育的效果。因此作为班主任要主动与家长们保持联系，将学生的表现通知家长，共同商量对策。

作为一个班主任，时常与学生们一起相处，产生了一种很自我的感觉——那是幸福的，也许在常人眼里看来是一件很寻常的小事，但在体验者的心里就是一种幸福，从中可以品出快乐的滋味。如：早晨走进教室，听到琅琅的读书声，我是幸福的；看到学校常规评比，班级获得了流动红旗，我是幸福的；看到经过师生的共同努力，被评为“文明班级”，我是幸福的；看到顽劣异常的学生有了转变，并意识到他要好好读书时，我也是幸福的；看到学生在随笔中对老师的一句称赞，我更是幸福的……虽然时常感觉当班主任很累，但每天看

到学生们的进步，所有的付出和辛酸都值得，因为都融化在这幸福之中了。这时的我会满怀欣喜地说："我是一个幸福的班主任！"在今后的工作中，还有许多做法值得我去探讨和学习。总之，我要坚持正确的教育方针，注意工作方法，争做一个优秀的班主任。

（刘俊/文）

# 四、学校文化

# 概　述

武汉市第二职业教育中心学校文化的特色是：注重学校精神文明建设，用高尚的精神文化教育人；注重学校制度文化建设，用完善的学校制度管理人；加强学校活动文化建设，用丰富的活动文化激励人；加强学校物质文化建设，用美好的人文环境陶冶人；加强学校特色文化建设，用新颖的特色文化熏陶人。

学校文化的核心内容是学校的精神文化。学校的精神文化是学校文化的精髓，是学校文化的核心，是一所学校赖以生存、发展的精神支柱。学校文化主题是人本文化，以人为本。

武汉市第二职业教育中心学校校训：崇德、勤业、求真、向上。

武汉市第二职业教育中心学校校标：整体形似为数字“2”和字母“Z”。其中“2”象征“武汉市第二职业教育中心学校”；“Z”代表“职校和职业”；校标上半部为红色的太阳，寓意学校如初升朝阳，蒸蒸日上；校标下半部为黄色的“黄鹤”，与上半部太阳周围的白云，相映成趣，寓意学校在黄鹤楼下，白云黄鹤的故乡，象征学校犹如一只黄鹤，展翅飞翔。

武汉市第二职业教育中心学校徽：圆心为校标，四周为汉字及拼音：武汉市第二职业教育中心学校。

武汉市第二职业教育中心学校旗：底色为红色，中间为校标，黄字：武汉市第二职业教育中心学校。

武汉市第二职业教育中心学校歌：《梦想二职》（王斌武作词、杨明作曲）。

**深化教育改革，加快教育现代化，办好人民满意的教育。**

**——党的十九大报告**

图 1　校训

图 2　2018 年 9 月师德师风建设、学习

# 学校情况介绍

## 一、历史沿革

武汉市第二职业教育中心学校始建于1965年，20世纪80年代初开办职业教育，1986年挂牌武汉市第二职业教育中心学校，1990年、1995年两次被评为湖北省重点职业高级中学，1996年被评为首批国家级重点职业高级中学，2010年被评为湖北省中等职业学校示范性学校。

学校办学历程中，根据武昌区区域职业教育整体整合的需要，现武汉市第二职业教育中心学校是由原武汉市第二职业教育中心学校、原武汉市第一高级职业中学、原武昌旅游学校三所学校几轮合并、重组整合形成。

## 二、专业设置

学校现有文化创意、现代服务、电子信息、工艺美术等四大专业部10个专业（计算机应用、电子技术应用、旅游服务、烹饪、财务会计、物业管理、工艺美术、动漫与游戏制作、服装设计与工艺、社会文化艺术），其中：服装工艺与制作专业为省级实训基地，工艺美术专业为省级品牌专业，工艺美术、电子技术应用，计算机应用，旅游服务等专业为省级重点专业，动漫游戏、会计等专业为市级重点专业。

## 三、学校规模

学校地处武汉市中心文化城区武昌区，是一所政府主办的区属公办职业学校，学校生源来源主要是武昌区及周边城区。

现在编教职工总数为153人；现有3个年级共50个班级，在校生2029人。

# 四、硬件条件

学校现占地 60 亩，占地面积 4.13 万平方米，建筑面积 2.84 万平方米，实训场地面积 4240 平方米，有教学、实训楼四栋、行政楼一栋，标准 400 米跑道运动场一个，可容纳 800 人学生宿舍一栋，教室 55 间，实训室 56 个。

# 办学指导思想

## 一、指导思想

钟如惠校长提出了“全面深化体制改革，实现二职跨越式发展”的办学指导思想。可以概括为：“一个目标、两个原则、三个亮点、四个关系、五大工程。”一个办学目标：培养具有全面素质和综合能力的、直接在生产、服务、技术和管理第一线工作的应用型专门人才和劳动者。两个办学原则：立德树人与人本教育。三个办学亮点：专业有特色，教师有特技，学生有特长。理顺四个关系：力争建立健全政府主导、学校主体、行业指导、企业参与的办学体制机制。建设五大工程：管理体制改革、专业部建设、人事制度改革、课程设置改革、环境建设工程。

武汉市第二职业教育中心学校主要的治校方略：以德立校，以法治校，以专兴校，以特强校。坚定不移地坚持“三个一流”目标：即以建设一流中职学校、一流专业、培养一流人才为目标；坚定不移地坚持职校“三个服务”方向：为武昌区和武汉市的经济建设和社会发展服务；为教职工的事业发展服务；为学生未来全面发展奠基服务。

## 二、校训、校标、校徽及校旗

校训：崇德、勤业、求真、向上。

校训释义：

崇德：崇尚道德。以德为先、以德为首、以德为重。

勤业：勤学立业。勤于学业、勤于事业、爱岗敬业。

求真：追求真理。千教万学，教人求真、学做真人。

向上：积极上进。勤奋进取、努力上进、力求进步。

图 3　武汉市第二职业教育中心学校校标

校标释义：

校标整体形似为数字“2”和字母“Z”。其中“2”象征“武汉市第二职业教育中心学校”；“Z”代表“职校和职业”；校标上半部为红色的太阳，寓意学校如初升朝阳，蒸蒸日上；校标下半部为黄色的“黄鹤”，与上半部太阳周围的白云，相映成趣。寓意学校在黄鹤楼下，白云黄鹤的故乡，象征学校犹如一只黄鹤，展翅飞翔。

图 4　武汉市第二职业教育中心学校校徽

图 5　武汉市第二职业教育中心学校校旗

# 学校办学举措

落实学生培养两大任务：职业素养、职业能力

着力于两大体系的建设：德育教育体系、专业课程体系

## 关于德育教育体系

**1. 实施以遵章守纪为主线，公民道德为基础、企业规范为重点的“有效德育”**

德育方法：根据职业学校学生特点，实行学生操行评定百分制，通过目标导向、持续激励、分类推进、评估调节的系统操作，使学生形成健康稳定的希望心理。

德育内容：加强德育校本建设，结合职业学校学生的实际编写了以古今中外励志名篇为内容的《经典诵读》德育校本教材，并在全校开展诵读活动，陶冶了学生的情操和心智。

德育形式：以“班班有项目、人人有活动”开展丰富多彩的德育活动。

**2. 形成了规范成熟的德育教育系列**

具体包括：

公民素质教育系列（行为养成教育、法制教育、公民道德教育、志愿服务等）；

职业素养教育系列（爱我专业、职业道德、职业生涯规划）；

团队活动教育系列（技能节、运动会、军训、文艺汇演、跑操等）；

素质拓展教育系列（引入“红星”教育基地专题系列素质拓展教育）。

**3. 建立了行之有效的德育工作机制**

“三线一点”的德育管理模式。学工处—班主任—学生，教务处—任课教师—学生，训教中心—教官—学生的多维度立体式的德育管理模式，实现了对学生全员、全面、全程的德育管理格局。

“四个一”的班主任工作机制。即每月一次班主任例会、每月一次班主任工作考核与讲评、每年一期新班主任培训班、每年一次学校德育工作研讨会，保证了学校德育工作正常有序的开展。

“日周月”的考评制度。坚持“日查、周检、月评”的常规考评制度，每学期规划每期板报和班会的内容，做到“周周有主题，月月有评比”。

## 关于专业课程体系

(1) 形成以“文化创意”(包括工艺美术、服装设计、动漫游戏、学前教育等专业) 为主；以“现代服务业”(财经类、旅游服务类) 和“电子信息”(电子类、计算机类) 为两翼的专业设置格局。(一主两翼的专业格局)

(2) 文化课以“重基础”为原则，专业课程以“厚基础、宽口径”为思路。

(3) 建立了较为规范的课程体系。一是规定了各专业的主干文化课程：(文化课课时比重占 30%)；二是规定了各专业的主干专业课程：(专业理论课时比重占 30%)；三是强化实践课程：实践课程以技术应用能力为主线，以达到技能毕业标准为底线 (专业实践课的课时比重占 40%)。

# 丰富的校园社团文化

我校社团种类丰富，文艺类有礼仪队、演讲社、模特队、纤维艺术部、手作社、动漫社；科技类有融媒体社、航模社、无线电运动队；环保类有“根与芽”社，带大家领略一下他们的风采：

**1. 礼仪队**

端庄优雅的笑容，旖旎袅娜的步态，不卑不亢、恭而有礼的举止，这就是礼仪队的名片。在各项文体活动、会议活动中，总是能看到她们靓丽的身影。参加礼仪队可以让自己更有气质、让自己视野开阔。

**2. 演讲社**

演讲社聚集的是一群口齿伶俐、普通话标准、感情饱满、勤学苦练的同学们，每年“文明风采”大赛，他们可是获奖大户。在这里为同学们提供了更好的演讲的平台。给你一个舞台，上演属于你的精彩！

**3. 模特队**

你是否羡慕T台上模特的风采？模特队可以给你展现自我的机会秀出你的风采，穿上我们自制的服装，秀出属于二职人自己的风格。

**4. 纤维艺术部**

纤维艺术的无限开放性，为创作者探索多元的纤维材料、开拓新颖的艺术形式提供了广阔的空间。纤维艺术部发掘你的想象，锻炼你的动手能力，让你感受到多样的艺术形式。

**5. 手作社**

在手作社你可以亲手制作属于自己的小物件，手工纸泥、扎染工艺、Q版蛋仔……这些都不是问题，制作出来的小物件可以送给亲人或朋友，也可以送给自己作为自己给自己的小礼物。

**6. 动漫社**

动漫社里大家可以一起讨论动漫，聚在一起画海报，一起讨论剧本，做Cosplay的道具，出Cosplay，随团去看看动漫展，将Cosplay照Post在网上，让更多的人了解它，并且喜欢它。

**7. 融媒体社**

融媒体？没听说过，那你就 Out 了，融媒体社是一支新闻类的社团，是我校微博、公众号的信息采集和提供者。在这里我们以新闻人的视角看世界、观校园。我们在学校每一个重大活动中奔走，选择求真，遵从客观，用文字、图片、声音、视频，传达记录每一个可能被称为历史现场的时刻。

**8. 航模社**

还记得儿时纸飞机带给你的快乐吗？在航模社，你或许可以通过搭建模型、互动交流、制作探讨、竞赛展示的方式，体验到科技与兴趣完美融合。

**9. 无线电运动队**

无线电测向运动，又叫“无线电猎狐”，是一项趣味横生的有益活动，是一项介于科技活动和体育活动之间的科技活动。参加该活动对促进学生了解无线电知识，强壮体魄和锻炼意志有着重要作用。既能学习科技知识，又能体验野外探险和培养生存能力，一举两得，你还在等待什么？

**10. 根与芽小组**

二职根与芽环保小组成立于 2011 年，在上海根与芽青少年活动中心注册。数年来开展有落叶堆肥项目，减少了数以吨计的生活垃圾；开展科普宣传；建设有机农场，种植蔬菜，花卉，香草等。2018 年起与周边小学建立 YES 公开课等合作学习工作。想和我们一起交流学习环保知识与心得、认识新的朋友、做一些一直想做但又没有机会去做的环保活动吗？那就加入他们吧！

# 大力加强校园文化建设，用高尚的校园文化陶冶人

——武汉市第二职业教育中心学校校园文化建设总结

武汉市第二职业教育中心学校认真落实中小学校园文化建设要求，大力加强校园文化建设。我校校园文化建设注重学校精神文明建设、制度文化建设、活动文化建设、物质文化建设、特色文化建设五个方面的内容。我校校园文化建设严格走群众路线，从群众中来，到群众中去。我校校园文化建设主要做法和经验如下：

## 一、注重学校精神文明建设，用高尚的精神文化教育人

学校积极组建校园文化建设研究小组，结合学校实际，创作体现本校特色的校训、校徽、校歌、校旗、校色、校服。特别是在研究确定校训和校歌过程中，先后经过动员、征集、公示、研讨、再公示、再研讨，最后确定的反复征求民意的过程。加强校史文化建设，动议编撰校史、筹建校史馆，增强师生对校园精神的认同感和自豪感。

我校追寻学校历史文化积淀，体现时代特征，代表先进的办学理念，建立富有特色的校训、校徽、校旗、校歌、校色、校服。形成开拓进取、团结协作、严谨求实、勤奋好学、文明守法的优良校风；建设热爱学生、为人师表、教书育人、钻研教法、勇于探究的优良教风；建设勤奋努力、积极向上、认真诚信、合作互助、乐于探究的良好学风；推进班级学生自主、自治管理，建设团结友爱、互相帮助、快乐和谐、健康向上、争做主人的良好班风。

我校举办了十期道德讲堂。打造积极健康的学校精神文化，进一步提升学校精神内涵。积极弘扬社会主义先进文化，把社会主义核心价值体系融入学校精神建设的全过程，深入推进校风、教风和学风的建设。各项校园文化建设充分突出对学生的爱国主义教育、中华民族优秀传统文化熏陶、革命传统教育和中国特色社会主义理论体系教育。通过校训、校徽、校旗、校歌等，体现学校

办学思想和办学特色，起到凝聚师生的作用，不断增强全校师生的责任感、使命感、归属感和荣誉感。用高尚的精神文化教育人。

## 二、注重学校制度文化建设，用完善的学校制度管理人

我校注重加强学校制度文化建设。建立健全以人为本、规范有效的学校规章制度。如我校先后制定了学校考勤制度、学生仪容仪表标准、招生报名流程、实习就业规定、违纪处分条例、班级量化管理制度、教学事故管理制度、绩效管理制度等学校教育教学管理制度。

我校向师生员工做好宣传，人人知晓相关的管理制度；学校建立、健全执行和落实各项规章制度的组织机构，抓好队伍建设，提高执行力；抓好制度的落实，学校通过定期督查、考核、奖惩等方式抓好各项规章制度的落实，让学校管理制度真正起到规范师生员工言行、提高个人修养和文明程度的作用。

我校积极营造和谐的学校制度文化、办公室制度文化、班纪班规文化、寝室规则文化。由学工处组织评比先进班级、发放流动红旗、评选卫生寝室、优秀学生、优秀学生干部；团委评选优秀团支部、优秀共青团员。我校学生的仪容仪表标准被楚天都市报刊载。套用现在比较流行语“把权利放在制度的笼子里”，我校是把学生的行为放进制度的笼子里，用完善的学校制度管理人。

## 三、加强学校活动文化建设，用丰富的活动文化激励人

我校精心设计和组织开展内容丰富、形式多样、吸引力强，调动学生主动参与的校园文化活动。建设以重大节庆日、传统节日、重大史实日等为载体，以爱国主义为核心的民族精神和以改革创新为核心的时代精神为主题的活动文化；建设以开学毕业典礼、军训会操仪式、入团入党、成人宣誓、庆祝五四青年节、国庆节、“一二·九”活动、国学经典诵读等活动为载体，以促进学生健康成长为主题的活动文化；建设以读书节、科技节、体育节、艺术节、技能节等为载体，以促进学生全面和谐发展为主题的活动文化。学校深入推进“趣味运动会和课间跑操”运动活动，落实学生每天一小时校园体育活动时间，安排好适应学生身心特点、有本校特色的大课间活动，充分发挥团队组织在活动文化建设中的作用，广泛组织多种类型的兴趣小组和学生社团活动。用丰富的活动文化激励人。

## 四、加强学校物质文化建设，用美好的人文环境陶冶人

我校荣获武汉市园林学校和绿色学校称号。因地制宜，统一规划，注重校园每个细节和空间的设计。绿化、净化、美化校园环境，创造整洁、优美的环境氛围。

我校建设校园门厅文化、走廊文化、教室文化、办公室文化、操场文化、宿舍文化、食堂文化等；创建“园林化校园”，建立校园广播站、电视台和校园网络，创办校报，建立校史馆和共青团室。让校园的一草一木，一砖一石，一物一景，一墙一楼都体现文化内涵，发挥育人功能，展现学校形象。

我校为加强校园文化建设，创造性运用语言文字命名校园道路和十大“景点”。我校的五条道路初步建议为体现职校文化特色的名字：香樟道、桂花道、丹青路、金榜路和竞业路；校园十大景点依次命名为：二职坊、厚德亭、光明廊、足迹湖、擎天柱、读书角、梅橘园、根与芽、翠竹苑和动漫墙。待最终商定后像旅游景点一样制作牌子和简介，命名二职中心校园十大“景点”。

我校注重校园人文环境建设。我校 3 号教学楼，从二楼到五楼走廊，分别为旅游服务、电子技术、财经商贸和应用美术专业楼介绍展板；4 号楼为美术专业介绍展板。以此突出学校专业特色，反映学校办学理念，融入企业优秀文化，把学校建成恬静雅致、自然优美的校园。创造性命名校园道路和十大景点，用美好的人文环境陶冶人。

为配合全国文明城市建设的需要，我校大力加强文明城市建设宣传。印制践行社会主义核心价值观，创建全国文明城市宣传牌 176 块，将所有教室、办公室、会议室都装上践行社会主义核心价值观，创建全国文明城市宣传牌。宣传牌上印制有社会主义核心价值观：富强、民主、文明、和谐、自由、平等、公正、法治、爱国、敬业、诚信、友善；中国梦的基本内涵：国家富强、民族振兴、人民幸福；志愿精神：奉献、友爱、互助、进步；武汉城市精神：敢为人先、追求卓越。更有创意的设计是：将 24 字 12 词的社会主义核心价值观，用 12 幅动漫图画，画在校园围墙上，新颖别致，为此还上了武汉晨报。在教师办公室还专门悬挂了中小学教师职业道德规范。要求文明建设内容人人知晓，个个会背，入脑入心。一言一行，体现文明。

## 五、加强学校特色文化建设，用新颖的特色文化熏陶人

我校注重学校特色文化建设。在促进学生德、智、体、美、劳全面协调发展的同时，发挥学校的优势，突出其中的某一方面或某几方面对学生进行教育，从而促进学风和校风根本好转，包括教育管理、德育特色、传统文化特色、职教特色、科技教育特色、体育特色、美术特色、心理健康教育特色等。加大校本课程的研究，编印校本教材，将本校、本地历史文化特色融入到学校建设的各个方面之中，形成了“一校一品”、“一校多特”的总体格局。

我校注重特色性原则。根据学校发展历史、所处地域环境和现有的办学条件，突出学校个性和特色，构建氛围浓厚、富有特色的校园文化，反映“向真、向善、向上”的校园文化特质，塑造鲜明独特的学校形象，力避“千校一面”的倾向。形成了以“文化创意产业”为主，以现代服务业和制造业为两翼的专业设置格局，学校重视别无我有，别有我新，别新我特，用新颖的特色文化熏陶人，培育人的校园文化特色。

# 五、学校名师

# 概　述

习近平总书记2014年9月9日，同北京师范大学师生代表座谈时的讲话《做党和人民满意的好老师》指出：教育是提高人民综合素质、促进人的全面发展的重要途径，是民族振兴、社会进步的重要基石，是对中华民族伟大复兴具有决定性意义的事业。教师是人类历史上最古老的职业之一，也是最伟大、最神圣的职业之一。人们常说："教师是太阳底下最崇高的职业。"自古以来，中华民族就有尊师重教、崇智尚学的优良传统，正所谓"国将兴，必贵师而重傅；贵师而重傅，则法度存"。

当今世界的综合国力竞争，说到底是人才竞争，人才越来越成为推动经济社会发展的战略性资源，教育的基础性、先导性、全局性地位和作用更加突显。"两个一百年"奋斗目标的实现、中华民族伟大复兴中国梦的实现，归根到底靠人才、靠教育。源源不断的人才资源是我国在激烈的国际竞争中的重要潜在力量和后发优势。

教师重要，就在于教师的工作是塑造灵魂、塑造生命、塑造人的工作。一个人遇到好老师是人生的幸运，一个学校拥有好老师是学校的光荣，一个民族源源不断涌现出一批又一批好老师则是民族的希望。国家繁荣、民族振兴、教育发展，需要我们大力培养造就一支师德高尚、业务精湛、结构合理、充满活力的高素质专业化教师队伍，需要涌现出一大批好老师。

第一，做好老师，要有理想信念；第二，做好老师，要有道德情操；第三，做好老师，要有扎实学识；第四，做好老师，要有仁爱之心。"三寸粉笔，三尺讲台系国运；一颗丹心，一生秉烛铸民魂。"

学校名师专题收录了荣获劳动模范、年度教师、魅力教师、市区学科带头人、优秀青年教师、百优十佳班主任、双师型教师等荣誉称号名师风采。

**一个学校能不能为社会主义建设培养合格的人才，培养德智体全面发展、有社会主义觉悟的有文化的劳动者，关键在教师。**

——邓小平

图 1　教师节庆祝大会

图 2　校长钟如惠在教职工大会上讲话

# 劳动模范

**1. 武汉市劳动模范哈一文**

哈一文，男，1923年11月12日生于湖北武汉，大学文化，中学高级教师。1952年参加教育工作，先后在考研二中、四中、武汉附中、武汉堤东街中学、武汉陆家街中学、武汉阅马场中学、武汉第二职业教育中心等学校任教，长期担任美术专业教师。他在绘画教学中，不断探索，努力创新，几十年来，硕果累累，桃李芬芳，深受家长及学生的爱戴。1982年至1985年先后三次被评为武汉市劳动模范（其中一次为市特等模范）。

**2. 全国和湖北省教育系统劳动模范马贺生**

马贺生，男，回族，出生于1927年3月6日，武昌区人，毕业于华中师范学院（现华中师范大学）美术专业。退休前为武汉市第二职业中心学校高级教师。主要从事美术专业教学，并担任工会主席兼班主任。马贺生同志从教以来，几十年如一日，忠诚党的教育事业，厚爱学生，善待差生，教学中运用循序渐进、因材施教的原则，使差生与优生齐头并进，深受学生爱戴。同时他还积极参与考研工作，1999年至2001年参加《新违纪美术专业教材》（共13本）的编审工作；1986年荣获“全国教育系统劳动模范”称号；1986年荣获“湖北省教育系统劳动模范”称号。

**3. 湖北省文教系统劳动模范韩宝珍**

韩宝珍，女，出生于1932年3月3日，武昌人，中共党员。1953年就读于华中师范学院（现华中师范大学），毕业分配到唐山市干部学校任教。后调入武汉市第四十五中任教并担任教导主任、市实验学校任教导主任兼教师、积玉桥中学任教导主任，武汉市第二职业教育中心学校退休教师。韩宝珍同志忠诚党的教育事业，工作认真负责，吃苦耐劳，具有良好的师德修养。她深入群众，做到政治上关心，业务上帮助指导，井井有条地安排、指导学校的教学工作，组织开展了多种教育教学活动，成绩显著。1960年被评为湖北省文教系统劳动模范。

# 2015 年年度教师易伟

易伟

易伟教师是一名普通教师，忠诚于党的教育事业，在 35 年的从教生涯中时时以一个优秀教师的标准要求自己；以一个共产党员要求自己，勤勤恳恳，兢兢业业，热爱学生，团结同志，在平凡的岗位上做出了不平凡的业绩。深受学生、家长、同事的好评。

## 一、忠诚履职正师德

俗话说："十年树木，百年树人。"踏上三尺讲台，也意味着踏上了艰巨而漫长的育人之旅，教育工作是神圣的，也是艰苦的，教书育人需要感情、时间精力，乃至全部心血的付出，这种付出是要以强烈的责任感和使命感为基础的，没有一定品德和素养，就无法有更深的造诣。

从教 35 年来，易伟老师一直从事语文教学，兼任过教育中心主任，技校校长，语文考研组长、支部书记，年级组长，党委委员等职。2000 年易伟老师调入武汉 38 中学以来一直担任年级组长和班主任工作，能全面贯彻党的教育方针，经常对学生进行爱国主义和行为规范教育。用现代教育管理理念健全学生的"人品"，所带班级 2009 年被评为武汉市优秀先进班集体。

担任年级组长 13 年工作中，他注重抓班主任思想建设，指导班主任从学生心理教育入手，实行情感管理，协助班主任做了大量的工作。他定期会组织召开教师和学生大会，发生问题及时纠偏，有较强的组织管理能力和教学能力。2001 年武昌区教委将武昌旅游学校和第一职高合并，全组教师 53 人，班级 16 个班，老师多，学生多、担子重，但其管理得却井井有条。2006 年，二职与积玉桥校区合并，易伟也做了大量的思想工作和管理工作，两次合校都起了稳定的作用，确保一方平安。2008 年美术高中不是很稳定，为了抓好教师的稳定工作，他多次找美术老师谈心，做好思想工作提升人气，2011 年学生高考成绩取得了较好的成绩，其中 400 分以上共有 10 人；2014 年是 11 级学生高考，压力很大，但他团结老师一起共渡难关，也取得了较好的成绩。

## 二、爱生乐教铸师魂

他热爱教学工作、热爱学生，经常放弃休息，为学生辅导功课，对于成绩暂时落后的学生，放学后有针对性地进行辅导。在教学工作中，注重业务素养的提高，站在语文教改前沿，汲取名师教改之精华，注重自主、合作探究的教学方式的，教学严谨，方法多变，在愉悦和谐的教学氛围中全面提高学生素养，在综合高中和美术高中的高考中班级取得较好的成绩。另一方面，别的老师临时请假，他就代课，不怕吃苦，乐于吃苦，实实在在地在教育的岗位上作贡献。

他热爱着这份给他心灵宁静的职业，在这个浮躁的社会，有少数人在追逐浮华和名利中迷失了自己，但是老师这份职业，让易伟老师拥有一个平常的心，学生能取得优异的成绩是对他最大的满足，春发其华，秋收其实，有始有终，选择了这份职业，用他的话说，要尽心尽职，无私奉献，无愧其心也就足矣。

## 三、淡泊名利甘奉献

在荣誉面前他总是先人后己，总是把老师的利益放在第一位，把年轻老师的发展放在第一位，甘当人梯，甘当铺路石。在教育教学的工作中，他是较真的、执著的，在荣誉面前，他则是淡然的。作为年级组长，提升美术高中的教学质量，他总是出谋献策，最忙碌的、最操心的、最辛苦的是他。他经常帮助年轻班主任开展工作，而涉及荣誉和利益时，首先考虑的是年轻老师，很注重与同组其他教师进行教育教学方面的交流，不断汲取他们的教学经验，以弥补自己的不足。

总之，一份春华，一份秋实，在教书育人的道路上付出了汗水，然而收获的是那份沉甸甸的果实，易伟是平凡的，愿在平凡中孕育伟大，在平凡中执著追求。

# 2016年年度教师卓旭

——怀此贞秀姿，卓为霜下杰

卓旭

“芳菊开林耀，青松冠岩列。怀此贞秀姿，卓为霜下杰。”这是诗人陶渊明赞美松菊的诗句。凛冽的秋气使百卉纷谢凋零，然而菊花却迎霜怒放，独呈异彩；肃杀的秋风使万木摇落变衰，唯有苍松却经寒弥茂，青翠长在。诗人情不自禁地怀想这松菊坚贞秀美的英姿，赞叹其卓尔不群的风貌，将“菊”与“松”誉之为霜下之杰。卓旭老师喜欢这首诗，不仅因为竹有飒爽英挺的俊逸风骨，菊有傲霜斗雪的坚贞性格，更重要的是他把竹菊幻化成理想信念和师德品格的象征。他常说，一个教师只有满怀崇高信念，志存高远，并具有高尚的人格，才能在平凡的岗位上，作出优秀业绩，让学校放心，让学生满意。

## 一、他有关爱学生的情怀

他担任班主任，倾注了如父亲一样的爱心，用其如山父爱，呵护着学生不受伤害，他用往届学生的成功事例，鼓励学生树立信心，克服困难。

来二职中心就读的学生，大多是所谓的中考失败者，在无可奈何的情况下选择了职业学校。他们大多数人习惯差，基础差，对学习没有兴趣，没有自信心，就像贫瘠土地上一颗瘦弱的禾苗，需要老师的呵护。他曾深情地说过：

“我是农民的儿子，经常跟随父母在田间劳作，我深知越是贫瘠的土地，越要付出艰辛的劳动，越需要持之以恒的努力和珍珠一样的汗水，脚踏实地，精耕细作，日复一日在这里耕耘。我们是这片土地的守望者，哪怕减产歉收，也绝不后悔，因为这是劳动者对土地的眷恋和情谊，是耕耘者对田野的希望与期寄。”

有了这样的情怀，他在管理方面越来越肯学习，肯思考，想办法。

他善于组织和管理学生，接手一个新班，他会花很大精力培养班级的骨干力量，建立一个良好的班团委，让学生自己管理自己，这样不仅培养了班干部的组织能力，还让班里的工作形成了程序化和制度化，各项工作能够顺利开展。

他善于做学生的思想工作，他一直把学生的思想工作作为班级的首要问题来抓，经常利用班会课对学生进行身心教育，帮助学生澄清思想上的模糊认识，提高学生的思想境界；经常利用课余时间和学生交心谈心，及时了解学生的思想动态，并进行有针对性的教育，且在班内积极开展“理想教育”“感恩教育”“养成教育”活动，让每个学生找到目标，树立理想，挖掘潜能，激发斗志。

他善于与家长沟通，他建立了家长 QQ 群，利用这个平台，及时反馈学生的在校表现，及时了解学生在校外的情况。定期召开家长会，与家长互通信息，交流教育经验。手机问题是影响学习的大敌，也是最难管理的问题之一。为了不影响学生与家长的联系，他让学生每天到校，将手机交给他保管，下晚自习再还给学生，无形中增加了工作量，但班主任自己管理不是目的，目的是让学生学会自己管理自己。在坚持一段时间后，对控制比较好的学生，他又会鼓励学生自己管理手机，目前玩手机的现象得到了有效控制。他还经常与任课老师联系，交换意见，全面了解学生状况，争取得到他们的协助，形成教育合力。他所带的班级，班风良好，被评为武昌区优秀班集体。

## 二、他有数学教学的方法

他长期担任数学学科的教学，在教学过程中他不断探索适合职业学校美术专业学生的教学方法、学习方法和训练方法，提高数学学习成绩。

学生数学底子薄，对数学严重失去信心，甚至放弃数学学习，他经常从数学的重要性方面激励学生：数学是提升一个人自身修养的重要组成部分，也是一个人文化底蕴的重要组成部分。他向学生承诺：你要放弃数学，数学不会放弃你，数学老师不会放弃你。他说过，教学要有“四情”：激情、热情、亲情、友情。对教学满怀激情，每天渴望走上讲台，传道、授业、解惑；对教研满腔热情，学习、研讨、反思；对学困生倾注亲情，关心、爱护、帮助；对学生建立友情，尊重、信任、鼓励。

让学生重拾信心的最有效途径是让学生听得懂课，做得出题。

要让学生听懂数学课，对职高生来说不是一件容易的事，他会精心准备每一次课，认真分析学情，仔细研究每一节课，思量从哪里开始教学，顺着数学知识发生发展的脉络，弄清新知与旧知的联系，了解学生现有知识水平和发展水平，困难在哪里，以此为起点，尽量从简单背景出发，既充分利用学生原有的知识经验，又减少因背景复杂而引起对数学学习的干扰，不断搭建平台，使学生跳一跳摘到葡萄，使学生思维无障碍，实现新知与旧知的无缝对接。有一次，他上完研讨课“数学欣赏之合情推理”后，有一个学生追到走廊，对他说：“老师，今后我要好好学数学。”

在听懂的基础上能独立做出一些数学题，学生就会很兴奋，认为经过努力自己可以做到之前不可能做到的事情，从而提升信心。通过分析，他认为学生不会解题的主要原因在于：其一，对基础知识包括概念、定理、公式和数学思想方法，不理解，记不住；其二，不会审题，找不到解题的途径。他根据自己学习的体会总结四句顺口溜对学生很有启发：知识归纳成系统，常考要点要记清，思想方法来统领，解题方能有途径。

每学完一单元他要求学生归纳知识，形成自己的认知结构，要求学生准确写出公式定理，反复抽查，人人过关，对不过关的同学，他总是利用中午休息时间和晚上放学后义务为学生补习，反复讲解，直到学生理解弄懂为止。有时忙到很晚，为了学生安全，他还亲自将学生送回家去。

他潜心研读美国数学教育家 G. 波利亚的著作《怎样解题》，根据自己的体会，设计出适合本校学生的《怎样解题表》，并浓缩成一个数学思想，即转化的思想；一个解题策略，就是将已知条件转化成等式或不等式，通过解方程或不等式（组），从而解决问题。他在解题教学中长期贯彻这一思想和策略，学生受益匪浅。有一个学生说，从初中到高中解了千余道数学题，现在才算对解题方法有所感悟了。

他关心和了解老师。勤勉务实，真诚谦逊，永远把学校的利益放在第一位。他曾任过工会副主席，现在是学校的党委委员、支部书记。在任何一个岗位上，他都以务实的作风和踏实工作，得到老师们的信任和爱戴。他在坚持不懈的学习中提升理论素养，在各种复杂环境中加强党性锻炼，在同各种错误观点和思潮的斗争中坚定政治立场。他努力践行着自己的座右铭：党员就是要平常的时候看得出来，关键的时刻站得出来！

# 2017年年度教师李慧勤

李慧勤

20年风霜雨雪，身兼班主任的她，从来都是到校最早的那一个，离校最晚的那一个。

她创新的班级管理模式和“爱生如子”的真情，不仅为一拨又一拨职校的孩子奠基人生，点亮希望，更因出色成果，赢得“湖北省中职优秀班主任”、“区十佳班主任”及“武汉市先进班集体”等荣誉桂冠。

心无旁骛、埋头治学。她从一位文秘专业的普通大学生，自学成长为演讲与口才、心理健康、职业设计、职业道德、法律等跨学科“武汉市学科带头人”和武汉市骨干教师，而她主编出版的《经典演讲词诵读》《普通话水平测试训练手册》《演讲与口才》《心理健康教育》等教材，已成为各专业学子的有益读本。

“挽救流失生只要有1%的可能，就尽100%的努力。”其所带的班级在高二、高三时，学生流失率为0，是全校人数最多的班级。

学生黄晓鹂父亲强迫其退学，她便号召全班每个人站在自己的角度说明自己为什么要上学，不退学，汇编成《致晓鹂爸爸的33封信》用真情打动其父将黄晓鹂挽留回学校。

当一批批看不到未来的“学困生”在她的爱心、耐心和诚心感召下，连年驰骋国家级、省级、市级演讲和征文比赛舞台摘金夺银找回自我；当她听到荣获2017年“第十三届文明风采大赛”演讲比赛全国一等奖的学生，感恩地对她说是老师改变了他的一生时，她含泪地笑了，那一刻，她觉得自己的所有付出都值得。

她就是乐于奉献、勇于创新、敢于挑战不可能的“中学高级教师”、“国家级心理咨询师”——李慧勤。

李慧勤，女，中学高级教师，教龄22年，班主任工作年限20年，校德育组教研组长，国家级心理咨询师，湖北省中职优秀班主任，市学科带头人，区十佳班主任，区师德先进，区优秀班主任，武汉市骨干教师，武汉市教研室德育中心组教研员，武汉市广播电视大学特聘德育课教师。所带1207、1507班均被评为“武汉市先进班集体”，多篇论文在各级各类刊物发表和获奖，参与国家级德育研究课题并结题，主编了5本教材。

## 一、师 德 修 养

她恪守师德规范，爱岗敬业，关爱学生，教书育人，为人师表。她在2015—2016年年度师德、年度考核中均为优秀，师德民意测评满意度达到80%以上。

三年来，没有请过一天假，没有耽误一堂课。对各项政治、业务活动均积极参加，保证全勤。每天坚持早到晚走，严格按学校的要求做好各项工作，时常放弃节假日的休息，回校做突击性的工作。

## 二、班主任工作

她模范履行教师职责，身为中学高级教师，区学科带头人仍然长期坚持承担班主任工作。现为1507财会技能高考班主任，是“爱生如子”的班主任，以饱满的热情，全身心地扑在学生身上，坚信“好习惯是管出来的，坏习惯是惯出来的”，治班严，班风正，创新班级管理模式，成效显著：

（1）着重理想、人生观、就业观、心理健康教育，促进学生树立正确的目标并为之奋斗。

她常说：“态度决定高度。努力决定实力。”增强学生的竞争意识和团队精神。班级学生迟到率长期保持全校最低，2016—2017年年度“班级常规管理得分”全校综合排名第一。

（2）“挽救流失生只要有1%的可能，就尽100%的努力。”其所带班级高二、高三的学生流失率能够控制为0，是全校人数最多的班级。

1207黄晓鹂父亲强迫其退学，她便号召全班每个人站在自己的角度说明自己为什么要上学，不退学，汇编成《致晓鹏爸爸的 33 封信》用真情打动其父将黄晓鹏送回学校；1507 班“219”寝室住宿生因新学期换寝室后厕所无法使用、住宿环境太差想退学，她便一方面积极向校领导反映，另一方面不怕麻烦亲自督促、带领总务处工作人员去疏通厕所，用爱心、耐心、诚心将学生挽留回学校。她所带班级的学生流失率为 0。

（3）强调民主和科学，她在征求家长、学生意见后，修改完善了班规 12 条，向学生灌输行为规范教育，塑造良好的班风。

1207、1507 班连续获得“考勤管理先进班”、“清洁卫生先进班”、“广播操先进班”、“三面流动红旗的市、区先进班级”荣誉称号。班级行为规范合格率为 100%。为此学校还接受了楚天都市报的专访，报纸上有专题报道。

（4）善待和灵活处分违纪的学生。

分情节采取如下两种方式：对违纪情节较轻的学生，罚他上讲台唱一首好听的歌或者讲一个动听的故事；对违纪情节较重的学生罚他用正楷字写一份 300 字左右的“××现象之我见”的演讲稿，并且当众演讲，让其通过“发现问题、分析问题、解决问题”的过程进行自我教育和教育有类似现象者。

（5）加强学习目的、学习方法、学习习惯教育，配合科任老师，协助学校提高教学质量。点钞、小盘通级合格率全年级名列前茅。获校唯一的“技术能手班级”荣誉锦旗。

（6）做好干部的传、帮、带工作，定期召开班委会，组织毕业干部报告会、座谈会，提高干部的组织管理能力，为校团委、学生会输送了大批优秀人才：如纪检部部长、生活部部长等。

（7）积极组织学生参加各级各类活动，在所有的文艺汇演、技能比赛中均能获得各级各类奖项，学生的综合素质过硬。毕业推荐成功率为 100%。注重对后进生的教育和对优秀生的引导。因材施教地培养了一个又一个优秀毕业生。学生伍艺已成为武昌区政府政法委信访专干，多次被区委评为“先进个人”。

（8）20 年来，她在班主任工作上取得了令人瞩目的成绩：每学期均被评为校“优秀班主任”，多次为全校班主任上主题班会示范课，多次在全校班主任会议上进行班主任工作经验交流。

2014 年 5 月　所带班级 1207 班被评为 2013—2014 学年度武汉市先进班集体。

2015 年 5 月　所带班级 1207 班被评为 2014—2015 学年度武汉市先进班集体。

2016 年 5 月　所带班级 1507 班被评为 2015—2016 学年度武昌区先进班集体。

2017 年 5 月　所带班级 1507 班被评为 2016—2017 学年度武昌区优秀团支部。

## 三、教育教学工作

她治学态度严谨，教学基本功扎实，技能娴熟，能充分利用多媒体手段开展教育教学工作，成效显著，获奖颇丰。

她从不计个人得失，每学期均跨学科，勇于承担普通话、演讲与口才、心理健康、职业设计、职业道德、法律等多门公共素质课的繁重教学任务，在工作中兢兢业业，科学备课，严谨治学，致力于教学改革活动，令学生学有所得。

（1）认真钻研教材，收集编写备课资料 5 卷，约 30 万字，获“武昌区语言文字工作”先进个人。

（2）贯彻“请进来走出去”的双向交流思想，请第一线工作的专家学者和毕业生代表到校讲学；带学生外出参观相关专业部门增强感性认识，提高学习兴趣。

（3）借助现代化教学手段，采用案例分析法、探索讨论式教学法、多媒体演示法、调查实验法等千方百计地丰富教学形式和内容，调动学习积极性。

（4）注重培优补差，对优秀生因材施教，利用课堂实践和课外比赛培养动手能力。对差生及时排忧解难，每次考前均检查重点练习，考后逐一解决遗留问题，力争不放弃任何一个学生，迄今为止，学生各门功课平均水平及格率为 100%，优秀率为 31%以上。2015 年技能高考，所教 1207 班 43 人，大专上线及格率为 100%，优秀率为 37%，4 人考上本科。2016 年 6 月，任教班级参加武汉市中职学校德育抽考，成绩优秀率为 52.87%，是 38 所学校中第一名。

（5）先后参加了二十余次的优质课比赛，教案比赛和论文比赛，并先后承担了多次市、区级的研讨课和观摩课，业务水平不断提高。

每学期均是本学科教研组长、校学科带头人并负责校演讲、辩论培训工作：2017 年 5 月“全国第十三届文明风采大赛”策划、组织全校征文演讲类 511 件作品的项目评比和参赛，获全国优秀组织奖。2017 年 5 月，指导拍摄的 1412 班程俊涛同学的演讲视频《弘扬工匠精神，爱我电子专业》获得第十三届全国文明风采比赛“征文演讲类”一等奖，该生被教育部职成司点名选为唯一的学生获奖代表发言，带领该生赴青岛参加总结座谈会获教育部表彰，在全国文明风采官网上有报道。

其奖励情况如下：

国家级：

2017 年“第十三届全国文明风采大赛”演讲指导“一等奖”1 人，征文指导“二等奖”1 人，“优秀奖”1 人。

2011 年“第八届全国文明风采大赛”演讲指导“二等奖”3 人，“三等奖”1 人；征文指导“二等奖”1 人，“优秀奖”1 人；职业生涯规划指导“三等奖”1 人。

2013 年“第十届全国文明风采大赛”征文指导“优秀奖”1 人。

2014 年“第十一届全国文明风采大赛”演讲指导“优秀奖”4 人。

2016 年“第十二届全国文明风采大赛”演讲指导“三等奖”2 人，“优秀奖”7 人。

省级：

2011 年省演讲指导“一等奖”2 人，“二等奖”6 人，“三等奖”2 人；征文指导“二等奖”2 人；职业生涯规划指导“二等奖”1 人，“三等奖”1 人。

2013 年省征文指导“一等奖”1 人，“二等奖”4 人。

2014 年省演讲指导“一等奖”1 人，“二等奖”3 人，“三等奖”2 人，“优秀奖”4 人；征文指导“二等奖”1 人，中华才艺表演指导“三等奖”1 项。

2016 年省演讲指导“一等奖”15 人，“二等奖”3 人，“三等奖”3 人，校园情景剧“三等奖”1 项。

2017 年省演讲指导“二等奖”2 人，“三等奖”6 人；征文指导“二等奖”2 人。

市级：

2008 年演讲公开课《论辩之道》课获市“优秀教案、优秀课件、优质课”三优评比二等奖。

2010 年心理健康公开课《体验人生，心怀感恩》，获市教研室表彰。

2010 年市“普通话辩论大赛优秀指导教师奖”。

2013 年“学习十八大精神”演讲赛获辅导二等奖。

2014 年市演讲指导“一等奖”4 人，“二等奖”4 人，“三等奖”8 人；征文指导“二等奖”1 人，“三等奖”4 人；职业生涯规划指导“二等奖”1 人；中华才艺表演指导“三等奖”1 项。

2015 年“市书香校园讲演比赛”指导“二等奖”1 人、“三等奖”1 人。

2016 年市“牢记历史，爱我中华，感悟成长”演讲指导“二等奖”1 人。

2017 年 5 月，市“第十三届文明风采大赛”演讲指导“一等奖”3 人，“二等奖”6 人，“三等奖”16 人；征文指导“一等奖”1 人，“二等奖”1 人，“三等奖”1 人。

2017 年 6 月，市“匠心筑梦，激扬青春，做最美中职生”演讲指导“一等奖”1 人。

2017 年 12 月，市“第十四届文明风采大赛”演讲指导“一等奖”3 人，“二等奖”3 人，“三等奖”22 人；微视频指导二等奖 1 项。

区级：

2015 年 1 月，作为“武昌区学科带头人”主讲“心理健康”公开课《调节情绪》获“荣誉证书”。

2017 年 3 月，作为“武昌区学科带头人”主讲“演讲口才”公开课《论辩之道》获“荣誉证书”。

校级：

2016 年 5 月，《教务处证明》所带班级学生学业质量发展水平位居学校同类班级中等及以上。

2013—2016 年，承担了三次校“道德讲堂”工作（主题分别为：见义勇为、责任、敬业）。

## 四、教科研工作

李慧勤科研能力强，主编教材 4 本，堪称典范：

2009 年 2 月 被聘为“武汉市中职德育教育教研中心组”成员。2010 年参加市教育局学习考取“国家心理咨询师”（二级）职业资格证书。

参与课题：2010 年参与国家级课题“中职学校心理健康教育”研究工作。

主编教材：2010 年主编校本教材《普通话水平测试手册》，副主编南开大学出版社正式教材《演讲与口才》；2012 年主编华中师范大学出版社正式教材《心理健康教育》；2012 年主编校本教材《经典演讲词诵读》；2014 年主编校本教材《普通话水平测试手册》（第二版）。

论文：2009 年论文《制度管人，文化育人，情理化人》获湖北省德育论文评比二等奖；2015 年论文《浓浓园丁情换来学生天真纯洁心》获市论文比赛三等奖；2015 年论文《浅谈如何做好中职生职业生涯设计指导工作》获市论文比赛一等奖，并发表于《武汉职教》2017 年第 5 期。

## 五、培养教师

李慧勤积极培养、指导其他教师，成绩突出：

（1）2014 年 12 月，帮助本校教师王春霞指导学生“编写演讲稿，拍摄演讲视频”获全国“第十一届中等职业学校文明风采竞赛”演讲比赛“优秀奖”2 人。

（2）2015 年 5 月，辅导本校 1305 班主任陈竹娴老师上公共素质系列班会课，第二课堂打腰鼓，1305 班获市先进班集体。

（3）2015 年 5 月，帮助本校教师曾璐对班主任德育工作进行指导，促使其所带的 1415 班被评为了 2014—2015 学年度“武昌区先进班集体”。

（4）2016 年 11 月，帮助本校教师朱珍“编写演讲稿，拍摄演讲视频”参加“武汉市班主任技能比赛”获市二等奖。

# 2018年年度教师刘起义

刘起义

“芳菊开林耀，青松冠岩列。怀此贞秀姿，卓为霜下杰。”这是诗人陶渊明赞美松菊的诗句。作为一名普通教师我喜欢这首诗，不仅因为竹有飒爽英挺的俊逸风骨，菊有傲霜斗雪的坚贞性格，更重要的是竹菊的品性可以作为师德品格的象征。一个教师只有满怀崇高信念，志存高远，并具有高尚的人格，才能在平凡的岗位上，作出优秀业绩，让学校放心，让学生满意。

## 一、教育上有关爱学生的情怀

一直以来，刘起义老师都一如既往地关爱每一个学生。担任班主任期间，他倾注了如父亲一样的爱心，用那如山的父爱，呵护着学生不受伤害，用往届学生的成功事例，鼓励学生树立信心，克服困难。来二职中心就读的学生，大都是所谓的中考失败者，在无可奈何的情况下选择了职业学校。他们大多数人习惯差，基础差，对学习没有兴趣，没有自信心，就像贫瘠土地上一颗瘦弱的禾苗，需要老师的呵护。他深知越是贫瘠的土地，越要付出艰辛的劳动，越需要持之以恒的努力和珍珠一样的汗水，脚踏实地，精耕细作，日复一日在这里耕耘。他每天早上 6 点出门，放学后全班在教室里集中完成作业，晚上 9 点到家，日复一日地无偿为学生服务。

刘起义老师善于组织和管理学生。他会花很大精力培养班组的骨干力量，建立一个良好的班团委，让学生自己管理自己，这样不仅培养了班干部的组织能力，还让班里的工作程序化和制度化，各项工作能够顺利开展。

刘起义老师也善于做学生的思想工作。他一直把学生的思想工作作为班级的首要问题来抓，经常利用班会课对学生进行身心教育，帮助学生澄清思想上的模糊认识，提高学生的思想境界；经常利用课余时间和学生交心谈心，及时了解学生的思想动态，进行有针对性的教育；并在班内积极开展：“理想教育”“感恩教育”“养成教育”活动，让每个学生找到目标，树立理想，挖掘潜能，激发斗志。善于与家长沟通，建立了家长 QQ 群，利用这个平台，及时反馈学生的在校表现，及时了解学生在校外的情况。

## 二、教学上有方法

刘起义老师长期担任单片机以及电路 CAD 的教学工作，并管理一个电子电工实训室。在教学过程中不断探索适合职业学校电子专业学生的教学方法、学习方法和训练方法，提高学生学习电子的兴趣和动手能力。

为了激发学生的积极性，刘起义老师经常利用课余时间带领电子班的学生，搞一些社会技术实践等活动，带领学生先后设计和制作出当前较为流行的 LED 点阵显示屏、数控钻床和微电脑程控接近开关等作品。有些作品已经被有关厂家规划生产。为了加强与企业的联系，他还多次参与解决相关厂家有关微电脑自动控制方面的问题。

他多次组织学生参加一些公益活动，如直接参与社区服务活动，帮助居民维修家用电器等，此举可谓立竿见影，学生得到了锻炼，其行为习惯也有一定的改善，学习成绩也有较大的提升。

## 三、教学上有成绩

每年带领学生参加省、市级电子类竞赛，并分别获得一、二、三等奖。2018 年刚刚获市级团体一等奖。

自 2000 年以来，刘起义老师每年受聘于国家体育总局航管中心的裁判工作，负责每年 7、8 月份的全国青少年电子制作评比，并兼电子制作评审委副主任（副裁判长）及主任（裁判长）工作。

2006 年至今，他先后与人民邮电出版社和国防工业出版社签约，先后出版包括《电子测量》《电子技能实训》《业余无线电通信技术》《传感器基础知识与实训》《单片机基础知识与实训》等专业书籍。

2010 年受湖北省体育局的邀请，刘起义老师带领我校无线电测向队，代表湖北省参加第四届全国体育大赛中的无线电项目。

作为一名普通的教师，能在普通的岗位上发光发热，刘起义感到非常荣幸。今后他也将以更加务实的作风踏实工作，为电子技术专业的发展奉献微薄的力量。

## 四、教学与实践

在电子专业的教学工作方面，其突出特点是：扎实的理论基础与丰富的实践经验。

在教学过程中，不仅向学生解答学科内的知识，根据身边的事例进行扩展性的解说，专业术语加通俗的形象比喻兼顾了不同层次学生的理解和学习，并在此基础上，及时安排学生动手实践，进一步加深了对本学科知识的认识与理解，不仅提高了同学们的学习兴趣而且也深刻体会到了所学知识的实际运作机理。比如：在单片机的教学过程中，为了使这门复杂技术学起来不至于枯燥无味，刘起义老师在具体的教学过程中引入了工程学习的方法，即学习单片机技术不再是单一的理论学习，也不是传统实验室的教学实验，而是直接安排学生参与实践，在实践过程中，激发学生主动寻求答案的内动力，并实时引导实验进程，灵活把握实验路径，及时解释实验现象，引导学生提出技术问题，较以往相比，现在的课余时间，很多同学仍思考着先前一个个的实验现象，不时地询问老师，有的同学开始查阅相关资料，经常是天色渐暗才感觉到时间已经不早了。

通过学习—实践，再学习—再实践的过程，学生们能充分地开动脑筋，被动学习变成了主动探索的过程。2009 年刘起义老师带领电子班的同学们通过学习单片机技术的学习，共同设计完成了当时市面上流行的 LED 显示屏的设计与制作任务，尽管手工打造不如市场成品外观漂亮，为了展示学生的实践成果，鼓励学生参与实践，学校仍决定将此 LED 显示屏悬挂于学校 1 号楼的一楼，现已经连续 24 小时不间断工作了 5 年有余，充分证明设计和制作指标符合技术要求。

通过这样的教学方式，同学们的专业学习和实战能力都有较大的收获，自信心得到了较大的提高。

## 五、教学与研发

单片微型计算机是针对控制的一门技术，当今社会各个角落都能看到单片机的身影，为了给学生创造一个较为贴近实际的学习环境，刘起义老师根据身边现有材料，带领学生开始了更具挑战性的综合设计与制造过程，其涉及领域不仅仅是书本上的知识，还包括传感技术和机械方面的知识，通过近一年的努力，2010 年设计和制造完成了一台仿真微型数控钻床，尽管该钻床不足一台 12 寸电视机的体积，但麻雀虽小五脏俱全，该数控钻床为三维轴向步进电机驱动，是由单片机自动控制，由于受条件所限，除了机械结构的加工显得较为粗糙外，运作时噪声略大，但所有运行动作均可以实现。

通过本次的设计制作，同学们的眼界更加开阔了，了解了在现代社会里，很多成果更多的是多种技术相结合的结果。有了这台数控模型，同学们还可以根据自己所学的单片机控制技术，对其进行编程控制，并将程序输入钻床模型嵌入系统，由程序自动完成打孔工作。

为了进一步鼓励同学们的创业、创新精神和能力，刘起义通过各种关系主动与相关电子厂家取得联系，依靠学校自身的技术能力，扩大学生的实践范围，2009 年帮助汉口的一家灯光民营企业设计完成了该厂所需的产品开发，即，单片机控制的 LED 轮廓灯的设计（城市亮灯工程项目产品）。根据生产需求，同年该企业接收本校电子专业毕业生到该企业实习和工作。2012 年年初，又设计完成了“微控接近式开关”，义务为在深圳创业的学生提供技术支持等。

# 六、教学竞赛与研修

近几年来，全国各地的职业院校都在积极响应和参与各级各类的专业技术大赛，我校电子类学生竞赛辅导工作也由刘起义老师担任，每天的第7节课后的下班时间，就是辅导活动的开始，他每年辅导的学生多次获得武汉市、湖北省乃至全国奖项。如：2006年获得武汉市电子装配与调试竞赛团体一等奖；2007年荣获湖北省无线电测向团体冠军；2009年胡欢同学武汉市和湖北省电子装配与调试一等奖，杨彦君（女）同学获全国电子竞赛三等奖；2011年年初，09级电子班的陈文博同学荣获武汉市电子装配与调试个人一等奖，2014年辅导学生参加武汉市电子装配与调试获得全体一等奖等。刘起义老师也因此多次获得优秀教师指导奖。

在工作之余，刘起义老师还经常积极与国内同行界进行技术交流，如参与了全国青少年无线电测向机评比电路的改进与实验，并设计制作了一套测向机工作频率范围检测仪器，并应用于全国青少年测向机制作评比中，极大地减少了人为评判可能出现的误差，受到了国家航管中心无线电运动部主管领导的好评，并在随后的几年竞赛中，担任全国青少年无线电锦标赛的裁判和主管制作评比工作。

现代电子技术的发展可谓一日千里，行业技术发展迅速，职业教育工作者的压力较大，企业竞争压力也大，职业教育也同样面临着各种挑战，刘起义老师常说的一句话是："职业教学犹如逆水行舟，不进则退。"职业教学不同于普通基础学科教学，必须紧跟社会需求，实时更新知识结构，提高技术水平，紧跟社会潮流，如此才能不被社会所淘汰，培养的学生才能被社会所接受。为了提高自己的专业技术，刘起义开始广泛浏览同行业的技术文献资料，为了能方便阅读国外资料，他考取了湖北师范学院的函授英语专业，这些都给他日后学习、借鉴和使用外文资料奠定了基础。

丰富的专业实战经验与成果，引来同行们的关注，国内几家较大的出版社也纷纷向刘起义老师提出约稿，如：人民邮电出版社、国防工业出版社等。自2006年以来至今，刘起义老师已先后参编、主编、主审和编著各类电子类书籍有十几本，如：《电子仪器仪表的使用》《电子技术技能实训》《业余无线电通信技术》《单片微型计算机》以及《传感器应用技术与实践》等书籍。所编书籍均面向全国发行，深受读者的好评。

## 七、不计得失，乐于助人

与其他学科不同的是，职业技术教育是面向实体的实用技术教学，学生在完成制作与实验过程中所出现的问题，所表现结果是多样的，具有不确定性，可谓五花八门，因此，在实际教学过程中，尽管手把手指导学生完成一系列规范操作，每次实验课下来往往会留下一些遗留问题，需要课后分析与解决，为此，刘起义老师平均每天工作在 10 小时以上，利用课间和休息时间，分析处理各种实验中的问题。

除此之外，刘起义老师还热心辅导和帮助年轻教师进一步分析实验基本原理，指导实验准备，解决实验过程中的技术难题等。如：协助我校年轻教师陈玮老师设计完成其硕士论文课题的实验与研究等。

# 魅力教师王春艳

我像草一样地生长着，但我是幽谷中的百合花，我会用我的鲜艳美丽一个春天。

——王春艳

王春艳

混杂喧闹的应聘现场，一队应聘者亭亭玉立：漂亮的空姐装扮，甜美的微笑，混乱中的有序，躁动中的安宁，忐忑中的自信，成了武汉铁路局 2011 年动车组服务员招聘现场的亮丽一景。2011 年 4 月 8 日《楚天都市报》头版头条的一幅照片撞击了许多人的眼球。从同时配发的文字报道中大家知道了，这是武汉市第二职业教育中心学校 0917 班集体应聘的新闻图片。同一天，腾讯、天极网、新浪网等国内主流网站也都相继发布了这一新闻。招聘活动持续了四个多小时，这个应聘集体也在烈日下站立了四个多小时。目光从四周聚焦到他们身上，惊奇、赞美、羡慕，不解、羞愧……这些初涉职场的孩子们不免产生了一丝丝的不安，但看着身边一直陪伴他们的班主任王春艳老师，慢慢地，他们消融了惶惑和自卑，渐渐地，满溢出无比的自信与自豪。

王老师1993年毕业于武汉音乐学院师范专业，主修舞蹈。毕业后一直在二职中心任教。在王老师的眼里，孩子是可塑之材，多一份耐心，多一份细心，多一份鼓励，精心地去培育，小树都能成为有用之材。她最被学生称道的一句话是："我像草一样地生长着，但我是幽谷中的百合花，我会用我的鲜艳美丽一个春天。"

2009年，武汉市第二职业教育中心学校开设了空乘服务专业，0917班是这个专业的第一个班。为确保专业的教学成功，学校领导选择了热爱职业教育、专业素质优秀的王春艳老师担任这个第一班的班主任。几年过去了，从真诚的理解到善意的鼓励，从严谨的课堂教学到丰富的社会实践，王老师在道德品质、专业技能、美好心灵等多方面，都给予了0917班学生诸多的关怀。纵观这几年，在王老师独特魅力的影响下，0917班的同学综合素质迅速提高，于是水到渠成地就有了本文开头的一幕。

## 一、真诚鼓励育心灵

学生们在作文里这样描述自己的班主任王老师——一头乌黑亮丽的短头发，一双水汪汪的大眼睛，脸上总是带着甜美的微笑。在她的眼里没有差生，只有进步快和进步慢点的学生；她是我们敬仰的老师，又是我们的好朋友。她让我们坚信野百合也能开出绚丽的花，丑小鸭也能变成白天鹅。真诚加鼓励，对孩子们的作用是不可估量的。张×，一个出自单亲家庭的男孩，从小失去父爱使他比较自卑，又比较自我，甚至自闭。在班上几乎从不与别人交流。自制力差，上课注意力不集中，作业基本不做，而且经常性逃学。按照常规，对这样的学生，用纪律严格要求肯定不错；批评指责似乎也不为过，但结果却可能是最后学生"彻底逃学"。对张×，王老师没有这样处理，而是用关爱唤起他的自信心，进取心，责任心，引导并激励他进步。抓住张×住院动手术的契机，动员全班每人捐献一元钱，组织班干部到医院去探望他，使他充分感受到班集体对他的关心、重视。渐渐地他心头的坚冰开始融化了，开始主动参与班级活动了，主动与他人交流了，也开始做作业了。为了早上不迟到，他让妈妈故意把时钟调快10分钟。尽管眼下他的表现还不尽完美，但对他来说，已经有了一个全新的开始，我们有理由相信他一定会拥有一个美好的明天。

## 二、注重素养育前程

在许多人的眼中，职业学校就是一个学技术、找饭碗的地方。但在王老师的理念中，学生道德素质是首位的。用王老师的话讲就是："仅有技能没有理想与道德的人，只是一台冰冷的机器，在断电时会停止，在无润滑时会磨损，理想与道德会让你成为一个'大'的人，成为你永远进步的源泉。"自信、自律、自强、自尊贯穿于王老师教育教学的全过程。正视过去，面向未来，励志进取是0917班第一学期班会的鲜明主题。逆境成才，后来居上的中外故事撞击着孩子们的心灵，让同学们有了自信的心态，激发出对人生的无限憧憬与信心。在班会上王老师引入"自律"的主题，通过真实的案例，让学生明白自律不仅在职业生涯中有着重要作用，也是健康人生所必备。2010年10月，林×、柳×请假参加了初中同学的追悼会，这位就读于××中学的初中好友，在打篮球时与别人由口角而争斗，最后竟被对方一刀捅死。现实是残酷的，教训是惨痛的。两人回班后，王老师及时组织了《花季少年陨落的反思——悼念我的好友××》的主题班会，并让林、柳两人担任了主持人。全班同学在沉痛的反思中，深刻地认识到自律对于中学生，尤其是职校生的个人成长的重要作用。面对激烈的社会竞争，中职生尤其应具备自强的品格。个人目标的实现，理想的达成都需要自强不息的精神，勤奋的脚步才能走出成功的道路。在每天的早读课上，王老师引导着0917班全体同学在琅琅书声中，体会着自强对人生的作用。经过两年的强化，自信、自律、自强、自尊的观念已深深融入了全班每位同学的心中。由此，0917班也成为二职中心班风班纪最好的班级，学生中涌现了一大批市、区级优秀干部、优秀学生、优秀志愿者，班级也多次被评为市、区优秀班集体。

## 三、严谨教学育能力

王春艳老师在二职中心一直从事形体、服务礼仪以及表演的专业教学，是二职中心学校的资深专业教师。不仅具有扎实的专业知识，更具有丰富的专业教学经验。刚入学的学生，听说有形体、礼仪等课程很感兴趣。但真正进入训练时，却发现自己站没站相，坐没坐姿，走没走态，连笑也不合礼仪规格。部分学生还有比较明显的孤僻动作。纠正孤僻动作，练就规范的礼仪形体，仅靠严格要求，刻苦训练是不够的，还要有心理的认同、审美的感受。这就要求教师在教学上要多想办法。面对这样的学生，王老师采用了示范性教学、鼓励式教学、互动式教学、个别式教学等多种教学方法，因人而异，因需而异，从兴趣培育入手，从个人差异入手，用学生乐于接受的方法，上好每节课，训练好每一位学生。

她用赤诚的汗水，感动着她的学生、她的同行、她的学校，她也因此成为了一位学生喜爱、家长称赞、同行尊重的老师。为追求专业教学的高水平，王老师非常注重学生内在气质的培养。经典诵读与讲解是0917班每天坚持的功课，声情并茂的站立诵读已成为学校独特的一景，这种相得益彰的教学收到了良好的效果。家长会上，家长都说“我的娃变了个样。”全校师生也都说：“0917的学生在哪儿都能一眼认出来，他们身上都透着一股子精神和雅气。”王老师在专业教学中实现了她自己设下的目标：让学生都喜欢我的课，让学生在喜欢中改变自己，让学生在改变的过程中促进思想和技能的共同进步。

## 四、强化实践育专才

在中职生的成长中，社会实践的重要性是不言而喻的。在社会实践中总结和调整教学内容，不仅是完成教学目标的有效手段，更是增强学生社会工作的能力，提高并巩固学生就业率的难得机遇。深切体会到职教的这一鲜明特点，王老师不顾教学任务的繁重，在班上发起“礼仪志愿者”社会实践活动，使学生及时把专业知识用于实践活动，并在总结实践活动的基础上强化专业学习，从而让学生能超越课程规定的范畴，熟悉行业发展的技能要求，成为一个具有竞争性、实用性的人才。两年来，王春艳老师义务承担区委、区政府等单位会议接待及涉外礼仪等高规格礼仪活动达30多次。在这些礼仪活动中，0917班的同学们向领导和宾客们无私地奉献了自己甜美的微笑、优雅的姿态、规范的服务，成为这些高规格礼仪活动中不可或缺的亮丽风景线，赢得了社会各界的赞誉。而获得荣誉的同时，同学们的感触更深切。回想第一次在区政府颁奖仪式上的表现，该班同学彭慧略带羞涩地说：“当时为武昌区委书记张光清佩戴嘉宾礼花时，紧张得全身发抖，说话声音像蚊子翁，花也佩歪了。倒是张书记鼓励我不要紧张。”同学们从社会实践中的收获，远非课堂教学可以完成。每次活动后，王老师都要及时总结，通过总结，强化实践活动的效果。有一句总结中的话被该班同学多次传递并重复：“在高贵的嘉宾面前，你们奉献的是高贵的服务。”这些可称经典的话语对同学们的成熟、发展，起到了点石成金的作用。

作为一名不断学习创新的专业教师，王老师善于反思、总结自己的教学成果，其专业素养和教学能力逐步为社会所关注。在繁重的教学之余，她尽最大可能克服个人困难，受邀为武汉各级各类单位作专业讲座、专业培训，受到广泛好评。她用汗水与无私，履行着人民教师的责任，她用独特的个人魅力，影响着学生的心灵，彰显了人民教师的崇高精神。

# 魅力教师殷媛媛

——风雨润桃李，黑白画春秋

殷媛媛

殷媛媛，武汉市第二职业教育中心学校专业英语教师。担任班主任工作17年来，她善于对学生进行肯定性评价，把养成教育落到实处，并能结合学生生理、心理特点和思想实际做教育转化工作，且能根据工作需要，及时借助家庭和社会力量，共同搞好学生的教育工作。殷媛媛老师所带的每一个班集体凝聚力强、综合素质高、活动能力强。近十年来所带班级酒店管理专业0918，1112和1307班均被评为武汉市优秀班集体。2013年她被评为武昌区十大魅力教师，并荣获“武汉市优秀班主任”的称号。

她教育教学基本功扎实，勇于接受新的教学任务，能准确把握教材内在联系，善于将多门学科知识融会贯通；积极参加武汉市各级教学研讨活动，多次独立承担研究课、展示课等教学教研任务，教学特色明显，获业内专家及同行高度评价。2009年她承担了武昌区职教英语研讨课的教学任务，并作大会主题发言：《关于中职英语课的有效教学》。2010年在武汉市《旅游服务》研讨活动中，其主讲研究课《旅游接待礼仪》。2018 年其撰写的论文《新形势下高校公共英语教师的学科转型之我见》发表在国家级刊物《赤子》上。

班主任工作平凡而又琐碎，要随时发现并处理学生中的问题，我们不可能要求学生在一次两次的纠正下就能彻底改正自己的错误。因此，班主任工作对自身的个人修养的完善和耐性的提高有很大的促进。在陪伴他们的日子里，殷媛媛老师也在不断地磨炼自己，与他们站在同一平台。班主任往往习惯用“俯视”的方式与学生相处，职业学校的学生正处于青春期，渴望自由与理解，所以平易近人、善解人意的班主任往往更受欢迎。所以殷媛媛老师习惯采取“平视”的方式与他们打交道。殷媛媛老师说：“其实有时候，当我‘蹲’下来的时候，自己也能感受到被学生信任与支持的快乐。”这也是她喜欢和他们在一起最大的原因之一。因为他们单纯可爱，虽然有时候调皮，有时候也会口不择言地与她顶撞。但是正是在这种发自内心的爱的鼓励之下，她才能乐此不疲地和学生同呼吸共命运。

她是一个与学生能良好沟通，并呼吸与共的好老师。学生的每一个动作，每一声亲切的呼唤，每一次善意的微笑，每一个调皮的眼神都是殷老师最精彩的人生篇章。

# 市级学科带头人江军

江军

江军老师出生于武昌县华林的郑家，是武汉三中首任校长郑俊华的侄孙。武汉市第三十八中学即武昌旅游服务职业学校首届优秀毕业生，武汉商业服务学院餐旅企业管理专业首届优秀毕业生，武汉市教师学科带头人，武汉市红十字会会员，湖北省烹饪协会会员，武昌区优秀班主任，首届武昌区十佳母亲，湖北省教育考试突出贡献者，武汉市民主促进会会员，荆楚金石博物馆专家指导委员会委员，武汉共享遗产研究会人文武汉学会理事，辛亥革命武昌起义纪念馆志愿讲解员。

自 1985 年江军老师专事旅游服务专业 33 年，先后在胜利饭店、湖北武警招待所、武汉军区白玫瑰餐厅、湖北饭店、广州凯旋华美达大酒店、东湖大厦等单位不同岗位顶岗实践，在收获行业领导友谊的同时及时总结学习心得并运用于教学和教材的修订中。

江军老师从事旅游服务教学、教育27年，其中还因学校需要教了四年的语文课，有16年兼职担任班主任的经历。每一次新的工作任务江军老师都根据不同的学生状况调整教学内容，尽力用心完成，并始终以身示范，以文化人；以艺为媒，以灵育人；以慈为怀，以情动人。关注学生终生成长，引导学生脚踏实地、终身学习，以自身良好的综合素养累积职业能力，促进事业进步，将职业道德教育贯串于教学教育全过程中，并以良好社会形象进行学校招生宣传，所在社区每年有50名左右生源进入本校就读。关注毕业生的成长，2014年以原创文字及图片推荐了2005级毕业生陈彬参评湖北省教育厅组织的首届职教之星评选，2015年5月被推荐学生获湖北省首届优秀职教优秀毕业生称号。优秀学生有张皋、张军、唐飞萤、吴艺、陈彬、陈盼、唐杰、周亚运、李文明、马欢、石佩、李平等。

1999年江军老师与汤敏老师共同完成编制了武汉市中等职业学校旅游服务专业技能考核标准和训练标高（江军老师在参阅了1998年广东省旅游服务技能大赛评分标准的基础上制定了餐厅及客房服务技能考核标准和训练标高）；2012年8月受省教育考试院组织下编制了中等职业学校餐饮服务技能考核标准；2013年修订了高等教育出版社中等职业技教育国家规划教材配套教学用书《菜点酒水知识》第二版中第5、6、7章有关酒水的内容。2014年作为副主编参与编写《茶艺与调酒技艺》第2版的修订工作；2008年编写了校本教材《湖北省著名景点导游辞》；编写的《黄鹤楼导游解说辞》被收录360百度文库；2013年湖北省教育教学信息化大奖赛暨第十八届全国教育教学信息化大奖赛湖北区选拔赛中多媒体课件《葡萄酒》获一等奖；2014年全省职业院校信息化教学大赛中获中职组信息化课堂赛项三等奖；在2016年湖北省教育教学信息化交流展示活动中《中外酒文化比较》获中职组课件三等奖。2015年作品《景点介绍——武汉大学》在武汉市教师教育能力大赛中荣获课件三等奖；在2017年武汉市中等职业学校旅游服务类教师微课竞赛中作品《辛亥革命武昌起义纪念馆文史馆第四展厅导游解说辞》荣获三等奖。

江军老师倾情于家乡建设，积极原创撰文宣传本土文化，近年来深入旅游景区致力于有关县华林旅游文化的研究与传播工作，原创了《湖北茉莉花茶》《豆腐佬》《武穴山药豆泡鱼头汤》《凤凰山走来的贵族——武汉三中首任校长郑俊华》《湖北著名教育家杨叔子：任时光流转，童真终不改》《热爱中国传统医药的西蒙·霍沃思家族》等文章受到国内外专家学者及省市有关领导和行业的关注。

# 武昌区学科带头人汤敏

汤敏

汤敏，武汉市第二职业教育中心学校旅游专业教师，现为党政办主任。中共党员，先后毕业于上海师范大学旅游学院和华中师范大学外国语学院，硕士研究生学历，是湖北省旅游协会的会员、省旅游服务技能鉴定协会的考评官、市教育学会会员。

汤老师先后获得了武汉市优秀教师、区学科带头人、区优秀青年教师、区教坛新秀、区优秀共产党员、省市技能大赛优秀指导老师、区女教职工素质达标先进个人、区优秀班主任、校师德十佳、校学科带头人、校优秀教师和班主任等称号。从入校至今，汤敏老师有 15 年班主任工作经历和 12 年的中层管理经历，所带班级中有三次被评为区先进班集体，一次被评为区先进团支部，四次被评为市先进班集体。因班主任工作成果显著，2008 年 7 月受邀为全市职校新教师培训班主任工作。

汤敏担任旅游专业教研组长 10 余年，多次承担校区级、市级公开课、示范课任务，多次指导组内教师的公开课并获奖，多次支教蔡甸、红安等地职教中心。先后参加了中国教育学会“十一五”科研规划重点课题《中等职业学校学生入学适应性》、十五规划重点课题《构建中小学生德育负责模式》的子课题《职专生的负责模式》、国家级课题《中职学校准企业化管理环境下育人模式的实践研究》、国家级课题《中等职业学校学生入学适应性心理研究》、国家级重点课题《职业指导研究》、市级重点课题《强化职校生专业技能训练研究》子课题《旅游服务技能训练究》、市级重点课题《职专生网络信息多方位教育》、省级课题《中小学校本研究理论与实践》的子课题《中等职业学校饭店服务专业职业技能标准的研究》、校本课题《专业实施性教学计划》的研究和论文撰写工作。多篇论文获得国家级、市级奖励。

参编高职国家级教材《物流客户关系管理》，高教社教材《茶艺与调酒技艺》。参与高教社教学软件《网络数字资源开发》中《调酒技术》的开发工作。作为主编编撰了高等教育出版社出版的《商务礼仪与公关》一书。2014年6月指导学生职业生涯规划作品《我的发展梦，国家建设梦》获市二等奖；2014年7月论文《在四种关系中看中职班级管理》获市级优秀论文奖；2014年11月论文《在良好的师生关系中管好中等职业学校班级》获国家级论文评比三等奖；2015年5月指导学生参加市酒店管理专业技能大赛获优秀辅导老师奖；2018年5月再次指导学生参加市酒店管理专业技能大赛获单项奖一等奖和全能一等奖优秀指导老师奖；2015年6月指导《边塞木兰》参加市国学经典诵读比赛获二等奖。参与了《茶艺与调酒技艺》一书第一版和第二版第五章的撰写；2016年6月参与了酒店管理专业技能高考配套教材用书《酒店服务实训教材》练习册第三单元的撰写。2008年、2010年被省考试院聘为中职对口升学旅游专业阅卷教师，2010年被省考试院聘为中职对口升学餐饮服务考试的专家对全省旅游专业对口升学的授课教师作现场交流。2010年分别被聘为事业单位招聘人员旅游专业命题教师、阅卷教师及旅游专业职称面试出题人员和面试人员。2011年继续被聘为事业单位招聘人员旅游专业的命题教师、阅卷教师。2011年7月受教科院邀请为全市旅游类教师骨干培训班授课。2018年再次受邀为中职班主任进行暑期培训。

# 武昌区音乐学科带头人李凌

李凌

李凌，女，湖北省职业技术教育研究中心特邀教研员，音乐教学研究中心组副组长、武汉市中职公共艺术教学研究中心组副组长、武汉市中学音乐学科中心组高中组组长、武昌区音乐教学研究会副理事长、武昌区音乐名师工作室成员兼中学组组长、武昌区音乐学科带头人。

李凌老师自1992年武汉音乐学院音乐教育专业毕业到二职教中心工作至今一直从事音乐教学工作及班主任教育工作。曾获湖北省中职学校教学研究先进工作者、武汉市中职教育研究优秀个人、武汉市先进班集体、多次在省、市、区学科竞赛及优质课中获一二等奖。曾担任全国中职公共艺术教师信息化大赛评委、武汉市公共艺术教师说课比赛评委、武昌区教师弹唱比赛评委。

在从教的27年中，她热爱教育事业，工作态度严谨，对待教学一丝不苟，对工作充满热情，时时以一个优秀教师的标准要求自己。李凌老师勤勤恳恳，兢兢业业，关爱着每一个学生的成长，对待学生耐心细致，严而有度。学生通过三年的学习，能够掌握扎实的专业基本知识和基本技能，学前教育升学率名列前茅。其教学成绩显著，深受学生的爱戴，也赢得了家长同事领导的一致好评。

在工作中，李凌老师多年担任武昌区音乐学科带头人和学校音乐组教学组长。她不断加强自身业务能力的提高，掌握《新课标》的基本精神，掌握最新的教育教学理念，使自己的教育理念始终走在时代的前列，更好地服务于教育教学工作，形成了自己的教学风格。参与的课题研究及撰写的多篇教育教学论文，获得省市级各类奖项。

担任班主任工作以来，李凌老师以爱育人，以德服人，培养学生，塑造学生；用真情换真心，关心每一位学生的成长。她坚持教师心中有阳光，才能照亮学生。她尊重每一个学生的特长，尊重每一个学生的情感，尊重每一个学生的个性，尊重每一个学生的人格，爱心育人爱满校园。

作为一名老师老师要有责任，作为一名音乐老师让所有的学生最有效率和热情地接受音乐教育，实现享受音乐、感悟音乐和创造音乐——这是李凌老师的一份责任、一份爱！

# 区级学科带头人张建华

张建华

张建华，武汉市二职教中心专业教师，毕业于武汉纺织大学服装设计专业。区学科带头人，中学高级职称，专技六级。从教三十年，张老师始终站在教育教学一线，连续担任班主任工作二十多年，任应用美术组组长十三年。张建华老师属一专多能的老师，能胜任服装专业的结构、工艺、设计、服装 CAD、PS、立裁等方面的课程教学。同时也能胜任动漫专业的平面设计、FLASH、3DMAX 等课程，尤其是 PS 软件在服装设计和动漫绘画方面的教学，深得学生的喜爱。张老师能灵活地将 PS 软件运用于服装款式设计和效果图的绘制以及动漫绘画中，较好地为学生的专业发展服务，有效地提升了学生对专业的学习兴趣。

张建华老师教育教学成效显著，连续多年指导学生参加全国、全省服装、动漫、影视片头等比赛取得优异成绩，其中：

国家级：

2014 年全国职业院校技能大赛中职组“晨晓阳 富怡杯”女装立体造型赛项指导学生陈义荣获个人三等奖。

2013 年第十届全国中等职业学校“文明风采”竞赛中指导学生黄银涛制作的 FLASH 获三等奖。

2011 年第八届全国中等职业学校“文明风采”竞赛获三等奖。

省级：

2017 年湖北省中等职业学校技能大赛立体造型赛项中指导王亚文同学荣获三等奖。

2016 年湖北省中等职业学校技能大赛立体造型赛项中指导魏真同学荣获二等奖，李彤同学获三等奖。

2015 年湖北省中等职业学校技能大赛立体造型赛项中指导汪诺帆同学荣获二等奖，魏真同学获三等奖。

2013 年湖北省中等职业学校技能大赛立体造型赛项中指导陈雨荣获一等奖。

2013 年第十届全省 FLASH 比赛中，学生作品“生态文明”二等奖。“生命安全”三等奖。

2012 年湖北省中等职业学校技能大赛中指导学生陈义获二等奖。

市级：

2014 年武汉市中职学校“文明风采”展演类指导三等奖。

2009 年指导学生参加武汉市中职学校职业技能大赛“影视片头制作”比赛获一等奖

2006 年指导学生参加武汉市中职学校第十一届电子电工技能大赛获辅导教师三等奖。

区级：

2016 年武昌区学科带头人。

2017 年所带 1714 班被评为武昌区先进班集体。

2010 年所带 0922 班被评为武昌区先进班集体。

# 武昌区学科带头人徐忠群

徐忠群

自1989年工作以来，徐忠群老师奉献教育事业已经有29个年头。在工作中，徐老师始终能严格要求自己，为人师表，教书育人，对工作高度负责。1999年加入中国共产党，能做到在群众中起模范带头作用。业余时间能不断加强学习，努力提高教育教学水平。其曾先后多次荣获“优秀共产党员”、“武昌区优秀班主任”、“武昌区教学能手”、“武昌区优秀教师”、“武昌区语言文字先进工作者”等称号，为了进一步提高自身的素质和修养，曾利用业余时间参加武汉大学心理咨询学习，并于2003年获得“心理咨询师”资格。

职业教育不同于普通高中教育工作，学生的入校成绩和学习习惯都不是特别好，在教育教学工作中，需要更多地对学生习惯的纠正和学习过程的督促。徐老师除了认真钻研教材之外，还不断研究学生，并了解学生原有的知识技能、方法、习惯，组织好课堂教学，关注全体学生，注意信息反馈。同时，在课堂教学中，尽量激发学生的情感，使他们产生愉悦的心境，创造良好的课堂学习氛围。她的课堂教学面向全体学生，注意引发学生学习的兴趣，课堂上讲练结合。但是，对于不同学生设置不同标准，使每个学生都有收获。针对职校学生，既抓好课堂，更注重抓课后督促与落实。她经常牺牲业余休息时间来帮助学生解决问题，提高成绩。

徐老师从事班主任工作将近 20 年，具有高度的责任感，能尽心尽力做好学生教育工作。她全面关爱学生，关注学生的学习态度，无论是在课堂上还是课后出现的问题，都会及时沟通，并有效利用心理学知识，化解学生思想问题，及时解决矛盾冲突。每一次带班，她都与家长保持密切的联系，了解学生校内校外学习表现，取得家长支持，同时，耐心细致地给予家长关于美术高考方面的指导，共同帮助学生成长。每次期中期末考试结束，她都会把每个学生的质量分析做出来，然后个别沟通，提出下一步学习建议，因此，她的工作也得到家长们高度认同。2016 年，因为中途接手美高 1403 班班主任工作，为了尽快对学生情况有所了解，并有效帮助学生，徐老师利用一个暑假的时间，逐个请家长到校沟通交流，使每一个孩子和家长都感受到关爱，也都有收获，有些孩子还不断询问徐老师："徐老师，我妈妈来学校了吗?"可见，家长和学生都非常满意这样的沟通。1403 班在 2017 年的高考中也取得了骄人的成绩，其中，陈欣同学成功地考入中国美术学院，1403 班也被评选为武汉市先进班集体。

除了课内教育教学工作外，徐老师还注重利用业余时间加强相关学习，不断提高教师素养。2003 年获得"心理咨询师"资格；2013 年获得"湖北省省级普通话水平测试员"资格。另外，她还能够积极参加各级教研活动，认真撰写教案，及时作出教学总结和体会。利用假期时间，把教学体会撰写成文，为教学工作积累经验。2001 年其撰写的论文《教学环境与教师心理健康》获区一奖，并在《武汉大学学报》发表；2002 年《网络教育中英语学习者学习动机与学习成效》获区二等奖；2015 年被评为语言文字工作先进个人；2016 年指导 1403 班周晓玥同学荣获湖北省中小英语口语朗读比赛二等奖。徐老师还关心年轻教师，耐心辅导和帮助年轻教师。

从教将近 30 年，徐老师始终恪守教师的职业操守，为人师表，乐于奉献，不断修炼和提高自我素养，她感受着教书育人的幸福，能把自己的知识和理念传授给学生，她默默践行着"衣带渐宽终不悔"的人生境界。

# 武昌区学科带头人黎萍

黎萍

黎萍，武汉市第二职业教育中心学校，中学高级教师，武昌区学科带头人，毕业于湖北美术学院工艺美术专业。从教二十余年，主教工艺美术设计，擅长工笔花鸟与装饰美术图案设计。近几年，为适应高考教学变化，主教美术基础。多年来，其所带学生在省市各类竞赛中荣获各种奖项，参与编写教材多本，获武昌区优秀教师称号。近年作品《荷叶莲莲》在武汉市“第十一届学校艺术节”教师优秀作品评选中被武汉市教育局评为中学组二等奖；武汉市“第十一届学校艺术节”学生作品获奖被评为优秀指导教师；被武汉市教科院体艺卫教研室表彰在教学、教研改革中，作出成绩，并获教学教研优秀工作者一等奖。多年来其表现突出，在武汉市中等职业学校美术服装专业教师说课比赛中荣获一等奖。2013 年至 2018 年，所带学生在省市各类竞赛中荣获各类奖项，每年多次获得一等奖者众多。参与编写计算机平面设计专业——“十二五”职业教育国家规划教材《素描》，高职高专艺术设计规划教材《Coreldraw——图形设计与实训》等出版并已投入使用，曾获武昌区优秀教师称号。2016 年被聘为全国中小学教师资格考试面试考官，并被聘为武汉市中等职业学校美术专业学生技能竞赛评委，参与历年比赛评卷。课余，为提高教学教研水平，积极参加各类专业培训：国家级骨干教师培训获优秀学员称号；武汉市中职教育技术与学科整合实操培训，表现突出，获优秀学员证书，并相继获得英特尔@未来教育核心课程培训合格证书及获得由湖北省职业技术鉴定指导中心“广告设计师”职业资格证书。

# 武昌区学科带头人徐劲松

徐劲松，男，汉族，1969年9月24日出生，中学高级教师，中共党员，本科财务会计专业，在职研究生教育硕士。

徐劲松

1990年10月至1996年7月在黄陂职业技术学校任教，先后担任财经类专业教师、财会实习指导教师、班主任、财会教研组长、财会及文秘专业组长等；1996年8月调入武汉市第二职业教育中心学校任教至今，先后担任财经类专业教师、财会实习指导教师、班主任、财会及电子商务教研组长、中专部组长、学校工会委员、工会主席、培训中心主任、党委委员、党政办公室主任、总务主任等；

2007年成为武昌区学科带头人(财会专业)，并先后获评武昌区优秀教师、湖北省职教协会优秀班主任、武昌区教育工会优秀工会主席、武汉市教育工会优秀工会干部、湖北省职业教育优秀班主任等荣誉。

论文《中等职校德育实效问题的研究》获武昌区教育教学论文评比二等奖；论文《由“厂长负责制”想到的》被中国教育期刊数据库收录，全文被期刊《新风教育创新论坛 》杂志2007年第5期刊用，并获该期优秀论文二等奖；论文《谈中等职校困难学生的转化》被湖北省职业教育战线唯一主流期刊《湖北职教》杂志2007年第4期刊用；论文《提升民主管理水平 促进职校健康发展》获武昌教育工会论文一等奖；优质课《电子商务实务——BtoB交易》获武汉市职教“三优”评比一等奖。

# 武昌区学科带头人盛娟

盛娟

盛娟，中共党员，中学高级教师，全国优秀指导教师、武昌区学科带头人、武昌区优秀教师、武昌区德育带头人、武昌区十佳班主任、武昌区教育创新先进个人、武昌区优秀共产党员，辅导学生获全国技能大赛一等奖，参加全国技能大赛获个人二等奖。

工作22年来，盛娟老师始终不忘初心，保持对教师职业的敬畏，带着满腔的工作热情，坚守在教育教学第一线；她积极阳光的处事态度，感染着周围的同事；她严谨认真的教学作风，影响着求知的学生。

工作多年来她注重树立并强化终身学习理念，在繁忙的教育教学工作的同时，严格要求自己，利用碎片化的时间进行学习充电，接收前沿信息，认真学习研读十九大精神及习近平总书记讲话精神，以提高自己理论水平，更好地服务于学校工作。她积极进取，努力创新，努力增强四个意识，坚持知行合一，把两学一做落到实处，始终保持思想意识上的坚定和清醒。

在教育教学工作中，盛娟老师不断提高业务能力，扎实教学管理能力，她有自己独到的教学方式能引导、调动学生对专业学习的兴趣，并时刻保持严谨严格严厉的教学风格，对学生管教管道，为学生的职业规划奠定基础，学生通过两年的学习，能够扎实掌握专业基本知识和基本技能，能够达到企业的岗位要求，学生上岗能够得到用人企业的高度认可。

盛娟老师担任班主任工作期间，坚持“一个都不少”的管理目标，用教师的真诚和发自内心的爱，关心班级的每一个学生，有自己一套独特有效的班级管理方法，让每位学生在中职阶段，学会做事学会做人，身心得到发展，为学生职业发展奠定坚实基础。

盛娟老师始终信守坦坦荡荡做人，实实在在做事的信念，在日常工作生活中不断严格要求自己，想方设法做好本职工作，坚持做好人、做好事，友善对待身边的每一个人，不辜负党和人民对教师的期望。

# 武昌区优秀青年教师陈玮

陈玮

陈玮，一级教师，武昌区优秀青年教师，现任电子专业教研组长。2003年6月毕业于湖北师范大学物理系物理学专业。2009年至2012年在武汉大学物理科学与技术学院电子与通信工程专业学习，2012年6月获工程硕士学位。

工作十五年来，他忠于党的教育事业，虚心好学、敬业爱岗，热爱学生，始终工作在教育教学一线。他能唱歌、能主持、能演话剧，2013年获武汉市教师五项技能竞赛优秀奖。对学生的教育因材施教，灵活有效。他要求学生严格遵守各项规章制度，鼓励学生积极参加学校组织的各种活动，通过活动营造积极向上的集体氛围。他所带的班级先后5次被评为武昌区先进班集体，1次评为武汉市先进班集体。2011年他获武昌区百优班主任称号。其所带学生在各种活动中表现优秀：2017年程俊涛同学获全国文明风采演讲比赛一等奖，2018年钱隆、李肖龙获武汉市文明风采大赛职业创新类一等奖。在专业教学中，他采用理实一体化的教学方式，用项目激发学生的兴趣，逐步训练学生的动手能力，提高了课堂的有效性。学生在专业知识和动手能力方面得到了较大的提高，在省市比赛中获得各种奖项；2016年、2017年指导学生在武汉市电子电工技能大赛中获团体二等奖。他所带技能高考毕业班在2017年高考中成绩优异，4人考上了本科，31人考上了专科。他参加省市专业骨干教师培训，获得优秀学员称号。多次参加市电子专业教师教研活动，2013 年获武汉市电子电工教师技能大赛一等奖。他承担了本校电子专业组研讨课任务，积极投身教育教学科研课题研究和新课程改革实验，多次在省级刊物上发表教育教学论文。2014 年获全国中职学校信息化说课大赛二等奖。

总之，作为一名人民教师，他以身作则，宽严适度。教学严谨，思想活跃，待人和蔼。他以新时代教师的魅力潜移默化地影响着学生，使他们茁壮成长。

# 德育带头人吴彬

吴彬

吴彬，武汉市第二职业教育中心学校专业教师。中共党员，中学高级教师，武昌区优秀教师、武昌区会计统计学科带头人、武昌区德育带头人、武汉市中职首届优秀班主任、武昌区百优班主任、武昌区优秀共产党员，辅导学生获武汉市会计技能大赛（手工会计项目）一等奖。

吴彬老师在工作中，坚持“学以致用，教有所用”的教学思想，时时了解和收集最前沿的专业知识，不断更新自身知识结构，结合教学实际和实践，撰写了多篇教学论文。其课堂教学遵循专业知识、社会实际及学生理解能力三者的有机结合，把专业理论生活化，用生活实例来解释枯燥乏味的会计专业知识，让学生在课堂中、生活中感悟所学知识的实用性，从而激发学生的兴趣，达到了乐学、好学的效果。

吴彬老师秉持“一颗爱心和一份信心”的教育理念，从教 26 年，担任了 24 年的班主任。其间他尊重学生、严慈相济，用爱心播种期望，用时间延展教育，用平凡而崇高的师德之光，照亮了一片清纯的天地，坚定了坚守德育阵地的信心。

“初心不忘育桃李，心路须平待花开”。

# “十佳青年班主任标兵”刘晓璐

刘晓璐

刘晓璐，武汉市第二职业教育中心学校文化课教师，中学一级，武昌区百优班主任，武昌区十佳青年班主任，所带班级多次获得市区优秀班集体称号。她辅导学生参加“文明风采”比赛获全国二等奖，多次辅导学生参加市写作比赛获一等奖，所带班级的学生多人获得武汉市优秀学生和区优秀团员称号。

“学高为师，身正为范”，当教师梦成真时，她以自己的努力践行着这句承诺。从教 16 年，担任班主任近 13 年，她坚持严格、公正、关爱的工作作风，教学的方式方法多使用启发式，因材施教、灵活多样，彻底改变“一刀切”、满堂灌、填鸭式教学方式。尤其是刘老师针对每个学生的个性、特点、爱好和特长等各自的具体情况，扬长避短地进行了教育和教学，并充分尊重学生的人格，对学生严而有格，使学生从信任中产生幸福感。刘老师在课堂教学中渗透德育，唤起了学生的自省、自悟、自尊，激发出其不断进取的精神。

刘老师在工作中时常深入了解学生的思想动态，激发学生民主参与班级管理的意识，对学生出现的问题不武断和粗暴，坚持耐心、细致地帮助他们改正各种不良的习惯；定期与家长联系，共同探讨教育方法，有机地把家庭和学校两个教育资源合理配置起来，促进学生身心的健康发展；关心家庭困难的学生，给予他们生活和心理上的帮助；结合学生的生理和心理特点，开展主题班会和丰富多彩的文体活动，促进学生的全面发展。

# 六、学校优生

# 概　述

武汉第二职业教育中心学校中职生，同样成就精彩人生。

青春精彩，因材施教，让每一个孩子都发光。零基础入学，努力三年逆袭中国美术学院的黄明譞；身残志坚，参加技能高考顺利考取专科的脑瘫女孩刘芷源……成就了他们各自精彩的人生。

高考出彩，多种渠道，中职生也能圆大学梦。近年来，越来越多的中职学生通过艺术类高考、技能高考和高职院校单独招生等多种途径继续升学，圆了自己的大学梦。2018届美术专业再度传来捷报，美术考生王雨心以501分夺得第一名。学校本科过线率达87%。高职高专过线率为99%。

技能添彩，升学有门。2018年学校191名中专生参加了财经类、旅游类、电子类、计算机类和学前教育类等五大类别的技能高考，所有考生均过高职高专线，过线率为100%。

就业多彩，技能获奖。2018年在国家级、省级、市级技能竞赛中，学校有120余名学生获7大项目个人奖。学校还培养出了一批技能大赛的“金牌学生”：程俊涛荣获全国中职文明风采一等奖。技能过硬的二职毕业生，供不应求。

**发展素质教育，推进教育公平，培养德智体美全面发展的社会主义建设者和接班人。**

**——党的十九大报告**

图 1　2018 年 4 月为优秀学生颁奖

图 2　程俊涛同学全国一等奖颁奖照片

# 在能够奋斗的年龄不要选择安逸

图 3　朱曦回母校招聘旅游专业学生

我是朱曦，我性格属于开朗活泼型，最大的爱好就是练字和思考，工作时“静坐常思己过，闲谈莫论人非”是我的工作格言，人生座右铭——“路是自己走出来的，你自己的态度决定你的未来，所以在能够奋斗的年龄不要选择安逸”。

我于 2001 年就读于武汉市第二职业高中航空旅游班，为的就是熟悉这个行业。在学校学习期间，有幸成为当时学生会主席和团支部书记。二职的整个学习过程为我后面工作和成长奠定了夯实的基础。我觉得我很幸运，让我遇到了对我一生帮助扶持很大的老师们，其中包括汤敏老师、蔡玮老师、马海老师、王华老师、袁校长，等等，感谢他们这么多年一路上对我工作的帮助和时常对我的一些提点。这些对我实际上岗工作帮助和受益很大。在帅府饭店实习完以后我就毅然回到了学校进行了高辅班的学习，之后考上了湖北经济学院导游管理专业。大二的时候我辅修了人力资源专业。在 2007 年一个偶然的机会，我进入了万豪温泉谷筹备项目，做办公室主任。这样让我第一次踏上了人力资源之路。

可能因为是亲和力，也许是努力，也可能是因为运气。2010 年 1 月我回到武汉来到了巴山夜雨总督府做人力资源主管。工作中我对于工作要求很高，对于自己要求更高，希望每一件事情都能做到尽善尽美，常常因为工作通宵达旦。高规格高严格地要求自己，只希望自己能够在属于自己的工作职业范围内成长得更快。功夫不负有心人，2012 年我正式成为公司的人力资源部经理，这也是全公司的一个奇迹，当时的我只有二十六岁。后面整个巴山夜雨老茶馆的筹建工作、二淮阳府的整个改革运作都是由我牵头负责。这一路工作让我积累了大量的人力资源，也让自己认识了很多知心工作朋友。我在巴山夜雨集团公司最后做的最高级别是人力资源总监分管三店人力资源并兼任副董事长助理一职位。

2013 年我有幸被丽江饭店吉祥楼邀请过去做总经理直至 2017 年 5 月。这一路逐步成长的过程让我遇到了很多前所未有的问题，在问题的解决中学习到了很多知识，这也让我的工作动力和马达越走越快，越转越快，我迅速成长起来……现在我所在的一个集团公司是武汉德汉鸿熙科技有限公司，任职集团公司副总，分管鸿熙会，忆高青苗等相关单位，协助集团旗下筹备的叮叮学府项目。未来还很远，我没有打算停止向前，感恩一路陪伴，感恩一路帮助，感恩出现在我身边的每一个人。

（朱曦/文）

# 唯有匠心，不负光阴

大家好，我叫程俊涛，来自湖北省武汉市第二职业教育中心学校。今天能在这里作为选手代表发言，我感到非常荣幸，同时也非常自豪。

首先，我要感谢“文明风采”大赛这个平台，感谢它让我们中职生的风采得以展现；其次，我要感谢我的学校，三年来，学校的精心培养不仅教给我们知识和技能，更提高了我们的个人修养和社会责任感；最后，我要感谢付出了大量精力的指导老师们，没有她们的悉心栽培，就没有我今天取得的成绩。

回顾整场比赛，历历在目，我问过自己三个问题。

## 第一个问题：为什么要参赛

在技能高考紧张备考的关键时期，许多同学认为不能兼顾学习而放弃了比赛，而我毅然选择了参加“文明风采”大赛。我参赛的原因有三个：一是因为我了解到演讲是常设赛项，平时就注意积累素材，通过阅读班级订阅的报纸和观看新闻联播，我一学期收集的素材就有 3 本册子，“机遇往往留给有准备的人”；二是因为我身边同学积极参赛的热情和认真的态度也深深地感染了我，我告诉自己，“要做就向最好的目标去努力”；三是因为我从小就有一个梦想——成为一名演说家。我想站到国赛这个大舞台上，展现我自己，证明我自己，给自己的中职生活留下不寻常的一笔。

## 第二个问题：零经验的我，该怎么准备

对于没有任何演讲经历的我来说，报名之后我发现演讲完全不简单。无论是演讲稿的撰写还是 PPT 的制作我都从未尝试过，甚至连演讲时声音该怎么控制强弱、手该放哪里都不知道，所以那时我总喜欢叫自己“霸王龙”。

我告诉自己没有比赛经验没什么大不了，有志者，事竟成。我文采不好，于是报名第二天我就写好了一篇 1300 字的演讲稿慢慢打磨；我记忆力不好，

于是只要我有空闲时间就拿出复印件背诵，因此我是班上第一位脱稿演讲的选手；我动作不协调，于是我把前辈们的视频反复观看揣摩，直到今天我的手机里依然保存着他们的视频；我喜欢乱动，因此我每天至少花一个小时在镜子前练习演讲，我爸进我房间时还以为我在“面镜思过”。

没有经验我就创造经验。为了使演讲稿更有感染力，连一个词的使用我都要和语文老师反复探讨、斟酌再三；为了使动作表现得更自然，我每天放学都会对着镜子反复练习手的摆放位置。从开始的不敢读出声到对着镜子朗读，再到踏上陌生班级当众演讲，接受现场打分；从一个演讲新手到校内演讲比赛第四名，再到连续卫冕四场比赛冠军，最终推荐参加国赛。我不断地超越自己，击破自己的弱点。

## 第三个问题：我收获了什么

今年，我演讲的主题是《弘扬工匠精神，爱我电子专业》，直到参赛前，我一直以为工匠精神离我很远，很高大上，它应该只存在于电视节目、新闻报道中。但在准备过程中，每一次我都能感受到，它离我很近。

工匠精神，就在我的身边。它存在于不断练习才能焊得光亮、圆润的焊点中一根连线接一根连线的考究中；它存在于我参加电子专业市赛、省赛前泡在实训室每天重复上百遍的焊接、装配、调试训练中；它也存在于一遍遍修改润色直到无可挑剔的稿子中和一次次 NG 只为获得更完美的录像中，它还存在于指导选手制作视频、编辑字幕，在学校留到深夜 12 点的李慧勤老师一次次的晚归中，而这些不正是工匠精神“精益求精，追求卓越”的精髓吗？

“心在一艺，其艺必工；心在一职，其职必举。”只要你能够倾一生的时光与精力、倾一生的思维与智慧、倾一生的执著与追求，不气馁、不放弃，把自己所从事的工作做到完美、做到极致，那么，你就能超越梦想、成就辉煌！再次感谢这个平台给了我敢于追梦的勇气，让我能走向更远的未来，挑战是我无悔的选择。

谢谢大家！

（程俊涛/文）

# 找准方向，成就梦想

三年前，我中考失利，怀着茫然的心情拿着364分的成绩单来到武汉第二职业教育中心学校，进入美高1502班成为一名美术生。

尽管我对画画有一些兴趣，但当时的我并没有什么绘画基础，高一那年专业方面没有太大进展，文化课也只是一般，所以一度感觉自己的前途渺茫。虽然在高一的最后一个期末考试中专业成绩有了一定的进步，但是我对未来的目标尚不明确。

然而，我是幸运的。在人生的转折点上，老师、父母的鼓励和引导最终让我找到了方向、明确了目标，并建立了自信心。

回想起来，在高二高三学习的关键时期，班主任石艳新老师特别细致耐心，石老师时常会及时提醒并解决我学习上出现的问题，关注并鼓励我的每一点进步；王华老师专门带着我向有经验的专业老师请教，帮我找问题，鼓励我要刻苦努力；王宓老师在课堂上不断传递给我们正确的人生观、价值观；政治万勇珍老师对我们高标准、严要求；数学雷盛兴老师不厌其烦，一次次为我讲解数学题。还有我的专业课老师黄虹瑞老师，记得高二下学期开始，在她的指导下，我的专业水平开始有了很大提升。每次的专业课上她总是一点一滴给我示范、讲解、修改作业，并为我设立目标。她还鼓励我参加了武汉市的美术竞赛，并进行专门的赛前指导，在比赛中我获得了一等奖，这促使我在专业上有了更进一步的提升，并树立了自信心。

在专业学习的过程中，我还发现绘画不能只靠“量”的积累，更重要的是绘画时的用心，看画时的领悟。我不断地吸取黄老师的教诲，不断地将自己与身边优秀的同学对比，从而发现自身的优劣，不受外界的影响，无论考试成败，我都会告诉自己：发现自身的不足才能有机会弥补和改正，才能进步！

功夫不负有心人，在老师的指导和自身的努力下，我的专业成绩开始名列前茅，在最后的美术联考中取得了258分的好成绩。在校考中也拿下了所报5所院校6个专业的全部合格证。

随着专业成绩的提高，我对美术的兴趣也越来越浓，要进入比较好的美术院校深造的想法越来越强烈，心中的目标也逐渐清晰了起来，我最终把中国美术学院定为自己的高考目标。

在冲击国美合格证的那一个月里，我见识到了外面更大的世界，发现身边还有很多值得学习的人，这也就更加坚定了我要考入国美的决心。这种决心让我在国美校考中最终取得了名次较好的两张合格证。那时，我知道自己离目标更近了，但我不能掉以轻心，因为文化课是最后的关键！

在文化课方面我始终都不出众，但老师们依旧鼓励和帮助着我。在最后三个月的文化学习中，班主任石老师和各科老师们的教导和叮嘱总能使我静下心来，让我正视学习上的问题，从而逐一突破。我的父母也经常告诉我：要冷静面对困难，理性思考人生。这些都使我在平时的文化考试受挫后不会太过于消沉，始终保持平和的心态，努力寻找到解决问题的方法。在最后的高考中我正常发挥，顺利被中国美术学院录取。

（黄明譞/文）

# 美玉琢成

俗话说："玉不琢，不成器。"我的名字"成玉"，如果有人问玉是如何雕成的？那么，回答是：美玉琢成。

很荣幸能被选中来介绍我的成长经历，我是第二职业教育中心美高1503班的罗成玉。

我是一个从小就比较喜欢涂涂画画的女孩，也参加过美术兴趣班和各种艺术比赛，可我一直都没想过美术这条路会将我带进大学的校门。中考我因差四分的成绩与普高失之交臂。我懊悔、苦恼，后悔自己被与学习无关的事物吸引了注意力，后悔自己没有早点开始努力学习。后来经过朋友推荐，我知道二职有美术高考，为了完成大学梦我毅然决然地选择了美高。

成为一个美术生之后，我知道美术生的竞争力一点也不亚于普高。不仅要兼顾文化课，更要合理地运用时间去提升我们的绘画技巧。为了不重现中考的遗憾，我平常在学校跟着老师认真学习文化课，周一周三在专业老师的带领下学习绘画，周末去画室继续磨炼画技，多亏了学校专业老师和画室老师的辅导，我专业课成绩一直都比较靠前，也比较稳定，这给我了相当大的自信，我觉得大学触手可及了，学习的热情也蒸蒸日上。

到高二下学期，距离联考还有四五个月的时候，我抽出了我整个暑假去集训，每天早上八点到画室，晚上十点半回家，学习到很晚搭不到公汽已经是家常便饭，每天披星戴月忙忙碌碌，但也十分充实，经过一整月的集训，我的画技得到了巨大的提升。最终联考也取得了不错的成绩。联考完后，只剩下一年的紧张时间，我们不仅要先完成校考，还要复习文化课。一切都井然有序地进行着。

5月初是文化课复习的最后阶段。肚子痛去医院检查的我被检查出肚子里有两个直径为十二厘米和十四厘米的肿瘤。突如其来的噩耗宛如晴天霹雳。看着家人的眼泪一个劲儿地掉，我不知道该怎么办。为了不影响高考，我最终决定立即住院做手术。班上同学知道了我的事情后纷纷过来嘘寒问暖，让我感受到了同学们的关心。手术当天，我一点也不害怕，就好像被推进了手术室里睡了一觉，我又变回正常的我了。手术完后几天，同学们和班主任龚老师都来看望我，跟我讲学校的近况，希望我早日康复返校，我心里暖暖的。出院后第二天，我忍不住立即返校，第一是怕没有足够的时间复习，第二是想立刻回到我们可爱的1503班里，在最后仅有的十几天，我抓紧时间，认真复习，最后以高考分数444，综合分661的成绩被湖北美术学院录取。

这三年，除了我自己的努力，更离不开各科老师孜孜不倦的教诲，谢谢老师们在我们迷途的时候把我们带领回正确的道路。在我这懂事的十几年里，我作了无数个决定，最不后悔的就是我选择了美术这条路，选择了二职。感谢二职将我带进了大学，让我的未来充满了希望与可能。

（罗成玉/文）

# 感恩母校，感恩老师

我是一个肢体残疾的女生。从小，家里人就带我四处求医，为了我，家里花了不少钱，可他们对我还是一样地关爱，一样地培养我，把我当成正常的孩子一样地严格要求，我有什么爱好，也会尽他们所能满足我，我在家中还是一样地开心快乐。

世态炎凉，家里虽是避风的港湾，可是一遇到社会上的人时就不同了。虽然在家中很快乐，但一出门就不一个样了，社会上一些无情的嘲讽、冷淡，让我感受到了难过与痛苦：不能像正常的人那样入学，学校不愿让我这样的学生在校学习，以免为学校增添麻烦，就算是好不容易上了学，也还要忍受同学们的讥笑以及所有异样的眼光。我心里非常难过，因为我觉得上天待我不公，给了我与他人不一样的人生。我因此不爱说话了，有了自卑感，但这一切都在上二职的那一刻起发生了改变……

二职，是我感受到温暖的另一个家园。我在二职学的是计算机专业。首先，让我感受到温暖的是二职愿意接受我这个残疾的女生，为我这样的特殊学生提供了一个学习更多知识的宝贵机会，让我和正常人一样享受受教育的权利。此外，我爷爷每天送我，他听到的打击人的话也很多，可是，他还是三年如一日地送我，甚至在学校陪读。我记得我以前上学，坐的士时，曾听到司机说："这个小孩这么不方便，干脆别让她读书了。"爷爷只是笑笑，不说话，一如既往地送我到学校读书。可自从我来到二职，一切都不一样了，在高考期间，学校提前为我申请了绿色考场，不仅如此，那里的老师都很好，在学校里，他们看到爷爷那么辛苦，就为了我专门设了一个绿色通道，不仅给我的上下学提供了便利，爷爷也轻松了许多，而且为我提供了良好的学习环境，甚至为了使我进出方便，我们班的教室都是在学校的一楼，跟整个专业部教室是不在一起的，这样其实无形中增添了老师工作上的负担，可是，老师们并没有什么怨言，甚至对于我的关心比其他同学还要多，在学习上一样对我严格要求，正是在他们的关心与鞭策下，才有了今天的我。我很感谢二职的老师们，感谢他们对我的关怀。我为二职对我这样一个残疾学生的关爱而感激涕零。

二职的老师不仅在生活上如此关照我，学习上对我同样是如此。我的班主任胡老师，她是教英语的，她讲课的方式通俗易懂，在她的教授下，我的英语成绩有了进步。其实，我是一个英语基础较差的学生，但胡老师并没有放弃我，没有因为我是一个残疾学生便轻视我，对我没有高要求，她还是对我向对其他同学一样对待，希望我能学好，并能取得优异的成绩。除此以外，胡老师对于我们生活上的关心也是面面俱到，尤其是对我，不管什么事胡老师都十分关心我，只要是对我有利的事，她都会及时通知我，只要是我有资格竞争的东西，她都会积极地帮我争取，也是在她的帮助下，我才能申请到免学费的资格，为我家里减轻了经济上的负担，我十分感谢胡老师三年来对我方方面面的关照。

二职的其他老师也同样如此。例如：我的数学基础差，但数学老师并没有放弃我，而是希望我多学一点，耐心地辅导我。我的手不像正常人那样灵活，写字速度较慢，所以不管是平时做练习，还是考试，老师都会多等我一下，直到我做完了为止。每当我的成绩不是那么理想的时候，老师也会鼓励我，让我平时多练，速度快一些，这样考试起来才会轻松一些。我感谢数学老师对我的帮助，使我的数学成绩有了显著提高。

专业课老师也是如此，因为我的手脚不协调，做起操作课来也有些吃亏、吃力。学的内容稍微有点多的时候，就会有些跟不上节奏，思维反应也略显迟钝。但三年来，三位专业课老师都是把我和其他同学一样教，一样地严格要求，有时进行专业课测试，还会为我延长一点时间。三年来专业课老师都对我很关心，我胆子比较小，所以有时他们会主动与我交流，询问我对课程的掌握情况。

除了老师以外，我还要感谢同学，可以说我们二职是一个大家庭，里面的兄弟姐妹们都很团结，对待我这样的残疾同学也一样的友善。爷爷偶尔不在的时候，同学们都会抢着牵我、推我，他们对待我都十分热情，使我感到快乐。

记得有一次上专业课，那天爷爷刚好有事不能照顾我去上课，我正着急时，我们班上几个同学看到了，马上走过来热情地说“我们推你去上课吧”，我当时心里一暖，同学们竟然对我这么热情，我非常开心，此后我与同学们也玩得越来越好。有的时候，遇到了什么问题我们也会一起交流讨论，有的时候班级选举，同学们也会投我的票，这是同学们对我的信任，他们并没有区别对待我，抑或格外同情我，都是和其他同学一样与我正常交往，这是给了我最大的尊重，也让我性格变得开朗、乐观起来。和他们在一起我才又有了一颗平常心，才不会认为我与别人相比有什么缺陷，我才能够正常地学习、生活，我很感谢同学们对我的关爱与信任。

当然，这一切都基于学校对我的关怀，领导对我的关怀，没有学校对我的包容与理解我将不会有今天，再多言语都无法表达我对我母校的这份感激之情，虽然我已离开了那个改变我命运的地方，但我对那里的回忆与感恩之情不会变质，在母校发生的点滴美好将深藏在我的心里。

总之，我觉得没有在学校白待三年，更多的是拥有了许多珍贵的记忆，没有辜负青春年华，觉得这个世界还是有温情的，谢谢你，我的母校，是你改变了我。

感恩母校，为我的人生留下了一抹绚丽的色彩；感恩老师为我付出的心血，对我的照拂；感恩同学，给予我友情，感恩所有人对我的关心与帮助，我只能用一颗真诚的感恩之心，用实际行动去回报你们的恩情。

（刘芷源/文）

# 风雨之后，终见彩虹

回首这一年的乐与苦，点点滴滴仿佛发生在昨天，我清楚地记得每一位老师和同学脸上挂着的温馨又无悔的笑容，此生难忘。

身为一名二职学生，我感到自豪，我很庆幸在这里遇到了良师益友，在这里实现了我的梦想。在幼儿教育 1518 班这个老师比学生还多的班级里，发生了太多太多奇妙的事——我们第一次尝试加晚自习，第一次尝试在专业课考试前暂停文化课进行集训，第一次尝试在 20 分钟内刷一套令同学们手足无措的数学卷子，第一次尝试把手机甩在一边，全心投入学习……不是因为到高三了就自然产生的惯性行动，而是在高三前，我们突然有了梦想，我们想通过自己的努力考上本科，证明自己也有扭转命运走向的力量。

放弃直接升大专（2+3 制）的想法曾让我反复挣扎考虑：这样值得吗？如果苦读一年，最后什么都没有得到，还浪费一年青春在没有结果的事情上，有什么意义呢？可当我看到夹在书桌里被我翻过无数次的中考成绩单，大大的“350”历历在目。我已经失败过一次，失去了进入普高追逐大学梦的机会。这一次我不想逃避，技能高考是我最后的稻草，我必须牢牢地抓住它！从决定参加技能高考班的那一刻起，我不再为了学习而学习，而是为自己、为梦想艰苦努力着。我想为自己的本科梦作规划，让它成为现实而不单是想象。

我怀抱着本科梦与志在必得的信念再次回到了 1518 班，这里有可爱的同学们，还有给我无数次鼓励的班主任胡老师，每一位老师都是那么和蔼可亲。每天都在紧张但又快乐的学习气氛中度过，比起高一高二对学习的枯燥无感，每天像机器人一样玩手机麻木地度过，现在的我们有了目标便不再迷茫。但很不幸的是开学后两个月学校组织体检，我被查出得了肺结核，必须隔离治疗，不能上学了。一下子我就像断了绳的马，没了方向，绝望的我问老天为什么如此残忍，我只是想好好学习度过这最重要的一年，为什么这个机会都不能给我。无论我怎么样挣扎、痛苦都改变不了事实，我被遗憾地告知必须停课 2 个月。治疗期间，我不能在课堂上听老师讲课，就拜托同学给我录下学校上课的内容，打完针就去图书馆学习，希望以此来弥补落下的课程。时间过得很快，转眼已经治疗了1个半月。那天是阴天，我接到班主任的电话，心情紧张复杂交错，我怕听到更坏的消息，但又期待能早点回去。听到班主任的声音，就像沙漠里终于看到一滴水的渴望，我忍不住哭了出来，反复问老师，“老师我可以回来了吗，老师，我什么时候才可以回去呀，老师……”我多么多么渴望回到大家庭里，不想每天被针扎，即使手已经被扎得找不到完好的血管了，又或是被扎得已经疼得说不出话来，那个冰冷的病房就像是枷锁紧紧地禁锢着我，一次次那种痛的感觉到后来都已经变成习惯和麻木了，“我要尽快治好病回去!”这个信念支撑着我努力对抗病魔，功夫不负有心人，没过多久我回到了这个温暖的大家庭，每个同学与老师用微笑迎接着我回来，给了我足够的勇气与信心，即使荆棘已布满脚下，我也要攒足力量一鼓作气直上山顶。只有比别人更努力，取得优异的成绩才能回报每一个没有放弃我的人，手上的针眼都在提醒我：宁欣，加油！宁欣，再努力一点！

也许上天还是眷顾我的，当年的技能高考专业考试延后了20天，让我可以多一点时间备考。每天中午吃完饭就去舞蹈室跳舞或者去钢琴室弹琴，我想只有努力才不辜负自己的梦想，我鼓励自己再拼一点，再往上爬一点。考试如期而至，我努力展现出最好的一面，即使当天的表现还是有不太满意的地方，但努力做到了就是最棒的，我已经拼尽全力。

专业成绩出来的时候，我紧张得不能自己打开那个网址，同学帮我查了分数，我居然考了404分，是班上的第二名！得知成绩的我开心坏了，像得到自己心爱的玩具的孩子，那种心情是钱买不到的。我的努力换来了结果，也给了我更加努力的信心，我有了足够的信念去考语数外。老师和同学们都替我感到高兴，我深知正是因为有了大家的支持，我才能做到病休两个月后没有掉队。后期的文化课学习，我用自己擅长的数学去帮助同学们，同时也在巩固自己的学习，学习气氛浓厚而又积极。老师们一遍又一遍不厌其烦地讲着基础知识，晚自习从最初的六点，到七点，最后到八九点，史无前例。每个同学都用自己饱满的学习热情来回报老师，考试前一天我们还在老师的千叮万嘱中度过，他们和父母一样担心着我们的成绩，共同期待着一起努力的结果。

我如愿以班级第一名的成绩考上了本科。看到成绩的那一刻，我所有的情绪都爆发了出来，眼泪也止不住地往下流，这是努力换来的结果，这些经历如果能感同身受，我想你会知道我的不易，也会理解得知成绩时我开心的泪水。“不经历风雨，怎么见彩虹”，经过了病休挫折的我，看到是世上最绚烂的彩虹。我不会忘记这一年所有的点滴，它们就像时光机印刻在我的脑海里。我想无论多少年以后，我都会记得这个我梦想与泪水交织的地方，记得我曾努力为了理想而拼搏的信念，记得一起战斗的老师们和同学们。难忘 2018，难忘 1518！

（宁欣/文）

# 把握现在就是创造未来

回想三年前，中考的失利让我感觉之后的道路没有了希望。直到我进入了二职，最先让我注意到的是二职的环境：沿着宽敞的水泥路走来，两旁的池塘，小桥，楼阁……让我对我的高中生活有了向往。在我高一的时候还不明白美术的重要，只认为我只是在学习一种技能，并没有认为它会对我的未来造成什么影响，直到我高二时，我们上一届的学长学姐一个个的校考证拿到手上、为自己心仪的大学努力时，我才开始意识到美术的重要。因为我的美术基础很不好，在感觉自己可能对美术没有天赋的时候我遇到了黄虹瑞老师。在黄老师刚刚接手我们班时，我度过了一个不一样的寒假，一个放假比上学还要累的寒假，也在那个寒假我明白要质变先要完成量的积累，我们基础差没关系，可以花时间补上去，也是在黄老师的带领下我开始对美术有了不一样的看法。

“像今天献出自己努力的人没有哪一个是浪费掉的”、“ 我们能做的就是把握现在，不去无谓地浪费时间”，高三期间，班主任石艳新老师给了我学习的动力，总会在我筋疲力尽时给我鼓励，让我对我的美术又燃起信心。每天画到凌晨发画给黄老师，她也会及时回复，给我揪出问题并让我改正。我的这一年是在教室、画室、寝室三点一线中度过的，但伴随我的不是乏味，而是充实。我的美术也在我的努力下从高二的 183 分提高到联考时的 227，虽然过程很累：每天画画到凌晨才睡、第二天又是一整天的练习，但是结果出来的时候没有让自己后悔。在联考后我几乎完全投入了校考的备考之中，各科的老师也给了我无尽的包涵。功夫不负有心人，最终我拿到了 211 院校西南大学校考第 12 名的好名次，这也是各科老师对我的帮助才有的结果。

成绩的取得是与每个老师精心培养和辅导分不开的，二职的老师都以高度的责任感带领我们、用丰富的经验来教导我们，给我们带来了一个良好的学习环境、给我们增添了信心。语文王宓老师在我们课余时间给我们发各种新闻和资料让我们丰富自己，给我们看各种有教育意义的电影用另一种方法教会我们记忆；数学雷盛兴老师的课堂永远生动活泼，让我们对数学不再恐惧；英语王华老师的课总是让我感觉如沐春风，她用自己的方式让我们学习进步；政治万勇珍老师给我们一叠一叠的资料让我们背诵，使我们对知识点有了更深入的了解。一支粉笔两袖清风，二职的老师都用十分的心来带领我们，不得不说，遇到二职的老师，是我最大的幸事。

“做人就像蜡烛一样，有一分热、发一分光，给人以温暖、给人以阳光”，二职的老师就像是蜡烛一般，将所有的知识教会于我们，让我们从二职出发，向理想的大学前进。进入二职我并不后悔，我把握了二职给我的机会，让我通过努力后走进211院校的殿堂。三年的高中生活，让我从不懂事的少年变成一个踌躇满志的青年，让我从不敢离开父母怀抱到不怕艰险勇于拼搏。时间飞逝，三年一瞬而过，二职留给我的是无尽的怀念，是每个老师的谆谆教诲。唯有以实际行动，努力学习、勤奋向上，才能不负众望。希望二职美术班的学弟学妹们也可以从二职出发走向自己心仪的大学，以二职为荣、以二职为傲。

（杨澜/文）

# 像风一样追逐梦想

我是吴天赐，于2000年9月出生，是武汉市第二职业教育中心学校电子技术及用应用专业（3+2）1413班年龄最小的学生，并且是一名光荣的共青团员。在班上我担任生活委员兼数学课代表，在电子专业担任学校无线电测向队二分队队长。2014年进入学生会，担任纪检部部长，2015年成功当选为学生会主席。在学校、专业、班级的各项任务纷至沓来的时候，我的制胜法宝为：追求效率，把时间用到极致。我曾获得过第六届武汉现代少年好习惯形象大使评选活动“效率大使”荣誉称号。

“我元器件刚刚焊了一半，他就已经焊接完毕并且被老师作为样板展示出来了”；“我们一起学的羽毛球，在我刚学会的时候，他就已经可以与老师PK，打得不分上下了。可我没看到他课后用了多少工夫啊”；“我跟他是同班同学，我天天为学习的事情忙得焦头烂额，他忙于学生会、班级的各项事务，每天像风一样到处出现和奔走，但成绩仍然保持优秀，我算是服了他啊！”；“为什么他总是做事情比我们快，比我们好呢？我真搞不懂！”...... 我被同学们私下里叫作“风行侠”。

我有一个好习惯，任何事情在做之前要花一些时间准备。在学习上，我每天都会做好预习工作，把要上的课当作一篇课外阅读。多读一读，练一练，多问自己几个为什么，并尝试写出自己的理解，在课堂上与老师讲解的内容作出比较，尽快克服学习中的难点以及重点。在技能课需要组装套件时，当别人还在叽叽喳喳时，我会首先认真地阅读说明书，搞清楚原理和元器件，所以一动手，就胸有成竹，又快又准确完成实训任务。当干部工作需要开会、发言时，我都会早早地打好了腹稿。作为生活委员，我课间都在观察，不放过班上一切的蛛丝马迹，班上哪里缺什么，哪里东西坏了，都能及时地补缺到位。特别让老师赞赏的是，哪些老师上课需要用话筒，我总是很清楚，并且课前为老师调试好。班上每天中午有个10分钟展示单元，由学生分组承担。我都会利用业余时间做很多小节目，如果有哪个组没有准备好，就及时救场。同学们都觉得我是个百宝箱，要什么有什么，但实际上这都来自于自己平时的积累，源于提前准备的好习惯。妈妈说因为中职的文化课较简单，所以为了以后能顺利地和大学衔接，我又开始在家里自学高中的课本，我希望进入大学又会是另一种卓越的开始。

有热情，有目标，有计划，有方法，还要有执行力，一切才有实现的可能。一样的时间，执行力强的人做事的效率可能是别人的两倍都不止。学生纪检部负责检查全校的早自习的到位情况，作为部长的我必须在成员到校之前到，快两年的时间，我都是风雨无阻地在学校教学楼前集合队伍，开会讲要求。我从不懈怠，把简单的事情尽量做到了不简单。

专业课上，令同学感到特别佩服的是，只要我一坐下来，身边的人和声音似乎都被屏蔽掉，专心做事，心无旁骛，让我永远是首批完成任务的学生中的一个，并且还有多余的时间来指导和帮助不会的同学。

成功从来不是偶然的，这些好习惯使我获得了武昌区优秀团干，校技能节电子专业流水灯制作比赛一等奖，校无线电测向技能大赛一等奖等多个奖项。但路在前方，追求永无止境，我一定会继续乘风破浪，勇往直前！

（吴天赐/文）

# 不忘初心，方得始终

这三年的学习生活经验用一句话来形容就是："不忘初心，方得始终。"

回望三年，有过很多后悔的事，后悔在高一上课的时候总是睡觉，熬夜打游戏，敷衍地完成作业，同时也有很多让我感到庆幸的事情，庆幸选择了美术专业，遇到了负责任的老师，也庆幸自己没有长期的消极怠工，安于享乐。

居里夫人曾说过，不管一个人取得多么值得骄傲的成就，都应该饮水思源，应当记住自己的老师为他的成长播下最初的种子。在二职的这三年里，我碰到了很多优秀的老师，他们教会了我很多有用的知识。

在长时间的熬夜画画后，联考分数不理想给我带来的影响很大，228 的联考分数也让我直接放弃了报考地大的目标，以至于我拼命想要抓住校考的机会，花了很多时间来准备湖美校考，每天凌晨一两点才睡觉的日子持续了大概一个多月，但结果向我证明了有些事情并不会顺遂人意，我的湖美校考并没有过，甚至我离校考分数线的差距和我当初中考离普高线的差距是一样的——三分。查成绩当天就有周考，这导致我的状态很不对，考试期间也几近崩溃。但我深知后悔、难过在距离高考不远的日子中只能是绊脚石，所以我就尽快调整好了状态，投入文化课的学习。我参加了六所学校的校考，只拿到了一张证，难过的同时也开心努力终究是得到了回报，在最后一所学校还没有公布校考成绩的时候我其实已经放弃了阶梯志愿，觉得可能一张证也没有，但最后查到校考成绩是湖北省第四名的时候是我这高三一年中最开心的时候。平心而论，我没有什么画画天赋，不然也不会付出诸多努力却回报甚少。不同老师可能有不同喜好，但我确实已经尽我所能做到最好，联考失利是我没想到的，毕竟这样低的分是第一次拿到。湖美的校考说句心里话，我是并不服气的，但结果确实如此。因为我一直在练习湖美考题，其他学校的校考我并没有特意练过，所以其他几所学校没有过，失落虽有但比不过没过湖美时那么难受。至于西南交通大学的合格证我认为这并不是运气好或者是侥幸，这是我该得到的，这样的名次和学校才配得上我的努力。我不觉得我是多厉害的人，我只是希望我得到的结果配得上我曾经的努力。

我认为所有的成功都是有理由的，而失败的原因除不可抗力以外归根结底还是不够努力。每个人的天资不同，需要努力的时间和程度也不同，天赋固然重要，但有天赋的人毕竟是少数，大多数人的起跑线还是相同的，谁能走得更远就在于谁的努力更到位。

大多数的成功不是一次成型的，就像好的作品往往需要多次构思或修改。而这些反复就需要坚持，三年说长不长，说短也不短，要每天坚持努力确实也很困难，但总要保持大多数时间都有目标有计划地开展学习活动，这样才有一定的几率收获想要的结果。

目标的实现不是一蹴而就的，有句话说学习不在于时间早晚，但对于想在高考中突出重围赢得成功的人来说，时间就是分数。

三年时间里，雷老师给了我不少鼓励，衷心感谢。虽然我的数学始终没能学好，但雷老师始终没有放弃过我的数学，能成为雷老师的第一届毕业生是我的荣幸，相信雷老师以后能带出更优秀的毕业生。政治老师万老师是我很佩服的老师，毫不夸张地说，万老师对待我们的学习有时候比我们自己还要上心，能得到这样的老师的教导是我这三年间的一大幸事。

感谢二职给了我完成梦想与目标的机会，也感谢雷老师以及其他老师的谆谆教导，当然，最想感谢的人是父母。如今我已经毕业，二职是我的母校，也是我一辈子都会心怀感恩的地方。

（张慧伶/文）

# 七、学校成果

# 概　述

学校成果主要是：新闻媒体上的新闻报道和学校荣誉。近年来学校办学品质不断提升，特别是2017—2018年，招生宣传的火爆、高考的录取率以及技能大赛的丰硕成果，吸引了大批媒体争相报道。

2018年7月22日，武汉第二职业教育中心学校召开“读中职，同样成就精彩人生”新闻发布会。7月24日，《楚天都市报·教育周刊》发表《“最牛师资班”学生全过线，9人技能高考班配了11位老师》和《条条大路通罗马 读中职同样成就精彩人生》。7月27日，《楚天都市报·武昌读本》中“惟楚有才”专栏发表《读中职，绽放多彩青春》。武汉晚报、武汉新闻广播台、武汉教育电视台和学在武昌等新闻媒体采写报道我校新闻。

武汉市中职技能大赛成绩斐然。2018年荣获全国无线电测向锦标赛团体一等奖、程俊涛荣获全国中职学校文明风采演讲比赛一等奖、酒店管理与美术专业分别获7个市赛一等奖，烹饪专业获2个市赛一等奖，会计专业获1个市赛一等奖，电子专业获市电子技能团体一等奖。

**要全面贯彻党的教育方针，落实立德树人根本任务。**

**——党的十九大报告**

图 1　校企合作、学生实践

图 2　学校在 2018 年职业教育活动周上获奖

# 小荷才露尖尖角*

1999年11月16日，在风景秀丽的广西南宁青秀山下，来自全国各地的42名佳丽云集此地，进行'99中国民族时装模特大赛的冠亚军角逐。经过活力装、休闲装、泳装、晚装等多项比赛，湖北省武汉市的韩丹脱颖而出，一举夺冠，荣膺金奖。

韩丹邕城折桂，鲜花、掌声、赞誉之辞迎面扑来。当新年社的电波将这一喜讯传回她就读的学校武汉市第二职业教育中心时，全校的师生无不为她骄傲和自豪。她的夺冠，倾注了多少人的期望，凝聚了她多少的心血和汗水啊！

## 一个"体育明星"梦

韩丹1981年出生，是一个土生土长的武汉人。读小学时就已出落得亭亭玉立，个子比同龄的小孩高出一个头。这大概是父母遗传基因的缘故，当经理的爸爸1米80的个头，母亲的个子也有1米73。父母将自己的优点都遗传给了韩丹：高挑的身材，清秀的五官，温柔恬静的性格。

看着韩丹一天天往上窜的个头，父母觉得怪可惜，于是决定一边让韩丹读普通中学，一边让她同时上业余体校进行训练。

1995年，韩丹转到湖北省体育运动学校就读，专攻篮球专业。在两年艰苦的训练中，韩丹凭借个人的优势，很快地掌握篮球技巧，打得一手漂亮的好球。这时韩丹的梦想是成为一个体育明星，像邓亚萍那样，能站在世界奥运会领奖台上，看着中国的国旗在国歌声中冉冉升起。

## 伯乐识马

就在韩丹徜徉在她构筑的明星梦里时，一个偶然的机会，使她的人生之路

* 此篇原载于《学校党建与思想教育》2000年第2期，作者王斌武。

发生了很大的转变。

1997年的一天，韩丹和她的同伴去武昌中南商业大楼购物。她那一米八几的高挑的个头吸引住一个专业模特老师的目光，她就是武汉纺织工业学院（现武汉科技学院）的模特教师尹敏。出于职业的敏感，尹老师上前关切询问韩丹的近况。当得知韩丹在体校打篮球时，尹老师诚恳地建议韩丹改报模特专业学习，并赞赏地对韩丹说："你是一个天生的模特苗子，可别浪费了。"尹老师的话久久地回荡在韩丹的耳边。当一名模特，这可是每一个花季少女的梦想啊！韩丹回到家，急切地把这个消息告诉了父母。

开明的父母到有关学校打听了模特学习的一些情况，决定采纳尹老师的建议，让韩丹改学模特专业，在慎重的比较和挑选下，韩丹报考了国家级重点职业中学、湖北省重点职业高中——武汉市第二职业教育中心学校服装模特专业。

经过几轮激烈的考试，韩丹因身材高挑、气质高雅、端庄大方，被市二职中心服装表演专业9714模特班录取。

## 海 纳 百 川

进入模特班学习，韩丹觉得自己好像走进一个艺术的殿堂，她对所学的专业、舞蹈、音乐、绘画、美学以及化妆等都产生了浓厚的兴趣，她如饥似渴地吮吸着知识的琼浆，一双大眼睛在课堂上直直地盯着老师讲课，生怕漏掉了一个。她的刻苦上进得到了老师的一致赞誉，同时也赢得了同学们的信任和佩服。在班干部选举中，韩丹被推选为班长。

既然是一班之长，就要当好领头羊，在学习和表现上实实在在地起到模范带头作用，韩丹在心里给自己下了一个决心。在上体校期间，因为平时的训练比较多，文化课落下不少。进入二职中心后，文化课的学习有些吃力。为了不让同学们笑话，韩丹一边紧跟老师潜心学习专业课，一边开起夜车补起文化课来。她凭着一股钻劲、韬劲，一学期下来，专业课总成绩稳居全班第一，文化课也从进校的倒数几名跃居全班第三名。

学习上的进步，也促进了韩丹工作能力上的提高。她大胆地开展工作，以身作则，任劳任怨，并广泛地接触同学，在学习和生活上主动帮助和关心他们，同时还多次带领全班同学参加市、区、校组织的各类大型表演活动，如参加武汉市艺术操比赛、中学生五省艺术节表演、武昌区诗歌朗诵等，表现出很强的组织能力，深受师生的好评。这一年她被评为武汉市优秀三好学生。

1999年4月，中学生五省文艺汇演和武昌区篮球联赛同时在武汉市举行。二职中心模特班有一个表演节目，韩丹是这个节目的主要组织者和表演者，同时又作为学校篮球队的主力队员要参加同省实验中学进行的篮球冠军争夺战。这可没有分身术啊，老师考虑到体力问题决定让韩丹只参加表演。韩丹拒绝了老师的安排，执意要求两项都参加，她知道，作为集体的一分子，在关键时刻更能锻炼一个人的能力和意志。她参加完文艺汇演后，来不及卸装，又马不停蹄地赶往篮球赛场，为二职中心获得冠军立下了汗马功劳。这件事一直为师生交口称赞。

## 精雕细琢

如果说尹敏老师是韩丹人生旅程发生转折的一个非常重要的因素的话，那韩丹所在学校的领导、班主任杨静和模特老师熊涛则是韩丹走上冠军领奖台的重要功臣。

韩丹在第二年的模特表演专业学习时，她的个子已经长到1.82米。17岁的她白皙细腻的脸庞上一双水汪汪的大眼睛、高鼻梁、厚嘴唇极富个性，特别是她那标准的三围（胸围84厘米、腰围62厘米、臀围90厘米）让她的两位老师赞叹不已。这样有优势的苗子可要栽培好啊！因此在这一年的学习中，两位老师很注意栽培韩丹，同时对她要求更加严格。

二职中心的领导十分关注模特班的质量和发展，因而在师资投入和设备添置上都大力支持，无论需要什么样的练功设备和场地，学校都尽力解决，这为韩丹的成长提供了良好的外部条件。韩丹在学校领导和老师的关怀下，一步步地成长起来。

作为一个模特，既要有扎实的基本功底又要有广博的文化艺术品位，在基本功的训练上要“从严从苦”，素质培养上“从博从深”。两位老师对韩丹谆谆教导，从不厌烦。韩丹因个子较高，身体的柔韧性、协调性较矮个子同学要差些，动作到位上也较其他同学困难一些。针对这种情况，熊老师在动作训练上尽量考虑到韩丹的身体状况，灵活变换动作加大她的训练量。分组练习时，韩丹从这一组练到下一组，有时为了一个模特步子，一种模特姿势，她要反复练上十次、几十次，甚至上百次，直到老师和自己满意为止。除了体型训练室外，操场、走廊、街道及宿舍，都成了她的训练场地。有时练功下来，她的脚趾都磨破了皮。模特班的紧张学习让韩丹真切地体会到“台上一分钟，台下十年功”的涵义。

韩丹在练功上潜心钻研，同时在舞台造型上也注意培养自己的创造性。熊老师每次都给她布置三到五个造型的家庭作业，她从来都是保质保量地完成，有时候自编造型达到十个。在老师的精心栽培和自己的勤奋努力下，她的专业技能逐日见长，为她走出校园，走出武汉迈出了坚实的一步。

## 崭露头角

韩丹的美，不在于她的醒目与惊艳。而是在于她那清雅文静、端庄大方的自然美，可谓是“清水出芙蓉，天然去雕饰”。为了让这种天赋在舞台上充分展示，老师有意识地安排韩丹参加舞台表演和一些公益活动，以锻炼她临场发挥的实际能力。

1999 年 6 月，学校得知'99世界精英模特大赛中国选拔赛华中赛区比赛在武汉举行，便鼓励韩丹去试试。韩丹第一次真正走上“T”形舞台，参加世界级模特选拔赛，未料到她的良好表现和临场发挥，获得大赛的季军和最佳印象奖。

初次品尝成功的喜悦，韩丹更有自信心了。她一步步向她模特明星之梦的目标迈进。就在获悉'99世界精英模特大赛在南宁举行时，韩丹想再次去试试。

1999 年 11 月 7 日，韩丹刚刚过完她 18 岁的生日，还未来得及和父母分享进入成年人的喜悦，能独自一人乘坐武汉开往南宁的火车，起程参加'99世界精英模特大赛南宁总决赛。离别前，父母依依不舍，这可是女儿第一次孤身出远门啊！韩丹拉着父母的手说：“爸爸妈妈，女儿已经长大了，以后的路要靠自己走！”

经过长途奔波，到达南宁后，没有片刻休憩，也来不及游览南国旖旎的山水风光，韩丹立即投入到紧张的封闭式训练中。独身在外，韩丹训练有素，一切都游刃有余。

1999 年 11 月 14 日，比赛正式开始。上午，选手先行化妆，统一着装，10 人一组，面对专家评委的面试，自我介绍，巧问妙答；下午，没有灯光，封闭彩排；晚上 8 时，配上灯光、音响，面对成千上万名观众，42 名佳丽依次表演展示活力装、休闲装、泳装、晚装。3 号韩丹给评委和观众留下了深刻的印象，大家称赞不已。

1999 年 11 月 16 日，在'99中国民族服装大赛闭幕式上，司仪宣布比赛结果：众多佳丽中，韩丹脱颖而出，一举夺冠，捧回金奖。韩丹激动得热泪盈眶。

1999 年 11 月 18 日，韩丹婉拒当地媒体、记者和星迷的采访，手捧金奖，凯旋回汉。她知道，这樽奖杯一定要和她的父母和老师同学来分享。

成功只能说明过去，在韩丹心里，本次夺冠仅仅是开始，她将在这条路上继续跋涉，向着更高目标迈进。

# 普高落榜生发明控温奶瓶，被美国两所名校录取*

本报讯（记者魏娜　通讯员王斌武）昨日从武汉市第二职业教育中心获悉，该校美术专业中职应届毕业生舒有雅，被世界排名前100名的美国弗吉尼亚大学和辛辛那提大学商科金融专业录取，并获得奖学金。

据了解，舒有雅从武珞路中学初中毕业，2009年中考位置值为35，低于我市普高线位置值（33）。换句话说，她是普通高中的落榜生。她说："自己当时到市二职教中心读美术专业，是希望3年后能够参加美术专业的普通高考，换条路上大学。

舒有雅的一位堂姐生小孩后，每次给小孩用温开水冲奶粉，由于担心烫嘴，都要亲口尝一下，既麻烦又不卫生。舒有雅心想："能不能让奶瓶显示温度呢?"在老师和同学们帮助下，她反复试验，终于发明控温奶瓶，并获得国家专利局的发明专利授权。

班主任徐忠群介绍，舒有雅在学校成绩中等偏上，性格活泼开朗，多才多艺。她会拉小提琴，喜爱绘画，人际交往能力强。读高三时，她有了出国留学深造的想法。

高三期间，舒有雅努力学英语。作为英语教师，徐忠群经常训练她的英语听力，检查她的英语单词和短语，使她的英语成绩突飞猛进，顺利达到美国大学留学英语的要求。

2012年年初，舒有雅将自己的留学材料——发明控温奶瓶的专利证书、在校学习成绩、英语雅思成绩等一起寄往美国多所大学。7月初，美国弗吉尼亚大学和辛辛那提大学商科金融专业给她发来了录取通知书。出于对她创新能力的认可，两校都给予了不同额度的奖学金。

---

* 此篇原载于《长江日报》2012年7月17日，作者王斌武、魏娜。

# 中职生刘鸿萧考取英国伦敦艺术大学*

图 3　刘鸿萧

2018 年 7 月 23 日，武汉市第二职业教育中心学校高三学生刘鸿萧，怀着喜悦的心情，将乘机赴英国伦敦艺术大学攻读纯艺术专业（绘画），开始为期三年的大学本科学习，开始她梦寐以求的英国留学生活。中职生中考失利，凭勤奋，不必参加国内高考，照样出国留学。

刘鸿萧出生在一个艺术家庭里。父母都在湖北省艺术馆美术文献艺术中心工作。父亲刘明是《美术文献》杂志主编，母亲萧正在湖北省画院美术文献中心从事美术展览工作。因为受到家庭艺术熏陶，刘鸿萧从小都有做美术艺术家的理想。2 岁时就开始画画，不擅长言语，却喜欢将自己的思想用几幅连环画的形式画出来。小学时她的获奖作品曾经与著名画家冷军艺术品一起展出。妈妈萧正说美术是培养孩子安静的艺术，为了培养孩子流动的音乐，她让孩子刘鸿萧弹了十年的钢琴，以培养刘鸿萧动静结合的艺术素养。为了培养孩子的语言艺术，刘鸿萧一直坚持在新东方学习英语，所以英语成绩一直名列前茅。

2013 年中考，刘鸿萧才考了 380 分，未达到当年武汉市的一般公办高中

* 此篇原载于《武汉晚报》2016 年 7 月 27 日，作者王斌武、陈玲。

录取线，就连当年民办高中录取线也达不到。这都是因严重偏科惹的祸。因为她语文、英语较好，数理化很差。刘鸿萧当年报读了武汉市第二职业教育中心学校的美术专业。

因为中考的挫折，刘鸿萧也深受打击，没有了理想和梦想，出现消极思想。她扪心自问：我还能当艺术家吗？她的班主任老师吕华军找她谈心，重新点燃她埋在心灵深处做艺术家的火花。教育她中考失利只是暂时的挫折，应该不抛弃，不放弃，重新树立理想，人生不能没有梦想。当艺术家就是你的理想和梦想。从此，刘鸿萧判若两人，变得懂事、乖巧、勤奋、好学。

刘鸿萧的美术专业老师黎萍给予了她耐心的艺术指导。刘鸿萧爱问爱研究爱琢磨，黎老师教给如何总结经验教训，发挥艺术天赋，指点艺术迷津。在美术专业老师黎萍的精心指导下，刘鸿萧的美术专业突飞猛进，如鱼得水，游刃有余。美术专业考试总在 80 分以上，班级前 5 名，年级前十名。

在二职中心就读中职一年级后，刘鸿萧有了出国留学的想法。想出国留学必须通过英语雅思和托福考试。她开始恶补英语词汇量。她的英语老师刘欣分别给予她英语口语、听力、阅读和写作指导。2017 年刘鸿萧英语雅思平均考过了 5.5 分，但留学英国要求雅思要过 6 分，就在她快要放弃的时候，英语刘老师给了她信心和方法。高三一年，刘鸿萧经二职中心学校批准，报读中央美术学院国际部预科，系统学习美术专业和英语。2018 年 1 月，刘鸿萧雅思考试英语口语 7 分、听力 7 分、阅读 6 分和写作 5.5 分，平均分达到了 6 分，达到留学合格水平。

2018 年 6 月，英国伦敦艺术大学派遣教授在北京专门对刘鸿萧进行面对面的全英语口语面试。面试官认为刘鸿萧美术创作有思想、有想法，有功底，有潜力，最后决定录取刘鸿萧，并下达了录取通知书。作为中考失利的中职生，刘鸿萧经过三年的不懈努力，凭勤奋，终于圆了去英国伦敦艺术大学留学的梦想。这是爱拼才会赢的榜样。

# 细致到毫米，二职教进行技能大比拼*

长江日报融媒体 5 月 11 日讯（记者杨枫 通讯员王琼 王斌武） 摆盘，杯盘之间的距离误差以毫米计；切萝卜，每片厚度需在 1 毫米；铺床时，床单的中印也要精确到毫米不能歪移……2015 年 5 月 11 日，武汉市第二职业教育中心学校举行技能节决赛，各种“毫米”级的要求也难不住同学们，一手手绝活让人拍手叫好。

上午 8 时，武汉二职酒店管理专业的 6 名学生，正在进行中餐摆台。摆放完毕后，指导老师拿着尺子逐一测量打分。汤敏老师介绍，看似简单的餐具摆放其实有不少讲究，就拿餐巾折花这个环节来说，平时大家在酒店里看到的，通常一桌上都是同一种造型，但其实按照正规的标准，桌上 10 个酒杯中的餐巾折花都应不同，由 5 个动物和 5 个植物的造型错落摆放，动物的头统一朝右，以保证面对着宾客，而且杯盘之间的距离误差以毫米计。

在营养与烹饪专业比赛现场，1709 班同学彭颖将白萝卜切成毫米级厚度，萝卜片几乎成透明状。她介绍，自己做的是元宝碟，比赛用的食材是白萝卜，以后真正在酒店里做这道菜，是用的牛肉。

计算机专业学生现场将 3 种动物 PS 成为一个怪兽，电子专业学生为三路抢答器编程，服装动漫专业学生进行服装设计……武汉二职副校长袁彬介绍，全校共有 1500 余名学生参加了此次技能节比赛，决赛共设 6 个专业 25 个项目，经过班赛、年级赛后，150 名学生入围决赛。

---

* 此篇来源于《长江日报金融媒体》2015 年 5 月 11 日报讯。

# 产教融合育技能高手，中职生尽显工匠范儿*

摆台，杯盘之间的距离误差以毫米计；切萝卜，每片厚度需在1毫米；铺床时，床单的中印也要精确到毫米不能歪移……5月11日，武汉市第二职业教育中心学校举行技能节决赛，同学们现场亮出“绝活”，展示技能表演和教学成果。这些00后的小工匠们，很好诠释了未来“工匠”的职业新素养。

## 00后工匠，亮“绝活”角逐“技能王”

国务院将每年5月第二周确定为职业教育活动周。2018年5月6号，湖北省暨武汉市职业教育活动周启动仪式在武汉市交通学校启动，5月9号，武

图4　烹饪大师方元发与学生交流

* 此篇来源于《楚天都市报》2018年5月18日。

汉市第二职业教育中心学校的技能节活动周也拉开了序幕。5月11号上午8时，本次技能周的重头戏——学生技能大赛决赛正式打响。记者在现场看到，冷碟拼雕、中式铺床、焊接电路、三路抢答器编程、点钞比赛、服装设计与制作，这些00后的中职学生们，现场各显身手、各秀绝活。

中餐宴会摆台比赛由酒店管理专业的6名学生通过班赛、年级赛后进入到最后决赛。摆放完毕后，指导老师拿着尺子逐一测量打分。“杯盘之间的距离误差以毫米计。”汤敏老师介绍，看似简单的餐具摆放有不少讲究，就拿餐巾折花这个环节来说，平时在酒店里看到的，通常一桌上都是同一种造型，但其实按照标准，桌上10个酒杯中的餐巾折花都应不同。

与此同时，营养与烹饪专业的学生，正在紧张地比拼厨艺。比赛现场，1709班同学彭颖将白萝卜切成一片一片，记者目测，每片的厚度在1毫米左右，萝卜片几乎成透明状。

计算机专业学生将3种动物PS成为一个怪兽；电子专业学生为三路抢答器编程，看谁既对又快；服装工艺与设计专业学生进行服装设计制作比赛；财会专业技能节举行了点钞、计算器、电算化会计、会计基础、会计专业知识决赛。据武汉二职副校长袁彬介绍，全校共有1500余名高一、高二年级的学生参加了此次技能节比赛，这些孩子基本都是00后出生的，经过层层选拔，共有150名学生入围决赛，决赛共设6个专业25个项目，本次各专业决出的“技能王”们，接下来将继续代表学校，参加即将举行的武汉市和湖北省的中职技能大赛。

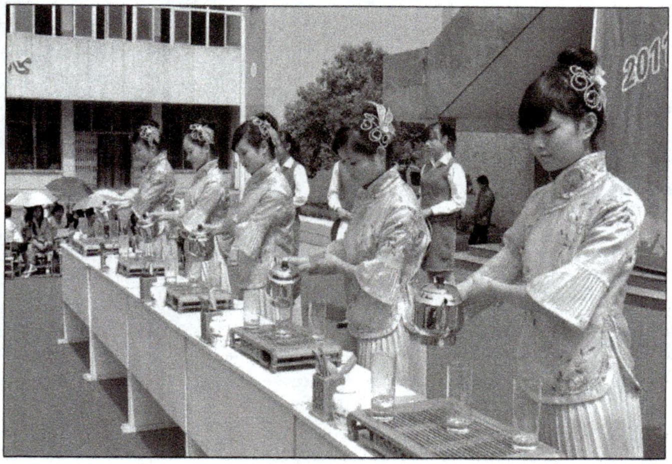

图5　旅游专业学生茶艺表演

# 中职男孩，斩获全国风采大赛一等奖

“工匠精神就在我的身边。它存在于不断练习才能焊得光亮、圆润的焊点中，和一根连线接一根连线的考究中；它存在于我参加电子专业市赛、省赛前泡在实训室每天重复上百遍的焊接、装配、调试训练中……”凭借一篇质朴感人的《弘扬工匠精神，爱我电子专业》演讲稿，二职中心学校2014级的程俊涛同学，在2017年教育部举办的第十三届全国中职学校“文明风采”大赛中，获征文演讲类比赛一等奖，这也是去年湖北省唯一的一个一等奖，并且在之后举行的大赛总结展演活动中，他作为全国唯一的学生代表发言。

图6　程俊涛

目前已进入大学深造的程俊涛谈起上次获奖，他说，“其实我也没有什么特别的过人之处，我想我的演讲之所以能够打动评委，主要是因为我讲的是自己的亲身经历。”程俊涛出生在一个普通家庭里，父母都是下岗职工。四年前，刚进入学校时他和不少同学一样，本着能混一天算一天的原则，每天上课睡睡觉玩玩手机打发时间。但在老师的耐心劝导下，当他望着黑板上的天书时，他也开始有种莫名的恐惧感，于是他开始尝试学习，这时，班主任陈老师给了他很大的鼓励，经常在班上给他们额外的加派一些任务，让大家多做多练。在陈老师的指导下，程俊涛的专业成绩逐步提高，兴趣也越来越浓，逐渐领悟到工匠精神的精髓：“精益求精，追求卓越，把自己所从事的工作做到完美、做到极致”。

# 匠心育人，看能工巧匠是如何炼成

近年来，在国家倡导职业教育产教融合、校企结合的形式下，学校更加注重对学生职业素养的熏陶、动手能力的培养。在国家级、省级、市级技能竞赛中，学校有120余名学生获7大项目个人奖，教师60余人次获指导奖。除程俊涛同学外，学校还培养出了一批技能大赛的“金牌学生”：谭杨同学获湖北省中职技能大赛“冷碟”项目一等奖，代表湖北省参加全国大赛再获一等奖；杨彦如等同学在全国电子技术人才大赛获三等奖；张丽莎、陈义同学先后在全国技能大赛中获得三等奖，等等。

烹饪专业1309班郑和维同学在进入到用人单位后，向我们分享了他在武

图7　技能节上比拼电子装配

汉市二职学习的经历。在学校三年的学习时间里，接触最多也给他影响最大的是专业老师和班主任——盛娟老师。“我学的是烹饪，盛老师教学经验丰富，开学一个多月都没有让我们加工原料。盛老师说，基本功重在养成好的工作习惯，所以在我们练习刀功前，先练习站姿，然后学习空刀，空刀练习达到训练要求才能开始练习切原料。说来也奇怪，枯燥的空刀练，在老师循序渐进的训练下，我们对专业学习的越来越有兴趣。”他说，“在校的学习中，专业老师们不仅教会我们烹饪技能，还培养我们作为一名现代厨师应具备的各项素质”。在2017年武汉市技能大赛中，郑和维一举夺得一等奖。

服装专业2013级学生张丽莎，中考成绩很好，但她从小喜欢做布艺手工，毅然选择了武汉市第二职业教育中心学校的服装专业。2014年首次参加省赛便获得了二等奖的好成绩，2015年再接再厉，获得湖北省的一等奖，2016年更是进入到国赛，和陈义同学一起在全国中职服装技能大赛中获得三等奖，现在成为一大型服装企业的设计师。

这样的例子在学校四大专业群10个专业中，每年都数不胜数，这些与学校立足于“匠心育人”的理念，坚持“围绕市场办专业，面向社会育专才”的方针密不可分，“我们要教会学生专业地、踏实地做好每一件事，每一个细节，为他们未来的学习、就业打下了坚实的基础”。

# 高考就业两不误，条条大路都精彩*

曾经对职校生而言，学习一门手艺，仅仅是为了将来就业有更多的优势，而现在，中职生们有越来越多的机会来证明自己，学习成了探索和钻研的过程，上大学也不再是遥不可及的梦想。2018 年 7 月 22 日，武汉第二职业教育中心学校召开“读中职，照样成就精彩人生”新闻发布会，我们认识了一批该校今年的金牌学生和这些学生背后辛勤付出的老师，也让我们了解到如今的中职教育，早已不是印象中原来的样子——

## 青春精彩<br>因材施教，让每一个孩子都发光

零基础入学，努力三年逆袭中国美术学院的黄明譞；身残志坚，参加技能高考顺利考取专科的脑瘫女孩刘芷源；为圆学生们的大学梦，只有 9 名学生的技能高考班学校却配齐了 11 位老师……在二职，正是有老师们不拘一格地因材施教，对每一位学生耐心灌溉、平等对待，才成就了他们各自精彩的人生。

手拿中国美术学院的录取通知书，黄明譞自信地露出阳光的笑容。此刻的你，很难相像，三年前，她还是一个中考失利，怀着茫然的心情拿着 364 分的成绩单来到武汉第二职业教育中心学校美高 1502 班的一名零基础美术生。据班主任石彦新介绍，3 年前，黄明譞带着失落的心情入校时，完全没有美术基础，从零起步。经过师生三年的共同努力，完全激发了黄明譞对美术学习的热情和潜能，这个坚韧的女孩一路“披荆斩棘”，战胜了无数困难，最终收获硕果，这简直就是一个“奇迹”。

说到“奇迹”，不得不提到计算机专业 1513 班的脑瘫学生刘芷源。3 年前四处求学无门的她，并没有被二职拒之门外，据当时负责招生的老师汤敏介

---

* 此篇来源于《楚天都市报》2018 年 7 月 27 日。

图 8　为优秀学生颁奖

绍，接收这个学生，学校当时也是经过慎重讨论的，“尽最大努力让这个孩子和其他同学一样拥有受教育的权利”。从此，每天上下学，校园里便多了这个轮椅女孩的身影。为方便轮椅进出，学校专门修建了轮椅的无障碍通道；为解决上下楼难的问题，刘芷源所在班级的教室，三年里一直安排在进出方便的一楼。在关心与呵护之余，老师在学习上会对刘芷源一视同仁地严格要求，就这样，在学校各部门和老师们的关怀下，刘芷源不仅顺利完成各科的学习，更在今年的技能高考中，考出了 470 多分的满意成绩。“谢谢二职的老师和同学们，让我感受到家一般的温暖！”回首在二职的这三年，刘芷源有说不完的感激与感恩。

## 高考出彩
## 多种渠道，中职生也圆大学梦

进入中职学习，就意味着与大学无缘？不！这绝对是一种误解。近年来，越来越多的中职学生通过艺术类高考、技能高考和高职院校单独招生等多种途径继续升学，圆了自己的大学梦。

图 9　手拿中国美术学院录取通知书的黄明謖

随着湖北省高考艺术类一本录取的不断推进，武汉市第二职业教育中心学校美术专业再度传来捷报，2018 届的学生中美术考生有 192 人，1504 班王雨心以 501 分夺得（联考分数 248 分）第一名。480 分以上有 4 人，450 分以上有 15 人，400 分以上有 55 人，高分段创新高；文化专业双过本科线有 166 人，本科过线率达 87%。高职高专双过线有 190 人，过线率达 99%。其中，已有 45 人被一本院校录取，包括中国美术学院 1 人；湖北美术学院 8 人；211 院校 3 人；其他一本院校 33 人。

另外，2018 年学校 191 名中专专业还生参加了财经类、旅游类、电子类、计算机类和学前教育类等五大类别的技能高考，所有考生均过高职高专线，过线率达 100%。另有酒店管理一个班和电子技术应用一个班的学生通过 3+2 的途径进入到武汉交通职业技术学院和湖北艺术职业技术学院继续学习。“学生成长成才不仅只有上普通高中一条路，中职学生通过多种渠道同样能圆自己的大学梦。手握一门技能，怀揣一份自信，不断提升自己，升入大学的中职生们更有把握演绎好精彩人生。”武汉第二职业教育中心学校校长钟如惠自信地说。

## 就业多彩
## 供不应求，掌握技能好就业

普通高中有高考，职业院校有大赛。在 2018 年 6 月举行的武汉市中职技能大赛上，武汉市第二职业教育中心学校酒店管理与美术专业分别获 7 个市赛一等奖，烹饪专业获 2 个市赛一等奖，会计专业获 1 个市赛一等奖，电子专业获市电子技能团体一等奖。而这些获奖的选手，将在不久后代表学校参加全省甚至全国中职技能大赛。

据悉，近年来，在国家倡导职业教育产教融合、校企结合的形式下，学校

图 10　校企合作，酒店管理专业学生到实训单位学习

更加注重对学生职业素养的熏陶、动手能力的培养。在国家级、省级、市级技能竞赛中，学校有 120 余名学生获 7 大项目个人奖，教师 60 余人次获指导奖。学校还培养出了一批技能大赛的“金牌学生”：谭杨同学获湖北省中职技能大赛“冷碟”项目一等奖，代表湖北省参加全国大赛再获一等奖；杨彦如等同

学在全国电子技术人才大赛获三等奖；张丽莎、陈义同学先后在全国技能大赛中获得三等奖等等。

三百六十行，行行出状元。近年来，技能过硬的二职毕业生，成为用人单位争抢的“香饽饽”。2018 年在征集意愿、双向选择的前提下，学校有 70 多名学生选择了就业，所有学生全部被用人单位面试录用。该校 2016 级烹饪专业 5 名同学（李亚佶、舒战、柳铖毅、郭晓阳、刘昊），参加了一场别开生面的面试——微信视频面试，最终，3 名学生被上海万豪集团漕河泾万丽酒店录取。多年来，“二职”一直努力让每一位学生成为最好的自己，成就精彩人生梦！

# “二职中”有一群“猎狐”高手*

## ——好体能加绝佳判断力，让他们获得全国一等奖

7 月 25 日—8 月 1 日在江苏灌云召开了 2018 年全国青少年无线电测向锦标赛，来自武汉市第二职业教育中心学校队的队员们荣获全国青少年无线电测向锦标赛男女团体一等奖，除了团体奖项外，还获得 2 米波段测向、80 米波段测向、快速测向多个个人一等奖奖项，是近年来，湖北青少年在无线电侧向项目上取得的最好成绩。

图 11

* 此篇来源于《长江日报》2018 年 8 月 7 日。

无线电测向运动，又称无线电猎狐运动，是利用无线电测向机（一种具有方向性的接收机）在自然环境中以徒步、奔跑方式快速、准确逐个寻找预先设置隐蔽电台，在规定时间内找完指定电台数量、实用时间少者为优胜的运动项目，是现代无线通信技术与传统捉迷藏游戏的结合，是一项趣味性、知识性和体能锻炼效果兼备的科技体育活动，深受学生欢迎。

2018 年全国青少年无线电测向锦标赛由国家体育总局、教育部、中国科协等单位发起，国家体育总局航管心、中国无线电运动协会主办，来自北京、上海、浙江、深圳、湖北等 20 多个地区的 40 多个代表队参加了高中组的比赛，可谓是“猎狐高手”如云。武汉高中组派出了华师一附中和武汉市第二职业教育中心学校队。

经过 5 天激烈的角逐，武汉市第二职业教育中心学校无线电测向队“战果累累”。

团体奖项：

（1）无线电测向 2 米波段男子团体第 3 名；

（2）无线电测向 2 米波段女子团体第 6 名；

（3）无线电测向 80 米波段女子团体第 7 名（注：团体奖项 1~6 名为一等奖，7~15 名为二等奖）。

个人奖项：

（1）2 米波段测向一等奖 2 名，三等奖 2 名；

（2）80 米波段测向一等奖 1 名，二等奖 1 名，三等奖 2 名；

（3）快速测向一等奖 1 名，三等奖 1 名；

（4）无线电制作二等奖 1 名，三等奖 1 名。

小编了解到，无线电测向是一项很有意思的运动。学生们手上没有地图，没有任何指示，全靠手上的测向设备在奔跑过程中测听“摩斯电码”，从信号本身的排布和声音的清晰度去判断隐秘电台的序号和位置，谁在最短时间找到最多电台就为“赢家”。

比赛不但要求运动员具备一定的无线电知识，而且还要有较强的思考能力和体能素质，对于学生开阔视野、增长知识、增强体魄、磨炼意志很有意义。

二职中心的学生们平时的训练场所，除了学校外，教练刘起义经常带他们去紫阳湖公园、沙湖公园和东湖绿道“实战”，将电台藏匿在 3 公里范围内的草丛、树林中，让学生们互相协作，一起思考和判断，从而寻找出电台。孩子们都觉得这项运动“其乐无穷”。

“最关键的就是跑得快、听得快、确认得快，需要很好的耐心、洞察力和记忆力。”刘老师告诉小编，这次全国比赛的测向范围约有 3 公里，学生们为了寻找到更多的电台，往复奔跑，完赛后，每个人都大汗淋漓，也都获得了巨大的成就感。

在“二职”，除了电子专业的学生外，很多其他专业的学生对这项运动兴趣也很浓厚，这次比赛就有不少英语专业的学生参加。学生参加训练时，一开始还有些家长反对。他们完全不了解无线电测向是一项什么样的运动。但经过科普和看到孩子们训练的过程，家长们才了解到，原来这是一个体力和脑力可以完美结合的活动，最后都获得了家长的大力支持。

小编还了解到，学校很重视专业建设及学生动手实践能力，鼓励师生参与各种技能比赛，提升学生技能水平。无线电测向运动能够培养学生的独立性、合作性以及竞争意识，能够促进学生的全面发展，提高学生的综合素质。

# 后　记

2018 年是党的十九大之后的开局之年，是改革开放 40 周年，也是武汉市第二职业教育中心学校建校 53 周年。从春雨绵绵，到秋风瑟瑟，历经 200 多个日日夜夜，带着花粉与墨香，学校第一本公开出版的书籍——《育海拾贝》横空出世，可谓“冬耕夏耨一路苦，春华秋实满庭芳”。

《左传》曰：“太上有立德，其次有立功，其次有立言，虽久不废，此之谓三不朽。”出版《育海拾贝》一书，就是为了真实记录学校五十年谱写的立德树人的不朽诗篇，记载学校问津求真的发展校史，传承学校追求卓越的伟大梦想。五十多年来，谨记崇德、勤业、求真、向上的校训，学校由小到大，由弱到强，由分到合，一步步成为武昌名校、武汉市中职示范性学校、湖北省中职示范性学校、首批国家级重点中职学校。学校发展的五十年，是励精图治的五十年，是奋发图强的五十年，是拼搏进取的五十年。

《学记》曰：君子如欲化民成俗，其必由学乎！由于教育的特殊属性与地位，优先发展教育已成为我国长期的发展战略。教育是一项慢节拍的事业，绝不可能一蹴而就，需要我们教育人不断的总结与反思。《育海拾贝》记录着学校发展中每一次跳动的脉博，每一步成长的足迹，每一段发展的路径，是教育教学与管理的精华荟萃。这本书真实反映了职校师生的校园生活，让文字沉淀岁月，让记忆承载感悟，让书籍刻录生活，让教育成就幸福，成为编写该书的真正夙愿。

最后，不得不说，本书之所以能够顺利编辑、出版、发行，离不开上级领导及社会各界对学校发展的支持与厚爱，离不开全校干部教职工的齐心协力。在编辑本书过程中，校办汤敏主任、王斌武老师利用业余时间，在文稿收集、框架设计、文字校对、上下联络等方面做了大量繁琐而细致的工作，在此深表谢意。退休教师、书法家定正章老师热心为本书题写书名；武汉浙科友通软件有限公司为本书的出版提供无私的帮助，公司经理胡磊、史珊珊多次主动联系出版工作；武汉大学出版社责任编辑林莉、沈继侠及相关工作人员为本书出版做了大量编辑工作，在此一并致谢。

遗憾的是，由于内容与版面的限制，部分教师的文稿没有收录，特表达歉意。同时，由于时间紧促及编者水平有限，本书一定存在谬误之处，敬请读者谅解，欢迎指正。

**编　者**

2018 年 10 月